方法就是撬动巨石的杠杆与支点

方法的力量

任仲然 著

中央编译出版社

图书在版编目（CIP）数据

方法的力量 / 任仲然著. —北京：中央编译出版社，2022.8
ISBN 978-7-5117-4216-2

Ⅰ. ①方… Ⅱ. ①任… Ⅲ. ①方法研究 Ⅳ. ①B026

中国版本图书馆 CIP 数据核字（2022）第 122591 号

方法的力量

图书策划	张远航
责任编辑	兰　鹏
责任印制	刘　慧
出版发行	中央编译出版社
地　　址	北京市海淀区北四环西路 69 号（100080）
电　　话	（010）55627391（总编室）　　（010）55627312（编辑室）
	（010）55627320（发行部）　　（010）55627377（新技术部）
经　　销	全国新华书店
印　　刷	北京文昌阁彩色印刷有限责任公司
开　　本	710 毫米 ×1000 毫米　1/16
字　　数	415 千字
印　　张	31.5
版　　次	2022 年 8 月第 1 版
印　　次	2022 年 8 月第 1 次印刷
定　　价	88.00 元

新浪微博：@中央编译出版社　　　　微　　信：中央编译出版社（ID: cctphome）
淘宝店铺：中央编译出版社直销店（http://shop108367160.taobao.com）　（010）55627331

本社常年法律顾问：北京市吴栾赵阎律师事务所律师　　闫军　梁勤
凡有印装质量问题，本社负责调换，电话：（010）55626985

目 录

第 1 章　方法的奥秘，奇妙的力量　/ 1
　　一个相当宽泛的概念　/ 1
　　物理反应和化学反应　/ 3
　　杠杆与支点，阿基米德力学的真谛　/ 3
　　酶——皮尔士对方法的妙喻　/ 4
　　步式/方法，多样性/方法力　/ 5

第 2 章　方法论发展史上的五座里程碑　/ 7
　　亚里士多德：西方方法论的开山鼻祖　/ 7
　　笛卡尔：近代科学方法论奠基人　/ 8
　　培根：科学方法论之父　/ 9
　　黑格尔：实现了辩证法/逻辑学/认识论的统一　/ 11
　　恩格斯：为马克思主义方法论画龙点睛　/ 12
　　承接批判，扬弃式创造　/ 13

第 3 章　文化力 + 工具力 + 技术技能力 = 方法力　/ 15
　　文化力关乎价值观和人生观　/ 15
　　工具力来自硬件也来自软件　/ 16

方法力——技术技能的使用效应 / 17
方法力中性，土办法洋办法兼用 / 19

第4章 得"鱼"不如得"渔" / 21

学得/习得方法，用好/用活方法 / 21
普适方法和特适方法均应掌握 / 23
努力找到和形成适合自己的方法 / 25
笔直的路也不能一条道跑到黑 / 26

第5章 中国辩证法：老子、庄子、孙子的真知灼见 / 28

老子原生态的辩证法："法力"恒久 / 28
庄子隐喻的辩证法：大诙谐大智慧 / 31
孙子兵家的辩证法：道义与计谋兼施 / 33

第6章 《易经》中闪闪发光的方法论 / 37

从"易"字入手切题 / 37
无咎法：这个方法不寻常 / 39
内阳、外阴，内健、外顺 / 39
"自求口实""慎言语，节饮食" / 40
进德修业法 / 40
中正比应法 / 41
以同而异法 / 41
凡益之道——增益，动静不失其时 / 42
立本趋时——刚柔者与变通者 / 43
易与简：极朴极素，性价比极高的法宝 / 43

第7章 唯物辩证法四种典型形态 / 45

马克思恩格斯的"唯物批判辩证法" / 45

列宁的"革命辩证法" / 47

毛泽东的"矛盾辩证法" / 50

艾思奇的"大众通俗辩证法" / 53

第8章 发力点：来一场思维方式革命 / 55

进化，退化，异化，思维异化误事害人 / 55

定式，圈子，惯性，路径依赖 / 57

革狭隘偏执思维的命 / 58

尺度回归：唯物辩证，求真务实 / 59

维度拓展：多角度，加深度，增高度 / 61

学会迭代思维 / 62

放开跨界思维 / 63

第9章 思考的十种方法 / 66

学思对接法 / 67

独立思考法 / 68

冷静沉思法 / 69

连续反复思考法 / 69

反思/反省法 / 70

深思/彻悟法 / 71

多向思考法 / 72

集体思考法 / 73

换位思考法 / 73

思行合一法 / 75

第10章　问题确实是个好东西　/ 77

聚焦问题：使方法更具有时代性　/ 77

问题导向：方法的出发点和着力点　/ 79

精准发现并提出深层问题　/ 80

精确研判复杂问题　/ 81

稳妥解决深层复杂问题　/ 84

严防伪问题跑出来捣乱　/ 86

第11章　清除复杂之弊，追求简约之利　/ 88

复杂化——大而深的陷阱　/ 88

奥卡姆剃刀——删繁就简的利器　/ 90

不计较/不扯皮/不推诿/不争论　/ 91

复杂事情简约做，才是真本事　/ 92

简单化是有害的劣质方法　/ 93

第12章　学习的十三种方法　/ 96

速读法　/ 96

观察法　/ 97

渐进法　/ 98

练习强化法　/ 99

领悟法　/ 100

点穴法　/ 101

反刍法　/ 101

反馈法　/ 102

洞见法　/ 103

结网法　/ 104

求律法　/ 105

关系构建法 / 106

在线学习（教育）法 / 107

第13章 想方设法少错/不错/改错 / 108

九种类型错误的剖析 / 108

哪些情形下容易犯错误 / 110

设置多重防线，免受错误袭扰 / 112

自我批评：承认错误的明智之举 / 113

真诚果断：改正错误的应有行动 / 115

错误一露头就"掐尖"，力争把坏事变成好事 / 116

第14章 作出精准判断和审慎决策的方法 / 118

注重因果联系，判断情况真伪和问题性质 / 118

透过现象看实情，分析实情看本质 / 120

判断形势与任务，双轨双法并行不悖 / 122

危险决策："三拍"，踩红线触底线，闯禁区趟雷区 / 123

把握有利时机，及时果断决策 / 124

民主决策：三个臭皮匠赛过诸葛亮 / 125

快/慢决策？因时而异，因事而定 / 127

第15章 建立和处理关系的秘诀 / 129

从方法论到关系学 / 129

摆正位置是建立良好关系的前提 / 131

同事关系要深耕细作 / 132

平等亲和有分寸，处理好下属关系 / 134

密切领导关系注意事项 / 135

亲情/家庭关系，尽心呵护，倾情营建 / 136

同学/朋友关系，和善互助，体己知心　/138

　　　人格魅力：滋养人脉际遇，厚植人缘基础　/140

第16章　务实：我的一定之规　/142

　　　"猫论"——一种务实的方法论　/142

　　　实事求是——不唯上，不唯书，只唯实　/145

　　　除了务实再务实，我没有别的高招　/147

　　　具体化是务实极为关键的一环　/148

　　　警惕方法上的形式主义、官僚主义　/150

第17章　沟通协调的窍门　/152

　　　沟通开路——像呼吸那样自然顺畅　/152

　　　工作沟通的四种方式　/154

　　　要想干好工作，必须搞好协调　/156

　　　柔性化：游刃有余，有商有量　/157

　　　三突出：目的性，主动性，变通性　/159

第18章　在经历和经验中凝练方法　/161

　　　经历——获得经验的必要条件　/161

　　　经验——凝练方法的重要资源　/163

　　　学习总结经验和积累凝练方法　/165

　　　用科学方法充实完善经验和创造经验　/166

　　　老掉牙经验要不得　/169

第19章　低调谦谨，卑亢适度，外圆内方　/170

　　　低调不张扬：高姿态，软实力　/170

　　　谦虚戒骄躁：好品德，妙方法　/172

严谨审慎，慎勇慎权，杜绝蠢事　／174

不卑亢，有卑亢，善卑亢——难度大，附加值高　／175

圆方得当，原则性＋灵活性，守住底线红线　／177

第20章　清单管理法　／180

管理的招数：对照清单干工作　／180

问题清单——防止流失，系统梳理，全程管理　／181

任务、责任、措施，一并纳入清单　／184

清楚明晰，简便实用，不搞大而全　／186

第21章　怎样识人、选人、用人　／188

识人：客观/准确/全面　／188

在平日里对人进行真诚度观察　／190

注重思想政治品德和胜任素质　／191

谨防偏听偏信　／192

用人所长，避人所短　／193

第22章　远小人，不树敌，守拙藏锋　／195

人群中确有君子与小人之分　／195

有了较远的距离，才不至于被伤害　／196

调和化解矛盾，把敌人搞得少少的　／198

守拙是朴实耐用靠得住的方法　／199

藏锋/露锋——不仅是书法之法　／200

第23章　麦肯锡方法的七个要领　／202

不畏惧事实，与事实为友　／202

相互独立，完全穷尽　／203

层级管理指挥链和激进策略　/ 203

让信息流动起来，不断保值增值　/ 204

简单为上，不做重复（无效）劳动，用图表说话　/ 205

麦肯锡式访谈技巧　/ 205

把头脑风暴刮起来　/ 206

第 24 章　会议筹备、主持和具体开法　/ 208

如何筹备会议　/ 208

如何主持会议　/ 210

座谈会的开法　/ 211

学习会的开法　/ 212

决策会的开法　/ 214

部署会的开法　/ 214

总结会的开法　/ 215

视频会的开法　/ 216

现场（观摩）会的开法　/ 217

第 25 章　抓落实的手段和措施　/ 219

对文件和会议要有清醒的理性分析　/ 219

针对四个原因，从源头上抓落实　/ 220

拆分任务，压实责任，逐项抓落实　/ 222

跟踪督查，检查指导　/ 224

复盘评估，反馈意见，问效或问责　/ 224

打通堵点和瓶颈，强化抓落实的机制　/ 225

"三抓"工作法　/ 226

第 26 章 所有方法都由细节构成 / 229

做事成于细,方法亦成于细 / 229
切不可低估细节的杀伤力 / 230
扇动翅膀的蝴蝶与漏水的木桶 / 231
从事无巨细,到有巨有细,盯准关键细节 / 232
努力使你的方法细节更加缜密 / 234

第 27 章 扬法/抑法:表扬奖励为主,批评惩戒为辅 / 236

表扬奖励 = 鼓劲 + 激励 + 鞭策 / 236
两则有关奖状的真实故事 / 238
榜样力量是无穷的 / 239
无论批评谁,都要注意方法和场合 / 241
惩戒——一把锋利的双刃剑 / 243

第 28 章 有秩序,排次序,优先序 / 245

有秩序才不会打乱仗 / 245
次序的老套排法仍然有用 / 246
次序的新型排法要会使用 / 247
列出工作优先序 / 250
列出成长及事业发展优先序 / 251
优先级任务/优先约束 / 252

第 29 章 坚持方向目标,把控过程结果 / 254

方向盘/轮舵/船锚 / 254
设定目标科学可行,锁定目标分步实施 / 255
过程管理:虎头、熊腰、豹尾 / 258
目标与过程的三个时态 / 260

人生以过程论成败，工作以结果论英雄 / 261

第30章 量化法：明显的短板要加长 / 264

从数据逻辑入手，提升量化意识 / 264

心中一定要有数 / 266

关注量化与量变的关系 / 267

情况和任务应尽可能量化 / 269

考核量化就实避虚——以红旗渠评比为例 / 270

第31章 时间管理攻略 / 272

科学合理分配时间 / 272

主导权：尽早尽快，能提前就不拖延 / 274

管理细则：守时、惜时、争时、挤时、节时 / 275

使用洗衣机和烘干机的时间安排 / 277

关系时间：快时间/慢时间 / 278

别致而实用的番茄工作法 / 279

抢占与切换：最早到期日和最短加工时间 / 279

加班不能成为工作常态 / 281

第32章 预见预备预防与应急应变行动力 / 283

预见——把握因果性和相关性 / 283

预备——越扎实越好，重点做实预案 / 286

预防——针对事物（事件）苗头做靶向手术 / 288

提升应急应变行动力 / 289

第33章 如何管控情绪和行为 / 292

直观、直感、直觉——感知事物和人，引发情绪和行为 / 292

闹什么都不要闹情绪 / 294

调控节制：可卡因头脑，情绪化举动 / 296

冷处理制怒：杜绝了冲动，就打败了魔鬼 / 298

忍耐忍让，厚实有容，中庸之道 / 299

第34章　定位站位，不缺位不越位，补位与上位 / 303

定位稳而准，站位高而实 / 303

切记！做好本职工作，不能缺位，绝不越位 / 305

骑马、骑牛、骑驴的"骑位"不同 / 306

不轻易去补位，补就补到关键处 / 307

晋升的常规计策 / 309

第35章　毛泽东的方法论 / 311

十个指头弹钢琴 / 311

一切经过试验，举办展览，组织参观 / 312

全面规划，几次检查，年终评比 / 313

八句歌诀：科学分配权力，确定决与办的责任 / 313

抓而不紧，等于白抓 / 314

班长要带好一班人 / 315

把问题摆在桌面，让意见分歧见阳光 / 315

谅解、支援、友谊，比什么都重要 / 316

不耻下问，先做学生，后做先生 / 316

划清界限和三七开 / 317

四个缺点/三种性质/自己动手 / 318

材料与观点相统一，解剖麻雀 / 318

开好三种类型的会议 / 319

吃过大亏——必须反对教条主义的方法 / 319

"好人也要研究方法论"，交代任务，教给方法 / 320

第36章 陈云的"六字真经"，慢比失好 / 321
交换法：重点解决主观片面的问题 / 321
比较法：主要解决鉴别选优的问题 / 322
反复法：保证决定正确和处事慎重 / 325
放一放，凉一凉，慢比失好 / 326

第37章 说话的艺术，倾听的奥妙 / 328
态度至上，平和坦诚，有话好好说 / 328
有思想，看对象，讲短话，讲管用的话 / 330
用PPT汇报和讲课的技巧 / 332
多听少说/逻辑简洁/雄鸡或塘蛙 / 334
无声胜有声——你可以选择沉默 / 336
倾听是无言的确认和赞赏 / 337

第38章 团队建设的方法 / 339
一支固定团队建设的切身经历 / 339
临时团队的组建与启动 / 341
构建特有的工作运行机制 / 343
及时沟通和共享信息 / 345
团队内部的授权与分责 / 347
团队如何用人？狼团队中没有"猪队友" / 348
拿篮球说团队建设的事儿 / 349

第39章 重轻急缓/四象限工作法/缓存及清理 / 351
思想中有重有轻，行动上举重若轻 / 351

值得借鉴的四象限工作法 / 353

有急有缓，"凡事只怕待"，贪快盖不出结实房子 / 355

缓存，高速缓存，缓存清理 / 356

第40章 屈伸在理，进退有据，行止自如 / 359

能屈会伸：向蒲苇和尺蠖学习 / 359

妥协——将柔韧性寓于方法之中 / 361

前进，踏石留印；后退，海阔天空 / 362

37%：最优停止方法的应用 / 363

行，效益最大化；止，损失最小化 / 365

第41章 调查方法的理念与实例 / 367

寻乌调查与七项调查技术 / 367

根本方法/调查三要点/顺义调查 / 370

《社会调查自白》 / 372

信访调查法和随机调查法 / 374

中国农民工调查 / 376

猪周期追踪调查 / 378

第42章 研究的十二种方法 / 382

观察/实验法 / 382

归纳/演绎法 / 383

分析/综合法 / 384

形而上学法 / 385

假设/猜测法 / 385

历史联系法 / 386

比较/类比法 / 386

拆零/重装法 / 387

简化法 / 388

想象/联想法 / 388

数学/建模法 / 389

结构法 / 390

客观/中立/包容 / 391

第43章　以勤补拙治惰，勤与专契合，敢担当善作为 / 393

勤以补拙，勤以治惰，勤而不过头 / 393

真实的故事：老黄牛与小骏马 / 396

专心致志，勤与专契合 / 398

勇挑重担，不怕苦累，有所为有所不为 / 399

功不独占，过不推诿 / 401

第44章　写法：起点与焦点，难点及重点 / 403

三块敲门砖：观察/阅读/模仿 / 403

关系式——构建和优化各种关系 / 405

提纲法——草拟粗纲，详列细目 / 407

"标题党"：反复推敲大小标题 / 408

结构控：纵横捭阖，编筐织网 / 409

简洁癖：能简不繁，洁净利落 / 411

避免陷入罗列事例和观点的误区 / 413

精湛写法四要素 / 414

热写稿，冷改稿，精益求精 / 416

第45章　算法：四则运算，大小数据，云计算，量子计算 / 418

加减乘除要算得精确周全 / 419

强势来袭，大数据的张力 / 421

拉普拉斯定理，小数据的魅力 / 422

"近视算法"和"爬山算法" / 424

不搞数据崇拜和过度拟合 / 425

云计算——越用越会用，越用越好用 / 426

量子计算——将在众多领域发挥革命性作用 / 427

第46章 变法：主动应变，变环境，变方式方法，变自我 / 429

主动适应变化是第一位任务 / 429

适应环境，融入环境，与环境为友 / 431

在驾驭变化中，改变和创造环境 / 433

改变方式方法，最为重要，最为有效 / 434

改变自我的实质是完善自己 / 436

第47章 求真，认真，适当较真 / 438

求不到真，就务不了实 / 438

真实真相是开展工作的根本依据 / 440

认真要成为方法力的动能 / 441

"这没什么难的，你认真一点也会发现" / 444

把认真贯穿到关键性工作中去 / 445

该较真就较真，但不能较劲 / 446

第48章 获得快乐的灵丹 / 448

快乐清单：多种快乐兼得，心灵快乐为上品 / 448

乐观主义：最佳选择，处世方法，快乐做事 / 450

在道德情操、恬淡生活、自然界中，感应和体验快乐 / 451

远离是非，告别烦恼，不怕痛苦 / 452

趣味良好——无聊的克星，快乐的源泉 / 454

别闲着——繁忙中蕴含着成功的快乐 / 455

分享共享能使快乐产生倍增效应 / 456

遗忘！实在遗忘不了，那就接受它并寻求和解 / 457

第49章 保持健康的妙药 / 459

概论：三种方式与健康关系重大 / 459

破除养生迷信，讲究健康科学 / 461

良好睡眠——健康必不可少的驿站 / 463

体育运动——优质生命的绝佳伴侣 / 465

淬炼心态——涵养法，调节法，精神胜利法 / 467

不要患上疾病恐惧症 / 469

第50章 自信自觉，创新更新，做方法的主宰者 / 471

自信——方法的充电器 / 471

自觉——方法的内动力 / 473

创新：永葆方法力勃勃生机 / 474

更新：生成方法的可靠路径 / 476

不搞方法的"唯新主义" / 477

方法理性，以我为主，常用常新 / 478

弹性/可塑，拿捏分寸，优势互补 / 479

去教条化，别指望方法万能 / 481

用正确方法做正确事情，不为方法煞费苦心 / 482

第1章 方法的奥秘，奇妙的力量

如果你说，方法是哲学的具体化，哲学是统辖方法论和方法的，那么，我可以接着换个角度补充说，方法论是方法的系统化——世界观与方法论彼此认证和相互渗透，构成各种形态的哲学，汇聚成并发挥出方法之力。世界观的改变是根本的改变，方法论的改变是彻底的改变，世界观和方法论的正确是源头性的正确，它们都须臾离不开具体方法提供的正能量。

以哲学理念为逻辑起点，对方法论和方法进行梳理、归类、提炼和概述，思路会因此而开阔宽广，方法的力量会由此而得到精确的解析。但在这过程中，又须预防由于对哲学的抽象喜好，导致方法被虚置或固化。本书开篇先拿哲学来引发对方法的讨论，不过是想把方法放到较高而又较实的位置上，从方法论视域俯瞰观测，探求方法的奥秘——它究竟是哪种性质的奇妙力量呢？

一个相当宽泛的概念

人类的各种活动，都有采用何种方法加以实施的选项，认识世界有认识世界的方法，改造世界有改造世界的方法，做人有做人的方法，做事有做事的方法。在社会实践中，有耕种方法、制造方法、建筑方法、经商方法、教育方法、管理方法、工作方法、领导方法，人们会选用不同载体激活和施展方法的力量。方法是各种智慧的表现方式和实践形式，方法为表，智慧为里，互为表里。依从中国传统哲学的定位，方法是"术"不是"道"，但"道"又离不开"术"，"道"要通过"术"来践行，方法之力是实现目的（道）的手段和技巧。

与方法这个概念相近似的词不下几十个，诸如做法、干法、招法、办法、手艺、技术、手段、措施、诀窍、秘方、攻略、路数，林林总总，不一而足。某些情形下，方法就是熟能生巧的艺术，亦是知识智力和技术技能的现场实操。方法需要心智情商和巧劲妙招，但绝不是舞台上花拳绣腿的表演，它是要拿着真刀真枪上阵打胜仗的，即如《孙子兵法》在军事上的应用。

对方法的研究，我不太依赖所谓的原则标准框架，也不太迷信所谓的理论体系构造，但特别看重具体方法的学习、借鉴、转换、配套实践。做任何事情都不能一根筋，不能不讲究方法，我们应当采取针对性强的方法，把事情做好做成功。科学靠方法探索，先进设备和技术靠方法操作，无论多复杂的科学技术，寓于其中活的灵魂也是具备强大穿透力的方法。

国外有研究者认为，科学也是一种方法，是一种关于理解、探究、解释的方法，是一种包含着多次级方程的方法，若除去其核心结构，实体的科学就是一类技术。我觉得，作为手段，一类技术可能就是一类方法。技术还包含设备仪器的一系列运作，当你承认科学和技术的实用性时，其方法力价值也就自然呈现出来。当然，我并不想把方法说得神乎其神。多么高明无比的方法，也不能点石成金或包治百病。应当承认的是，方法相对于定义、观点、范畴等其他主观性的东西，更接地气也更有灵性和张力，更讲究实效，更有助于实现你的预期目标。

物理反应和化学反应

方法的力量运用好了，至少会产生两大功效。一是物理反应形成的功效，二是化学反应形成的功效。方法既受制于那些中规中矩的物理学原理及规则，又有其与生俱来的化学性能及发酵催化等作用，浑身充满生机活力和奇妙的多样性。这两大功效互不抵触，还能够相辅相成。

物理反应是方法动能的基本形式，就直接作用和深层价值而言，一般方法的物理功效强于化学功效，高级方法的化学功效强于物理功效。传统的方法大多以物理学原理及规则为依据，实验法、类比法、图像法，建筑大桥的斜拉法等，均是物理作用产生的力量。与之互补的是，现代的方法多以化学性能及发酵为特征发挥功效，显微化学法、组织化学法、化学工艺的萃取法等，显示的是化学反应产生的力量。这些不同性质的功效，都通过相关方法的适时适当运用而发生。

我对方法产生的化学反应尤为感兴趣。方法产生的化学力量，第一来源是它的反应性。一定条件下，化学反应非常活跃，在炼钢工艺中添加特定化学元素，化学反应的结果就会生成坚硬锋利而韧性十足的合金钢。第二来源是它的多样性。化学元素种类多，只是多样性的一个方面，化学元素多种形态的组合使其多样性更加丰富多彩。化学性能及发酵催化现象，对于方法力的体现，是非常形象直观的。

杠杆与支点，阿基米德力学的真谛

"给我一个支点和一根足够长的杠杆，我就能撬动整个地球。"阿基米德的这个力学理念，对于方法的认知有十分重要的启迪。方法不但恰似杠杆，还好比是杠杆的支点，没有支点的杠杆只是一个木棍而已。一百个抽象的概念，不如一个准确而生动的比喻，我主张给方法增加一个物化和动态的定义：方法就是撬动巨石的杠杆与支点。

一块大石头，千万年来"坐在"山顶上，你想推动它使它滚下山，用尽了双手、双臂、双腿乃至全身的力气，大石头却纹丝不动。筋骨肌肉的力量是有限的，这时就要寻找推动大石头的方法了。于是，你找来了一根长短粗细合适的杠杆，插在大石头底部，使劲地撬动，但仍然无济于事。推动大石头的这个方法得配套，杠杆还需要一个坚实有力的支点。你找来一段枕木般的树桩，杠杆以这段树桩为支点，大石头终于被撬动，一路轰然滚下山。此地此刻，杠杆和支点就表现出了方法的强大力量——撬动力、支撑力、推动力、冲击力、应力、张力及合力，阿基米德力学的正确性，在方法应用中得以形象地实证。

酶——皮尔士对方法的妙喻

美国哲学家皮尔士对方法的认知非同寻常，他用"下赌注"和"酶"的比喻，来说明方法的超级价值："我唯一的和最后的劝告是，你要把你最后一美金押上去的东西不是一个学说，而是一种方法。因为一个生命力很强的方法将修正自己以及学说。学说是水晶体，而方法是酶。"假如你正在为生计犯愁，兜里只剩下几块钱了，此时你要把它押在什么东西上呢？我非常赞同皮尔士的劝告，那就把仅有的几块钱押在方法上吧，方法能带来变化，带来效益，带来财富。

有人可能会问，皮尔士为什么用"酶"来比喻方法呢？这还得从酶的特性入手来解释，并与水晶体做些性能的比对。酶属于生物催化剂，生物体内含有数千种酶，支配新陈代谢、营养和能量转换等多种催化过程。酶是典型的有机物，有极强的活性，可以与品性不同的物质溶解在一起。水晶体是典型的无机物，大家都知道这种东西容易破碎，无法与其他物质溶解。把方法比作"酶"，实在是睿智而贴切。水晶体的最弱性能，却是酶的最强性能，方法如酶，溶解是它巨大能量所在。我如此强调"方法如酶"，就是要把内容与形式溶解在一起，把目标与任务溶解在一起，把思想与行动溶解在一起——溶解是方法力的核心功能。

咱们研究方法和方法论，有必要确立一个重要的观点，即方法产生和存在的常态，不是某些人冥思苦想出来的绝招（科学家的发明方法，与咱老百姓的关系不是很大），而大部分是那些常识，绝大多数方法都是自然而然的，约定俗成的，顺理成章的，不是刻意而为的。方法虽然无比奇妙，但它是常识性的奇妙，你我他对世界的认知，主要由各种各样的常识构成，方法的主体部分就是被生活和工作检验过的基本常识——奇妙方法常识乎，常识方法奇妙也。

步式/方法，多样性/方法力

通过方法之力解决问题，即是手段措施和门道路数，又是沿着正确途径往前走的"步式"。方法得当，事半功倍，势如破竹，一步一层楼；方法不当，事倍功半，费力不讨好，还可能把好事办砸了，走在平地上也会摔个大跟头。当你感觉工作干得很别扭时，应该停下来看一看方向和目标对不对路，如果没有什么问题的话，那就很可能是方法（步式）上出了问题。是不是所采取的措施不当？是不是选择的杠杆和支点有偏颇？面粉发酵本应用化学法，却用了物理法；检验病理指标，用错了化学试剂；给拉肚子的病人，开了泻药的处方。找到了方法上出现错误的原因，及时进行修正和改进，你的工作就不会别扭了，很快便会见到成效。

有些人工作热情高，但方法意识淡漠，学习和使用方法的能力欠缺，不太懂得方法的重要性和多样性。安排任务时只要求"过河"，从来不管"船"和"桥"的事儿。推进工作的手段单一，只会脱离实际定指标催进度，不会用正确的方法把相关要素溶解综合起来，运用到工作实践之中。

多样性是方法力的存在形式，诸如过河的方法有多种，架桥、造船、泅渡、涉水都是过河的方法，各自都能形成方法所特有的力量。可有些人过河只知架桥，不知造船，也不知还能泅渡和涉水，在不该建桥的地方建了桥，劳民伤财做了无用功。实际上，踩着石头过河，摸着石头过河，用脚试探深浅过河，等河水冻结实了再从冰面上过河，还有云南怒江的个别地方仍保留的溜索过河，都是过河的具体方法。

本书分为50章，每章话多则长些，话少则短些，长的万余字，短的三四千字，读上一章也就用"一袋烟的功夫"。一章集中讨论一个方面的问题，或者简单介绍一个种类的方法，都是相对独立的、完整的，你愿意看哪一章，就直奔哪一章好了，不必从头看到尾。你想寻找学习的方法吗，那就翻到第12章——学习的十三种方法；你想知道时间管理的方法吗，那就翻到第31章——时间管理攻略；你想掌握快乐的方法吗，那就翻到第48章——获得快乐的灵丹。书中的绝大多数内容，都是本人的切身经历和体会，即便是推介一些实用的方法，其中也有不少观点是自己对它们的延伸解读。

在本书的写作中，我特别注意不板着面孔说话，特别在意与你们拉近思想距离和语言距离，时而会用"我""咱""咱们""你""大家"的称谓，还会用"啊""啦""吗""呀""哦"等语气词，试图在文字表述上口语化一些，轻松自然一些。文一点说呢，我是想像促膝谈心那样，不疾不徐，娓娓道来，说一些自己心里的实在话。土一点说呢，咱们就是要像数九寒天坐在农村大炕上唠嗑那样，有啥就说啥，不刻意修饰雕琢，接足地气，尽量使大家的阅读不至于太劳累、太乏味。

第 2 章　方法论发展史上的五座里程碑

在有文字记载的数千年人类思想史长河中，方法一直处于世界观的笼罩之下，它虽然经常被美其名曰为方法论，但有其名而无其实——方法时常被"降格使用"——方法论长期被束之高阁，辈分和名分都不够档次。我无意也无力弥补这些缺憾，只是想用本书为方法的力量开辟一块生长的"小苗圃"，使大家更为重视和亲近方法，更为善于使用正确的方法。我推崇五位杰出的代表人物，称他们为方法论发展史上的五座里程碑，应该不算过誉吧。

亚里士多德：西方方法论的开山鼻祖

苏格拉底是柏拉图的老师，柏拉图是亚里士多德的老师，而亚里士多德又是亚历山大大帝的老师。从 18 岁到 38 岁，亚里士多德跟随柏拉图学习哲学，在众多学生中最为优秀（数学家欧几里得也很优秀），但他并不盲从于柏拉图的思想，师生间有时会为了某个观点争论不休，亚里士多德对柏拉图哲学中过重的唯心基调毫不妥协。柏拉图去世后，他离开了雅典学园，游历了当时交通条件所能达到的许多城邦，对自然科学及社会各领域都有深入的观察思考研究，亚里士多德的名言是："吾爱吾师，吾更爱真理。"

他非常重视教学方法，反对刻板的教学套路，经常带着学生一边散步一边讨论哲理。他的方法论主张是百科全书式的：学术研究要有问题意识，问题意识的来源包括学术界有争议的问题，或者是没有人研究过的处女地；非数学类科学的认识路径，首先要认清自然本身是什么，才能认清自然学科的对象是什么，进而上升到对本原的追问，最终上升到学科层面的反思；科学的论证框架有具体限定范围，事物发生的目的和原因不能无穷无尽，只需要处理论证框架内部的问题，准确选取特定材料做支撑就足够了；以探寻"四因"关系为目的做案例，控制变量与交叉对比，质料因、形式因、动力因和目的因不同排列，组合形成不同的事物，但支配它们的都是实体本身，因此探寻"四因"本身不是方法论使用的目的所在；对于美德，仅止于认识是不够的，还必须努力培养运用它，采取种种方法以使我们成为良善之人……

这位伟大的思想家，总结概括了古希腊哲学家们对逻辑问题的研究成果，创立了三段式为主的归纳—演绎方法，构建了严谨周全的逻辑方法论，其代表作《工具论》《形而上学》《物理学》等，每部都阐述了深刻的方法论思想。在形式逻辑上，亚里士多德将方法提升为系统的理论，奠定了科学方法论的基础，首次将思维方法上升为理论，并形成一定的体系。作为西方方法论的开山鼻祖，亚里士多德当之无愧。

笛卡尔：近代科学方法论奠基人

勒内·笛卡尔，这位有怪癖的法国人胆小懦弱，不太勤奋，喜欢躲在"火炉里沉思"，早年的兴趣主要在数学和物理学。奠定了扎实的数学和物理学基础之后，他便转入哲学研究并终身以哲学为伴。他对哲学的最大贡献是，天才地提出了科学而独到的方法论——探究的方法和怀疑的方法。笛卡尔强有力地跳出了长达两千年亚里士多德方法论传统研究框架的束缚,在开启他所处的那个时代方法论革命的同时,引发了近代哲学一场持久的转向运动,几近创造了一套完整的方法学,可惜后面的接续工作不知什么原因,成了虎头蛇尾。

笛卡尔有一本著名的书叫《谈谈方法》,全名为"谈谈正确运用自己的理性在各门学问里寻求真理的方法"。他在书中讲的是哲学方法论,虽然有些抽象,却值得一读。通过这部著作,我们可以看出笛卡尔深邃的哲学思想,很大程度上起始于开创性的方法论。他说:"我甚至于宁愿先付出充分的时间为自己所要从事的工作拟出草案,为自己力所能及的一切事物寻找可靠的方法,而不一开始就大刀阔斧把过去未经理性指引潜入我心的一切意见完全抛弃。""把一切分割成尽可能小的部分,仔细地一一详加考察,直到一目了然,不留一点漏洞。这就是力学方法或机械方法。"他通过自己设计的坐标系统标示法,对"变数"进行了深入研究,证明几何问题可以归结为代数问题,求解时可运用全部代数方法。这不但是数学史上一个重大事件,也是近代方法论构建过程中的第一个切入点。

难能可贵的是,笛卡尔还给方法下了一个简明的定义:所谓"方法",就是指确实和简单的规则。首先,他将方法定性为"规则";其次,他把方法定位为"确实";再次,他把方法概要为"简单"。对于笛卡尔的方法"三要素",咱们的确需要好好地逐个理解和把握。

培根:科学方法论之父

弗朗西斯·培根,12岁即进入剑桥大学读书,23岁就当上了英国国会议员,后来又升任英国大法官,三次受封爵位。他的哲学天赋和思想才华,尤其是对近代科学方法论的重大贡献，是不可埋没的。在笛卡尔之后，培根又对方法论进行了创造性开拓，被誉为"科学实验之父""科学方法论之父"。他奠定了近代经验科学的方法论基础，并且为后来经验科学的发展提供了持久的理论营养。

与笛卡尔有相似之处，培根也是从批判亚里士多德哲学思想入手，进行自己的方法论创造的。他崇尚实验和经验，崇尚科学实验的结果和对社会经验事实的观察。他的科学归纳法要求，经过实验获得可靠经验，按照严格的方法论程序，一步一步从特殊归纳出具有普遍性的科学原则。培根认为，一切经验只有当它们被证实的时候，才是合法有效的；只有被证实的经验，才具有科学价值；科学的普遍性产生于经验的类似性和规律性，它一经产生就可以运用于类似的现象；只要没有反例出现，科学的普遍法则便一直有效。

值得一提的是，培根以亚里士多德的《工具论》为参照物并针锋相对，撰写了充满方法论智慧的《新工具》。在这一专著中，他提出了经验主义的哲学方法，论证了建立在观察和实验基础上的科学归纳法才是认识世界的最好方法，为实验科学方法的合理性和有效性进行了经典辩护。他尖锐地指出，仅仅利用宗教和哲学典籍，加上逻辑规则来获得知识的方法，只会使人们的思想充满矛盾。他强调以经验事实为重，用自然表格法来归纳总结科学规律，以及用科学实验来检验知识。培根喊出的口号是："知识就是力量。"进一步说，方法也是了不起的力量。

培根注重观察、实验和总结、概括，善于使用形容和比喻的表述法，其撰写的哲学著作妙趣横生，进行随笔写作更是他的强项。培根总结概括出了探求因果联系的契合法、差异法和变量法，并用蜘蛛、蚂蚁、蜜蜂来比喻研究方法的特点及优劣。

方法 A——蜘蛛法。培根批评笛卡尔理性主义的研究方法，就像蜘蛛按照自己内心已有的计划织好一张网，只捕食撞进网里的食物，网外的东西一概不予理睬。这种方法的狭隘性一目了然，道理上谁都懂得其局限性，但蜘蛛法还是常见常用。我的理解是，蜘蛛法与以下两种方法的根本不同，在于蜘蛛是各自为政的，它们是独往独来的动物，形成的方法力也是个体性的，不具有团队性。

方法B——蚂蚁法。在培根看来，简单的经验主义者们如同蚂蚁一样，只知道搬运和储藏自己碰到的食物，把它们堆放在一起，然后囫囵吞枣地吃下去，剩下的事情就不管了。他认为勤奋的蚂蚁还应该在搬运、储藏、吞吃之外，做一些加工转化的事情。但我觉得值得肯定的是，蚂蚁法讲究分工配合协作，形成的是群体方法之力，这显然是蜘蛛法所欠缺的。

方法C——蜜蜂法。培根非常推崇这种方法，认为真正的经验主义者应该像蜜蜂那样，对于食物的来源保持开放式获取，通过反复不断采摘得到原料，主动进行加工处理，有效消化吸收，最终产出甜美的蜂蜜。据我的观察，蜜蜂法形成的不但是蜂群的力量，蜜蜂法比蚂蚁法高出一等的是：头领意识及蜂王权威，工蜂分工等级森严，责任和方法专属专用。可以想象，真正的经验主义多少也有些理想主义旨趣。其实，蜜蜂法也不是十全十美的，有些情况下大家也可以借鉴蜘蛛和蚂蚁的生存方式和获取食物的方法。

黑格尔：实现了辩证法/逻辑学/认识论的统一

在西方哲学史上，黑格尔的分量一直很重，他既是承前启后的转型导师，又是达到前所未有高度的巨匠旗手，其哲学方法论影响持久深远。但黑格尔对构建哲学体系的事情过于痴迷，表述问题的方式及语言虚幻晦涩，他的软肋是坚信上帝具有极伟大的力量，坚信唯心主义是放之四海而皆准的真理。

当然这并不妨碍他对辩证法的重大贡献，也没有太多地影响他对现实性及合理性的清醒认识和精辟论证。

黑格尔集欧洲唯心主义辩证法之精华，逻辑学是他精神创造的主要阵地，纯粹理性批判是他方法论创造的有力工具。他认为世界上的一切都是发展变化的，因此必须用联系和发展的观点与方法来思考问题，只有这样才能准确把握事物的本质。他构建了空前丰富的辩证法理论系统，其合理内核成为马克思主义唯物辩证法的直接来源。黑格尔特别重视分析与综合的统一，致力于把辩证法转变为认识方法，有力地打通了认识论与方法论的隔断。不无遗憾的是，由于他的辩证法建立在唯心主义基础上，头是朝下的，脚是朝上的，用起来时常扭曲，非常容易变形。正因为如此，他的辩证法带有严重的主观性及封闭性，批判和创造精神常常被窒息在唯心论的"象牙塔"中。

恩格斯：为马克思主义方法论画龙点睛

马克思和恩格斯扬弃了黑格尔的唯心主义辩证法，创建了以历史唯物主义为主线，以唯物辩证法为主导，无产阶级的科学世界观和方法论。相比较而言，恩格斯在方法论方面投入的精力更多，成就也更为显著，他的许多著作和文章都带有浓重的方法论色彩，对观察、实验、比较、假说，对归纳与演绎、分析与综合、抽象与具体、历史与逻辑等方法研究，都收获了累累硕果。一定意义上，恩格斯构建起了唯物辩证法体系，他对方法论研究的深度和广度，至今恐怕无人企及。

恩格斯75岁那一年，他拖着病弱之躯给德国经济学家、柏林大学教授韦尔纳·桑巴特写信提醒道："马克思的整个世界观不是教义，而是方法。他提供的不是现成的教条,而是进一步研究的出发点和供这种研究使用的方法。"在这里他作出了一个非常重要的判断,马克思主义不是教义,而是认识世界和改造世界的方法——不仅是研究问题的出发点,而且是认识世界和改造世界务必要用好的方法。

发出这封信不到五个月,恩格斯就与世长辞了,上面这个经典的判断,可视为他的一个哲学归结和政治交代。关于"不是教义,而是方法",大家还要搞清楚,在马克思主义完整的方法论里面,核心内容到底是什么?我认为有五个基本点,即批判的辩证法、历史的辩证法、科学的辩证法、唯物的辩证法、革命的辩证法。在第7章中,我会简要概括马克思恩格斯唯物和批判的辩证法。

另外,还有一句不算题外的题外话。在近现代中国学者中,胡适对方法的重视程度数一数二,而且重视得还挺实在(实用主义映照下的方法)。他说自己治中国历史的各种著作"都是围绕'方法'这一观念打转的,方法实在主宰了我四十年所有的著述"。他所提出的整理国故的方法,亦可视为重写中国历史的方法,以当下的眼光看,这种方法依然不过时。胡适对"主义"不太有研究,对方法却非常有研究,他对方法论的贡献不小,实用主义影响则更深。在哲学境界上,胡适不如上述五座里程碑高,他的"烟火气"怕是太浓重了一些。20世纪30年代初,李长之在北京大学听胡适讲中国中古思想史的课程,写了一封言辞恳切的信,他对胡适说道:"我顶感趣味的,却不是您那演讲的内容,却是那治学的态度和方法。"李长之写的这段话,每个字几乎都是我想要说的。

承接批判,扬弃式创造

方法论发展史上各个里程碑之间,时间跨度虽然有长有短,但关联性源远流长,没有分割也没有断裂。每座里程碑几乎都经历了凤凰涅槃浴火重生的过程,承接批判扬弃式创造是共同特点和基本路径,也是他们各自特有方法论的强大生命力所在。

亚里士多德直接继承了柏拉图唯心主义哲学思想,但他并未以此为满足,批判式继承、扬弃式接续是其方法论创造的两大特征。亚里士多德以超人的智慧和勇气,在自然科学与社会科学之间找到了融汇点,在唯心与唯物之间找到了创新点,由此把古希腊的世界观和方法论推上了巅峰时刻。

笛卡尔的身体状况不大好,内向的性格几乎到了自闭的程度,不愿意与陌生人打交道,对人对事总是小心翼翼,但他能够勇敢地跳出亚里士多德方法论的束缚,为近代科学方法论开辟了宽阔的道路。笛卡尔的方法论体系是开放的,有较为坚实的科学实验基础,同时又具有批判的和革命的内在驱动力。

培根的大半生都在官场上打拼,他敢于挑战亚里士多德的权威,对笛卡尔的方法论也进行了务实批判和创造性充实。培根的优势在于长期从政,社会实践经验丰富,对官场、对外交、对法律、对社会都有深切的感受和认知,他对方法论的承接积极性并不是很高,但对方法论的批判和扬弃还是不遗余力的,创造新的方法相当有成效。

黑格尔是方法论大师,他的主观唯心辩证法尽管有致命缺陷,但并未影响他承接批判西方传统哲学的深邃创造力,扬弃是他擅长的"绝活",正由于他的创造性扬弃,通过弘扬逻各斯精神和否定之否定方法,才把唯心辩证法搞得那么炉火纯青。

恩格斯作为革命导师,一边进行积极主动的承接批判研究探索,一边坚定地站在工人阶级立场上指导社会革命,直接扬弃了黑格尔的主观辩证法。恩格斯的社会革命辩证法与自然辩证法是相通的,他在承接吸纳西方哲学各种"合理内核"和精华要素的同时,坚决果断扬弃了唯心论和形而上学,开启了人类方法论的新纪元。

第3章 文化力+工具力+技术技能力=方法力

方法由哪些核心构件组成？这是个基础性的概念问题，也是个很现实的组合集成问题。我琢磨来琢磨去，觉得方法无非是文化、工具、技术技能这三样东西的综合体，"万变不离此三"——方法的力量就是文化的力量加上工具的力量和技术技能的力量。方法力首先是文化力，即文化的沉淀及应用，其深层内涵是文化元素构成的内应力，从根本上成就着方法力。方法力又是工具力，这是它常规而重要的属性，方法不但是单件的工具，而且还是组合的工具，多用途的工具、工具袋和工具箱。技术技能发挥出来的力量是方法的标配功能，可操作、可单用、可组合，还能够世代传承。

文化力关乎价值观和人生观

大千世界，凡是与人有关的事情，都会携带着文化符号，即便某个人不识字，仍然具有特定的文化基因。成模块或成体系的方法力，实质就是韧性十足的文化力，包括智慧的思想文化力，管理的精英文化力，治国理政的政治文化力，以及做好人和做好事的人文力量。从文化视角透析方法，会看到方法力这棵大树的许多根须深扎在土壤中，充分汲取着大地的养分；在向下纵深发展的同时，向上发出大量的茂盛枝叶，享受着充足的文化阳光和雨露。

方法力的内核，总会与文化理念及文化行为深度耦合，与价值观人生观发生紧密联系，并且相辅相成、相伴相生。通俗地说，方法力是给价值观人生观"打工"的，它没有任何需要维护的自身利益，这是方法大公无私的性质使然。从事职业和投身事业，都存在文化方法力的选择及运用问题，你有理想、有目标、有干劲，但若是缺乏方法或方法错误，价值观也好，人生观也罢，对于实现理想目标就都用不上劲了。

然而必须强调的是，不择手段谋取名利，突破底线红线去换得成功，是正确价值观人生观所不允许采用的恶劣方法。初心有背离，方向有偏差，加上心术不太正，只想学一些华而不实的方法，则会把路走歪，把事做邪了。

工具力来自硬件也来自软件

从操作层面分析，方法力主要呈现为工具的力量，这是人们对方法的普遍感知。作为达到目的的手段、措施、路径，以及操作规程，方法的工具力是明摆着的。常见的方法，如同一双筷子、一柄斧子、一把钥匙，使用过程需要相应的技巧，便会产生工具力。20世纪70年代初，我当过几年车工和钳工，给各种锁头配过钥匙，对方法产生"钥匙力"有较深感悟。钥匙是简单的工具，也是典型的工具，它将方法的核心要素基本囊括在内了，对技术技能的要求更加细致微妙。

展开来说，方法是文化、科学、理念、技术的工具化，是人们生产生活须臾不可缺少的贴身工具。上初中时，我很羡慕电工，他们的腰上佩戴着钳子、螺丝刀、试电笔等，无论走到哪里都带着这些工具，电工的身份和能力就体现为这些工具表征上。我记忆中有一个场景，"文化大革命"时学校里来了一位30多岁的"工宣队"队员，他给我们这些初中二年级学生讲话，腰上就扎着电工皮带，那套电工工具异常显眼。看着他那些略显张扬的全副武装，我和同学们都不得不佩服这位拥有工具的强者。原来工人阶级的伟大，也体现在工具的配备上，他比老师可是威武无数倍噢。

方法力可以来自一把简单的小钥匙，也可以来自一个操作复杂的系统程序或功能强大的软件。方法既是超大工具箱，又是取之不尽、用之不竭的聚宝盆。这个聚宝盆里装的不是金银财宝，而是各种各样的实用方法。增强方法的力量，我比较愿意打组合拳，不太喜欢单打一、一个招数用到黑。当下咱们使用的工具，已经不局限于物理形态的实体工具了，软件、小程序、大数据、云计算等信息技术和互联网技术，都标志着工具的时空运行能够超越物理实物的束缚，因而工具与技术技能的交融渗透力也在高速强化——组装配套、综合协调、软硬兼施的力量，才是功效最强、最耐用的方法力。

方法力——技术技能的使用效应

我不赞同"技术可以超越一切"的说法，但对弗里曼·戴森的如下文字有同感："技术是上帝的礼物——除了生命之外，它可能是上帝赐予人类最伟大的礼物。它是文明、艺术和科学之母。"我由此想到，假如把"技术"这个词换为"方法"或两个词兼用，这段话就更富有方法论意义了。

事实上，方法力与技术技能的应用效应密不可分，有时就是一个概念的两种说法，不少方法就是技术技能的直接应用，许多技术技能本身就是具体的方法。不同的是，方法的包容性更强，更具融会贯通和渗透效能——方法是应力、张力、合力都非常突出的实用技术技能。特别值得重视的是指数型技术，诸如互联网、量子计算、人工智能、纳米技术、生物技术、区块链等，这些技术突飞猛进的发展，对于方法都是引爆式的革命性贡献，其力量已经全面覆盖各行业各领域。

不过，大家也要认识到，技术技能对工具的依赖程度较高，木匠师傅如果没有配套的木工工具，技术技能效应就无法发挥出来。换个角度说，方法有时又是柔韧性的技术技能，对工具要求并不算高，甚至不需要工具的辅助，功夫到家的武林高手"一指禅"，不就能使自己的身体倒立起来吗。以这种形式表现的力量，则是方法独特的价值。

对不同对象，使用不同方法。杀鸡和杀牛或许能用同一把刀，但用外科医生的手术刀，杀牛估计不行，杀鸡或许能将就。庖丁解牛就是厨子完全了解了牛的身体构造、熟练掌握运用工具的技术技能后，形成的游刃于骨缝筋肉之间的精湛方法。亦可这样比喻，达到目的和解决问题的方法，不但需要各种桥梁和船舶，还需要有建造桥梁的先进技术，驾驶船舶还需要有系统的操作技能。我强调方法力的技术技能性，目的是强化方法的一个支撑点，也是力图为方法论的细化实化开辟一条途径。忽视这方面的支撑点和途径，不但方法力会飘忽不定，具体方法也有被悬空的危险。

方法不仅是杠杆和支点，而且还是灵活的操纵杆，操纵杆的力量效能可以实现最大化最优化。选择了合适的方法操纵杆，将它及时准确推送到位，就能收到立竿见影的效果。即如前些年传统的手动挡汽车，你把操纵杆从二挡推到三挡、四挡、五挡，汽车的速度便会从每小时5公里提升到100多公里。如果前面的道路突然出现塌方，你紧急刹车，再将操纵杆更换为倒车挡，脚踩油门，汽车就会倒退，迅速避开险境。

方法力中性，土办法洋办法兼用

在梳理方法力的文化属性、工具属性及技术技能属性特征时，咱们不能忽略它的"中性"，以及相对性和变化性的特征。不少情形下，方法力都是中性的，又是处于相对变化中的。好用的方法，常常因时而异，因事而异，因人而异。某些方法的确是实用的，但对某些人来说又是不好用的，其形成的力量有时是牵引力、扩展力，有时又是解构力、破坏力。一方面，方法有正确与不正确之分，有正当与不正当之分，有灵便与笨拙之分，有简单与复杂之分；另一方面，方法又有好坏之分，就看什么人使用，用于什么目的了。

我了解到的情况是，那些思想品质没问题、但能力水平一般的人，时常会在方法上犯错误。他们的出发点是对的，所要达到的目的也是光明正大的，可就是方法不对、不妥，结果好心做错事，好事没有办好。坏人犯错误，大都是有企图的本质性错误；好人犯的错误，大都是方法性的错误。坏人犯错误是主观故意，他们的阴险意图不可告人，为了骗取信任便会在方法包装上用尽伎俩。这些人做坏事不择手段，特别会投机取巧，方法成了他们干坏事的作案工具。

某些方法显得简陋土气，但用起来比那些复杂洋气的现代方法管用多了。方法力的作用也有个服不服水土的问题。在一些行业和领域，土办法比洋办法的生命力更强，农村家庭联产承包责任制就是非常管用的土办法，中国的农村改革就是靠这个土方法启动的。但也要清楚看到，各种方法多有兼容贯通之处，土法洋法的界限不宜划得太清，两者能够结合对接，中法西法可以兼施兼用，它们本身都有相应的融汇点和综合性，所以不要把方法搞孤立了，搞分裂了，搞对立了。

| 方法的力量 |

此外，方法力的重要思想来源是新理念，很多新理念都可以转化为方法来运用，不同的理念孕育不同的方法力，在先进正确理念指导下生成的方法，理论性、系统性和应力、张力及合力更强。反过来说，方法也能够转化为理念，有的重要方法还可以上升为理论——方法的力量会反作用于理论。用理论武装自己，这没有错，但还有些不够，还要用方法来武装自己。有了理论力和方法力这两种力量的武装，你就可以"上九天揽月，下五洋捉鳖"啦。

第4章 得"鱼"不如得"渔"

你瞧，站在渔船上的那位中年汉子，他是打鱼的"渔民"，不是吃鱼的"鱼民"，这个字少了"三点水"，确有实质的区别。渔民是拥有捕鱼工具和技能，并以捕鱼为职业的人，而"鱼民"这个词则容易产生歧义，它是个错误词汇。借用"渔"与"鱼"的不同含义，来比对阐释相关问题，有助于生动形象地说明方法的力量的关键价值。你是要得到几条半死不活的鱼呢，还是要通过学习和实践得到钓鱼、抓鱼、捕鱼、养鱼的方法呢？当然后者的价值大大高于前者，更具有可持续获得标的物的能力。

学得/习得方法，用好/用活方法

学立场、学观点、学本事本领，还要学得和习得方法，用好和用活方法。人们学得与习得方法的途径，总会有一些区别，但基本要求是大体一致的。方法能获取科学知识，能形成立场观点，能转化为本事本领，方法力的附加值最高，保质期也更长。

方法具有传承性，凭自己冥思苦想，东一榔头西一棒子，试图原创某种

| 方法的力量 |

高明的方法不太容易，但可供我们学习运用的方法比比皆是。就像"渔"一样，有许多方法可以捕获鱼——用渔网打鱼，用丝网挂鱼，用叉子叉鱼，用鱼笼逮鱼，即便是钓鱼也有渔杆钓、底钩钓、夜钓、海钓等方法，钓不同品种的鱼还要用不同的鱼饵，用不同的钓鱼技术。还有竭泽而渔的方法（池塘养鱼常用这种方法把鱼捕获上来），但电鱼和毒鱼则是被禁止的违法方法。也就是说，方法不但很多，而且既有好方法也有坏方法，大家要学习使用好的方法，不要学习使用坏的方法。

英国有社会学家调查了几十位诺贝尔奖获得者，这些科学精英们大都认为，取得成功最重要的是掌握方法，其他因素都在其次。这个调查结果印证了达尔文的观点："最有价值的知识是关于方法的知识。"研读了《物种起源》之后，我愈加体会到，达尔文贡献的划时代科学研究成果，与他的思想方法和研究方法密切相关，由于应用了正确的方法，并加强了科学方法的力量，才使他得出了影响深远的科学结论。

一个不太好的现象是，人们都想得到、吃到更多的鱼，但又时常忘记对"渔"的学习运用。忽视方法，忽视对方法的学得和习得，不懂得方法力量的极端重要性，历来是不少人的思维短板和行动缺项。他们把自己局限在一般化的知识层面，对于获得真功夫和实招数的方法，对于方法力的作用及价值，知之甚少，学之甚少，用之甚少。

从前（现在可能也差不多），在校学生每天要上几门课程，经常不得不围绕应试目标赶教学进度，往往是知其然不知其所以然。繁重的教学任务，使教师顾不上方法的传授，他们在课堂上会讲到各种知识的难点要点，但却忽略教学生如何学习方法，似乎方法是不言自明的事情。于是，一些教师只管自己怎样教，不管学生用什么方法学，一言堂，满堂灌，只求记得住，不求悟得透。相当一部分中小学，对学生的学习方法关心不够，他们最关心的还是考试成绩和升学率。近一个时期以来，忽视方法的现象正在逐步扭转，但对方法力的知与行仍然不尽如人意。

"我们的学习方法是令人震惊的落后，这种状况使个人和社会在对付全球问题所提出的挑战方面，仍处于全世界都不发达的水平。"罗马俱乐部用毫不含糊的语言，激烈抨击长期以来在学习问题上存在的弊病，他们抓住了问题的要害：在学习方法上"令人震惊的落后"！某个人的落后，某些工作的落后，往往都能在方法落后方面找到原因，方法的对错与否，方法力的有无与否，关系到学习和工作的成败，把方法问题解决好了，肯定会少走一些弯路岔路。

大家不要过于相信智商的说法，盲目信赖和过度关注智商，不如注重对方法的学得和习得。你的智商可能不高，但你认真刻苦努力，你的方法既科学又好用，学习成绩和做事绩效必然会稳步提高。他的智商即便很高，但他无心用功念书，无心干好工作，对方法一窍不通，高智商对他也没什么用，其他方面也好不到哪里去。

普适方法和特适方法均应掌握

方法有普适方法与特适方法之分，掌握了一些普遍适用的方法，还要掌握一些特殊适用的方法，很多情况下，普适方法和特适方法得衔接配套，而且又要以特适方法为主。以保持健康的方法为例，八十多岁的钟南山院士，现在还可以上场打篮球，而不少五六十岁的人，运动项目只是走路散步，走多了不行，走快了也不行，打篮球就更不行了。显而易见，唯有适合你的锻炼方法，才能对保持健康起到积极效能。对于个人来说，方法基本上都是特制而专用的。

工作的方法也要把普适与特适结合起来使用，日常更多的是要使用特适方法。公司里业务主管的工作方法，与机关里的科长处长的工作方法，会有一些相同之处，但不同之处更多，仅会用普适方法处理问题就行不通，那就得掌握特适的方法。同样在企业，方法运用上也有千差万别，其中很重要的两个决定因素是：第一，企业信奉和实行的是何种文化；第二，企业老板习惯何种领导方式和经营理念。你选择特适方法的"适"，即是主动适应企业文化和老板风格。采取层级化管理法，还是扁平化管理法？坚持服务第一用户至上，还是一切围着利润转？这些就是你采用特适方法的主要依据。

还有学习领域的方法，可区分为读书的方法、听课的方法、做题的方法、考试的方法、观察的方法、研究的方法、写作的方法、应用的方法，等等。用学习哲学的方法，去学习政治学或许可以，但用来学习物理、化学、生物，可能就不那么灵验了。然而，学习一种学科不一定必须用一个特定的方法，因此要认识到方法的针对性和差异性。能够说明问题的是，小学生常用的学习方法，中学生照样用就不太对路了，大学生继续用那就太小儿科了。

具体来分析，文科的学习方法有一定的普适性，偏重于理解、联想和判断，对老师依赖程度不是很高，课外可以多看参考书自学，深入观察社会现象，主动参与各种实践活动。理科的学习方法刚性比较强，它要求基础知识必须扎实，对老师依赖程度相对高一些，学习的逻辑关系要条理清晰，下一环紧扣上一环，一个知识点紧接着一个知识点，避免碎片化和断断续续不连贯。具体到每一门课、每一方面知识，学习方法都应有不同选择和调整。不必认准某种方法死守不放。以记忆为例，只要能使你记得快记得牢，那就不管拆分还是联想，不管白天还是黑夜，想读就读，想默诵就默诵，想做题就做题。你是擅长拆分记忆还是联想记忆，你是喜欢清晨起来背诵还是晚上熬夜做练习题，这些不仅是个人学习方法的习惯，可能还与你的脑结构有关，与你的学习环境有关。上午复习数学效果好就复习数学，下午复习化学效果好就复习化学，别听那些考试专家忽悠，每个人生物钟和习惯都不太一样，适合自己的方法肯定也不一样。

努力找到和形成适合自己的方法

方法有千百种，适合于自己使用并取得实效的方法，才算是好的方法。某些人或多或少会有方法的误用及困惑，一个大难题是形不成属于自己的方法，照搬别人方法又不太好使，弄来弄去对方法力也就失去了信心和耐心。找不到和形不成适合自己的方法，实在是令人沮丧的事情。

每个正常人天生都不笨，如果某人出现了所谓笨的现象，那很可能是由于方法没找对。有的方法在别人手里是好方法，但到了自己手里不一定见效，所以必须掌握和形成自己用着顺手的方法——孩子都是自己的好，方法当然也是自己的好。

前段时间我到某市调研，经验丰富的市长向我介绍了他们在市政府各部门实行的"七讲工作法"（当然也不是他的独创）：①决策工作讲担当，②请示工作讲方案，③汇报工作讲结果，④叙述工作讲经验，⑤落实工作讲一线，⑥耽误工作讲问责，⑦摸爬滚打讲情义。这个"七讲工作法"虽然不是很严谨周全，但在他们那里实行起来效果还是挺好的。有了符合本地实际的管用方法，撬动工作就有了得力杠杆和支点，实际上这也是应有的工作理念。

别人的好方法，外单位的好方法，咱们可以积极借鉴模仿，并且在这过程中要对方法进行改进完善，"拿来主义＋为我所用"，可作为形成自己方法的一个小公式。模仿借鉴是获得和形成方法的一条捷径，但这样做可不是原样复制粘贴，而是要把人家的好方法变为自家所有，并适当予以调整改良，使之更接近自己所面对的实际。有些方法虽然不错，但还是要从实际出发加以改进，根据需要灵活运用。假如一头雾水，不得要领，机械照搬套用，好方法也会变成坏套路，那还不如没有这些方法呢。

笔直的路也不能一条道跑到黑

方法就是大家每天都要使用的工具和技术技能，常常会有时过境迁的现象发生，有的文化理念落后了，某些工具和技术技能不好用了，那就得及时调整变换。从前很好用的一把刀，用久了也会失去锋利变钝，那就得再去回炉，再去锻造，再去磨砺。方法要根据实际情况和现实需要，进行改良改进和改造变革，多么笔直的路也不能一条道跑到黑嘛。

唯一有效的方法是不存在的，套用一个方法模板弊大于利，因此要不断调试并努力增强方法的灵活性及实用性。有些人生活或工作出现障碍，主要问题是老的方法不好用，手上又没有新的方法。选择方法要讲究匹配度，适合自己的身份处境和性格特点。职务较高的负责人，他的方法叫领导方法，构成的是领导力。级别较低的员工，他的方法叫工作方法，实践的是执行力。慢性子人要选择相对慢的方法，节奏可以慢一些，在深度和实用上多用些劲，不必强求进度速度，要争取以质取胜。急性子人要选择相对急的方法，节奏可以快一些，在数量积累上多用些力气，做到以效率取胜。但慢性子不能以"慢"为荣，在发挥慢而实优势的同时，还应适当掌握和运用一些加快节奏的方法。急性子不能就是一个"急"字了得，也要学会稳扎稳打的方法，速度和数量要有，质量也要稳步提高。

咱要知道自己的优势和劣势，身上肩负着什么性质的任务，用何种方法才能取得理想的效果。种树有种树的方法，插秧有插秧的方法，锄地有锄地的方法，做行政工作有行政的方法，做技术工作有技术的方法，搞科学研究有科研的方法。而且每一种类的方法不止几个、几十个甚至上百个，哪种方法好用且有效就用哪种方法，对方法不必从一而终。

学习工作生活对不对路，就看得法不得法，就看能不能会"渔"善"渔"，掌握了好的方法，也就有了能带来实惠的方法力，捕到更多的大鱼就不是什么难事了。反之，只想吃鱼，不会抓鱼，那就只能望鱼兴叹，流再多口水也吃不到鲜美的鱼。

第5章 中国辩证法：老子、庄子、孙子的真知灼见

在早期的古希腊哲学中，辩证法指的是一种辩论艺术，辩论者通过揭露对方论断中的矛盾，以求得真理并获胜的方法。与西方辩证法相比，中国辩证法可不是那么简单刻板，它从源头上就富有韧性和穿透力，虽然可能没有西方辩证法那么严谨周密。过去人们习惯把辩证法看做是与形而上学相对立的一种认知方法，其实辩证法并不限于认知的方法，更未满足于和形而上学相对立，除了有概念辩证法、思维辩证法、逻辑辩证法外，还有自然辩证法、唯物辩证法、历史辩证法、实践辩证法等。辩证法是方法的集大成，在充实和强化方法力过程中，若是缺少辩证法的统领，就容易迷失方向，不小心会跌入唯心、教条、偏执的泥潭中。

在本章中，我立足于现实需求，从哲学方法论的角度，粗略介绍老子、庄子和孙子对中国辩证法的卓越贡献，不求全面系统，仅求实用管用，有的内容只是点到为止。

老子原生态的辩证法："法力"恒久

五千多字的《道德经》，朴素唯物的特征鲜明，几乎每一句都闪烁着辩

证法的光芒。诸如祸福相依、刚柔相兼、将欲取之必先予之、知足不辱、知止不殆、大道至简、大智若愚等思想，均蕴含着认识世界和改造世界的"法力"。诚然，老子哲学中还有一些玄奥的喻义、歧义，这一点也没有必要否认，因为微瑕不掩大玉嘛。林语堂说："老子以箴言表达，庄子以散文表达；老子凭直觉感受，庄子靠聪慧领悟。"真的是这样，老子原生态辩证法表达是箴言式的，阐发和流露着天然的幽深及曼妙。

(1) "相"的比较辩证法

老子曰："有无相生，难易相成，长短相形，高下相倾，音声相和，前后相随。"在这六句话中，句句不离"相"字，统领着各句话的要义，我们由此可窥见，老子擅长的是以相对关系为内核的辩证法。在他眼里，世间一切事物都是相对应、相依存的，如果察觉了别人方法的"非"，就以为自己方法的"是"，这显然是把心思用在找别人缺点上了，反而看不到自己身上的毛病。某些人出现这种认知误区，那就是不懂"相"的辩证法。

(2) "水"的获胜辩证法

"上善若水。""天下柔弱莫过于水，而攻坚强者莫之能胜，以其无以易之。弱之胜强，柔之胜刚，天下莫不知，莫能行。"老子认为，天下没有哪样东西比水柔弱，但任何能攻坚克强的东西都未能胜过水，世上没有别的东西可以替代水。老子无时不谈"柔"胜"刚"的道理，无时不谈"不争""无为"的好处。世人也知道弱能胜强、柔能胜刚的道理，却时常忘记付诸实行，主要原因是人们爱逞一时之刚强，而忽略了柔弱平和的力量。

(3) "无"的功用及无私辩证法

老子的思维极为敏锐深刻，他另辟蹊径地写道："凿户牖以为室，当其无，有室之用。故有之以为利，无之以为用。"开凿门窗建造房屋，有了门窗四壁中空的地方，才有房屋的其功用，否则房屋也就毫无用处可言。"有"能给人便利，"无"能发挥其功用。门窗真正功用所在，就在于它为人们提供了虚空的"无"。他还说道："天地所以能长且久，以其不自生，故能长生。是以圣人后其身而身先，外其身而身存。非以其无私邪？故能成其私。"天地长久的缘故，由于它们不自营其生而长生。圣人常把自己的事情放在一边，但是他收获的远超出本意——遇事无私，成就了圣人的伟大。懂得并做到了这种"无"，也就基本掌握了使人高尚的根本方法。

（4）"细""易"的做事成事辩证法

"天下大事，必作于细；天下难事，必作于易"。老子时常强调"作细"和"作易"的重要性，大事都是由小事构成的，由细节构成的，成就大事大业必须从细小事情做起。万万不可忽视细节和小事，一口吃不成胖子，小小蚁穴却能毁掉千里大堤。万事开头难，做难事要从易于切入的关节点上突破，并且不要等到事情变难了才去做，要在问题处于容易解决的状态时做起。问题到了积重难返的地步，再被动地去解决，势必付出翻倍的代价。我们用"作细"和"作易"这两种方法去干大事解难题，便会提高成功率。

（5）"守"的免争辩证法

老子写道："知其雄，守其雌，为天下豁。""知其白，守其黑，为天下式。""知其荣，守其辱，为天下谷。"知道雄的道理，却不与人争雄，反倒是甘心于守雌，犹如天下的溪涧，这是咱免于争斗的方法。知道光明的一面，却不与人争光明，而甘居黑暗，为天下作法则，这是咱的高明高尚。知道光荣的一面，却不与人争光荣，而甘居耻辱，由此得到天下人的归服，这是咱的心智境界。守雌、守黑、守辱，把这"三守"做得轻车熟路了，咱们就能避免争端和非议，高人一筹了。

庄子隐喻的辩证法：大诙谐大智慧

研究中国古代哲学，人们喜欢把老子与庄子并列，或者干脆就统称为"老庄"。实际上，"老"是"老"，"庄"是"庄"，把老和庄混到一起说，很容易犯张冠李戴的错误。庄子是个神奇的人，有奇异思维的人，在方法论上是颇有建树的高人。他擅长用寓言故事讲哲理，善于用隐喻式来讲自己独到的、令人耳目一新的方法论。

（1）黄帝向牧马男孩讨教如何治理天下的办法

五千年前的某一天，黄帝来到襄城的旷野，想去具茨山瞻仰大隗，走着走着随行的七位圣人都迷路了，场面尴尬。此时巧遇牧马的男孩，黄帝不抱希望地顺便问道："你知道具茨山吗？"男孩爽快回答："我知道呀。"黄帝接着又问："你知道大隗在什么地方吗？"男孩再次肯定地答道："我知道呀。"

黄帝的眼前一亮，转头来对随行的七位圣人说："这个牧马男孩真不简单，你们看他不仅知道具茨山，还知道大隗在什么地方。"此时黄帝对男孩有了几分敬重，于是下车躬身："请问，怎么样才能治理好天下呢？"男孩有点不太愿意回答这个与自己无关的问题了，敷衍地说："治理天下也就那么回事，也就不是个什么事……'游于六合之内（四面八方之间）''游于六合之外（四面八方之外）'。治理天下也不过如此而已吧，这又关我有什么事呢？"

黄帝和蔼地说："治理天下的事，的确不关你的事，即便是这样，我还是要向你求教如何做好这件事。"这时牧马男孩显得有点任性了，拒绝回答黄帝的话。但黄帝仍然态度诚恳地继续讨教。男孩实在没有办法，用了一个反问句和一个感叹句："治理天下与牧马有什么不同吗？也就是治天下者不要做害马的事情罢了!"黄帝听到这番话,"再拜稽首,称天师而退"。

这是庄子特色的隐喻辩证法,他借牧马男孩的童言无欺,不但指出黄帝及随从圣人的认知局限,实际上也告诫所有当权者,治理的各项事务都可以从反面去设想,即不要做什么。在研究何为趋利获利时,更要研究如何避害、如何不为害、如何不做有害于利的事情。

(2) 知大至大:不知而后知之,不惑解惑而大不惑

庄子常用排比句来阐述方法力的相关性和奥妙处。他说:"知大一,知大阴,知大目,知大均,知大方,知大信,知大定,至矣!大一通之,大阴解之,大目视之,大均缘之,大方体之,大信稽之,大定持之。"这段话前后反复强调大的价值及意义,做人做事知道并做到这些"大",便能大事有成、小事顺遂、万事如意。

在千变万化的事物面前,只有知晓什么是大什么是小,才能使自己拥有宽阔境界和一定的回旋余地。有了至大的"通之",就能无所不贯通融通;有了至大的"母体",就能理解和解决所有问题;有了至大的视野,就能俯瞰洞察一切;有了至大的均衡,就能调理并随缘于各种事物;有了至大的方向、方位和方法,就能体会并从容面对各种情境;有了至大的信仰、信念、信心,就能稽核并攻克遇到的艰难险阻;有了至大的定力及稳健,就能守持万物和保有一切。

解析这知大至大之后,庄子的隐喻辩证法又向纵深行走了一大步:"颉滑有实,古今不代,而不可以亏,则可不谓大扬搉乎!阖不亦问是已,奚惑然为!以不惑解惑,复于不惑,是尚大不惑。"世上万物虽杂乱易变纷繁,但又有它们固有的实在性,古往今来不能互相代替,哪个都不能缺少损坏亏欠。这就表明世间的一切,都是有纲要概略和章法的!为什么不再深入探求大道呢?有什么可困惑的呢?用不惑去解释迷惑,再复归到不迷惑状态,这样就能达到"大不惑"之境。

(3) 与赵文王论剑法——三种剑的属性效能

在赵国太子请求下,庄子进见赵文王,名为论剑法,实为要劝阻赵文王不能再沉溺于低俗剑客互击致死的不良嗜好。庄子对赵文王说:"夫为剑者,示之以虚,开之以利,后之以发,先之以至。"这些话表面上是就剑术说剑术,实际只是个入题的铺垫,接下来说的三种剑之属性效能,才是庄子要表达的真义:"天子之剑……包以四夷,裹以四时,绕以渤海,带以恒山……此剑一用,匡诸侯,天下服矣。""诸侯之剑……直之亦无前,举之亦无上,运之亦无旁……此剑一用,如雷霆之震也,四封之内,无不宾服而听从君命者矣。""庶人之剑……蓬头突鬓垂冠……相击于前,上斩颈领,下决肝肺。此庶人之剑,无异于斗鸡,一旦命已绝矣,无所用于国事。今大王有天子之位而好庶人之剑,臣窃为大王薄之。"

庄子这通轰轰烈烈的妙论,阐发了他的辩证法。警示赵文王不能喜爱庶人之剑,如果不弃此爱好,那就是在搞"斗鸡"游戏,不但危害庶人性命,还会贻误国家大事。赵文王不是等闲之辈,他信服并听从了庄子用心良苦的隐喻劝阻,"王乃牵而上殿。宰人上食,王三环之"。赵文王拉着庄子的手走到大臣集聚的殿上,御厨献上佳肴美味,然后赵文王又围着坐席绕三圈向庄子致敬,赵文王对庄子真不赖。

孙子兵家的辩证法:道义与计谋兼施

对于孙子兵法,人们大概还是有些褊狭印象,似乎它不是正道的方法,充其量只是在用兵打仗方面谋略韬晦和狡诈之术。其实不然,孙子兵法的内核是道义与计谋的辩证法,不仅对战争、战略、战术和军事指挥有直接使用价值,而且对思维方式、思想方法和工作方法亦有间接借鉴价值。

方法的力量

(1)"知彼知己"

《孙子兵法》书中写道:"知彼知己,百战不殆;不知彼而知己,一胜一负;不知彼不知己,每战必殆。"孙子把"知彼"放在了"知己"的前面,显然是有深意的。这个"彼",不一定是敌人,而是你的对方,你的工作对象,还包括你面对的真实情况。当然,正确认知自己也十分必要,不能高估自己,亦不能低估自己,要真正知道自己的长项和短处。深知了自己,熟知了对方,做什么事情都不会失败;不了解对方,只了解自己,做事的成败可能各半;不了解对方,也不了解自己,做什么事情亦不会成功。

(2)"不战而胜"

孙子的难能可贵在于,他研究的虽然是战场上如何才能做到你败我胜、你死我活的方法,但却不提倡以战争(争斗)方式解决问题,他推崇的理想方法是"不战而胜"——"百战百胜,非善之善也;不战而屈人之兵,善之善者也"。百战百胜,不算是高明中最高明的,不通过打仗就使敌军屈服,才算是高明中最高明的。引申言之,与别人有了尖锐矛盾,与其他单位有了利害纠纷,最好别用争斗的方法去处置,首选的方法应该是以"善者"的姿态,采用"善法"化解尖锐矛盾,调整好内外关系,解决好利害纠纷,"不战而屈人之兵"。

(3)"求之于势"

"治乱,数也;勇怯,势也;强弱,形也。"这是孙子非常实用的方法三段论。在一定条件下,严整可以转化为混乱,勇敢可以转化为怯懦,坚强可以转化为虚弱。严整或混乱,是由组织的好坏造成的;勇敢或怯懦,是由态势的优劣造成的;强大或弱小,是由实力的大小对比造成的。关键是要把握好战势、大势、趋势、情势、态势,诸事都应"求之于势",最得力的方法是大势所趋,因势利导,势如破竹。但趋炎附势可不好,那是低劣方法,不足取矣。

孙子还强调："战势不过奇正，奇正之变，不可胜穷也。"大体上，作战有"奇""正"两种形式，但这两种形式的变化不可穷尽，可以相互转化，就像圆环旋转那样，无始无终。求势和用势要精通"奇""正"两手方法，仅有一手方法不行。"故善战人之势，如转圆石与千仞之山者，势也"。善于指挥作战的人所造成的有利态势，就像滚动圆石从高山上飞驰而下那样。这是势不可挡的大势强势，也是求之于势的最佳之势。

（4）"九变"

"九"是数字的最高级，"九变"即多种多样的变化，及应对这些变化的具体行动。孙子曰："故将通于九变之地利者，知用兵矣；将不通于九变之利者，虽知地形，不能得地之利矣；治兵不知九变之术，虽知五利，不能得人之用矣。"将帅如果能够精通各种机变的利弊，就算是懂得用兵了。如果不能精通各种机变的利弊，那么他即便了解地形，也不能够得到地形之利。指挥军队而不知道各种机变的方法，那么即便知道"五利"，也不能充分发挥军队的战斗力。所以要不拘于常规常法，而是要灵活运用变通的方法，根据具体情况随机应变——符合实际的方法就是好方法，什么方法管用就用什么方法。

（5）"深则专，浅则散"

孙子兵法中有一个重要思想："凡为客之道，深则专，浅则散。"通常在敌国作战的规律是，进入敌国境内越深入，军心就越稳定坚固；进入敌国境内越浅近，军心就容易懈怠涣散。"入深者，重地也；入浅者，轻地也……"进入敌境纵深的地区，叫做重地；进入敌境浅近的地区，叫做轻地。"兵士甚陷则不惧，无所往则固，深入则拘，不得已则斗。"士卒深陷危险的境地，心里就不再存有恐惧；无路可走，军心自然就会稳固；深入敌境，军队就不会离散；处于迫不得已的状态，军队就会殊死奋战。

"深"与"浅"的辩证法，可以运用到各个领域，学习也好、研究也好、

| 方法的力量 |

工作也好，都要尽可能有深度，以免在表层上耗费功夫。分析人的思想，观察具体工作，一个重要标准就是看其有没有深度。掌握了"深则专，浅则散"的方法，就会有效防止"浅"和"散"的倾向，自觉在"深"和"专"上发力。

从老子、庄子、孙子的辩证法中，可以概括出两个基本特征，一是积极的态度，二是乐观的精神。换句话说，辩证法都是立足于积极的立场认识事物和分析问题，对于事物的发展变化秉持乐观的预期。虽然有些学者说，辩证法是全面的、客观的方法，中国古代辩证法不过是朴素主观的原始状态的方法。对此，我要强调的是，中国古代的辩证法更重要的是积极而乐观的实用方法，在消极现象中识辨出积极因素，将悲观情态转化为乐观精神，实际、实用、实效是第一位的。

第6章 《易经》中闪闪发光的方法论

原本的《易》，不是后世所理解的书籍，它只有六十四卦的卦图。到了汉代，《易》上升为"经"的至高位置，卦象/卦辞/爻辞应运而生，构成了《周易》的经，筑牢了它的经典根基。在中华智慧宝库中，《易经》具有源头性和原创性，其方法论价值及产生的方法力，高至难以攀登及附和。以往某些人谈到它，时常被神秘的云雾所笼罩，就卦解卦，就爻说爻，跳不出"如来佛的手心"。我在这里解读的《易经》方法论，更多的是以通俗而引申的思路，挖掘其内核中的闪光点，若有超出原初本义的说辞，亦是有意为之。

从 "易" 字入手切题

司马迁在《史记·孔子世家》中记述："孔子晚而喜《易》，序《彖》《系》《象》《说卦》《文言》，读《易》，韦编三绝，曰：'假我数年，我于《易》则彬彬矣。'"据司马迁的这段话可知，孔子对《易》是多么的喜爱，多么的敬重和珍视呀，由于读的次数太多了，使串竹简的麻绳断了好几次。

| 方法的力量 |

本人的古汉语水平有限，亦是以实用为目的的需要，我研究有关《易》的经典使用的方法是从"易"字入手切题，挖掘简易而实用的辩证法要素，致力于回归其自然朴素的底色。范文澜曾引经据典深度剖析"易"的丰富内涵："易一名而含三义，所谓易也，变易也，不易也。""易者其德也，变易者其气者，不易者其位也。""日月为易，刚柔相当。"范文澜说得太对了、太好了。他对"易"的解读认知站位极高，意味深长且十分确切——"易"代表着日月之道，调和着阴阳之规，刚柔阴阳不抵触相融洽。

《易经》中的"易"字，古人总结它有三个含义：简易、变易、不易。我对"易"的体悟则是：①简易。易的原意本意，易的核心要义，即易简，易而简，简而易，以简求易，以易驭繁。它不仅是方法论的基点，还与人的品质德性行为有不小关系。②变易。由变到易，由易促变，易是变出来的，原本可能是艰难是烦琐，但以变的方法可以使之由艰难烦琐变为容易、简易、适易。它不仅揭示了事物变易的属性，还与人的气质、气度、气象有直接关系。③不易。不易，不是对易的否定，而是对易的深化，且有不宜、不变动、不合时宜之意。它不仅丰富了对易的规律性认识，还与人所处的位置环境有动态的关系。从这三层解释"易"的基本含义，其方法论的深刻便可脱颖而出了。

展开来加以解构还原，易具体包括容易、简易、变易、适易、易于、不易等意思，易与"难"与"复杂"有相对性乃至相克性，它是克困、克坚、克难的方法，也是克复杂、克烦琐、克骚乱的方法。易与简紧密相通、高度契合，要想战胜复杂化，就必须挥起"易"和"简"这两把利剑。面对工作中的难题，如果过度复杂化是主要矛盾，那就要以简制胜；如果难点交织是主要矛盾，那就要以易制胜。大多数情况下，易的方法和简的方法可交替使用，也可合并起来综合运用，由易达简，由简达易，都是没有停靠站的直通车。

无咎法：这个方法不寻常

乾卦中写道："九三，君子终日乾乾，夕惕，若厉，无咎。"我对研究卦象的兴趣不大，知识的储备也不大够用，但对这个"无咎"的判断甚是认可。以什么方法才能避免大大小小的灾祸呢？你整天都在勤勉而刚健地努力工作着，可能会触犯别人的利益，碰了人家的蛋糕，但仍要"终日乾乾"而不弃不悔。到了深沉静夜时，则要像遇到危险一样，始终保持着警惕，对任何事情都不要随意任性，内心要永远不失敬畏感。"日乾""夕惕"，提倡的不是不做事、避事、躲事而不犯错，注重的是有理想、有奋斗、有担当、有作为而又不犯错。这是非常不简单的无咎，值得提倡和践行。

内阳、外阴，内健、外顺

"天地交而万物通也，上下交而其志同也。内阳而外阴，内健而外顺，内君子而外小人，君子道长，小人道消也。"泰卦中说的这些话是对"交"与"通"与"志"关系的阐释，落脚点放在了"内外有别"的方法上——内在实质与外在表现可以是相对的，甚至也可以是相反的，但"道"却是主持着公平和正义的。宏观方面是天地之交，这种"交"能使万物相贯通。微观方面是上下之交，工作中上下级的交流沟通，不但能化解不少隔阂误会，更重要的是能形成共同的志向。一个品质优秀、本领超群的人，内在素质就是要有阳刚之气和强健之力，外在能力就是要有阴柔之法和顺遂之势。面对世间百态，君子之心为内在硬核，小人之举为外面穿着的盔甲，以善良之心对众生，以盔甲之身对小人。这种不同性质的方法转换，是内外有别和因人而异的需要，不是搞两面派。

"自求口实" "慎言语，节饮食"

阅读中华文化经典时，人们常常望《易》而生畏。我原来也是如此的感受，但深入研究下去，发现它的方法主张是朴实通俗不尚空谈的。"自求口实"的意思就是自食其力，自己要为自己找到口中的食物，不能做饭来张口的寄生虫。而"慎言语，节饮食"的方法就更容易理喻和操作了，言多必有是非谬误，暴饮暴食必有疾病发生。所以，说话要慎重，言之要有物，不说废话，不背后议论别人的是非，评价人要有根有据，话少一些比过多好。饮食要有节制，贪多嚼不烂，大鱼大肉不能多吃，节食应该是每天每顿饭的自律，吃个八分饱就行了。

由言语和饮食，扩展到更广泛的领域，"慎"和"节"这两个字都应作为咱们的座右铭。遇到大事难事要懂得审慎行事，战战兢兢，如履薄冰，慎终如始。遇到好事美事要懂得自觉节制，多么好的好事也不能做绝了，多么美的美事也不能做过了——慎而言之，节而为之，以慎重和节制立身、立言、立业。

进德修业法

《文言》中引用了孔子的一段话，揭示了圣人高远深厚的方法论："忠信，所以进德也。修德立其诚，所以居业也。"此话大意是，忠诚待人，言而有信，通过增进道德和修饰言辞，树立诚实可靠的形象，这也是积蓄功业的方法。概括起来说，忠和信都要依靠进德修德之法，忠实诚信能使品德优良，修养道德能使诚信确立起来，德有根基有精进，业也会有发展，业得到了发展，又会促进德的精进，愈修愈诚。那么，一些企业家有了骄人绩效和功业，实现了原始积累和财务自由，反过来就应当对员工更好一些，多做些公益慈善事业，进而拓展"业"的领域和社会效益。

中正比应法

《易》本来是卜筮的依据，它多采用中正比应（世应）的方法，来体现方法论的因缘关系和实用价值。通过中正比正（世应），不但能够找到"六爻之义易以贡"的方法，还能够达到"知者观其象辞，则思过半矣"的解构效应。在易经理论里，古代智者们把"中"与"正"的概念搞得相当玄奥，其他所有玄奥又大体上是从这两个字的本义引发的，中正即不偏不邪，而且还有相对的比对照应。一卦六爻，相邻之爻谓之"比"，这个"比"在方法上有"乘"和"承"的区别。中正的"比应"，主要是以阴阳搭配是否符合情理及规律，来判断事物的好坏凶吉。"世应"也是一种方法要术，它由"世爻"与"应爻"两个要素组成，与数字及顺序对应有必然联系。通俗地理解，可将中正比应（世应）的方法，视为中庸而趋正，比对世事和应承传承的方法。这种方法的适用空间很大，可以作为从方法论走向具体方法的桥梁使用。

以同而异法

睽卦先讲了一个小故事，说的是两个女子住在一个房间里，但她们的想法和心志不同，行事的方法也不同。然后引出了一个宇宙现象，天地万物皆乖异不同，各有各的"道行"，但却有相同的生长过程和类似的生长地方。以同而异法告诉人们"三个睽"："天地睽""男女睽""万物睽"，"睽"并非分道扬镳，反而是"事同""志通""事类"，睽而相同相通相类，进而"睽之时用大矣！""君子以同而异"。论说到此，辩证的认识论与方法论自然而然地对接了起来，凡天下事同中必有异，异中必有同，对立统一规律促使事物演进发展。由"睽异"到"睽同"，即是以睽合之道，用以同而异之法，谋求事物和人与人的趋同大同，小异即可忽略不计。

凡益之道——增益，动静不失其时

凡益之道的大意是，凡对增进益处的道理和方法，均是顺应于合适的时间而共同进行的。"增益"是本卦的旨意，其中一个重要方法是损上益下，体现了高度的民本意识。范仲淹对此的理解是："损上则益下，益下则固其本。"损而得益，守正而受益，具体到对待"善"与"过"所要采取的方法，那就是要做到"见善则迁，有过则改"。这也是从两个方面入手的增益之法。

什么时候该动，什么时候该静，这是很讲究方法的，方法得当，动有所得，静也有所获，否则便会适得其反。"艮，止也。时止则止，时行则行，动静不失其时，其道光明。"亦是说，"艮"就是静止的意思，时机应当静止就要静止，时机应当行动就要行动，静止和行动都不要丧失时机，取得这样的"道"便会一片光明。时过境迁，方法要创新更新，增益不损上亦可益下，迁善改过亦可增益，只要把握了抓住时机的方法，动静适宜的方法，果断行动的方法，适可而止的方法，就会走上凡益之道。

立本趋时——刚柔者与变通者

《系辞·下传》曰:"吉凶悔吝者,生乎动者也;刚柔者,立本者也;变通者,趣时者也。"这段话有三层深意:

其一,吉祥、凶恶、悔恨、吝啬,都生动地隐藏在卦象与爻象的变动过程中。即是说,以上这四种情形或结果,都是在变动中产生的,变动可能是好事,也可能是坏事,有些人惧怕变动(不一定都是坏事),有些人喜欢变动(不一定都是好事)。因此,大家要掌握变动的选择和方向,争取其利,防止其弊。

其二,阳刚与阴柔是确立六十四卦的根本。阳刚和阴柔,不仅是《易》的一对基础要素,也是行走于天地之间的根本方法。我们做人做事,既要有阳刚之法,披荆斩棘坚忍不拔地把事情做好,不达目的不罢休;同时又要有阴柔之法,懂得妥协退让,懂得迂回前进,懂得忍辱负重。

其三,卦中刚柔的各种变通,都是为了趋向于适宜的时机。现实生活中,你或是阳是阴,或是刚是柔,并非固定不变——"穷则变,变则通,通则久"。变因为穷,变为了通,通了才能长久。阳刚有阳刚的用途,阴柔有阴柔的用途,不能用错了地点和对象,也不能用错了时机,要当好立本趣时的刚柔者和变通者。

易与简:极朴极素,性价比极高的法宝

本章的开头,我就从"易"字单刀直入,来概述其方法论的价值。这里

| 方法的力量 |

咱们再从"易""简"两个字展开,概要地讨论一下两大方法的绝妙之处。

《系辞》把"易"确定在了"乾"的高位上:"乾以易知。"说的是,乾以其特有的平易而充满了智慧。换句话说,平平易易能产生"乾"那样宏大的智慧,平易作为重要方法代表着常态的智慧。同时,"简"的定位也不低,虽稍逊于"易"的位置,但很接地气(地应坤象),"坤以简能"——坤具有简约顺从的能耐和功效。大有作为的方法,往往就是简约顺从的方法,简简单单,一点都不烦琐、不复杂,朴素得不能再朴素了,达到了朴素的最高境界。

"易则易知,简则易从;易知则有亲,易从则有功"。道理只有简易才会使人明白通晓,事情只有简易才会使人跟从;容易为人所知就会有人亲近,容易使人跟从就会建功立业。"易简而天下之理得矣"。这句话是概要定性的,也是全面强调易简方法的价值。咱若能明白乾坤的平易与简约,就会晓得天下所有的道理,朴素的易简之法从此就得到了。

不过,任何事情都不能绝对化,再好用的方法也要遵从现实,对事情对问题在战略上可藐视,但在战术上和方法上切不可轻视。曾国藩说得好:"视事太易,亦是一弊。"把艰难的事情看得太容易,本身就是很大的弊端,这种误判极可能对形势盲目乐观,对解决问题的难度估计不足,因而造成一系列失误。

第7章 唯物辩证法四种典型形态

不管如今思想多么多元,世界观和方法论多么五花八门,我最信仰最崇拜的仍然是马克思恩格斯唯物主义的批判辩证法,以及与之具有继承发展关系的列宁对立统一的革命辩证法,毛泽东内因重于外因、主次分明、特殊与普遍关系的矛盾辩证法,艾思奇通俗易懂的大众辩证法。从唯物辩证法特征的角度解析,我将它们概括为如下既有紧密联系,又有所区别的四种典型形态。

马克思恩格斯的"唯物批判辩证法"

马克思和恩格斯的辩证法,包含着三重根本属性:①唯物的属性。坚持物质为第一性的唯物主义辩证法——唯物辩证法。②批判的属性。批判陈旧理论,批判腐朽制度,批判不公道的世界。批判的武器,武器的批判,虽然不可相互替代,但可以一并启动。③变革的属性。聚焦在理论变革和社会变革这两个关键点上,打破一个旧世界,开辟一个新世界——不是改良,不是修正,而是坚决彻底的世界观和方法论的深刻变革。

众所周知，马克思和恩格斯的批判辩证法是以唯物主义为根基的，这是咱们最为熟悉的根本属性，但在前些年的某些教科书中，却把这一属性搞得简单化、庸俗化了。马克思主义唯物辩证法，有着深厚的理论基础及广袤的实践张力，不是"三个规律""五对范畴"那么简单，也不是关于自然界、人类社会和思维发展一般规律的科学那么抽象。它既揭示了许多一般规律，也揭示了不少特殊规律，涉及的范畴起码几十对，而且还有大量不成对的范畴。以马克思的《资本论》和恩格斯的《自然辩证法》为例，其中的辩证理念、辩证方法和得出的辩证结论，几乎可用汗牛充栋来形容。

在关于方法论五座里程碑那一章，我重点阐释了恩格斯对马克思主义方法论的杰出贡献，这里再作一些补充。年纪很轻的时候，我读马克思的著作实在是吃力，那是因为感觉不好懂，但对恩格斯的著作我读起来比较入迷，他以自己特有方法阐释的思想生动鲜活而鞭辟入里，理论与实际高度一致，不玄奥不晦涩。恩格斯在强调马克思主义方法论性质的同时，还特别强调了唯物辩证法的价值："这个方法的制定，在我们看来是一个其意义不亚于唯物主义基本观点的成果。（这种方法）是最好的劳动工具和最锐利的武器。"——最好的劳动工具和最锐利的武器，实际也就是最好用的方法。恩格斯站在无产阶级立场上，有力强化了辩证法的唯物主义属性。

从另个层面说，马克思和恩格斯辩证法的"唯物"不是中性的，而是有坚定鲜明的党性，正如恩格斯晚年所强调的哲学党性那样，马克思主义世界观和方法论的党性立场从未摇摆过。固然，"唯物""物质第一性"，绝不是马克思和恩格斯辩证法的全部，并非"唯物独尊"和"唯此唯大"的单一化。他们创立唯物辩证法的党性无可厚非，但其方法论又是高度开放的全方位辩证体系（系统），宗旨和纲领来源于多渠道，走向也是多方位的。马克思和恩格斯的辩证法是以批判为主要手段的与时俱进辩证法。

正如马克思所指出："批判的武器当然不能代替武器的批判，物质力量只能用物质力量来摧毁；但理论一经群众掌握，也会变成物质力量。"对于自己的辩证方法，马克思曾经特别加以澄清和确认："我的辩证方法，从根本上来说，不仅和黑格尔的辩证方法不同，而且和他截然相反。""辩证法不崇拜任何东西，就其本质来说，它是批判的和革命的。"

马克思和恩格斯都是伟大的批判哲学大师，他们的理论体系主要依靠批判这一锐利武器，经过持续不断的吸纳、扬弃、构建、创造而形成和完备的。批判是马克思主义的首选武器和常规武器，假如没有对资本主义社会制度的批判，辩证法就走不了多远，正因为有了这种批判，辩证法才充满活力和战斗力。从朴素辩证法、唯心辩证法到唯物辩证法，辩证法向前迈出的每一步都是凭着批判开路的，到了马克思和恩格斯这里，批判辩证的方法论力量更加有生命力。

再进一步分析，唯有突出马克思主义哲学的实践批判性，唯物辩证法才能立得起来，才能得到不断地丰富和发展。马克思和恩格斯的辩证法是为无产阶级革命服务的，它不是讲堂上书斋里的理论，而是具有高度实践批判性和战斗性的方法论。因此可以说，马克思和恩格斯的唯物辩证法也是以批判为武器的实践辩证法。

列宁的"革命辩证法"

19 世纪末 20 世纪初，在资本主义堡垒上打开缺口的重任，落到了俄国人列宁的肩上。这位满腔革命激情的政治运动领袖，无暇顾及那些抽象的哲学问题，他把大部分精力都用在研究和实践"革命辩证法"上了——为无产阶级革命提供思想武器和行动引领。1914 年以后的一个时期里，第一次世界大战隔断了列宁与俄国国内的联系，他得以集中精力进行无产阶级革命理论研究，并把研究重点聚焦在革命辩证法上。他以革命的姿态、革命的理论、革命的行动，继承发展了马克思恩格斯的唯物批判辩证法。

(1) 对立统一规律是辩证法的实质

之所以把对立统一规律作为辩证法的实质，列宁的革命意图高于哲学认知，因为他倡导的辩证法是立足于为无产阶级革命服务的功能定位。原话是这样写的："统一物之分为两个部分以及对它的矛盾着的部分的认识，是辩证法的实质。""对立面的统一（一致、同一、均势）是有条件的、暂时的、易逝的、相对的。互相排斥的对立面的斗争则是绝对的，正如发展、运动是绝对的一样。"即是说，统一是相对的，斗争是绝对的，发展和运动都是绝对的。不难看出，列宁更多强调的是对立面的斗争，没有斗争就没有统一，相对的统一不足以抗拒绝对的斗争。这是他的革命辩证法之核心。"对立"是革命的不变理由，"统一"是革命的动态过程，革命将对立统一起来，并持续进行下去。

特别有意义的是，列宁在突出对立统一规律核心地位的同时，他还科学论证了辩证的发展观："第二种观点（辩证发展的观点）才提供理解一切现存事物的'自己运动'的钥匙，才提供理解'飞跃''渐进过程的中断'、向对立面的转化、旧东西的消灭和新东西的产生的钥匙。"我在第3章中说过，钥匙是工具类的方法，产生的是方法"钥匙力"，在辩证发展过程中，钥匙的配制和更新必不可少。辩证发展观不但对当时革命斗争乃至革命战争提供了直接的理论依据，而且对于后来布尔什维克党的政治建设和苏联经济建设都起到了重要作用。

(2) 纠正错误，转败为胜，获得经验教训——方法论的内应力

俄国革命的道路一波三折，错误和失败经常发生，挫折几乎是革命的主要特征，党内的争论因此也喋喋不休。列宁指出："公开承认错误，揭露犯错误的原因，分析产生错误的环境，仔细讨论改正错误的方法——这才是一

个郑重的党的标志,这才是党履行自己的义务,这才是教育和训练阶级,进而又教育和训练群众。""如果昨天的经验教训没能使我们看到旧的方式方法的不正确,那么我们今天就绝不可能用新的方式方法来完成自己的任务。"

从这些引文中,大家可以体会到,列宁特别关注对错误及失败采取何种纠正和扭转的方法,后面的那段话明确提出了"旧的方式方法"和"新的方式方法"问题,我觉得这可看做是列宁革命辩证法的一个着力点——战胜错误和失败,获得经验和教训,重要的举措和目的是尽快抛弃旧的方式方法,果断采取新的方式方法,党的"郑重"和党的"力量",都应当在方式方法的破旧立新上充分体现出来。

(3) 依据必然性选择道路和手段

为了达到一个正确目标,所走的道路和所用的手段当然有其必然性,但这种必然性不是消极等待而来的,需要主动积极作出选择。革命有必然性也有选择性,其中的辩证法几乎决定着革命的前途和命运。列宁实事求是地指出:"如果社会主义在经济上尚未成熟,任何起义也创造不出社会主义来。"他主张革命要依循历史的必然性展开推进,不能像孟什维克那样搞政治投机或空喊一些蛊惑人心的口号。

概言之,列宁涉及必然性的革命辩证法有三个侧重点:一是如果必然性不存在,你竭尽全力也没有用,必然性不是创造出来的;二是一些关键因素会促使必然性成熟,在必然趋势呈加快状态时,就应该及时作出选择,不能墨守陈旧的过时认知;三是当必然性的条件基本具备时,选择道路和手段至关重要,明智的选择是顺应并加速这种必然。

(4) 在曲折中前进,坚定必胜的信心

列宁在其生命的历程中,呼喊最多的是前进和胜利,"面包会有的!"他不畏险阻,勇往直前,致力于战胜白匪,战胜帝国主义,战胜孟什维克的斗争。每当革命陷入困境,他都会用前进与迂回的革命辩证法引领和开导革命者，反击形形色色的机会主义分子，并且经常重申革命者要充分认识到前进的曲折性。

他引用车尔尼雪夫斯基的名言"历史活动并不是涅瓦大街的人行道，"提醒党内的同志们保持清醒头脑，"谁认为无产阶级革命必须一帆风顺"，"谁就不是革命者"。无产阶级革命不是在舒适的人行道上散步，迂回曲折和流血牺牲都是难免的。与此同时，列宁坚信无产阶级革命事业终将取得胜利，在战时共产主义政策屡屡碰壁境况下，他一方面勇于承认执政党存在的错误以及社会主义事业发展的曲折性，另一方面不断坚定布尔什维克的必胜信心——"我们尤其不允许有丝毫灰心失望，也没有理由灰心失望"。

毛泽东的"矛盾辩证法"

某种程度上，毛泽东的哲学思想受列宁革命辩证法的影响比较深，但绝非是拿来主义。"事物的矛盾法则，即对立统一的法则，是唯物辩证法的最根本法则。"这是毛泽东《矛盾论》开篇的第一句话。紧接着，他复述了列宁的话："就本来的意义讲，辩证法是研究对象的本质自身中的矛盾。"毛泽东以这种方式开篇的目的，无疑是力求使他的论断更具权威性。《矛盾论》集中表达了毛泽东的矛盾辩证法，这一专著对马克思恩格斯的唯物批判辩证法，对列宁的革命辩证法，都有实质性发展和应用性创新。

（1）矛盾无处不在

1937年夏天，毛泽东在延安抗日军政大学作了"辩证法唯物论"的演讲，后来的《矛盾论》是这个演讲的一部分。他从多个角度阐述了矛盾的辩证法，其中最简洁精辟的一句话是："没有什么事物是不包含矛盾的，没有矛盾就没有世界。"的确，世界存在矛盾之中，事物发展在矛盾之中，人们也生活工作在矛盾之中，矛盾无时无刻都存在着，并产生着作用。就拿一个企业来说，在公司内部有新产品与老产品的矛盾，有股东与管理层的矛盾；在公司外部有与同类企业竞争的矛盾，有与市场监管部门的矛盾。人们要做的事情，就是承认矛盾的客观存在及转化的可能，不回避也不激化矛盾，努力调和化解矛盾，利用这些矛盾兴利除弊。

(2) 内因重于外因

毛泽东把事物发展变化原因及矛盾的因果关系分析得十分透彻。他讲道："事物发展的根本原因，不是在事物的外部而是在事物的内部，在于事物内部的矛盾性。""外因是变化的条件，内因是变化的根据，外因通过内因起作用。"这些宝贵的辩证法思想，系统阐述了内因与外因的各自作用，科学分析了原因与结果、内部及外部的联系，论证了事物矛盾发展变化规律。

此前的各类哲学，也都较为关注因果关系问题，但对内因的决定性缺少应有的重视，毛泽东关于内因重于外因的辩证思想，填补了那些不该有的疏漏。然而，某些人研究分析因果关系时，至今仍然习惯于把外因的作用放大，不愿意正视由于内在驱动力不足对事物发展造成的不良影响，在方法上也缺少从内因入手解决问题的自觉性和可操作性。在一些地方这种现象不是个别的。重读毛泽东《矛盾论》的有关论述，我们确有必要在强化内因意识和解决内因问题上多下一些真功夫。

(3) 准确把握矛盾的特殊性

对于普遍性和特殊性这对范畴，毛泽东一以贯之强调特殊性。在《矛盾论》中他重点论述了特殊的矛盾和特殊的本质，从认识论和方法论角度他更看重特殊性的价值："各种物质运动形式中的矛盾，都带特殊性。""每一种社会形式和思想形式，都有它的特殊的矛盾和特殊的本质。"事物和矛盾的特殊性，实质就是其规定性乃至决定性，你要想确定一事物不同于他事物的特殊本质，发现事物运动发展的特殊原因，就必须研究矛盾的特殊性。而且，认识特殊矛盾和特殊本质，要作为解决复杂问题的前置程序，否则仅仅处于一般化的认识状态，便会出现空泛议论或虚而化之的弊端，什么都大概知道一点，什么都不大精通，弄不好会激化加剧矛盾，造成简单问题复杂化。

（4）用不同方法，解决不同矛盾

毛泽东矛盾辩证法极为重视用不同的方法解决不同的矛盾，他认为这是"马克思列宁主义者必须严格地遵守的一个原则"。解决矛盾不能不注意方法，而方法又不可缺少针对性，矛盾的性质不同，解决的方法亦应不同。有什么病吃什么药，吃错了药比不吃药对身体的危害更大。毛泽东有的放矢地指出："在社会主义社会中工人阶级和农民阶级的矛盾，用农业集体化和农业机械化的方法去解决；共产党内的矛盾，用批评和自我批评的方法去解决；社会和自然的矛盾，用发展生产力的方法去解决。"这些理念和方法是多么的英明啊！

（5）抓住主要矛盾及主要的矛盾方面

抓住主要矛盾及主要的矛盾方面，这是毛泽东矛盾辩证法的精髓。他说："事物的性质主要地是由取得支配地位的矛盾的主要方面所决定的。取得支配地位的矛盾的主要方面起了变化，事物的性质也就随着起变化。"他由此而揭示，复杂事物的发展交织着不少矛盾，但肯定有一种是主要矛盾——事物的主要矛盾是重点之重点，主要的矛盾方面是事物的关键之关键。在工作中不但要抓住主要矛盾，还要抓住主要的矛盾方面，精力和专注力不能分散。抓住了诸多矛盾中的主要矛盾和主要的矛盾方面，问题就好解决了。可是有不少人包括一些领导者，根本不懂得这种方法，工作中总是找不到问题的要害所在，更找不到解决主要矛盾的管用方法，那就只能是搞教条主义、形式主义那一套啦。

诚然，以毛泽东的矛盾辩证法为方法，咱们还要防止简单地搞机械教条的两点论、两分法，事物除了好坏、正反、黑白、是非，就没有了其他选择，只强调斗争，不承认和解；只强调矛盾，不允许调节；只强调两点，忽视一点和多点。这些方法论的偏颇，需要在思想上厘清，在实际工作中剔除。

艾思奇的"大众通俗辩证法"

以上辩证法的几位提出者，都是革命的导师和领袖，所不同的艾思奇是一位诚实厚道的学者（他 1965 年逝世时的职务是中央党校副校长，长期搞哲学社会学教学工作，讲课讲座是他的日常）。毋庸讳言，我对艾思奇敬佩有加，还专门写过一本书《哲学的力量——艾思奇留给我们的精神遗产》。然而，我之所以把他与几位伟人相提并论，主要是介绍辩证法典型形态的特殊需要的选择。

在推进马克思主义哲学中国化这件大事上，被毛泽东称为"好哲学家""真正的好人""党的理论战线上的忠诚战士"的艾思奇有重要贡献。这位出生在云南腾冲的哲学才子，实实在在把"西马"变换成了"中马"，用通俗的诠释打通了"形而上"与"形而下"的思维隔膜，有效贯穿了世界观的道与方法论的器的联系，以道驭器，以俗通雅，糅为一体。艾思奇非常清楚地认识到，作为高级思维工具和方法论，辩证法与科学具有共同本质品性，因此他着力从自然科学与社会科学的接轨转型上，推动马克思主义方法论的大众化通俗化。

艾思奇没有一味照搬马克思、恩格斯、列宁、毛泽东的哲学思想，他的大众通俗辩证法在内容和形式上，都广泛汲取了中国古代辩证法的精华。他在马列学院讲课时对学员说："我们中国的古代哲学，老子的哲学，可以说辩证法是最多的，他主张一切都是变化的。他有这样的话：'动而愈出'。这句话的意思是愈动愈产生新的东西。"艾思奇讲的哲学课，对《周易》中蕴藏的辩证法也有提及。他解释"穷则变,变则通,通则久"时说,"穷"到了顶点,到了没有办法的时候,就要变了呀。

对西方哲学中的方法论,艾思奇也颇有研究心得。他曾通俗解释赫拉克利特的辩证法,认为此人是希腊知名的辩证法哲学家。他很欣赏赫拉克利特说的话:"我们是活的,同时也是死的;我们是强壮的,同时又是衰老的。"他觉得这个表述有点像恩格斯在《自然辩证法》中所阐述的观点,生与死是分不开的,生的过程也是死的过程。艾思奇利用扬弃的方法,找到了黑格尔辩证法的"死穴"和"活脉",将其唯心论内核剥离出来。他以麦粒作比喻——麦粒作为种子所产生出来的茎叶,固然可以称作是一个肯定,但对于以前产生这个麦粒的茎叶,它仍是一个否定。通过分析麦粒的变化,他把辩证法讲得简单易懂。

艾思奇还认为,辩证法的运动法则和变化法则十分重要,变化和运动是绝对的,无论研究什么问题都应从它的运动和变化中考察,马克思主义就是着眼于运动和变化来研究问题的方法。他专门介绍,马克思辩证法很重要的一点是发现了事物发展变化的"推移"法则,事物发展由一形态到他形态,由一系列关系到他系列关系,都有推移法则在起着作用。

辩证法在艾思奇手里变得大众化通俗化了,变得有中国特色了,也变得更加实用了。他坚持不懈与主观主义、教条主义作斗争,经常告诫人们要防止公式化毛病,把书本上或上级要求当成解决问题的公式,不管实际情况如何生搬硬套某种公式,主观愿望或许是好的,但客观效果不会好。艾思奇强调,正确方法应该是,以一般原则为总指导,对具体问题作具体分析,如果不注意这一点,正确原则即会变成错误公式,以往好用的方法也会因此而出现南辕北辙现象,从而会犯各种各样的错误。

第8章 发力点：来一场思维方式革命

思维作为思想的工具和工厂，其固有的方法论意义不言而喻。从思维的角度解决方法问题，会有很强的针对性。思维搞对了，诸事便会顺风顺水，因为无论是思想方法，还是其他领域的各种方法，都受制于思维方式。好的思维方式，必然产生好的思想方法和工作方法。反之，便会产生差方法、孬方法。

不得不承认，有些人的思维已深度异化，不科学不健康的思维方式相当顽固，修修补补的改良解决不了根本问题，咱们唯有深入展开思维方式革命，才能瓦解异化的巢穴。增强方法的力量，绕不过思维异化造成的沟沟坎坎，清除方法上的顽瘴痼疾，就得相应开展思维方式革命。这种革命不是破坏，而是建设性的清理整治，革故鼎新，守正出新，使思维方式向优、向新、向善，达到端正和强化方法力的目的。

进化，退化，异化，思维异化误事害人

我把人类社会发展归纳为三条时而并行时而交叉的路向：进化，退化和

异化。它们的关系实质并非泾渭分明——进化中有退化，异化过程也渗透着进化，退化有时又是进化的另一种方式，三者往往相伴而生而行。凡有生命存在的地方，人们在看见进化现象的同时，还会看见退化和异化现象。进化是主流，退化是逆流，异化则是藏有恶意和杀机的暗流。进化是好事，退化有一定规律性，异化问题要特别引起重视——人的异化是人的病态，思维的异化是思维的病态，社会的异化是社会的病态。

患思维异化病的人，出现心理和精神疾病是必然的结果，严重的还会发生生理疾病。这是一种交互混合式病理反应，病因和病灶互为因果，"病由心生"是思维异化固有的内部性。思维是生产思想的机器或模板，与思想有着直接的血脉关系，有什么样的思维方式，就会产生什么样的思想意识。思维异化是一种发自内心、很难治疗、危害甚广的疾病，它随时随地会造成思想和情绪的堵塞，给工作和社会添乱。思维异化带有源头性，人的所有谬误几乎都与思维异化有关，它是思想病之灶，行为病之源，社会病之根。思维坏了（异化了），就会引起坏的思想和行为，乃至社会就会有与之相关的坏现象。

异化了的思维，有海外走私品，有本土攒出来的山寨货，看似头头是道，但好看不好用，中听不中用，会把人们的思想搞得混乱不堪，给方法注入"三聚氰胺"等有害添加剂。有人还把异化思维的结果，当成智慧来提倡和传播，一段时间里此类性质的文章和书籍屡屡出现，权谋论、厚黑学、潜规则都在诱发和助长着思维异化，导致某些混混的"坏蛋思维""痞子行为"也有些市场。思维异化的危害，主要表现在四个方面。

危害一：把好事想成了坏事，把好人看成了坏人，结果满脑子都是坏事，满眼都是坏人。于是，思维异化者就会动用种种不正当的方法，对付这些所谓的坏事坏人，唐·吉坷德与大风车战斗的精神都用上了。一些思维异化的人，永远都是怀疑和否定，疑心太重，思虑过复杂，对谁都没有信任感，对任何事情都不持合作态度，重重叠叠的疑心疑虑，凭空设想出来的都是对手。

危害二：自大自负，目空一切，唯我独尊，自私自利，偏见偏执，对人对事毫无敬畏之心，过分迷恋主观意志，自我感觉总是良好，谁都不在他的话下。如果这种人当上领导，有了一定权力，那可就更麻烦啦，一手遮天，想干什么干什么，能把一个单位、一个地方搞得乌烟瘴气。

危害三：思想固化僵化，只在狭小的框框里打转转，久而久之成了模式化思维病，以至于认知方式和行为方式异常。一件事来了，立即就装进思维的模子里，根本不管是否符合实际。用"削足适履"这句成语形容思想僵化固化很贴切——脚大穿不上小鞋，不是换一双大点的鞋，而是要把脚用刀削小了。这种血淋淋的蠢事，思维异化严重的人真能干得出来。

危害四：思维异化使言行浮躁狂热，商界、学界、政界都有典型表现，一度严重污染了社会风气。历史上的"大跃进"是因思维异化酿成运动式浮躁狂热的典型案例，导致社会主义建设走了弯路，人民利益受到了严重损害。危害最大的浮躁狂热主要来自一些官员，说虚话、大话、套话，不说真话、实话，数据注水，包装政绩，矫情讨巧忽悠上级，许愿封官忽悠下级，指鹿为马忽悠百姓。

说了思维异化这么多坏话，我是不是跑题了呢？没有，真的没有，思维异化的确是方法力的大敌，不把这方面问题解决好，方法也会被它异化、毒化。

定式，圈子，惯性，路径依赖

思维定式是思维自闭系统产生的圈子效应，思维只能在圈子内循环，不许到圈子之外循环，思维跳不出定式的束缚，思想陈腐发霉见不得阳光，都因为这个自闭系统作怪。实际上，思维是大脑智力的微妙活动，它可以令人浮想联翩，也可能像被关进笼子的苍鹰转不过身，白白长了一双足以翱翔天空的翅膀。这种思维定式实在是作茧自缚。

人的思维有某些定式难以避免，但对引发的思维问题不能任其圈子化，只有跳出了定式和圈子，道路和天地才会宽阔。为此，必须把握好思维的逻辑起点，不能在起跑线上把自己定住、圈住。如果你发现思维的逻辑起点固化在已有的条条框框中了，那就说明自己的思维可能会走向异化的岔路，确有必要奋力跳出来。简单的方法是，果断否定原来的思维结论，换个出发点，换个思维角度，找到突破圈子束缚的出口，这样做就能够打破思维定式。

日积月累的习惯，反映在思维上便会使人们对待事物产生比较顽固的看法。闪现在你脑海中的第一个念头，百分之七八十的概率与个人的思维习惯有关，后续的想法仍然会跟着惯性走，程度还可能加重。这种状况持续的时间愈久，就愈可能在思维上产生固执、偏执、偏激、偏见的惯性，愈不容易被自己发觉，纠正起来也愈难。

从事公共事务管理工作的人，形成行政化思维路径依赖的概率较高，开会发文下通知乐此不疲，本来应该用市场机制调节的事项，非要用行政命令去插手干预，管了不少不该管的事。如果不深入剖析和反思，思维惯性便会被视为中性问题或共性问题，成了一件理所当然的平常事，因此而忽略它，就不会引起应有重视和自觉克服。

革狭隘偏执思维的命

如前所述，思维异化会引发心理和精神疾病乃至生理疾病。我敢肯定地说，因思维异化发生的思维病若能得到及时有效的疏导性治疗，医院的患者会大幅度下降，人的平均寿命会有一定幅度的提升，这不是天方夜谭，而是思维方式革命看得见摸得着的好处之一。革狭隘偏执思维的命，是思维方式革命的一个主攻方向，这个命不革，人就会表现出种种不正常，可能变成抑郁症患者、精神病人、政治狂人，还可能变成严重危害社会的人。当然，这种革命是柔性的，方法也是循序渐进的。

一要把眼界放得更开一些。人们常说，既要低头拉车，又要抬头看路。这也是经验之谈，讲的道理是对的。谁要是只看脚下那几尺几寸路面，埋头走下去是很危险的。所以，观察和思考问题的视野一定要开阔，脚底下的土疙瘩用余光扫一扫即可，但对头顶上的事务则要明察秋毫，对宇宙星空要仰视和敬畏。

二要把知识面拓展得更宽一些。没有知识的人，不仅是愚昧的人，恐怕也是个心灵空虚的人。一般而言，知识面有多宽，思维面也就有多宽，但我也遇到过个别知识面宽而思维面窄的人，此种人的知识是死知识，没有生命没有活力，知识只是充当钻牛角尖的工具，积累下来的知识反而成了思维的累赘。那些通过扩大知识面来拓展思维面，进而充实改进完善工作和生活境况的人，才是真正有知识有智慧的人。

三要把心胸和心境放得更开阔远大一些。人类思维的空间本来无边无际，但它有时会被狭隘的心胸所拘禁，得不到充分施展。眼界和思维面宽不宽，与心胸心境的大小有直接关系。咱要相信"心宽天地宽"这句话的道理不虚，也要知晓"心胸狭隘是邪恶之源"这句话的内涵不浅，开阔远大的心胸心境是一个人的美德。成熟的人，都要养成积极健康的思维方式，遇事心胸开阔，处事心境敞亮，不钻牛角尖。

尺度回归：唯物辩证，求真务实

什么是尺度？简单地说，尺度就是既有上限又有下限的标准。人是衡量万物的尺度，世上存在的事物以人为尺度，那么思维也应该有自己坚守的尺度。人类思维标准的下限尺度是求真，上限尺度是管用。时髦思维的一个共同毛病就是缺少真实感，内容上多不靠谱，说法上多不着调，脑子灌了水，自己却不知道。思维的乱局，乱就乱在尺度丧失，一味跟风追求时尚，记不住自己是从哪里来的，最终要到哪里去。针对这些问题，思维要回归它的双重基本尺度，回到它的根本原则立场。

（1）向唯物辩证的尺度回归，这是理论和方法的回归

思维异化的主要原因，就是背离了唯物主义陷入了唯心主义，背离了辩证法陷入了教条主义，不懂得历史唯物主义，更不懂得唯物辩证法。解决深层次思维异化问题，必须把思维从唯心教条的轨道拉回到唯物辩证的轨道。坚持社会存在决定社会意识，生产力决定生产关系，经济基础决定上层建筑的基本观点。认识到社会历史发展的总趋势是前进的、上升的，发展过程是曲折的，改革就是使生产关系适应生产力，使上层建筑适应经济基础。认识到人民群众是历史创造者和社会变革决定力量，群众是真正的英雄。努力做到全面、联系和发展看问题，防止孤立、片面和静止看问题。这些基本尺度回归不是老生常谈，而是要在咱们的思维和思想中深深扎根。

（2）向求真务实的尺度回归，这是导向和实践的回归

在思维问题上，我特别在意真实不真实，求真不求真，虚的假的飘的思维，最令人讨厌。思维失去了求真这重本质，思想必然走歪路、错路、下坡路。思维不务实，那就是想入非非，求真务实是治疗思维异化的特效药。在中国共产党成立百年的历史中，什么时候从实际出发、实事求是、与时俱进，什么时候就能够克服艰难险阻取得胜利；什么时候从本本出发、不顾实际、好大喜功，什么时候就付出沉重的代价栽大跟头。一正一反，经验和教训的启示是，求真务实思维方式不是从天上掉下来的，也不是别人给的，它是从实践中探索而来的。

维度拓展：多角度，加深度，增高度

（1）多角度置换——根据需要"换刀"

在前面我就说过自己的做工经历，年轻时曾在工厂当过几年的车工钳工，最初使用的是日本侵华时期留下的一部老车床，变速要用铁棍子倒皮带，加工不同产品的主要办法是"换刀"。车工的刀具，磨成各种角度，有四十五度角、有九十度角、有三十度角，不同的刀具加工不同的工件，该换刀时就要换刀。从不同角度研究和处理问题，是拓展思维维度的常用方法，它能够变负为正，变弱为强，在偶然中发现必然，化害为利。多角度置换思维，可尝试三种方法：①置换思维的前提。比如，把"你要这样，就要那样"，置换为"你不要这样，就不要那样"。思维的前提改变了，思维的角度也就切换了。②置换思维的假设。假设到达目的地仅有一条路，与假设有多条路可供选择，思维维度会有很大的不同，思维结果也会大不一样。③置换思维的角色。把自己换成思维对象的角色，换成竞争对手的角色，换成与己无关的角色，马上就能实现思维多维度、多角度的切换。

（2）加大深度递进——拓展思维的纵向下行空间

增加思维深度，对于优化思维很有帮助，管用的方法也不少。我有个"问题递进法"，可能会对拓展思维有些用处。那就是研究某个问题时，事先要搞清你面对的问题是什么，真问题还是伪问题？同时要弄明白你研究这个问题到底为什么，问题的价值所在？接着要探究产生问题的原因是什么，问题的主要危害是什么，问题迟迟没有解决的症结是什么？一个一个"什么"递进下去，直至水落石出，思维的深度就有了。这个"问题递进法"我多年沿用下来，简单问题少问几个什么，复杂问题多问几个什么，屡试不爽，颇有收获，总能尝到深度递进思维的甜头。

(3) 增加登峰高度——站得高才能想得远行得远

站在山巅上思维，一览众山小；坐在树底下想事，满眼都是枝叶。怎样才能使思维的站位更高一些呢？那就要像登山一样，把所要达到的目的不断提升，进而挑战自我战胜自我。登上一座山峰，那只是一个起点，不要满足脚下的那块地方，还要继续向更高的山峰攀登。心中要有巅峰意识，脚下要有攀登能力，一步一个脚印、一步一个台阶向巅峰攀登。然而，思维站位也不是越高越好，不切实际的思维高度会高不成低不就，有好想法也落不了地。山越高大挺拔，峰越俊秀奇美，底座和根脉就越要坚实牢固。人的思维亦当如此，追求思维站位高度，务必打牢唯物和辨证的基础，注重实践第一，知行合一，行稳致远，踏实致高。

学会迭代思维

"代"是一个关系到经济技术和社会人文等方面较长的时空概念，最好理解的"代"是儿子与父亲、孙子与祖父血缘关系的代际之分。一代人、两代人、三代人，当下的代际越远，形成的代沟也就越深。在军事科技领域，我国战机正处于从第四代到第五代过渡阶段，美国第五代战机已经发展到成熟阶段，中美在军事装备上的差距也是以代来计算的。值得注意的是，代际区别并非都这么简单简明，很多时候代际间存在大量迭代因素，迭代现象在生产生活中层出不穷，运用迭代理念设计制造新产品已经是许多厂家商家的重要盈利手段了。

过去对事物和人的认识，惯于用上一代下一代的概念表述，岂不知这样做会人为隔断代与代之间的联系承接，下意识造成代际僵化。事实上，代际之间或一个代际之内，发展变化都是迅疾而巨大的，某一个时段空间不一定完成代际更替转换全过程——更多的可能是迭代，迭代进步和迭代发展是代际间代际内变化的正常现象。迭代思维的特点是以小见大，见微知著，以近观远，能快不慢，不求换代，但求迭代。现在满大街跑的电单车，噪音小，速度不慢，也是迭代思维的创意之举，它是从自行车到摩托车的迭代擦边球，还是"回头式"迭代，先有摩托车后有电单车。

实现代际内和代际间的创新及升级，迭代思维是务实而管用的，它能够直接遏制思维异化的趋势。这种思维不是凭空产自于大脑，它产自迭代的技术、迭代的经济、迭代的结构、迭代的社会，还有迭代的人。迭代现象的出现，决定迭代思维的生成，它不是哪个高人的专利发明，而是能够为任何人掌握和使用的工具。

迭代思维的革命性，体现在"快"这个理念的新内涵中。迭代的快，不是简单的快，不是盲目的快，而是带有迭代贯通力和黏性的快。不必等到换代的那一刻，就可以在迭代思维引导下把事情做到极致。快→加速度→不断创新提速，先不管它换不换代，现在能做的就是把迭代产品做得更快更好、性价比更高，这是迭代思维在现代商业社会的制胜秘籍。超出企业商业的范围，把迭代思维置于更加广阔领域，其思维革命效应便会以不同的方式呈现出来。

放开跨界思维

与迭代思维有一定联系的思维是跨界思维，这两个概念都借鉴了计算机/互联网理念和技术，实际就是计算机/互联网的术语。从理论上讲，思维是没有边界的，也从来不需要设定边界。但人们理念上的教条却时常如影随形，束缚着思维的走向和区域,不断把思维的边界压缩。我推荐的跨界思维,一方面是要跨出人为形成的思维界限,另一方面是要随时随地采取"无边界行动",其要点是"大胆排除间断隔断"。

哥白尼排除了地球和物理宇宙其他部分的间断隔断之后,才引起了科学界的"哥白尼式革命",迎来了科学大面积播种的季节。达尔文排除了人类和有机世界其他部分之间的间断隔断,才使进化作为一种客观存在为人们所认识,从此物竞天择与市场竞争理论得到了贯通。人类社会进步的主要途径,就应该这样不断排除间断隔断,进而获得跨界的认知力和推动力。

跨界即跨领域界别、跨行业部门、跨职能分工、跨形态业态、跨布局格局,不惜否定自己过去的身份而重新定位,原来固有的规矩和秩序都会在跨界思维冲击下,形成方法创新力及集成机制。"空降式"跨界——居高临下,势如破竹,依靠外力一下子就把藩篱拆除。"抄底式"跨界——用大型机械往深处挖掘,不管将要兴建的建筑物有多高,先把旧底子清干净再说,从基础上把跨界的活儿干彻底。跨界思维的一个有效方法是纵向延伸垂直深入,不太在乎思维有多大的宽广度,但特别在意深度思维的大作为、大建树。像打井找水,打钻到10米不见水就继续打钻到20米、30米、50米,直到打出源源不断的清水。学术研究和理论探索,也可以用打井找水源的办法拓展思维疆域,不滞留在浅表层面打转,从泥土层到沙土层,再到含水层,一层一层向纵深处思考求索。

"再洗牌"是跨界的拿手好戏,推倒重来打乱原有排列序,孬牌不会总是孬牌,落后不会永远落后,游戏规则保持不变,其他都可以通过再洗牌进行再博弈。跨界思维是一种无孔不入的精神力量,同时又是一种具有颠覆作用的物质力量。在互联网上,跨界经营的精英们,以免费服务等各种手段激烈争夺着海量用户,毫不客气打开了资源、产业、产品、金融、市场等边界。点击量至上已经显得肤浅,流量为王也不可能持久,跨界思维催生的新型商业模式，正在互联网上一路走红。

效率更高效果更好的跨界思维，往往发生在问题的侧翼或事物的背后。克敌制胜免不了大规模的正面进攻，但"二战"时德军固若金汤的防线不是在正面攻破的，盟军诺曼底登陆实施的是典型侧翼切入战术。有些问题为什么长期解决不了，要害是迎着正面去的办法都会硬碰硬，越纠缠就越胶着，但它的侧翼则很薄弱，多是漏洞软肋，其后方经常不设防，多是窗户纸，一捅就破。堡垒的正面最坚固，若从正面进攻屡屡受阻，那就从侧翼或腹背攻破它，或者从顶部（底部）炸掉它。大家遇到攻坚克难的重要关口时，就可以用跨界思维这几招试一试。

一般来说，跨界思维引发的创新和建树并不太严密精准，采用的做法办法也不太规范完备，它会集中精力去打通原有的种种间断隔断，竭力寻找非专业与专业对接的最小切入点，感性与理性的最大交叉点，自然与人文的最佳汇合点，传统与现代的最深融入点。这方面的功夫，无疑是解决思维异化的思维革命所需要借用的。

第9章 思考的十种方法

思考是思维和思想的具体方式方法。叔本华说:"纯粹的经验同阅读一样,不能取代思考。纯粹的经验与思考之间的关系就像进食与消化吸收。"先知穆罕默德的话说得更重:"一小时的思考比70年的祷告更有价值。"作为宗教领袖,他把思考摆在极高位置,耐人寻味。不爱或不会思考的人,只知其一,不知其二,只懂表面,不懂实质,这是思考能力缺失的表现。有的人学而不思,思而不敏,思而不行;有的人思而不深,思想浅薄空洞,不懂得沉思和深思;有的人不会独立思考,不会换位思考,智商情商和悟性都不够;有的人思考方法单一、偏执、混乱,等等。

思考不是固定僵化的,它的基本方法是从实际出发、从现象看本质、触类旁通和举一反三。一个人的成长与成功,不在于记住某种事实或理论,而在于掌握一套系统立体的科学思考方法,并运用到具体工作和日常生活中。真实的情况是,一百个人可能有一百个思考方法,每个人都习惯用自己的方法思考,选择自己喜欢的思考内容和侧重点。大家思考着一个相同的问题,得出的却是不同的结论。思考方法之所以宝贵,并不是因为它能够通盘解决各种问题,而是因为它可以为人们提供解决具体问题的路径,找到众多知识房间灯光的各个"开关"。本章简要列举十种思考方法,主要是我自己的做法和归纳，难免挂一漏万或主观片面。

学思对接法

　　学离不开思，思离不开学，有学无思是呆子，有思无学那是没文化。大脑如同孵化器，学习所得的"鸡蛋"只有及时放到大脑这个孵化器里孵化（思考），鸡蛋才能孵化出小鸡。只学习不思考的人，就是一部蹩脚的录音机，顶多是一个只进不出的杂品仓库。因此，学与思必须密切对接，学会思考和勤于思考，善于务实思考和深度思考。

　　有学者把学习视为感性阶段，把思考看作理性阶段，这种区分不必要也不科学。学与思是瞬间融为一体的，认知可从形象思维开始，也可从理性思考开始——思考总能在感性与理性之间找到熔点和沸点。大家在幼儿园学识字和在小学上语文课时，主要借助于形象思维，但亦能上升为理性思考；而在大学里学习中文课程时，认知的积累会更多依靠理性思考把关定向，但形象思维仍然起着重要作用。

　　思考并非学习的一个阶段，它应该贯穿于学习和践行的双重过程之中，并始终充当学习活动的总枢纽。学习就像吃饭，思考就像吸收食物中的养分，没有思考的学习，如同吃的食物不吸收。学多思少，得到的就少，事倍功半。学多思多，得到的就多，事半功倍。思考过后，还要有目的继续学习，用思考促进和强化学习，构成学习与思考的互动和良性循环。学得不深入，思得也不会深刻，只有深入地学，才能深刻地思。深刻地思，又能倒逼深入地学，思有多深学有多深。咱不但要做先进的学习者，还要做优秀的思考者。

| 方法的力量 |

独立思考法

　　思考是个性化极强的事情，跟风从众的思考未必有益，且很可能犯"乌合之众"的错误。最宝贵最有尊严也最应该的思考是独立思考，人只有独立思考，才不会当别人的"跟屁虫"。多数情形下，独立思考就是内心的自言自语、自问自答，言行的自觉自省、自立自强。凡是高品位的思考，均以个人独立的形式进行和完成，当那些高深理论和深度问题成为你独立思考的对象时，便会形成属于自己的思想原创了。

　　"独立之精神，自由之思想"，这是20世纪20年代末，陈寅恪为王国维撰写碑文的一句话，至今仍然光芒四射。独立而自由的思考，才是真正意义的思考，看着别人眼色思考不算是真思考，那不过是在作出思考的样子。我们追求的思考结果应该是启迪思维，丰富思想，更新观念，建立自己的系统智慧。独立思考要有个人的创意及新意，不迷信已有的权威定论，但这并不排除广泛吸纳外界有价值的信息，不拒绝接受前人和其他人已有的思考成果。

　　进行独立思考，应当满足三点要求：一要坚定不移用自己的头脑思考。不管别人多聪明，他们的意见多正确，但"我的思考我做主"，自己的事情一定要通过自己的思考来决定。即如你填报高考志愿，父母、老师、同学、亲友等意见只作参考，你内心的深切想法和意愿才是决定性的。二要勤动脑，善用脑。头脑越用越灵活，越不用越笨拙，这是心智力生成的一个规律。要勤于和善于独立思考，从小就要注重打下勤思和善思的基础。不偷懒、不盲从、也不依赖，充分利用自己的思考才能。三要排除外界干扰。虽然要多听各方面意见建议，但不能人云亦云，一定要有独立见解，涵养强健自己的思想秉性。平时遇到困难不求人或少求人，逼着自己拿主意做主张，靠自己的智慧和能力战胜困难。

冷静沉思法

头脑过热时，思考的温度便会升高，因而有可能作出急功近利、好大喜功的决定和行为。进行冷静思考，两个方面的状况都要作合理调适。一方面，给高热的思维降温。思维热到一定程度就要泼凉水了，把温度降到合适的区间，避免火烧火燎的高热思维出现过度过分反应。另一方面，让骚动的大脑安静下来。烦乱慌张狂奔的大脑，非常不利于理性思考，所以要设法降低嘈杂噪音的分贝，防止不安静的大脑在恶劣条件运转失控。听到令人激愤的情况，不宜马上表态拍板发声，也不宜立即采取行动。思维冷一冷，头脑静一静，再进行理性思考，作出正确判断决策的概率才会高一些。

有人处理问题焦躁浅薄甚至暴跳如雷，多少都与冷静沉思的缺席有关联。面对复杂难题，遇到重大事件，必须启用冷静沉思法，不被表面化和情绪化因素牵着鼻子走，不被浅薄浮躁的外来影响所干扰，冷静加安静，沉思加熟虑，一直思考到透彻融通为止。你要想提升思想的分量和质量，赋予思考更大的价值，不犯过热过激错误和烦乱浮浅错误，那就"冷静安静＋沉稳深沉"地进行思考吧。

连续反复思考法

思考具有动态性、连续性、纵深性和开放性特点。重要抉择和决定，单单思考一次肯定不够，连续反复思考是必需的——当机立断不是草率行事，多方面思考也不是犹豫不决。思考需要时间，思考与学习、与工作、与生活，大多数情况下都是同步进行的，人为设置特定的思考时间，不一定很需要。但有的时候，还是要拿出一些时间和精力集中进行连续反复的思考，尤其是处置敏感问题和作重大决定时，应当多方位、多角度思考透，用不同方法不断展开思考和深化思考，然后再采取坚决果断的行动。

我本人偶尔会用些时间专门对某个重要问题，进行连续而有广度、有深度的思考，反复思考实际工作中的关键举措，反复思考现实生活中的迷茫困惑。这与感性、理性、同步思考不大一样，它是聚焦式全面深入反复的思考，因为大事、要事、难事只有经过思索再思索、考量再考量、权衡再权衡，心绪和思想才能豁然开朗，才能作出正确无误的判断和决策。

反思/反省法

思想不仅要一直往前走，还应时不时地"回头看一看想一想"，反思反省是促使思想清醒和增长睿智的一剂良药。有种现象值得注意，那就是发现别人思考的差错较容易，但要发现自己思考存在的纰漏较难，主要原因是手电筒只照别人不照自己——在思想认知上，人本来就是容易自以为是的高级动物。那么，怎样才能有助于发现自己的缺点错误和不足呢？一项有效措施就是经常使用反思/反省法。

当思维受到病毒感染时，那些正向思考的方法就不太好用了，唯有反思和反省才能带领你进入"山重水复疑无路，柳暗花明又一村"的境地。坦率地说，反思和反省是不少人所缺乏的，又是咱们都应当掌握的重要思考方法，它既是反向的自省，也是自我批评式的思考——回放式、复盘式、洗涤式、涅槃式省思，发现自身缺点，修正错误和弥补不足，超越自我局限，达到否定之否定的目的。反思和反省是告别迷途、走上正确道路的起点，又是改正缺点错误、汲取教训的捷径。

你要想成为优秀的人，不但要懂得相辅相成的方法，还要懂得相反相成的方法，把反思反省作为自己常用的思考方式。舍得花时间对做过的事情、经历过的事件、受到的挫折及失败，还有取得的成绩和成功，进行审慎透彻的反思和反省，这样做会使你的立场、观点、方法更加客观、理性、高深，带给你在书本里和课堂上无法得到的心智启迪，持续积累自己的宝贵经验和思想财富。

深思/彻悟法

好像所罗门说过，玩小聪明的人仍然是愚者，真正的智者都是深思熟虑的。人的深刻或肤浅，与思考的深浅有非常直接的关系，深度思考能够使人的思想走向成熟深邃，行为走向求实郑重。了解情况不具体，分析问题不深入，望到一点风声就去捕影，这种虚飘浅薄思考的方法，常常会产生误判错行。对待要紧的事项，不要草率作回应，不可急于"选边站队"，不宜做那些简单化的选择题。思考要有一定的纵深感和深刻度，以保证思维的严谨周密以及思想的通透厚重。咱要想获得正确思想，就要思考得更深入更深刻一些，同时又要避免由于想得过多过杂，导致顾虑重重、迟疑多变、朝三暮四。

深思是思考的手段，大彻大悟才是最理想的思考，这一点与学习的领悟法异曲同工。深刻的思考，应当并且能够彻悟，悟出道理之奥妙，悟出志向之高远，悟出玄机之心得，悟出规律之所在。清代教育家陆世仪说："悟皆出于思，不思无由得悟。""悟者思而得通也。"深度思考就是要激活彻悟这根中枢神经——体悟、感悟、领悟、顿悟、觉悟都要有一定的彻底性，悟到了东与西,还要悟到南与北;悟到了高峰,还要悟到低谷。深思/彻悟法的奥妙和魅力就在于此。

多向思考法

优秀的人不但会多思考,还会多向度思考,多种方向、多条路径思考。思考仅沿着固定的"公交路线"行走,就会形成不良的思维惯性,思想之路便会越走越窄。所以要致力开辟思考的多向多条通道,学会从不同向度研究分析问题的思考方法。这种方法接近于发散思维,但它的方向十分明确清晰,多向而不分散,或者说是发而不散,寻找的不是模棱两可的多种个别答案,而是正确率更高的多样性综合答案。

多向思考法要把不同方向、不同走势的思想资源连接起来,某个方向走不通,那就再朝着另外的方向探索。多向思考的走势有四种趋向:一是纵向的。上接天线,下接地气,思考基本上是垂直上升或深入下探。二是横向的。思考的内容并列铺开,大体处在一个水平线上,不讲究高度深度,特别注重拓展思考的宽广度。三是网状的。千根针和万条线,都有各自的节点联结,纵向横向多向贯通畅达,思考的大网能够铺天盖地。四是多渠道、多面立体、全方位的。等于是前三种方式的组合集成,以至整体的综合运用。多向思考法的关键点及结合点,主要就是通过着眼于这四种趋向进行链接。

多向思考的空间很大,内涵特别丰富充盈。从纵横的角度区分,有垂直思考和水平思考;从联系形式的角度区分,有单环思考和多环思考;从走向的角度区分,有正向思考和反向思考;从站位的角度区分,有本位思考、错位思考和换位思考。一些问题需要你在某个基点上往深里思考,另一些问题需要你在一个平面上放开了思考,还有一些问题需要你把若干要素结合起来系统思考。掌握了多个向度，思考的视域就会海阔天空，思考的成果便会层出不穷，更加精致、精确、实用、耐用。

集体思考法

思考的源发点以个人的头脑为单位，但又离不开集体智慧的汇聚升华，少数人的想法肯定不如多数人的想法综合起来周全缜密。毫无疑问，各类团队都应当经常进行集体思考，团队负责人要有意识加以引领，可允许思维在特定范围内摩擦碰撞交火，但同时还要促成各种思考的一步步向轴心聚焦，形成团队的基本共识。

集体思考与独立思考的关系并非冰水与炭火的关系，两种方法都能直接帮助我们提高独立思考的质量。集体思考过程是各个思考主体相互启发和相互切磋的过程，也是团队成员优势互补的过程，常常能燃起绚丽的思想火花，破解个人冥思苦想解决不了的难题。首先要鼓励个人进行不同角度的思考，其次个人要积极参与集思广益的思考，实现个人思考与集体思考有机结合。"头脑风暴"不过是时髦的群体互动思维，大家在工作实践中需要多种集体思考方法，不必特别强调哪一种。

有效实施集体思考法，领导者和组织者的引导、梳理、概括、提炼、归纳等工作非常必要，否则成员们各自的想法会相互"打架"，各唱各的调，各行各的道，集体思考就偏离正确的轨道。

换位思考法

屁股决定脑袋，几乎是公认的思考规则。个人思考的倾向性，时常被屁股坐在哪里所决定，这恐怕不是一件光彩的事，但又是不太好克服的"位置限定"。换位思考法的位置迁移路径是，从主体位置迁移到客体位置，从上级位置迁移到基层位置，从自我位置迁移到他人位置……思考主体的这样换位，可以解决许多固化在原来位置上行不通、做不成的问题。早就布置下去的重点工作怎么推也推不动，决策者们洋洋自得的举措总是得不到基层和群众的认可，如果换个位置再思考思考，问题的症结和解决问题的办法或许就出来了。换位思考法，有两招不妨试一试。

（1）第一招，离开原来位置思考

长期待在一个位置，出现思维僵化和思想保守的问题在所难免，因为"屁股长在了不变的位置上"，自然而然就决定了思考的定位和站位。对那些想不明白的问题或干不顺畅的事情，你就应尽早离开自己原来所处的位置，走到一个更踏实的地方，重新思考为什么想不明白和干不顺畅。离开了原有位置，屁股的决定作用就不会那么大，思考的结论便会客观公正一些。比如，如果觉得基层或下属不支持你工作，那你就干脆深入到基层，以与下属同样的立场观点和方法再作进一步思考，这样做便会从自身找到解决问题的新途径。

（2）第二招，站在相对面（对立面）思考

思考要从实际出发，你自己心里想的很可能不符合实际，但你的相对面却很可能就是实际。时常站在自己的相对面思考问题和研究工作，这是从实际出发的一个关键点。你坐在主席台上讲话，得想一想下面听讲的人们是什么心理，他们关心什么，希望听到什么，能耐心听你讲多长时间？如此一换位，你讲的内容就会有的放矢，讲一个小时还是两个小时，心里有了个大概。你撰写发表文章，也得更多想到读者的兴趣及需求，据此选择要写的内容和表达形式，而不是自己想什么就写什么，想怎么写就怎么写。这些换位思考的方法，用起来时常会有另辟蹊径、豁然开朗的效果。

思行合一法

知行合一，大家耳熟能详，并且都表示赞同，但"合"的实际情况如何，那就另当别论了。做人做事都要知行合一，知而不行或行而不知，会使生活品位和工作质量大大下降，会使个人威信和诚信度受到直接影响。思考与行动要高度统一，如果两者脱节了，思考得再深再细也没有什么用。思考是为了更正确更有效地行动，通过行动体现思考的价值。反过来说，重要决定和举措未经过认真思考，没有做到三思而后行，这种草率行动是有危险的。有的人整天都在胡思乱想、异想天开，思考自己的高官厚禄、远大前程，思考自己的宏伟职业计划或创业蓝图，想得热血沸腾、天花乱坠，就是不见实际行动。这种人终究成不了什么气候，干不成什么正经的事情。

思考是行动的向导，行动是思考的实践，思行合一就是要从主观到客观，从思考到行动。《中庸》说道："博学之，审问之，慎思之，明辨之，笃行之。"我这里特别强调"慎思之"与"笃行之"必须紧密衔接，并驾齐驱，相互促进。思考要谨慎审慎、慎之又慎，行动要坚定果敢、勇往直前，慎思的结果要变成笃行的成果，笃行的成果又要再变为慎思的依据，还要根据笃行的情况检验慎思正确与否。

问题来了，怎样做才是思行合一呢？我的回答是：

第一，要养成从实际出发思考的习惯。让思考一出发就走上正路，掌握实情，尊重实际，指导实践。有些人之所以做不到思行合一，根本原因是思考与实际"八竿子打不着"，思考来思考去没法变成现实，空想、幻想、胡思乱想都是徒劳无益的伪思考。

第二，要增强主动积极乐观向上的思考动能。变被动消极思考为主动积极思考，充实自己思想中的乐观主义元素，无论遇到多大的困难和挫折，都不悲观、不颓废、不自暴自弃，想到了、想好了就要努力去做，不要自己给自己行动设限，而是要给自己行动加油鼓劲。

第三，要崇尚注重实效的行动主义。一个带来实际效果的小小行动，比几十次上百次思考更有价值。思考是软道理，行动是硬道理，想得好不如干得好，没有实际行动的思考，问题和困难就会依然挡着你前进的道路，真正行动起来了，思考就会由笃行成为现实的力量，问题和困难便会迎刃而解。

第10章 问题确实是个好东西

以我的凡眼来看,世界无外乎是由问题构成的,没有问题就不成其为世界,正因为有了无穷无尽问题的发生、演变和解决,世界才呈现出生机勃勃的绚烂景色。现实中各项工作,大多是针对问题开展的,层出不穷的问题给工作提供了标的指向。日常生活以至其他诸领域,问题的价值亦大体如此——问题是个好东西,确实是个非常好的好东西。

聚焦问题:使方法更具有时代性

一个时期以来,"问题"一词的使用率大幅度提高,在各类会议和各种文件中频频出现,这是个好兆头,说明人们都把问题当回事了。那么问题的实质是什么呢?马克思给出的定义是:"问题就是公开的、无畏的、左右一切个人的时代声音。"或者简缩为大家常见的那八个字:"问题是时代的声音。"或者再把"声音"翻译为"口号",基本的意思仍是准确的。我们稍加注意就会发现,马克思这句话无论怎么翻译,关键词都少不了"时代"二字。那些有分量、有意义的问题,自身均带有时代的标记,总会与时代交相辉映，给时代增添源源不断的活力。

我写过一些文章，也讲过一些课，时常强调问题是个好东西。写的说的都不是抽象概念，而是自己多年实践的切身体验。问题真的是无可替代的好东西，它比那些包装的典型、编造的经验、打造的亮点，真实无数倍，好用无数倍。回顾本人把问题当成好东西的过程，也是对"问题是时代的声音"的诠释过程：①时代的每一个变化，问题总是走在它的前头；②发现了问题，也就发现了时代变革的沟与坎在哪里，障碍与阻力在哪里；③研究了问题，也就研究了时代进步的方向及道路选择；④解决了关键制约性问题，便会推动时代持续进步。

不可理喻的是，有些人见到问题就皱眉头，碰到难题就打退堂鼓，他们未把问题当成正常的客观存在，反而当成了烦心的事情躲闪逃避。个别官员视问题为错误，有了问题似乎就有了错误，工作不能有问题，思想不能有问题，会议上也不能提出问题。他们对问题持这种排斥拒绝及否定的态度，反映出方法论上的僵硬偏执。

其实，有价值的问题能够启迪人们深入思考，引发分析研究的兴趣，使事物发展的深层结构和主要矛盾露出端倪，形成工作的关注点及着力点。问题是开展工作的主要内容，推动改革发展的主攻方向，还是采取实际行动的重要聚力、发力平台，干事创业都要在这个平台上去实施、去推动、去深化。"问题是个好东西"，这句话可能还不十分准确。当你主动发现、系统研究、切实解决了问题，到了这个"火候"的当口，问题才是货真价实的好东西，方法力才具有时代性。树立问题意识，以问题为时代的声音和口号，以求真务实为开展工作的主要抓手，这或许就是新时代工作思路的一个应有的转变吧。

问题导向：方法的出发点和着力点

做事也好，研究也好，开会发文也好，选人用人也好，都存在确立什么导向的问题。一定意义上，导向可以直接影响事物发展变化的前景，决定我们的职业活动采取何种方法，决定某地某单位形成哪种风气、启用哪类人。导向正确了，路径的正确就有了保证。假如导向出现了偏差、误差，诸事必定不顺、不正、不利，甚至全盘皆错、皆输。

问题导向的确立，关乎工作思路和方法的选择，是否能干好工作的前置条件。如果问题导向被忽略了，就可能犯常识性错误，衍生出形形色色的官僚主义问题。为什么有些会议和文件的要求落实不下去？就是因为只讲成绩不讲问题，对问题视而不见或言不由衷。某些部门的会议及文件，以撇清和推脱责任为主，以讲大话、唱高调为导向，以迎合取悦上级为目的。那些文山会海，或许也涉及了问题，可惜不真、不准、不实，在这种情况下决策定事，那不是难逃"一日游"的结局吗。

现实世界的一大特征是问题特征，事物发展变化必然伴随着问题内涵的充实及外延的扩展。问题导向还是认识和改变世界的窗口与切口，又是推动事业发展、社会进步的出发点和侧重点。时代的演进更替，问题会挺身而出在前面引路，对那些倾向性、趋势性问题，你看准了抓对了，采取了相应方法加以破解了，各项工作便会有新的突破和大的起色。正因为如此，咱们不但要把问题导向作为开展工作的出发点导向，还要作为实施方法的侧重点导向——做事、务工、经商、创业都应发起于问题，着眼于问题。启动某项工作，先要进行问题化处理，从面向抽象概念，到面向具体问题，由轻信现成的标准答案，到着眼于在实践中努力求真求解。这个导向的特殊作用，就在于针对个案、矛盾链、问题群深入求索探究,得出正确的结论,进而切实解决好一连串问题,不断把事业推向前进。

我坚持认为,工作始于问题亦终于问题,老问题解决了,新问题会接着产生,较之以往旧问题,新问题更有深度,解决起来也更有难度。新旧问题若交织在了一起,便会对问题导向的把握,对方法力的整合提出新要求。工作就是要发现问题→提出问题→研判问题→解决问题,这四个循序渐进、紧密衔接的环节,足以促使工作目标再设定调整和流程再优化升级。

精准发现并提出深层问题

问题是客观存在,但又需要大家主动自觉去发现。发现问题的主要方法是深入调查研究,采取一竿子插到底的随机调研、点穴调研、蹲点调研,还有个别谈话调研、深入走访调研和听取各方面意见建议,这样做大体上就能够及时发现深层次问题了。

有一次,我参加某项督导工作,听了几次汇报,看了大量材料,开了几个座谈会,得到的信息都是成绩斐然,没有任何问题:"督导组各位领导,你们就放心打道回府吧。"但是,我接着与几个知情人进行个别谈话,很快就了解到四个具体问题:一是汇报材料水分很大,有些工作根本就没做;二是提供的有关记录是为了应对督导匆忙补记的,可信度不高;三是我们要去督导的现场被提前做了"包装",有关人员还做了"彩排";四是重点工作未认真落实,只是发了个文件,再就没人过问了。显而易见,用个别谈话调研的方法发现问题,比看那些表面文章管用,比听座谈会上唱的赞歌真实哦。

浅表问题好发现,因为它往往以现象的形式存在,较容易进入视野。而苗头性和倾向性则是深层问题的初始表现,有时只是露出个小头,稍不注意便会擦肩而过。深层问题的确难以发现，如眼前的一个水井，你站在井边只能看到直径两米左右的井口，俯下身低下头只能隐隐约约看到井里有些水，水上漂浮几段树枝几片草叶，至于井水有多深？井水水质好不好？那就不知道啦。深层问题总是扑朔迷离，它们历来都藏在现象背后，有时还会被层层假象遮蔽，不下真功夫就见不到真面目。所以，不要在枝叶上打转转，要在主干和根子上用心用力，敢于面对纷繁复杂矛盾，善于从中捉住问题要害，给工作提供看得见摸得着的"移动靶"。

发现问题只是第一步，接下来要敢于和善于提出问题。爱因斯坦说："提出一个问题往往比解决一个问题更重要。"经过调研提出问题时，一要简明扼要陈述问题，如实描绘问题的真相，最好给问题画个像。二要准确概括其特征，判断其性质，揭示其实质。三要指出问题的价值或危害，解析产生问题的原因。问题不一定都用问句提出，还可以用陈述句、祈使句来描述。从什么角度、如何概括和表达问题，应服从提出问题精准度的要求，不必做过多的文字修饰。

提问题要重质量，别提那些浮浅的低层次问题，也不要提似是而非的问题，把不是问题的问题煞有介事提出来，那会让人家笑话的。提出问题和解决争议时，常见的一个错误是只从自己的角度看问题，只从某个单一角度看问题，因此而扼杀了真正有价值的问题。提问题不是多多益善，庞杂烦琐的问题会使人头绪不清，处理起来难分轻重缓急，听不懂的乱账、糊涂账，谁愿意去理它呢？你能提出一针见血的重点问题，提出鞭辟入里的实质问题，提出一个又一个有价值的深层问题，才能算作是驾驭问题导向方法的能手和高手。

精确研判复杂问题

发现和提出问题后，就要对问题进行具体分析。把问题研判得深刻确凿，是找到解决问题方法的前提。不是得到点消息就大做文章,拿个别现象议论大道理,而是要以务实态度和较真精神,细致辩证地研判问题,着重在思想思路、方式方法、政策措施、体制机制等层面研判问题。咱们要从正确立场出发观察分析问题,站对站稳了立场,研判问题才能有定力。如城市拆迁引发的问题,你是站在开发商立场上,还是站在群众立场上,或是站在政府立场上?研判问题得出的结论会大相径庭。

干工作不怕有问题,而是怕不能发现和提出问题,怕不重视和不研判问题,怕对真问题没概念,反而对伪问题兴趣盎然,作一些浮躁套路的演绎。必须立足于实事求是基点展开问题研判,不来浮的虚的,多来真的实的,把真问题搞精确、搞透彻。牢牢锁定问题的难点和实质,就像军事行动不能四面出击,制高点和突破口一开始就要明确,指向不发散,针对实质问题,枪口瞄准问题的靶心——连续射击。

一切事物都会变化,问题同样会发生变化。简单问题解决不及时,会积累为复杂问题;一般问题被误判、被激化,会演变为特殊问题;显性问题得不到应有重视,会沉淀成深层问题。研判问题的思路太宽泛了不好,太狭窄了也不好,要选准研判的角度和切入点,确保有实度、有深度。若视野短浅,思路不清,纠缠皮毛,程式化和表面化,那就得不出正确判断,形不成可行的解决办法。

所有问题都并非单独存在,它们会交织着发生作用,有时问题还会堆成顽疾,层层叠叠挤在一起抱团发难。因此,搞清其中哪个问题是连锁问题的原发点和枢纽点,对于精确研判问题十分必要。一方面,要把抽象问题转换为具体问题,站在客观公正立场上查找问题由哪里原发引发,哪个关键部位节点出了问题;另一方面,要把与问题有联系的诸要素列举出来,把各种性质相近的问题归纳成一个大问题(打捆),从最佳角度展开研判,在深挖问题的根子上发力。

研判复杂问题，一般不会立刻就能敲定解决的办法，应当先把其事实和性质搞清楚再走下一步。它是决策性问题，还是执行性问题？他这个人的问题是思想品质问题，还是能力水平问题？那个单位的问题是现实发生的新问题，还是历史遗留的老问题？对问题如何研判定性，考验咱对问题的了解程度有多深，考验咱对问题把握的精确度有多高。问题的事实和性质确定准了，研究问题就不会犯判断性错误。要通过深入细致研判，找到问题要害所在，厘清问题的逻辑起点。不能孤立静止看问题，要把类似且相关的问题联系起来研判，梳理渊源关系。产生问题的背景是什么？导火索和主要原因是什么？假如引发某个问题同时有几个原因，还要从中找出直接原因和根本原因。

研判复杂问题离不开理论指导，需要战略思维及战术考量的功底，大局观念和系统分析也是必需的。理论来源于实践，理论是行动的指南，正确的理论能够给我们提供思想武器。有了理论指导，才能提升研判复杂问题的站位高度，才能跳出部门或区域局限，排除虚无主义和本位主义的困顿。

某项重要工作卡了壳，其根本原因若是体制机制不顺，就要研究改革和创新的问题；其要害若是政策措施有误，就要研究制定新的政策措施；其主要矛盾若是领导班子软弱、涣散、不团结，就要研究调整班子和配强一把手的问题，还要剖析现象进而触及本质，从事实中找到一般规律和特殊规律。"剥竹笋"法是我常用的——先在竹笋根部利索地砍上一刀，使多层表皮分出次第，然后一层一层由外往里剥，一直到剥出鲜嫩的笋。研判复杂问题一下子捣入内核当然好，不过更多情形还得分层次逐步深入，条理有序且符合规律。搞清事实无疑是重要的，但又不能止步于事实，还要透过事实发现规律，经过感性认识上升到理性认识。相应的规律找到了，研判复杂问题的主要目的也就达到了。

| 方法的力量 |

稳妥解决深层复杂问题

问题可粗略分为两大类，一类是浅层的简单问题，一类是深层的复杂问题。简单问题好解决，复杂问题难解决，解决深层复杂问题的附加值更高，也更有必要和更有意义，所以大家要把重点放在扎实稳妥解决深层复杂问题上。

（1）赶早不赶晚，不能等到局面不可收拾

问题越拖越复杂，越复杂的问题越容易被拖延下去。有的信访老户，开始时他们提出的问题和诉求并不复杂，不难解决也容易满足，但由于未能及时解决，导致问题复杂化。等到问题盘根错节了，复杂问题会愈加复杂，解决难度便会增加数倍。在工作中要增强解决问题的责任感和紧迫感，不能犹犹豫豫贻误时机，能尽早解决就不要拖拖拉拉，要抓住问题的主要矛盾，抓住解决问题的有利时机，对着深层复杂问题的关键环节果断下手。

（2）化复杂为简单，化困难为容易

笛卡尔说过，对一些深层复杂问题要尽量分解为多个比较简单的小问题，一个一个地分开解决（分解法）。小问题从简单到复杂排列，先从容易解决的问题着手（易化法）。在实践中用"分解法和易化法"解决问题，我的建议可采用四个具体的小方法：一是对那些较大的深层次复杂问题进行必要分解，剖析复杂问题的结构和层级，找到解决问题的浅层切口，由易着手。二是假如各种问题搅和在一起，就要找"软柿子捏"，先把容易解决的问题解决掉。三是自上而下，使大变小，把复杂的深层次问题分解成若干个简单的小问题，先解决若干个小的子问题，后解决大的母问题。四是在繁多杂乱的问题中抓住要害问题，擒贼先擒王，深层次要害问题解决了，浅显的简单问题也就不存在了。

(3) "打蛇打七寸",在要害处开刀

草丛中有一条毒蛇窥视着你,为了保证自己的安全,就需要一棍子打死它。打蛇的头部不行,打蛇的尾巴更不行,你要挥棍准确打在毒蛇的"七寸"上。也就是说,解决深层次复杂问题时,不可在它的边边角角处徘徊游荡,要瞄准它的病灶病根动手术,实施"靶向切割""靶向治疗"。比如,某涉黑团伙几十个人,有黑老大主谋,有一群帮凶马仔,他们先后作了十余起案。表面看是那些马仔在作恶,但要想彻底铲除这个涉黑团伙,必须把黑老大抓到并依法严惩。不然的话,"草"铲了"根"还在,黑老大可能再网罗一些马仔卷土重来。

(4) 围绕目的治标,追根溯源治本

治标就是要先把凸显出来的尖锐问题解决好,但又要明确最终达到什么目的,各项措施都要围绕着解决深层次复杂问题的目的实施。治标的目的性要很强,各项措施要与目的紧密挂钩,以防止为了治标而治标,把复杂问题搞夹生了。治本说起来简单,做起来可不容易。治本的关键是要挖出病树的根,必要时还得改土换水。就像城市治理雾霾,必须针对雾霾形成的源头解决根本问题,不能只在马路上洒些水,压一压空气中的浮尘。

解决重大复杂问题,通常就是一项系统工程,要有顶层设计,统筹兼顾,多管齐下,综合施策。比如,修复净化某个地方被严重污染的政治生态,只单纯用一两项具体措施收效甚微,那就要打好解决重大复杂问题的组合拳——坚决查处腐败分子,清除以往的病虫害,给营养不良的秧苗施肥浇水;选好配强党政领导班子,端正选人用人导向,加大干部交流力度——流水不腐户枢不蠹;深化政治巡视巡察督查,落实加强政治建设的各项举措,经常开展廉洁教育,特别是警示教育等。

| 方法的力量 |

严防伪问题跑出来捣乱

  问题到处都有随时都在，咱们想躲都躲不开，但其中有些是真问题，有些是伪问题，还有些是不真不伪的问题。不良的现象是，有人擅长拿别人（外地、外单位）的问题做文章，专门挑人家的毛病，借以掩盖自身问题。真问题一般都是自身内在的问题，常拿"马路边问题"说事的人，多少都有制造伪问题冲淡自身内在问题的嫌疑。问题都是别人的，成绩都是自己的，那不就是贬低别人抬高自己吗？某些人把问题搞"伪"了，搞得面目全非，就是要达到这种效果。

  一些网络论坛上，时不时会有人义愤填膺地抨击伪问题，他们如果不是别有用心，大概就是智商低下。伪问题不但没有价值，而且还会干扰对真问题的发现和研判，所以对它要保持足够的警惕。有的单位和有的人，时而会搞一些伪问题游戏把水搅浑，多是居心不良，对这种行为要划大大的问号，不被误导或裹挟，通过认真辨别筛选，坚决抵制伪问题的误导。

  有些官员未养成求真务实研究问题的习惯，他们所谓研究问题不过是走过场，只有"传达"没有"贯彻"，只有"定事"没有谋事干事和成事，芝麻谷子混堆在一起，看似问题不少，实为琐碎事务，不研究也误不了事，按照职责分工去干就行了。与之相关的大毛病是，有人对重大要害问题能推就推，不敢担当负责，怕触碰矛盾得罪人，不少"历史遗留问题"，就是这样积累下来的。更可气的是，个别官员连自己欠的账都不想去理，但场面上和程序上的事情，还是愿意去做做姿态，用伪问题凑数。

  我们应当清楚地认识到，问题有高下与优劣之分，有的问题象征着智慧，有的问题暴露出愚蠢，不能被低劣愚蠢的伪问题引入歧途。历史上那些不学无术、不解下情、且有一定权力地位的人，提出的问题多是俗不可耐和愚不可及的。大灾之年青黄不接，晋惠帝听说有不少人被饿死疑惑不解，提出一个史上最恶心的问题："百姓无粟米充饥，何不食肉糜？"百姓饥饿没米吃，那为啥不吃肉？能提出如此可恶问题的君主，绝对是社稷之大害，民众之大敌！

第 11 章　清除复杂之弊，追求简约之利

无可否认，世上大多数事物是复杂的，但时下的突出问题却是凡事复杂化，复杂之弊竟然被许多人视为理所当然，简约之利却少有人顾及。针对这一时弊，我们就是要用简约方法解决复杂问题，用锋利的刀斩断那些人为搞乱了的麻线团——简约不仅应当成为朴素的生活方式，还应当成为科学的工作方法。

复杂化——大而深的陷阱

在应用技术领域，有些颇能振奋人心的发明和实质性改进，诸如各种产品的"傻瓜"设计，给人们提供了不少便利。但在另外一些领域，尤其是在一些非盈利部门（如机关事业单位，公共服务部门），复杂化问题愈演愈烈，机构越搞越庞大，工作越搞越复杂，事情越搞越烦琐，关系越搞越盘根错节——通过复杂化来显示自己的能耐大、本事大，证明本人的工作成效突出，这种恶劣倾向有加重态势。把简单事情搞复杂了，把日常工作弄复杂了，用多余烦琐的形式、程序和流程，来标榜对工作的敬业与精通，以展示自己的

不简单。他们使用的方法超出正常人想象,以复杂化为特征的瞎折腾,成了某些心术不正的人讨好上级、糊弄群众的惯用伎俩。

在一些地方,工作方法复杂化已然不是问题,而是华丽转身成了被上级表扬、推广的典型。权力和资源集中的某些部门,尤其惯于使用复杂化的工作方法,小事情也要走大程序,一个项目必须多个处室管,事业单位管了一遍,行政机关再管一遍,美其名曰相互制约。高度复杂化,为的是表示"高度重视",由此导致复杂之弊恶性循环,重要的工作反而不知道用什么方法去做了。

复杂性不等于复杂化,复杂性是客观事物存在的属性,复杂化是人为造成的非正常现象,亦是方法的异化。个别官员热衷把工作搞得复杂化,背后目的无非有三:①对外寻租谋取私利,把事情搞复杂了,就有谋私的空子可钻;②对下为了表现自己敬业和权威,并显示自己的所谓高明;③对上献媚邀宠,以复杂化窃取功名利禄。大家都会记得,简政放权减少审批事项喊了多少年,但有的部门仍然把这件事往复杂化的方向生拉硬拽。一项审批设置多重环节多个手续,分散在不同处室或厅局,有管事责任的部门没有审批权,有审批权的部门又不管事,含金量高的权力往上收,含金量低的责任往下推,这种干法如果不彻底改变,"放管服"改革就难以圆满完成任务。

一段时间里,权力和责任在一起的工作,特别是权力小、责任大、风险大的工作,愿意抓在手上的部门不多了,都想往外推以规避责任和风险,他们只愿意管那些只有权力没有风险的轻松事。以前是争,争来争去,见权眼开;现在是推,推来推去,见责就望风而逃。出了问题第一反应是甩锅,有的实权部门预先就把担责的锅甩出去了,不约而同纷纷用复杂化做推责避险的挡箭牌。这种干法如果任其发展下去,会对党的事业和群众利益会造成深度伤害,必须坚决制止和杜绝。

| 方法的力量 |

奥卡姆剃刀——删繁就简的利器

用奥卡姆剃刀解决复杂化问题，是由14世纪英格兰的逻辑学家、圣方济各会修士奥卡姆的威廉提出的简单性法则："如无必要，勿增实体。""切勿浪费较多的东西去做，用较少的东西，同样可以做好事情。""以简单驭烦琐，以简化整治复杂化。"通过简单方法做事，比套用复杂方法做事，实际效果会好N倍。大自然从来不做任何多余的事情，社会文明的根基是简约的，人性的本质也不像俗人们想象得那么复杂，许多复杂问题都是人为造成的。用简约的办法解决那些看似复杂的问题，就是省去不必要程序和附加形式。坚决果断用好奥卡姆剃刀，棘手难缠的工作就能一下子找到应剔除的那些冗余部分，烦琐复杂的问题就能得到有效解决。

复杂化是一团乱麻，删繁就简是一把快刀，对付那些叠床架屋、劳民伤财的复杂化，就得用快刀去斩乱麻，下手可以重一些、狠一些，用简约之刀剔除毫无道理的复杂。不管什么场合，都要明确工作的哪几个环节必须牢牢抓住，哪几件事情可以舍弃不去做。作出舍弃的选择，主要方法是对标工作的最终目的，与之关系密切的任务要集中精力完成好，与之关系不大的杂事儿就可以舍弃不做。工作所有细节都想要尽善尽美，那是不可能的，也是无必要的。缺少远大目标，便容易被细枝末节牵扯精力，少数细节可能做得完美了，但也偏离了工作运行的主航道。

多余烦琐的流程，与工作的复杂化互为因果。一些机关单位的工作，不在实质内容上下工夫，偏偏要在流程复杂化上做手脚，这就是把简单事情搞复杂了的原因。流程管理表面上看是科学和严谨的，然而一旦搞得复杂化了，利会越来越小，弊会越来越大，不严谨，更不科学。所以，咱们要在简单与复杂之间找准不失偏颇的平衡点，对各项流程再审查、再简化、再优化，进行瘦身和再造，变流程复杂化为流程简约化。

过多的管理层级，也是造成复杂化的重要原因之一，本来两级管理就足够用了，偏偏要设置三级、四级的管理层，一个部门只有六七个人，却设置副科长、科长和副处长、处长，官多兵少，认真干事的尤其少。更有甚者，少数部门有官无兵，谁都想指挥别人干活，谁都不想自己亲自干，这种复杂化的层级设置，人人有权无责又层层掣肘，工作效率和质量怎么能提高呀？

层级设置的方法，我首推扁平化，开直通车——把层级减至最少，质效才会达到最高。推行扁平化管理方法，就是要人人都有具体的工作任务和责任，最大限度减少脱产人员，减少管理和监督层级，特别是要减少指手画脚的"各级领导"。这三个实实在在的"减少"，对于克服和解决复杂化问题非常必要。

不计较／不扯皮／不推诿／不争论

我发现相当多的复杂化弊端，都是由凡事必计较、凡责必扯皮、凡过必推诿造成的。正确的方法应该是，无论大事小事都要以大局为重，算大账不计较小账，复杂的问题也会变得简单；无论责任轻重都不扯皮，一扯皮就会把简单问题扯复杂了；提倡直接坦率研究问题，灵活处理问题，把事情先干起来，防止争论不休。计较必然扯皮，扯皮必然推诿，推诿必然引起争论，争论至少是无效劳动，会使事情更加烦琐复杂，很可能激化矛盾，争论变争执争端。原则问题不用争论，一是一、二是二，已经有了权威性结论，何必为此再浪费精力和伤害感情呢？经常遇到的职能交叉事项，那不是计较扯皮所能解决，还是要在实践中逐步将分歧淡化消减，破解深层次问题的方法也就有了。只要不计较得失多少，不扯来扯去推事推责，不争论谁是谁非、谁大谁小，不推卸应负的责任，简单问题就会顺利解决，复杂问题也不会被复杂化。

大家都要从计较扯皮、推诿争论的怪圈中跳出来，应该做的工作就不要推来扯去，假如别人以各种理由推卸事项不作为，若不是大的原则问题，就不必非要分清"是你的还是我的"，不要怕手上的活多，不要怕担负的任务艰巨，多干工作、多挑重担，就是咱锻炼成长的机会，这过程中积累的经验和增长的才干都是属于自己的。邓小平说过："不搞争论，是我的一个发明，一争论就复杂了，把时间都争掉了，什么也干不成。"他的话言简意赅，不需要作过多的解释。不争论是改革开放事业发展的重要方法论，也是破解难题、做好工作、处理好关系和矛盾的具体方法。

复杂事情简约做，才是真本事

简约属于事物发展的主线索，复杂是缠绕在主线索之上的枝蔓——常见的复杂现象是节外生枝，枝外生节。简约既能拉长简单的短板，还能弘扬简单的长项，把复杂事情做得简易简化且集约节约。我相信宇宙存在的原初状态是简约，老天爷可没有把事情搞复杂了的闲工夫，美好的世界是简约的世界，无论事业还是生活，绝大多数的复杂化事项都能变得简约。我竭力推荐简约的方法，就是要以简单 VS 复杂，以简约化 VS 复杂化。

美国人工智能专家布鲁克斯总结了一套简单思考和复杂事情简单做的方法，即先做简单的事，不要改变简单事物，学会准确无误地做简单的事，在简单任务的成果之上添加新的活动层级。我的理解是，遇到复杂的工作任务，首先生成一小段能迅速完成的简便节约的工作回路，接下来让相关类似的回路运转起来，纷繁复杂的工作因而就变得简单易行了。在实际工作中，简约的方法俯拾皆是，只要认知到位、运用得当，就会很好地发挥作用。

事实上，简洁也是简约，智慧越简洁越管用，智慧越复杂越难用，那些复杂化的智慧多是没有灵魂画蛇添足的低档次智慧。莎士比亚借他剧中人物的口说："简洁是智慧之魂。"思想的简洁，对于生成高档次智慧至关重要，对于简约方法和行为具有决定性。删繁就简，化繁为简，变难为易，你的思想方法和工作方法都要向这个方向靠拢。

有这样一些话，我不厌其烦地讲过多次：你把复杂事情做简约了那是真本事，他把简单事情做复杂了那是没本事；看似复杂无比的事物，其中都有简约的内核，有些看似复杂的问题，不过是他没有真正认知到问题的实质，后来又被附加上新派生的复杂形式；要少搞、不搞那些纸上谈兵的游戏，不必要的程序该简化力求简化，该取消坚决取消；强化"一切从简"意识，努力把复杂事情搞简便了、做简约了，理出清晰头绪牢牢抓在手上，任何问题都不要人为复杂化。

还应当强调的是，清除复杂化弊端，领导机关和领导者要带头走在前面，提工作要求应注重简明、扼要、务实，简要、简便、简易，不转弯抹角，不东拉西扯，不提那些过高、过急、过全，过于复杂，过于玄奥的要求，直来直去，直奔主题，直指问题。工作形式能简则简，可控制、便操作、易规范就行，工作过程和周期能短则短，效率高、见效快、质量有保障就好。

简单化是有害的劣质方法

简化程序、简化过程、简化形式，这些简约的做法都有积极作用，但头脑简单化，工作方法简单化，处理问题简单化，就不是什么好事了。大家可能注意到了，我在本章用的词主要是"简约"，有意不用或少用"简单"这个词。之所以这样做，主要是简约比简单具有更多的积极要素，"头脑简单""做事简单粗暴"，通常是对一个人的负面评价。简单本身就存在某种风险，如果把它演变成了简单化，那就更有风险了——不仅有较大风险，还会有直接危害哦。

（1）思想简单化容易上当受骗

一些年纪大、经历多的人，思想容易复杂化，但不少年轻人的思想却容易出现简单化倾向，不愿意动脑筋，没有深入思考的习惯，处理复杂问题也不愿意过脑子。思想太复杂的确不好，但思想太简单就好吗？有的年轻人思想单纯，对工作和社会的复杂性认识不足，这就容易上当受骗，或被当枪使，或当替罪羊。古人说："害人之心不可有，防人之心不可无。"这个需要有的"防人之心"，就是增强个人保护意识，以简约对简单，以审慎对复杂，切不可简单到头脑里只有一根不会转弯的筋。

（2）工作简单化难免有弊端隐患

工作简单化，有时是由于不负责任造成的，有时也是方法不当造成的。求简单，求简化，求省时省事，稍不注意就有弄成简单化的可能，弊端和隐患会躲藏在其中。若在以下两个方面犯简单化错误，后果将是严重的。一是关键决策简单化。重要事项未经调查研究，未经必要的讨论审议程序，个人就草率决策，脱离实际乱提要求，这是很危险的简单化。决策前要广泛听取意见，决策中要严守规定程序，决策后要抓好落实和跟踪评估，这"三步走"要环环相扣，不可缺少。二是工作的实质内容简单化。这种错误通常是要追责问责的，它实际也是比较低级的错误。多余的形式能简则简，愈简约简便愈好，但对工作实质内容的简化要特别慎重，对上级明确的工作要求不能随意简化，当然也不可层层加码。那么对于工作实质内容你应该做些什么呢？功夫就是要用到实化深化上，切忌用到盲目和偷懒取巧的简单化上。

(3) 处理重要的复杂问题不可简单化

问题有深与浅之分，有简单与复杂之分，并且具有多面性和相对性。浅表问题是问题的简单存在形式，深层次问题则是问题的复杂存在形式，内外条件稍有变化，两者就容易搅和到一起。正常情况下，多数问题是比较次要比较简单的，少数问题则是比较重要、比较复杂的。非正常情况下，少数问题是次要简单的，多数问题是重要的复杂的。一个机关单位风气好，主要负责人公道正派，能力水平高，各种问题都不会太复杂，咱可以放开手脚大胆干工作，出点差错都不要紧。一个地方政治生态差，班子成员勾心斗角，一把手权欲强、私心重，人与人关系复杂，上下级关系微妙，各种事情都会趋向复杂化，次要问题也成了重要问题，在这种地方工作，那咱就得小心翼翼了。

处理重要的复杂问题，千万不能想当然简单化，不管不顾就往深水区里跳。要经过认真观察调研，进行反复思考，分清是非，权衡利弊，注意解决重要复杂问题的方式方法，火上不能浇油，鸡蛋可不能往石头上碰，简单化方法是解决不了那些重要而复杂问题的。遇到棘手难题，要避免与尖锐矛盾对着干，应设法找到"最大公约数"，逐渐形成解决问题的共识及合力。如果时机还不太成熟，条件暂时还不太具备，那就做一些务实的妥协，或者做一些有原则的迁就，为自己留出回旋余地为好。

第12章 学习的十三种方法

学习不是一时一事的应景段落,而是贯穿人生全过程的终身大事。在学校要学习,工作中要学习,在家里要学习,与人交往时要学习,旅行途中要学习,现实生活时时处处都要学习,即便是退休了种花养鱼也要学习。终身学习不是抽象的口号,而是实实在在的平常事。获得方法力的重要渠道是学习,原创的方法不是很多,供人们相互学习的方法比比皆是。学习的方法繁多,仁者见仁,智者见智,各有所用,各有所长,也各有所短。

速读法

此处概要介绍的速读法,包括以各种介质(纸质的、非纸质的)为文字载体的速读方法。你要想多阅读,就得掌握速读法,传统的一目十行便是速读。为了多阅读,读一般书籍每分钟起码要达到三四百字,概览主要内容,了解要点大意,不求细阅详情。学会速读法并不难,那就是要设法把落后的"铅字打印机"换成"电子扫描仪",经过练习及习惯养成,每分钟有望达到千余字的读速。跳读略读是速读的有效方式,就像你在人群中找一个熟人,肯定不会把每个人的衣服都看一遍，只需要寻找到你熟悉的那张脸就能达到目的。跳读略读凭的是直觉判断，随时忽略部分内容，挑选有用词句去读，改变逐字逐句的阅读习惯，目光和思绪基本不在单个字词上停留。

近年来，网络、多媒体、电子书和手机阅读正在快速取代纸质阅读，阅读介质载体越来越简便、越来越随手可得，诚然也愈加碎片化了。相当多的人只看手机，其他介质都不在眼里了。有些人纸质书不读，电子书也不读，只是上上抖音，看看视频。如果他退休了，这样做或许是可以的，但如果还在职工作，就不应该"躺得这么平了"。当然，大家也不必为阅读渠道的变化更新而烦恼，应当把注意力集中在阅读内容和完善方法上，主动借助新的介质载体提高阅读效率。

观察法

人类的学习活动，最先是以观察形式出现的，日常生活的学习，工作过程中的学习，大多采用观察法。用眼睛去看为"观"，用大脑去思考为"察"——细致地观看和体察。观察要用好眼睛，及时准确捕捉有价值的信息，特别要用好形象思维，增强感性认知，使学习内容形象化。观察有焦点观察、广角观察和深度观察等，不仅是对某一事物静止平面的观察，还要进行动态立体的多方位观察。观察要尽可能全面深入，感知事物的运动及变化，发现知识的内外联系及延展。形象思维与辩证思维要一并使用，在观察中形成立体感和动态画面，实现感性认识与理性认识的顺畅切换。

实践性的学习尤为适用观察法。比如，你向身边的成功者学习，他不可能像老师那样给你上课，不会告诉你他为什么这样做而不那样做。但你如果经过细微通透的观察，就会觉察到他成功的方法乃至秘诀。再比如，在职场

| 方法的力量 |

上你要向自己的领导学习,但他不会主动给你传授什么现成的经验,而且有些话都不一定说得直白,顶多给你些鼓励或提出些工作要求。那么,你就要认真观察领导的言行举止,从中学习感悟书本上没有的稀缺经验和方法,为人处世的技巧和风格,还有那些只可意会不可言传的"真经"。

渐进法

学习基础知识与学习其他知识有所不同,基础知识不会那么生动鲜活拿来就能用得上,因此要有坚持学习的毅力和耐性,不要没学会走路就想奔跑。以数学为例,前面的基础知识学得不扎实,后面的复杂系统知识就理解不了。先加减,后乘除,加减法相对乘除法较为好学,学会了加减法,再学乘除法,这才符合四则运算的规律。事实上,绝大部分的学习,都是从易到难,由浅入深,由低到高,步步渐进,螺旋上升的。

渐进法要领之一,就是从简单知识开始,由容易到困难,循序渐进。亚里士多德曾经有个建议:"学习有时并不必定从最初开始,从事情的开端开始,而要从最容易的地方学起。"的确应该这样,在学习内容上,不一定非得从头开始,从"最容易的地方"切入是一种便利的选择,先简易、后复杂、再高深,有利于减小学习难度和阻力。根据遗忘先快后慢的规律,还应当将小循环与大循环有机接续,将若干环节的学习内容交替进行,在单一课程中搞小循环,在几门相关课程中搞大循环,使学习成果在大小循环中累积精进。假如一开始就把学习内容搞复杂了,那就可能在起步阶段受挫跌跤,回过头来再重新学,就得多缴学费。

我提出渐进法的另一个考虑是,学习内容和形式要在求知欲→谦虚心→好疑问→究答案→穷理喻的学习路径上,搭建起渐进的逻辑模式——成功的学习都是依据知识流程和规则有条不紊渐进提升的。

练习强化法

　　重学轻习是半截子学习，实际效果起码要打个五六折。"习"包含预习、温习、练习、复习的形式，亦包含精思、细品、深悟、笃行的功夫。学得、习得、行得这"三得"应相互促进，习得和行得对于学得的巩固提高具有很强的促进作用。预习是习得的第一步，为完成某项学习任务或马上要开展的工作事先做功课，便是预习。你要去参加一个专题会议，那就要提前熟悉与会议主题有关的业务知识，收集重要情况和数据等材料，通过做这些功课有所习得，你在会议上发言就能胸有成竹，不但不会被主持人问倒，还能发表出高水平的见解。

　　练习强化法的特有功能，简单地阅读和记忆替代不了。中考和高考前，都要大量做习题和模拟试题。无论考文科还是考理科，还是公务员或企事业单位招录考试，进行重点练习强化肯定会比按部就班的阅读记忆更能得高分。没有与学习紧密结合练习强化，学得的知识可能不翼而飞，还有一个不良后果是"捡了芝麻丢了西瓜"。

　　掌握技能更需要练习强化，这是技能学习特点所决定的。技能学习大体可分为心智技能学习和动作技能学习，两种类型技能学习都必须经过反复练习强化，练习的频次和强度直接关系到技能学习的质量及效果。练习强化法的着力点是，以熟生巧成常巧，以智生巧胜小巧，巧夺天工造大巧，成就的是工匠型人才。孟子曾经以学习射箭为例，描述技能练习强化的重要性——亲手把弓拉紧拉满，反复多次把箭射出去，才能学会射箭的技能，否则看多少书，听老师讲多少遍都没有用。拉弓的力度和次数，也就是练习的强度，箭射出去的速度和准确度，都取决于练习强化的方法力。

领悟法

　　学习的要旨不是死记硬背，也不是复述和照抄照搬，关键是领会和觉悟。说得再深一些，理解也只是通向领悟的桥梁——理解到的往往是别人的智慧，领悟到的才是自己的智慧。领悟是高级的生产性消化吸收工程，就像母鸡吃的是虫子、玉米粒，生产出来的是营养丰富的鸡蛋；奶牛吃的是绿草和黄褐色的玉米大豆饲料，挤出来的是雪白浓香的牛奶。用心用脑的领会和觉悟，是心理心智的创造过程，是知识智慧的提炼、转化、跃升。

　　大家可能都有这样的经验，读书或听讲时，一些内容多几句少几句无关紧要，有些内容只是个铺垫，有些内容只是换个表述方式，与中心思想和主题没有多大关系。由此可见，学习有较大弹性，这就给领会和觉悟留下可利用的空间。书上和课堂上，作者和老师不一定写得很清楚，讲得很明白，但你一定要用心留意关注，在只言片语或长篇大论之间领悟到实质和真谛。读人文社会科学方面的书，要注重领悟思想和文字表达的层次性以及内涵外延，表面词义靠理解，深层涵义靠领悟。理工科的学习，领悟定义定理和公式特别重要，并且要做到准确应用。

　　顿悟是领悟的一种奇妙情形。"这就是学习，在一瞬间以新的方式顿悟了穷尽一生都想知道的东西。"英国女作家多丽斯豪把顿悟说得有点玄，但她也确实没有说错嘛。瞬间顿悟真的了不得，咱们要通过知识和经验的扎实积累，笨功夫再加上巧功夫，学会瞬间穷尽想要知道的东西，使领悟的方法更上一层楼。

点穴法

点穴式学习,就是要抓住知识的内核精义,找准牵一发而动全身的穴位,准确有力地点到位,以此贯通知识体系的主要经络,求得四两拨千斤的效能。点穴要把学习的重点内容锁定,不能拿着"梅花针"到处乱扎,弄不好会扎出毛病。点穴法的关键是把复杂精炼为简约,把表象提纯为本质,把庞杂扼要为精湛,把烦琐简化为便捷。不懂得点穴,那是笨拙的学习,你要想学习活动高效优质,必须充分用好点穴这个武器。善于区分哪些是最重要的百分之几,哪些是不重要的百分之几十,从点穴位到抓经络,无关紧要的内容轻轻带过,不必为枝枝杈杈耗费精力。

记忆的效果如何,理解的深度如何,领悟的正确度如何,与点穴位抓经络的精深度关系紧密。运用点穴法,要善于梳理学习内容,画出知识点的脉络图,探索高效学习的直路近路。记笔记也可使用点穴法,把听到或看到的过滤筛选,使重要观点和逻辑线索条理化,把贯通穴位的经络记录下来,过段时间再复习便会有要领可遵循。一篇上万字文章,真正值得掌握的或许也就千把字,甚至五六百字。一场讲座主讲人大概讲千余句话,真正管用的可能也就百十句话,甚至二三十句话。用点穴法把这些精华提炼概括出来,即可呈现"点穴抓经"的良好效应。

反刍法

学习不是一次性的,它有类似老黄牛反刍的功能。你从书上看到一段话,

> 方法的力量

开始可能没打下什么烙印，当再次记起或想起时，便会有了"一日不见如隔三秋"的感觉——在反刍中汲取了营养——对知识要点旨意进行反刍式学习琢磨思考，收获便会一次比一次大。反刍法就是把知识细嚼慢咽吃进胃里，过段时间反刍上来再次咀嚼，越咀嚼越有味道，不断生成新的知识养分，即便是"粗干草"也能转化为热量和能量。

可以用一个简练排序来描述反刍法的运用机理：学习思考→消化吸收→再学习思考→再消化吸收→循环往复，形成开放兼容、反复消化吸收的学习模式。具体到学校的学习，学生要先熟悉教材，再听老师课堂讲授，课后及时复习，再归纳综合，化解重点和难点，把新学的知识与以往学的知识融为一体，变成新的学识要素。这样做不但能把知识连贯起来，还能持续巩固扩大学习成果。

反刍的内涵比重复的内涵深刻得多，它不是重复多嚼几口，而是把前次嚼过的饲草经过瘤胃酸液浸泡后再次提取，进行多次咀嚼，这已经不是干干巴巴的咀嚼了。反刍式学习，不只是简单地巩固记忆，更是通过"物理做功"促成"生化反应"，实现长期记忆理解和系统消化吸收。若能将重复学习变为反刍法学习，必然大大增强学习的有机性。学习的反刍机制，能够有效作用于理解和领悟，会使知识经过翻转回旋开辟新天地，因为有了酸浸发酵的生化环境，营养成分会不断溢出并吸收应用。

反馈法

学习的信息输入或输出后，接着就得及时反馈实际效果，形成促进继续学习和改进完善学习的回路。各单元学习的测验点评，各种考核、考评、考试，还有自己做习题核对答案，都是反馈的具体方法。缺少反馈的学习，就像射击打靶后不知道打中了几环，打偏的那几枪是偏左了还是偏右了。射手不知道打中没打中，偏到了哪个方向，就难以校准枪口，不知道应该做何种纠偏修正。

反馈的一个重要路径是外反馈——外部信息对学习效果的回馈。外反馈又分为正反馈和负反馈两种性质的反馈。正反馈是对学习的肯定，学习者获取的是成果性经验，受到的是正向激励；负反馈则是对学习中出现错误的指出与更正，学习者得到的是知错改错的教训，受到的是负向鞭策。及时的负反馈，能够收到变否定为肯定的奇效。运用负反馈的方法形成负向鞭策，不是简单告之"扣了多少分"，还应反馈对错误原因的解析，教会矫正错误的具体方法。

洞见法

洞见是深度学习必备的方法。以洞见法进行学习，就是要发现事物或问题的真实性和确定性，掌握知识、技能、经验的筋骨结构及深层内涵。洞见不是用眼睛瞄一瞄表面现象，它是要为深度认知提供重要素材，其中包含各种感官运用及思维综合研判，发现和掌握知识的实质和意义。在持续不断学习中，咱们要努力增加洞见的深度，透过现象见本质，透过皮毛见筋骨，透过躯体见神经，透过物质见精神。

依我自己的学习体验，运用洞见法主要得着眼三个维度。①俯瞰统览，即高维度宏观洞见。在高站位上放开宏大视野，以上洞见下，以高洞见低，进行全域全景式洞见，如高空航拍一览众山小，不在某花某草上停留，不被局部现象耽搁。②扫描透视，即微维度切入洞见。就像核磁共振检查身体一样，从不同方位做断面扫描，一个斑点一丝阴影都不放过，任何可能的微小

| 方法的力量 |

病灶都要检查清楚。③聚焦内核,即深维度靶向洞见。在深层重点上聚焦,深入知识实体的内核,作出正确判断见解。这种洞见应有胃肠内窥镜的本领,根据诊断提取活检物,在深层靶向洞见中,还能在胃肠里做小手术,收到直接切除病灶的治疗效果。这种方法真的挺好。

结网法

优质高效的学习,应当综合实施学习内容的多向进路,纵横拓展和网状节点联结,头绪线索分明,经纬交织精细,整体疏密有致。网由线结成,线分为主线、副线和支线,还有目和纲。纲是线和目的汇聚处,网的牵引处,统领着所有的线和目。结网要找到知识要点,有序连接知识经纬线,展开知识立体面。主线节点结实,副线支线有条理,一牵动大纲,全网皆有反应,进而系统把握知识体系。

结网法的基础工作是理清各种线的起始点,建立线与线之间并联或串联的关系,知识的经纬线松紧适度,联结到各关键节点,切不可搭错线、接错线。在此基础上,把所学的内容梳理成为纲要系统,使知识既有大要点、中要点,又有小要点,通过纲要的系统联结,将相关知识编织到网络中。具体做法可以是这样的:一是对学习材料进行分析判断,建立知识的逻辑起点;二是强化有关要素的联系,把各知识要点贯穿起来;三是总括知识的关系序列,延伸分列和细化分解知识点,使网络分布井然有序。若想使结出的知识网强大而实用,还要进行交叉跨界整合学习,拓宽认知维度及空间,增强结网法的韧性和延展性。

求律法

求学，求知，求解，"求"是学习的一个基本方法。但学习不可能什么都求，求得过急、过多就会欲速则不达，求得过细、过散就会捡了芝麻丢了西瓜。所求的重点要放在求规律上，掌握了知识体系规律和事物发展规律，学习的列车就驶入了快速路，行驶会又稳又快，学习方法也就有了可以遵循的要领。求律法就像欣赏交响乐，你听懂了乐曲的主旋律，对各乐章的变化走势及主要意蕴，心里就有了谱系。

学习的起伏性状，抑或可算作求律法的一个特征，那就是弄清真相↘了解特征↗分析缘由↘判断属性↗剖析实质↘认识规律↗掌握真理。这七个要素的起起伏伏，反映了学习认知规律的动态走势。我在这里使用有升有降的箭头符号，想要表达的是求律法必然呈波浪式起伏状，不可能风平浪静地直线提升。起伏各要素不是孤立的，路径也不是固定的，感知及领悟均呈现出前浪带着后浪，后浪推着前浪的态势。

求律法还有如下三个子规律：

A. 积累律——积沙成塔，水到渠成。饭要一口一口吃，井要一锹一锹挖，知识要一点一点学。大家小时候认字，大都从"大、小、多、少"认起，一课一课学下来，认的字积少成多，先是能看懂简单图文，随后能看懂连环画（小人书），接着又能看懂大部头书。这就是知识积累律，除此没有其他路可走。

B. 生长律——播种育苗，开花结果。种瓜得瓜，种豆得豆，有苗不愁长，但不能只傻乎乎地等着苗自己长，也不能急三火四地拔苗助长。学习从种到收，要按农时季节办事，春天播好种育好苗，夏天打好杈疏好花，秋天

> 方法的力量

才能结出好果子，冬天才能享用耕耘的收获。就学校教育来说，小学和中学阶段即是播种育苗阶段，大学及研究生阶段则是开花结果的季节。

C. 活用律——活学活用，不拘一格。学习的内容要活，方法要活，应用更要活，不能只会用一个简单的模型，只懂得一种初级的方法。在学习实践中要注意对"一格"的把握，但运用起来还要不拘于那些条条框框，不拘于知识和方法的"一格"，把它们学活用活才是根本目的。

关系构建法

学习的重点最该放在各种知识和规律内外关系的构建上。烧砖烧瓦也好，储备木料也好，做门做窗也好，立柱上梁也好，都是为了把房子建好。学习的构建是内外关系的构建，把握了知识的纵横捭阖关系和起作用的规律机制，就会越学越深入、越轻松、越有获得感。比如，自学经济学课程，要搞清产业发展的内外关系，实体经济与虚拟经济的关系，力求发现和把握经济增长规律，构建经济学知识体系框架。再比如，自学生物学课程，要搞清楚气候环境变化与物种生存、进化、退化乃至消亡的关系，力求发现和把握物种生成演变规律，构建生物学知识体系框架。

学习内容的内部关系和外部关系，亦应着眼在总体联系上搞明白，主要关系（联系）和次要关系（联系）都要搞清楚，上下关系、左右关系、前后关系条块搞明晰。这些关系搞透彻了，还不能随意散放在那里，而是要把各种关系（联系）梳理顺当，分领域、分层次有序组织起来，以便构成归属于自己的学习内容全息系统，并使所采用的各种学习方法融会贯通，在关系结构上发挥重要的支点和杠杆作用。

在线学习（教育）法

　　大量事实表明，在线学习的比重越来越大，线上线下结合正在成为学习方式和教育发展的主流趋势。在线学习的手段和方法可以有多种选择，因人施教而学，因材施教而学，因需施教而学，有一对一直播课、小班直播课和在线大班课，还有预录视频课。慕课在发展完善提升，疫情背景下的在线学习爆发式增长，我国的在线教育学生人数所占比例从2019年的27%，迅速跃升到2020年45%，预计2025年将达到66%。免费课70%的用户，来自三线及以下城市，表明在线学习的渗透力很强，越是优质教育资源较少的区域，在线学习的方法越实用。在线学习的方法，对成人尤为需要和实用，已经成为最便利、最高效、最大的学习平台，完全可以作为我们终身学习的最主要方法。

第13章 想方设法少错/不错/改错

前面有一章,题目叫做"问题确实是个好东西",本章讨论到有关错误的那些事,我就不敢说它也是好东西了。错误不是什么好东西,人最好少犯错误、不犯错误,多设几道防线不让错误发生,有了错误要勇于承认,真诚果断改正错误。然而,我还是要说,错误亦有它的自身价值,如果能够搞清楚错误的类型和原因,掌握正确对待错误的方法,即便犯了错误也能得到补救,而且还能汲取宝贵的教训呢。

九种类型错误的剖析

从不同性质和角度,可以把错误分为多种类型。这里侧重主观性因素,分列出九种类型的错误,供大家了解和参照。

(1) 无知懵懂之错

由于没有知识和不懂得道理而犯错误,此种类型大约占错误的一大半。拿驾驶汽车来说,如果没有认真学习交通法规,看不懂交通标志,那就会犯违规甚至违法的错误。无知不是太可怕,但因无知而无畏就非常可怕了。

（2）无意大意之错

不是主观故意犯错误，而是没有在意，对一些问题处置不谨慎，不注意方法，重视程度不够，或者是一时疏忽大意了，不知不觉犯了错误。小孩子容易犯这种错误，大大咧咧的人也容易犯这种错误。

（3）缺少经验之错

经历单一，资历不深，没有见过什么世面，经验不足犯了错误。此种性质的犯错误较为常见，刚刚入职的年轻人难免犯这类错误，年龄较大的人干没有干过的工作，也会时而犯缺少经验的错误。"小白"犯无经验之错，那是他应该付出的学费，由于没有经历而缺少经验，他不得不去试错嘛。

（4）能力不足之错

能力太差，有心无力，干不成事，还会犯错，虽然大错不犯，但小错总是不断。时常犯一些低级错误，甚至还会自作聪明，用新错误来证明旧错误是正确的，用错误来掩盖错误，以掩盖自己的能力不足。

（5）把握不准之错

这类错误比较复杂，其中还掺杂着一些客观因素。20世纪80年代末，我在一个县当副县长，当时企业改革还未找准感觉，有的企业亏损资不抵债，工厂开不出工资，成了县政府的包袱。我分管县体改委，在企业改革方面想先吃一只破产的"螃蟹"，条件不成熟就用行政手段强推硬压，产没破成，工厂搞得更乱了。回想起来，那是犯了把握不准的错误，用了不该用的办法。

以上性质大致相同的五类错误，大都可以避免或大大减少的，即便是不慎发生了，只要能正确对待积极纠正，就不会造成多大的损失。但是，以下四种类型的错误的性质就严重了，犯起来容易，改起来却很难。

（6）心存侥幸之错

个别干部躲藏到那些隐秘的地方公款吃喝、过酒瘾，有的还喝出了人命。

他们知道这样做是违反中央八项规定精神的，但还是有侥幸心理，觉得不会被发现，于是敢悄悄地顶风上。这种错误带有主观故意性，是不可原谅的。

（7）自大自负之错

有的人过于自信，如果任其发展下去，便会变成不可救药的自大自负，目中无人，听不得不同声音，对劝阻和反对置之不理，一意孤行。某些灾难性错误，根源就在于个别官员自不量力，调门高得惊人，办法超出常理常规，迫不及待证明自己如何有本事，因而造成很大危害。

（8）明知故犯之错

明知这样做不对，明知那是犯错误，但他就是要这么干，就是要搬弄是非、制造矛盾，就是要损人利己、损公肥私，就是要贪污受贿、腐化堕落。对于犯这种错误的人，不能姑息养奸，要动用组织措施或纪律法律加以惩戒。

（9）品德低下之错

少数人思想品质不好，他们犯错误不是能力水平问题，百分之百是"缺德"所致，欺软怕硬，过河拆桥，投井下石，政治投机，经济贪婪，道德沦丧。这类错误性质恶劣，具有一定的隐蔽性和欺骗性，不太好防范，更不太好改正，大家对此要进行坚决抵制和斗争。

哪些情形下容易犯错误

有人曾经做过错误因果关系的调查，发现官员办公室的地毯越厚，越容易主观武断，越容易犯错误。此现象的关联度，在实际工作中多有印证。有人犯错误，就是由于高高在上，不会调查研究，不愿走群众路线，官当得越大，办公室地毯越厚，越会接连不断犯错误，而且会犯"皇帝新衣"式的错误。

再进一步具体分析，为什么有人经常犯错误？为什么有人很少犯错误？为什么时而犯错误时而不犯错误？其中的情形和原因值得多加关注。下面看一看人们在什么时候容易犯错误，就会发现犯错误的一些背景因素。

顺风顺水时——有些人成长进步的过程一路绿灯，没经过风雨洗礼，没尝过挫折和失败的滋味，总以为自己不是一般人，不懂敬畏，不知利害。这种情况下，就可能犯不知天高地厚或初生牛犊不怕虎的错误（老虎特别喜欢吃初生的牛犊，肉味细嫩鲜美）。

急于求成时——有点小成绩，有点小权力，就心浮气躁，想获得突出业绩，想做成难以做成的事情，有一种不管不顾，趋利、趋荣、趋名的冲动，胆大心不细，无视风险，不计成本，孤注一掷。这个时候容易犯好大喜功或见利忘义的错误。

情绪沮丧时——应有的言行理性，在沮丧情绪面前一败涂地，对事情对工作焦躁不耐烦，对人没有信任感，破罐子破摔，一切都无所谓。随意发火暴怒，无心尽责做事，抗上欺下，与领导作对，与同事内斗。心情不好激化了任性，犯的多是追悔莫及的错误。

自我膨胀时——人生经历中，好像谁都会有那么一段或几段自我膨胀的阶段，即容易犯错误的阶段。这个阶段与年龄关系不大，与所处的位置关系较大。自我感觉良好，容易忘了戒律、忘了敬畏，"天老大我老二，"一有机会便犯咄咄逼人、不知天高地厚的错误。

缺少监督时——监督不仅有上级的监督、纪律的监督，还有群众的监督、同级及同事的监督和家庭的监督。监督的环节断裂了，行为失控和犯错误的概率会大大提高。有些人自律性差，若是监督不到位，他就会从偷偷摸摸犯错误到明目张胆犯错误。

身边小人多时——假如某人有权势有资源，也就有了被小人围猎的可能性。这个时候是错误的高发期和危险期，小人会让领导者犯很舒服、很惬意、很有成就感的错误。在吹捧、奉承和吃喝玩乐中，便会犯被纵容、被利用、被出卖的错误。

此外，不谦虚谨慎，偏执固执，仅凭单一陈旧经验办事，对新生事物反应迟钝，会犯故步自封错误。目无法纪，不守规矩，不受约束，想一出是一出，言行草率没规矩，自律自控能力差，会犯踩底线触高压线的错误。还有诸如偏见偏心犯错误，物欲权欲情欲犯错误，性格缺陷修养缺失犯错误，等等。

设置多重防线，免受错误袭扰

咱们若能认清错误的因果关系，并在事前有意识清除这些"因"的积弊，便会有效预防错误，不犯或少犯那些不该犯的错误。国外学者有研究结果表明，人都是会犯错误的，而且常常会犯各种系统性且可预见的错误。这些错误的可预见性意味着，当你认知了、警惕了、预防了，就可以阻断错误的袭击困扰——某种程度上，通过设置多重防线，大多错误是可以避免的。

在工作和事业平台上，正确的要乐于得之，错误的要坚决弃之，在善于获得硕果佳绩的同时，亦要坚决消灭毒株病灶，不贪不义之财，不沾有害之物，不做亏心之事，即可成就大器和大业。你知道了犯错误的缘由及特有的规律，那就要多设一些防火墙，提前给自己打防疫针，大部分错误就会被拒之门外了。

常犯错误与偶犯错误，两者的差异不只在频率和数量上，同时也区别在实质性和态度上。某类错误在某人身上一而再、再而三，重犯多犯，屡犯不改，问题性质必然趋向严重。错误多了不在乎，虱子多了不咬人，"没办法，这些小毛病我是改不了了，也不想改了"。这种对错误听之任之的态度十分有害。举个小例子：上班迟到早退这类小错误，有特殊情况偶尔有那么一次两次，也是可谅解的。但谁要是迟到早退接连不断，那就太不应该了，错误程度就会由轻微变得严重，其性质也会发生变化。迟到早退屡教不改的人，你说哪个单位会愿意要这类员工呢？

错误有高级和低级之分，高级错误一般都是决策性错误、系统性错误，低级错误时常是执行中的错误、碎片化错误。作为普通人，犯高级错误的机会不多，那就要确立一个警醒意识：犯低级错误只能表明自己的"低级"，证明自己的层次不够。为了不犯低级错误，日常行为就要减少随意性，增强预见性和可控性，诸事考虑得周全一些。假如感觉有点找不到北了，便要及时敲自己的警钟，谨言慎行，不轻举妄动。顺境得意中，不张狂硬拧胡来，成功获胜时头脑不发热；逆境苦闷中，不自暴自弃破罐子破摔，对烦心事和"腻歪人"都保持平常而沉稳的心态。

要想预防避免错误，可以设定预防错误的前置程序，切断犯错误的因果链，不给错误以任何发生的机会。这也是我在本章开头就对错误进行分类，具体分析出现错误特定情形的初衷。咱们就是要尽最大可能少犯错误，犯了错误要汲取教训和主动改正，同时要亡羊补牢，扎紧防范的篱笆墙，确保以后不犯类似错误。

自我批评：承认错误的明智之举

谁都不可能没有过失，所有人都难免犯错误，有所区别的是错误多少、大小、长短和严重程度，以及对错误的认知和改正的方法。吃一堑要长一智，吃了堑而不长智，那就会蠢上加蠢，错上加错。吃一堑，就是犯错误的损失代价，这个"堑"的成本不可过高；长一智，就是犯错误所得的教训，这个

"智"是将错误转换为智商和能力。

一个人究竟有没有良好的发展前景，不在于他犯不犯错误，而在于他少犯错误和正确对待错误，主动避免和改正错误，汲取犯错误的教训。不可回避的问题是，自己发现出错或被别人指出错误时，能不能坦率承认？能不能诚恳接受批评？能不能及时改正？这三个"能不能"检验着一个人的素质和修养。自我批评是认错、改错、防错的有力武器，还是适当说明、求得谅解、争取改错主动权的有效方法。认识到了错误，就要主动向相关人和有关单位道歉，向领导或组织作出检讨，能补救的就立即补救，这样对待错误才是明智的态度。

列宁指出："只有不怕承认自己的失败和缺点，只有敢于正视真实情况，即使是最可悲惨的真实情况，我们才能学会如何争取胜利。""如果坚持错误，深入一步地来为错误辩护，把错误'坚持到底'，那就往往真要把小错铸成骇人听闻的大错。"如果阅读列宁的一些著作，就能看出他身上确实具有坦诚的自我批评精神，有错误不回避，坦诚公开承认，并提出改正错误的办法。1921年他力主实行的新经济政策，以征收粮食税代替余粮收集制，就是对他此前主张战时共产主义政策的修正。可惜后来斯大林未能坚持列宁确定的新经济政策，把苏联的计划经济搞得极端不靠谱。

承认错误要有自知之明和反省精神，要进行不遮不掩的自我批评，深刻认识所犯错误的性质和危害，自觉承担应负的责任，立即采取措施改正错误。领导者尤其要勇于公开承认错误，不作多余的解释，不把错误责任推给别人或集体，尤其不能把错误推给下属。在非正式场合，自觉公开认错，调侃自己的过失，也是自我批评和纠正错误的一个妙招。

我有时意识到了自己的缺点和不足，想表明自己认错的态度，可是又不宜太生硬刻板，便自然坦诚地谈论自己所犯的错误，大家也能听得明白，这样自我批评的目的就达到了。不必傻傻地说"我错了"，可以换个说法，"这事儿都怪我,一点不怪你们",既承认了错误,又把责任揽过来了,多好!假如错误出在同事或下属的身上,我也会把责任公开而巧妙地承担过来,这样既能体现出自我从严的高姿态,又能得到大家的尊重。不谦虚地说,我是一个敢于作自我批评,愿意及时承认和改正错误,且能经常得到自我批评好处的人。不注意说错了话,不小心做错了事,我首先想到的不是避责推责,不是为自己找借口找台阶,而是作出恰如其分的自我批评,取得同事们谅解。在这里我悄悄说一句,"有时甚至比没犯错误的效果还好"(当然是指比较小的错误),确实能体验到"不怕丢脸,反而得了分"的好处。拿自己的错误说事,比拿别人的错误说事更能下得了手,更有说服力,更能提高威信。这样做比明明自己错了却不肯认账,找各种因由辩解搪塞,或者设法把错误搞模糊,不知高明多少倍。

真诚果断:改正错误的应有行动

毛泽东说过:"在实际工作中行不通的,话讲错了,事做错了,决议案写错了,就应该修正。""坚持真理是公道,修正错误也是公道。"对待错误的态度端正不端正,真改还是假改,有没有改错的实际行动,能直接反映出一个人思想境界的高低,发展进步潜力的大小。

有人犯了错误,不改正或不愿意改正,主要表现为两种情况:一种情况是,他根本不知错,不自觉下意识犯了错,以其昏昏使人昭昭。自己错了,但不知道错在哪里,不知道为什么犯了错,好像错误与自己没关系。这种情况或许是自我认知能力太弱所致,也可能是身边捧臭脚的人太多把他弄懵了。另一种情况是,他也知道错了,但绝对不认错不改错,变着法儿掩饰错误,实在瞒不住了就一推六二五,把自己摘得干干净净。这种情况就不是认知能力低的问题了,很可能是思想意识不健康,道德素养严重欠缺的缘故。

改错的实际行动,来自于清晰的认知和足够的勇气。对此曾国藩说得具体实在:改过的勇气超过别人十倍的,贤能胜过别人十倍;改过的勇气超过别人百倍的,贤能超过别人百倍。贤能的人,因为勇于改过,前程越来越光明;不贤的人,终不改悔,一辈子都不会有出息。在曾国藩的"天平"上,改过的勇气与贤能是紧密挂钩的,不但是十倍与十倍的关系,而且还是百倍与百倍的关系。能不能改过,还与一个人的前程光明不光明,一辈子有没有出息紧密挂钩。某个人是不是贤能过人,发展的前程是不是光明,这辈子有没有大出息,通过观察他有没有改错的勇气和实际行动便能看得出来。

今日之失,明日之得,吃亏长见识,犯错长记性,这也是将错误由负效应转成正能量的方法。咱越能自觉从错误中汲取教训,以后观察事物和处理问题就越清醒精确,咱就越会少犯错误和不重犯错误,以至不犯错误。

错误一露头就"掐尖",力争把坏事变成好事

有三个相关联的现实,我们应当看明白、理清楚:①每个人都难免犯错误,而且做事越多,做错事的可能性越大;不做事不担责的人,基本上也就没有出错的机会。此人的错误,可能是彼人的机会,同时也可能是自己的财富。②人类生活在充满争议、承载着模糊、不确定性大于确定性的世界,由此对正确与错误的划分,往往也是不精确的。③说得再直白一些,思想领域正确和错误的不确定性,丝毫不逊色于经济领域的不确定性。你若认同上述三点,那就不要害怕犯错误,当错误刚萌发时便立即遏制剔除,变坏事为好事就有了现实可能。

对于大多数人来说，错觉错判几乎就是犯所有错误的第一步。为了防止错误的发生，首先就要在第一时间发现自己的错觉错判，如果实在做不到这一点，那至少也要在错觉错判向错误言行转化的过程中察觉和纠正。这也是及时给错误"掐尖"的一种方法。

不犯错误的人，世上没有也不可能有。聪明人不是不犯错误，而是能把错误消灭在刚露苗头的档口。大错误往往是小错误积累下来或发展演变而成的，小错误频频出现，大错误就快到眼前啦。小错误一旦露出马脚，就得及时发现和果断改正，务必把小错误消灭在初始状态，不能有任何含糊苟且。那些有大气度大作为的人，都是能够做到防患于未然，不犯严重错误，迅速终止错误倾向的人。他们会千方百计降低犯错误的可能性，知道并会用好预防错误的方法，对错误保持应有的敏感性和坚决改正的态度。掐错误的尖，他们不是掐边边角角的枝叶，而是掐刚刚萌发的小苗幼芽。对已经发生的错误，他们会及时采取补救措施，主动积极止损，坚决制止错误造成的损失（不是拆东墙补西墙），采取措施尽力消除错误的负面影响（不是隐瞒错误或是给错误找借口）。

我有过这样的经历，某项工作干着干着会隐约觉察到，原来的设想和思路不太对头了，主观愿望与客观实际的差距在拉大，如果硬着头皮再往下走，错误便会成为定局。遇到这种境况，我会及时检讨此前的措施和方法，根据变化了的环境和条件，主动调整转换思路，纠正有偏差有弊端的干法做法，这样一来可能发生的错误就及时根除了。事实上，修正苗头性和幼芽类错误，既是对正确判断和行为的强化，又是宝贵经验及教训的积累，可以在纠正微小错误中得到大的收获。

第14章 作出精准判断和审慎决策的方法

判断与决策，有时是一个衔接紧密的实际步骤，有时又是两项或多项相互独立的思维活动。使用怎样的方法，才能适时作出精准的判断和决策呢？这就是本章要展开讨论和探索答案的问题。

注重因果联系，判断情况真伪和问题性质

生活和工作，时刻离不开判断，常见的判断有三种：一种是对事物（事件）作出因果关系的判断，如果一时看不清因果联系，也应看到它们的相关性；另一种是对情况真伪的判断，真的还是假的？虚的还是实的？他的话是真诚的还是有水分的？再有一种是对问题性质的判断，企业产品滞销是自身质量问题？还是同类产品产大于销、供大于求问题？精准作出这三种判断，实用的方法就是通过分析事物的因果关联度，认清事物或问题的内在联系及外部条件，以此为依据给出正确判断。

人们每天都要作出大大小小的判断。清晨你开车上班，不但要看道路的

第 14 章　作出精准判断和审慎决策的方法

指示灯是红的还是绿的，还要判断来往车辆行人意图的具体状况，超车不超车，绕行不绕行，躲让不躲让，刹车不刹车，都需要即时判断。上班到了办公室，与那位口才甚佳的男子谈一个项目，你要判断他提供的材料是不是可信，有没有合作的实力和诚意。晚上下班回到家，家里的电灯不亮了，你要判断是灯具坏了，还是电源开关短路了。

一方面要注意到，前个事件的发生，的确引起了后个事件的发生，因果关系大体能够据此分析出来。先拿个小事比喻——甲先踢了乙一脚，乙接着还手打了甲一个耳光，这就是明摆着的前因后果，简单易见。但如果再往前推演，会发现之所以甲踢了乙一脚，是因为乙先骂了一句非常难听的话，那么乙骂甲，又是甲踢乙的前因啦。再拿个大事比喻——近年来西方一些学者表示困惑，是全球化成就了中国的崛起，还是中国的崛起成就了全球化？全球化与中国崛起有何种因果关系？美国一些政客甚至认定，中国是全球化的最大受益者，其他国家尤其是美国受到了很大伤害。简单来说，特朗普等西方政客抵制全球化，目的是遏制中国的崛起，他们的"老大"地位有点不太稳了，所以要把竞争的赛道压住，只许美国遥遥领先，不许中国紧随其后，实质的因果关系，不是他们真心要搞清楚的。

另一方面还要注意，一个事件虽然先于另外一个事件发生，但不一定就是另外一个事件发生的原因。那些轻易相信前面事件引起了后面事件，多是由于在判断中忽略了偶然因素，仅从事件的发生先后顺序判断因果关系常会出错。判断一个因果关系，不但要区分何为因果何为相关，还应当排除偶然因素，并且要认识到不是所有因果性都能作为判断的依据。因果关系是复杂的，它的存在是作出判断的一个要素，它的作用是否有效又是作出判断更值得关注的另一个要素。不能仅仅简单地依赖于因果关系作出判断，而是要综合分析研判事物（事件）的因果性及相关性，不但要找到导火索和火药桶，还要找到点导火索的人和装火药桶的人。

对情况对问题有了精确认知，对人对事有了较强的识别判断能力，开展工作就能掌握主动权和主导权。判断是决策的先导，只有判断正确，决策才能正确。假如判断错了，决策必然出现错误。咱们靠自己的直接感受作判断，也经常会凭以往的经验作判断，还存在依赖某种理论或别人指点作判断的情况，最为现实的是要重点提高对信息、对表象、对问题、对人判断的准确率。一个问题提了出来，你要对这个问题作出初步的判断——它是有价值的问题，还是与职责无关的问题？是需要重视的问题，还是可以忽略不计的问题？然后再进行深入判断。它是个什么性质的问题，对这个问题应采取怎样的态度？回答好这几个问题，心里就基本上有了底。

判断有道德判断、价值判断、人品判断等定性判断。涉及这些敏感而重要的判断，不要轻易论是非、定对错，下结论不能太匆忙草率。对大是大非不能搞绝对化，对小是小非也要考虑它们的相对性和模糊性，是非不是绝对的，判断是非应顾及各种可能性，并且不能过于偏激。大多数判断，都不要简单地"打×"或"打√"，许多判断与数学计算题的答案不同，除了对错两极、是非两性，还有很大一块中间地带。倘若非得要"一分为几"，那至少应当"一分为三"，正如黑白之间还有灰色，冷色暖色之间还有调和色，平原与高峰之间还有丘陵和洼地。此外，还要善于区别"做对了"与"做成了"的差异，有些事情做成了，但并不意味着做对了，有些事情做对了，但不一定能做成。还要知道，某些人能把错事搞得冠冕堂皇，能把坏事弄成多种花样噱头，那些炉火纯青的形式主义者和官僚主义者，搞歪门邪道的本事大得出奇呀。

透过现象看实情，分析实情看本质

世界是由现象构成的，这与"世界是由物质构成"的论点并不矛盾，但

"现象"或许还会比"物质"复杂一些。我们的身体，大的方面有生长现象和衰老现象，小的方面有血压高低、体力大小、体质强弱等现象。在社会领域，有非组织现象和组织现象，有争权夺利、尔虞我诈现象，有正义与邪恶斗争现象。在科学领域，有物理和化学现象，有电学和量子现象，也有弄虚作假伪科学现象。

把判断的方法运用到社会领域，特别要重视透过假象看真相，透过现象看实情，分析实情看本质。因为社会现象有大量的人为因素干预，人们出于各自的需求与目的，会把现象搞得光怪陆离，局外人和圈内人都可能被迷惑。社会就像变化多端的过山车，大量随机的或人为的动态变化，时常难以预见和把控。国家与国家，种族与种族，在主权分属、民族特性、利益冲突、意识形态等方面的隔阂，都会增加透过现象看实情，分析实情看本质的难度。有些现象被刻意放大凸显，有些现象被巧妙隐藏和伪饰，还有些现象则交织在一起混乱不堪。也就是说，现象有浅层次的，有深层次的，有相互联系的连锁现象，有一种现象引发另一种现象，有若干个现象群汇聚出混沌现象。

大家应有警惕性，热热闹闹虚张声势的现象容易把人引入泥沼，围前围后虚头巴脑的人容易遮蔽事实真相，现象层出不穷，实情可不止一个哦。发现判断对象的实情，有分析法、剖析法、透视法、剥皮法。关键是要准确把握事物之间的深层复杂关系，把握现象与真相的关系，把握实情与本质的关系。一个问题可能有多重关系，也可能是多层次矛盾的交织变异，要切实挖掘深层次原因，透过零零碎碎的现象看清事物的本质，找准问题的根源和要害。判断要把握最佳时机，不能对事物有一点了解就马上作出判断，时机没到或时机不对，都会影响判断的准确性。把握了适当的时机，才能作出接近事实和实质的判断，才能区分解决问题方法的优劣。分析实情，解剖事物本质，对问题作出定性判断，还关乎到站在什么立场上，持何种理念观点，用什么方法作出判断及处置，这些都需要作出正确选择和回应。

定性要防止简单化，不能走极端，上纲上线是容易犯的一个方法性错误。本来是个人工作的失误，偏要说是思想意识不端；本来是方式方法问题，偏要说是体制机制问题；本来是改革措施实施不到位，偏说改革大方向出了问题。"偏说"就是定性判断不准，就是主观武断的官僚主义。

判断形势与任务，双轨双法并行不悖

目前是什么形势？面临着什么任务？历来是判断要紧密跟踪的重要事项。形势决定任务，任务关系形势。咱们特别要增强对形势和任务变化的敏感性，紧跟改革发展大势，主动积极应对形势和任务的变化。不但要经常进行定性判断，还要作出定量分析，审时度势，判得精准，判得有前瞻性和预见性。同时要断得及时适时，断得正确精准，断得系统全面，多谋善判善断，掌控住发展变化和推进任务落实的重要节点。

我很愿意推荐判断形势任务的双轨双法，即采用以量变为核心的、周密严谨的定量方法，同时又采用灵活的、丰富的、弹性较大的定性方法，双轨双法既要交叉互动互补，又要用长项避弱项。要注意到，对某事物或某事态发展进程很多情况下不仅只有"好、坏"两种判断，对某问题或某方案也不仅只有"进、退"两种选择。有时对形势任务还看得不太清楚，那就耐心等待一段时间，不急于作出大的判断。等待不是什么都不做，而是要做好相应的准备和储备，做好全面深入的分析研判工作，做好应对措施的制定和前期预热。

判断形势任务，要有动态的方位感，判断不清不准，就形不成恰当的对策和方法。具体来说，对趋势态势要有判断，对事物和问题要有判断，对新生事物和新经验要有判断，对人也要有判断。判断错了，接下来的一系列举措都可能跟着错。判断要有依据有标准，主观判断要符合客观现实，实践是判断的根本依据，理论和政策、章程及规定，也是判断的重要依据，几个方面的依据要结合起来运用，不能只靠单一来源的材料，亦不能仅仅取己所需。

对形势任务基本走势的判断，不能盲目乐观看不到困难和问题，也不能被动消极悲观亦步亦趋，要全面把握时机及背景的转换变化，跟踪结构构成要素和运行体系机制的走势趋向。这些变化比形势任务的变化，会表现得更加迅速和微妙，与之相应的双轨双法判断，也要更加敏锐果断，更加审慎细致。

危险决策："三拍"，踩红线触底线，闯禁区趟雷区

行为学研究揭示，思维过程存在着系统局限性，人们往往无法做到完全意义上的理性，相反，各种认知的缺陷，主观感受以及惯性思维，决定了相当数量的判断和决策。思想方法主观片面，工作方法随意武断，总想自己说了算，是导致草率决策和乱决策的主要原因。正确决策来自不同主体和角度的认知，来自个人与集体相结合的智慧。决策需要一个广泛收集综合各方面信息和意见的过程，以便及时修正少数人认识局限以及可能出现的误差。一个人的意见或许只有百分之十的价值，但十个人的意见集中起来价值就会很高。

重要决策要留有冷静期、缓冲区和修正余地，为正确决策或改变完善决策腾出回旋空间，找准决策的具体参照系，计算出成败的大概率。作决策时，一定要有责任意识和风险意识，拍脑袋、拍胸脯、拍屁股的"三拍"做法可是要不得啊。手中握有权力就搞家长制，就想一手遮天舍我其谁。这种干法

风险极大,责任和矛盾会全都集中到自己头上,对事业对个人均无好处。所以,在关键事项和要害问题决策之前,尤其要注重调查研究,充分采纳正确意见建议,能通过规定的程序进行集体决策,就不要个人作独断决策。

重要决策务必进行风险评估,设定清晰的红线底线,不碰法律纪律高压线,不冒险闯禁区趟雷区。大的决策,应有不止一个方案可供选择,决策者对每个方案所带来的结果和未来事件要有预期预判。与可能的结果相联系,还要在一个连续体上进行评估,这种评估所依据的是当前目标和长远价值。越红线碰底线,无原则搞打擦边球的决策,任何情况下都是危险等级极高的雷区。为了履职推动工作没有必要这么做,为了私利、为了他人更不应该这样做。

把握有利时机,及时果断决策

在防范决策风险的同时,还要克服不敢决策、不会决策、不善决策的问题。看准了的事情,就要抓住有利时机,果断作出正确决策,议而不决、决而不断、优柔寡断都是决策能力弱的表现。某些人遇到紧急情况和重大事项不知所措,怕出现失误,怕承担责任,每个步骤每个环节都向上请示,而下边请示时他们又不及时明确答复,不敢对上负责,也不愿对下负责。该表态时不表态,面对棘手问题缩头缩脑,不出主意,不想办法,不拍板定事,有了这些坏习气坏作风,结果肯定是"姥姥不亲舅舅不爱"。

在决策问题上,咱要学会审时度势,掌握有利时机,果断决断行事,操刀必割,但又要有急有缓,有张有弛,有伸有缩。时机的把握不宜操之过急,但也不能得过且过,风云际会,就是要使自己的思想和行动与时局时势合拍,与机遇时机契合。大家可能都知道我国的"863计划",这是邓小平审时度势果断决策的范例。20世纪80年代，美国里根政府推出"星球大战计划"后，世界上掀起了轩然大波，西欧迅速跟进推出了"尤里卡计划"，苏联和日本也紧急行动起来，推出了相应对策。在这种背景下，我国一些科学家联名给邓小平等中央领导同志写信，提出了应对建议。邓小平看到这封信后，立即作出批示："此事宜速作出决断，不可拖延。"这一天是1986年3月5日，从此我国把生物、航天、信息、自动化、材料、能源、激光等高科技领域作为发展的战略重点，奋起直追世界先进科技，培育了一批高科技产业生长点，不断缩小了我国与发达国家的高科技差距。

民主决策：三个臭皮匠赛过诸葛亮

在现代社会，制度性民主已成主流，包括决策制度、监督制度、协商制度、选人用人制度，乃至政治制度和国家制度。不仅如此，民主还是基本的工作方法，尤其是重要的决策方法。以前有人常说，"民主是手段，不是目的"。这话说得可能不太全面严谨，但还是有一定道理的。手段与方法大同小异，手段的功利性比方法的功利性更强。如果让我对民主制度特征作出概括，那便是无所不在的方法属性，当它作为方法进行实质操作时，民主制度的优势才能发挥出来。因而也可以说，民主实际上就是一种根本性、决定性、操作性的方法。

不管你是不是当官管事，都要掌握民主的方法，处理家庭事务也需要民主，家长（户主）一个人说了算，那已经是过去式了。从群众中来，到群众中去，我把这一点作为重要的方法列出来，绝不是讲官话套话，而是要强调它的确是十分可靠的好方法。决策就是要集思广益，群策群力，充分发扬民主，以达到一个好汉三个帮，三个臭皮匠赛过诸葛亮的目的。先民主后集中，假如自己的决策被民主程序否决了，那就要认真执行民主决策，不能固执己见，不能非要坚持自己的决策意见。

信息是重要资源和无形资产，是作出决策的重要依据。闭目塞听的人，好比盲人骑瞎马，夜半临深池，让他作决策，实在是勉为其难，谁都会替他捏一把汗。信息渠道狭窄，对信息不加分析，听到动静就跟着风跑，作出错误决策的可能性会很高。所以要通过民主的方法和调研的方式，以及现代科技的手段，拓宽信息渠道，眼观六路、耳听八方，筛选甄别各方面信息，增强决策的在场意识和信息支撑能力。

有些官员喜欢独往独来，只看重自己的力量，不懂得也不尊重群体的力量，做起事情没有合作配合意识，不管现实条件是否具备，硬压任务，硬下指标，提过分要求。一听到不同意见，就觉得自己被冒犯了，心里很不舒服，表情上也会流露出不满神态，马上会反驳斥责。正确的做法是，无论你的职务有多高，都必须克服个人偏见偏执，不当孤家寡人，不搞以我为中心，而是要调动和发挥每个人的积极性，乐于接受和采纳正确的不同意见——正因为是不同意见，对作出正确决策才更有价值。

相信民主的益处，崇尚集体的智慧，这是马克思主义方法论的重要理念。要想减少个人认知的误差，弥补个人能力的不足，就要充实强化自己的民主方法之力。斯坦福大学一位生物学家说："蚂蚁并不聪明，真正聪明的是蚁群。"这是有目共睹的客观现实，群体大多比个体更聪明，整体必然大于部分之和，更大于任何一个个体。此外，对专家作用也要有清醒认识，重视专家的意见，但不迷信专家，不过分依赖专家，当问题较为复杂且原有规则不适用时，采用民主的方法，走群众路线的方法更有必要，也更加管用。

快/慢决策？因时而异，因事而定

突发事件紧急情况下的决策，就应该当断则断，迅速判断，果断决策，迅雷不及掩耳。紧要的事，需要立即处置的事，必须及时采取应对措施，犹豫不决的后果不堪设想。有些人干工作和处理问题总是黏黏糊糊的，瞻前顾后，畏首畏尾，优柔寡断，缺乏应有的爽快劲。负有一定责任的人，倘若染上了这种毛病，那可是致命弱点，不但会被下属瞧不起，还可能因此而失职误事。固然，情况不明决心大，稀里糊涂定事，随意鲁莽行事的危害性更大。这两方面问题都要引起重视和加以预防，同时还要注意到，一种倾向掩盖了另一种倾向，亦会使决策缺失或决策失误。

有些人对做某事的必要性认识得大体不会错，对做成这件事的可能性也会多少能够考虑到，但对如此做的可行性则不愿意深思细研，决策的风险就潜藏在其中。有的领导者，别人的话还没有说完，他就迫不及待发表意见，草率作出不合时宜的决策。事情和问题还未搞清楚，对客观情况掌握得不实不细，他就轻易批评人或表扬人，要求必须这样做，不许那样做。来了请示件，没有认真看具体内容，他就立即画圈同意。下属汇报一个问题，不管前因后果及复杂背景，他就立刻表明态度。掌握一点情况，未经调查核实，就马上说出来、报上去，再一了解却南辕北辙。决策一味求快，他的工作效率的确不低，但决策准确性很差，作出的决策都是高风险的。

心急吃不了热豆腐，热豆腐虽然好吃，但会把口腔烫坏。有些事情可以放一放、看一看、缓一缓，不必急于下结论或一定要弄出个什么结果。我多年工作的感受是，一桩比较大的事情不期而至，马上就作出决断反应，采取所谓"及时有力的果断措施"，与隔上一天半天、三天五天，经过认真观察调研思考，听取各方面意见后再作出决策，结论和效果大不一样，有时甚至会截然相反。这就是时间的检验和观察调研思考的难得价值吧。

特别要强调的是，决策不可轻易拍板，越是重要决策，越要科学严谨审慎，不能追求以快取胜，宁可决策前谨慎有余，不要决策后追悔莫及，不要故意显摆所谓的魄力，不要把"敢拍板"当成优点来显示，这样可能会带来大麻烦，逞能逞大了劲，也就没了退路。不过，话说回来，对突发事件和重大灾害的应急反应，迅速决策及时采取应对措施是必需的，不能有任何迟疑和拖沓。

此外还有一点要懂得，某种情况下选择不作决策，则是一种睿智的决策。或者说，审时度势暂时不作决策，等待相关条件具备了再决策，才是一种高明的决策。这是有意放慢决策的节奏，又是科学合理地选择，是对工作对事业负责，也是避险保全的需要。个中道理，只有经历了深刻的教训之后，才能领悟得到！

第15章 建立和处理关系的秘诀

现在，幼儿园的小朋友们，从小就开始建立自己的关系了。同一幼儿园长大的伙伴，同一小学的同学、中学的同学、大学的同学，同一宿舍的同学，同个单位的同事，你认识谁？与谁能交心？与谁能不分你我？与谁能患难与共？这些对于自己的成长进步，都是相当重要的哦。

咱们关起门来，讨论建立和处理关系秘诀的问题，我得要作个小小的解释，本人不是关系学的鼓吹者，但比较看重各种关系的构建和优化，而且我比较注重观察研究处理各种关系的方式方法。

从方法论到关系学

首先我要阐明，讲究方式方法，某种意义上也是讲究关系，方法论有时就表现为特定的关系学说。这里所指的关系学，是积极正面的关系学，是以正常的社会关系、人际关系为核心的关系学。人是社会关系的总和，社会关系是人的本质属性及寄托。马克思对此的具体表述是："人的本质不是单个人所固有的抽象物，在其现实性上，它是一切社会关系的总和。""而正因为社会建立在人身依附的基础上,所以一切社会关系就表现为人与人的关系。"

依据马克思关于人的理念和关系的理念,我们应当注意以下三个要点:①人的本质是一切社会关系的总和;②一切社会关系的本质都表现为人与人的关系;③处理好各种社会关系,关键是处理好人与人的关系。这三个要点也是现代科学方法论所要注重的三条关系主线。毛泽东有一篇著名文章《论十大关系》,这是领袖站在执政党的高度,论述建设社会主义国家的各种关系,我们可将其视为宏观层面的关系学,也可称为那个时期国家振兴、民族复兴的方法论。

在关系学中,蕴涵着丰富的方法论;在方法论中,又大量表现为实用的关系学;关系仅用"社会"两个字作定语还不够,它还具体表现为自然的、人文的、事业的、工作的、生活的关系。然而,咱在这里还是聚焦以哪些方法才能处理好工作上的关系吧,其他关系只是捎带涉及而已。

以往研究者多关注社会群体的抽象关系,常常忽略与方法论密切相关的具体关系,如个人与组织、与上级、与同事、与下属的关系,只论述关系的重要性,不重视关系的方法论,导致方法与关系两不搭。事实上,你的工作单位无论大小,都是要素齐全的社会缩影,成员之间形成的都是社会关系的微观部分。处理好人与人关系的基本要求有四:其一,做人要厚道,做事要公道,做官要低调,为人处世要正直、正派、有亲和力,远离焦虑浮躁,杜绝傲气、娇气、戾气。其二,言行要如一,表里要如一,坦坦荡荡,不管外界压力有多大,都不做两面人。其三,与人为善,与邻为伴,与同事为友,不搞拉拉扯扯小圈子,无论到哪里都搞五湖四海。其四,要尊重人、理解人、宽容人,对人对事都要宽宏大量,包容别人也是陶冶自己。

庄子有句名言叫做"君子之交淡若水",这是人际关系的至高境界,也是理想化的人际关系。关系可以有些烟火味,但不能染上铜臭味和胭脂味,人与人的关系假如串了味、变了味,那就会成为负担包袱,成为负能量。关系不能庸俗化，不能搞势利眼，不能像做生意那样现买现卖，不能到处跑关系拉关系，如果谁把关系搞错乱了，那他就等着被关系所困所害吧。

摆正位置是建立良好关系的前提

一些案例表明，处理不好关系的主要原因是自己没有摆正位置，不懂得位置决定关系的道理，位置摆不正，关系肯定处理不好。前些天，单位来了个有点背景的"愣头青"小A，一会儿给主管提意见，这个活不应该这么干，那个活应该么么干；一会儿又给主任提建议，要求调整内部分工，要独立承担某项重要工作，弄得主管和主任反感至极。大家对这位位置感缺失的小A都嗤之以鼻："你以为你是谁？你不知道你自己是干什么的吗？"小A显然没有摆正自己的位置，好像他是来主持工作扭转乾坤的呢。

在同事中摆正位置，在集体中摆正位置，在班子中摆正位置，这是建立和处理好关系的常识。一个部门的同事，级别职务可能都差不多，但年龄资历、经验能力、岗位责任等方面会有差异，团队中有专业骨干也有多面手，不乏能人高人。刚到一个新单位，你的首要任务是找准和摆正位置，衡量自己的能力，哪个位置适合自己，摆正摆准了位置，建立和处理各种关系就不会出现闪失。

摆正在班子中位置，具有一定代表性和典型性，对处理其他方面的复杂关系可作为借鉴。除了各级领导班子的"标准班子"，还包括由主任、副主任，科长、副科长，主管、副主管组成的各种"非标准班子"，以及企业和事业单位各管理层的各种"无形班子"。在班子中你对班长、副班长要有服从意识，对资历老的成员要诚心敬重，对年轻成员也不能瞧不起。不宜追求平起平坐，最佳选择是就低不就高，不争排名和先后顺序，不在意谁分量重谁分量轻。出门进门，上下电梯，送往迎来，开会入座，都要以礼谦让，能靠后就不靠前。

班子成员是为了共同目标坐在一条船上的，你要划好属于自己的那支桨，没轮到你上前掌舵时，就不要争着掌舵。你若牵头负责某项工作，有作出政绩和出头露脸的机会，那还是要尽可能请班子的相关成员当主角，自己心甘情愿当好配角。分工有交叉的事项，要注意平时多联系沟通，主动一些是不会"掉价"的。严峻挑战和艰巨任务来了，不躲躲闪闪，不挑挑拣拣，敢于啃别人不愿意啃的硬骨头。在日常工作中，淡然坦然地表现出真正的优秀，不动声色地在班子中把自己变得强大和高深——即使是强大和高深了，也要继续保持低调。

大家建立和处理其他关系，在摆正位置的基础上，还要在理想与现实之间，在感性与理性之间，在集体与个体之间，在事业与家庭之间，在职业与兴趣之间，找到平衡点和融合点，不能只做一厢情愿的事情。

同事关系要深耕细作

你与同事的关系，如同自己成长进步的园地，不能一个劲地上化肥，使它变得贫瘠板结，而是要深耕细作，经常施有机肥，松土、浇水、涵养地力改良土壤，进而滋润你的职业发展根基。在工作中不能只管自己出业绩、出精彩，不顾左邻右舍的感受。如同你住在一幢楼里，必然要顾及到楼上楼下住户，特别要顾及到对门邻居的感受。同事好比是你的近邻、你的对门，俗语说得不错，"远亲不如近邻，近邻不如对门"。深耕细作与同事的关系，就要把他们作为近邻和对门来相处，既要有理解、尊重和体谅，还要有经常交流和相帮互助，但也不能弄成没有一点底线的狐朋狗友。

"三人行，必有我师"，同事是距离最近的，也是最能得到学习便利的老师。说实在话，我的一些认知和经验不是从书本里学来的，也不是哪位教授在课堂上讲授给我的，而是通过与同事的交流获得的。同事中会有不少业务能手标兵，但也会有怀才不遇的，还会有怀才不露的。向同事学习，不是表面谦虚，不是礼貌客气，要时时处处留心学真心学。与同事互通情况，研究工作，探讨问题，处理事务，都是咱长本事强能力的机会，又是夯实与同事关系的过程。

和同事在一起工作，应多找多看对方的优势以及对自己的好处，少挑剔无碍大局的过失不足。不要拿自己的优点与同事的缺点比，如果一定要比就拿你的劣势与同事的优势比，这样比便能比出不小的差距。与同事多谈学习和工作，多交流经验和体会，惹是生非的事务必三缄其口。不谈论是非，就可避免在自己身上有是非，对同事的那些小是小非、是中含非、非中有是的事，要"两耳不闻""一嘴不说"，但心里还是要有是有非，有爱有憎，有亲有疏，表面上要尽可能一碗水端平。

在竞争激烈的职场上，同事关系时而好比同场竞技跑 3000 米、跑 5000 米、跑马拉松，时而好比棋逢对手，下的是军旗、跳棋、象棋、围棋，比的是能力水平高低，这是无法回避的现实。但赛跑和下棋不一定必须是殊死搏斗的竞争，而应该是不碰筋骨、不伤和气、不违反规则的竞争，最好是互相促进共同提高的竞争。内战无英雄，内讧毁前程，咱要谋求与同事们建立起友善合作的工作关系，共同搭台好戏连台，相互拆台就会一起下台。前段时间，某单位两个资深业务骨干，事事都想当主角，非得争个我高你低，闹得不可开交，互不服气，互不买账，会都开不到一起。接下来，矛盾激化升级，你拉帮我结伙，你告我我告你，最后两个人双双被免，一个去任闲职，一个不得不辞职了。

| 方法的力量 |

平等亲和有分寸，处理好下属关系

　　平等是现代社会价值观的一个核心要素，也应该是处理好与下属关系的一个重要原则。人与人关系的本质是平等的，同级间平等比较好做到，上下级间平等不太好做到，造成不平等现象的主因主责在上级。你的职级可能不高，在一个小部门只管几个人、十来个人，但也要注意处理好与下属的关系，把平等理念体现在对下属的态度和方法上。

　　应当经常告诫自己，下属需要你，你更需要下属，自己不能当光杆司令。工作任务越艰巨繁重，你越需要下属的鼎力支持。某些人只顾拉近与领导的关系，根本不把下属当回事，在他们的潜意识中，"下属都得听我的，我让下属干什么就得干什么"，这是大错特错的！下属绝不是你的附庸，水可载舟，亦可覆舟，下属是浩荡之水，你不过是一叶扁舟罢了。不能因为自己坐在上位，就整天让下属忙得脚打后脑勺，自己踱着方步挑毛病。你要体谅下属，率先垂范带着大家一起干，自己干出样子做示范。关心下属成长进步很重要，保护好下属同等重要，在职级待遇等方面要乐于为下属"挣口袋"，出了问题要敢于替下属说话，替下属担责任，使下属有归属感和安全感。

　　假如你的职级不低，不但有直接下属，还有间接下属，到哪里都有人跟着围着。这种境况下，接触下属时不能漫不经心，要争取记住对方的名字，能记住他的职务、经历、特长那就更好了，见面应主动打招呼，不可视而不见。据说拿破仑有个本事，他能记住自己带领过的每位军官名字，记住他们住在哪里，在哪些战役中曾经与自己并肩作战过。咱不是要当拿破仑，但还是要争取当好亲近下属、融入下属的称职领导。

　　适当缩小与下属的距离是必要的，距离和关系成正比，距离越近关系越近，距离产生美，却产生不了有价值的关系。但任何事物都有个度的把握，建立和处理关系既要拉近距离，又要保持应有的距离，把握一定的分寸，没有距离的关系，并非理想的关系。分寸，不游离也不胶着，不生分也不称兄道弟。领导不管大小，还是要有领导的样子，更要有领导的境界和格调，把自己混同为普通员工也不是太妥当吧？

密切领导关系注意事项

下属与领导的关系很敏感也很重要，处理不好与领导的关系，比处理不好与同事关系的负效应更大。在此类关系中，领导的那一方处在职务职责及资源的上风头，你这一方处于责任及权力结构和管理层级的下风头。我记得一位少年老成的同事说过："领导有时就是组织的化身，你面对的不是领导者个人，而是面对一级组织的代表。"这种观点是可以接受的。作为从业者，作为组织中的一员，就要懂得职业规矩和职场规则，增强尊重和服从领导的主动性自觉性，认真完成领导交给的工作任务。

密切与领导的关系，有个一举多得的好办法，就是经常向领导请教学习。你可以直接表达向领导学习的愿望，但不要说那些言不由衷的奉承话，重要的是要真心想学，有学习效仿的行动。不懂的道理，不会做的事情，见机行事虚心向领导请教，得到指导后就照着做，作出良好的效果来。平时对领导的一言一行要细致观察，他为什么这样处理问题而不那样处理问题？为什么对事有轻有重、对人有亲有疏？在重要事项处理和关键细节上学习领导的独到之处，特别要注意学习领导的驾驭局面、破解难题、推动工作、协调关系的好方法。

"密切"不是低三下四套近乎硬往上贴乎，而是要维护领导威信，在领导面前不可开玩笑，不能表现出不得体的过于亲密，轻视和慢待领导的举止一点也不能有。在能力和职责所及范围内，多为领导分担一些工作，不能被动等着领导交代任务。适时适度站在领导高度考虑问题，把工作干在前面、干在点子上，以良好业绩回报领导的栽培和期待。但也不要太超前了，领导没让你做的事情，你自作主张草率去做了，这种干法得不偿失。

尊重服从领导，可不是唯领导马首是瞻，不管领导讲得好坏做得对错，都"带头鼓掌"，搞成人身依附关系。资历再浅职务再低，咱也不要忘了自尊自爱自重，绝对不能在领导面前一副奴才相，在下属面前一副不可一世相。如果谁有了这样两副面孔，那就是自己毁自己的前程。

亲情/家庭关系，尽心呵护，倾情营建

当繁忙疲劳的一天结束后，还有什么能比与家人在一起相处更惬意呢？辞旧迎新欢度春节的日子里，还有什么能比带着妻儿回到父母身边更幸福呢？亲情/家庭关系是由血脉亲情和感情维系的，不像工作关系、上下级关系那样建立在理性之上。尽管如此，和睦家庭关系也要注意方法，假如方法不当，总是以自己为中心，仅靠血脉渊源未必维系得好。

家庭因血缘而成立，有血缘必然有亲情，血缘关系衍生出亲情，亲情是最原始、最真诚、最密切的人际关系。在山东老家的一个村委会，我见过前后接续二十多代的家谱，血缘在几百年间代代传承，祖祖辈辈哪一支哪一系，原先从哪里来，后来又到哪里去，都记载得非常详细。亲情由血脉渊源衔接，儿女血管里流着父母的血，血缘关系是割不断的。每当看到有人不顾亲情，为了金钱、房子、家产而伤害亲情，我都会替这种人深感羞愧。

在幸福诸要素中，亲情占有极大的比重，亲情之爱短缺的幸福是不齐全的幸福。父母不在人世之后，更会让人感受到这一点。当你小有成就时，心中尤为迫切的一个想法就是和最亲的人分享——特别是想和父母分享。爱父母，爱配偶，爱子女，爱亲人，这些爱不是自私自利的爱，而是血缘和亲情"有己而无私"的真切之爱。

固然，一代人有一代人的思维方式和话语体系，由于年龄的差距和时代的进步，出现代沟是正常现象。表面上看，代沟即是"年龄沟"，其实它还是"时代沟"。在代沟面前，理解和包容比什么都重要，下一代对长辈要尊敬孝敬感恩，真诚体谅和接受代际思维的差异，乃至生活方式的差异。社会发展得这么快，他们的思想和行为有点跟不上，这是可以理解的。与此同时，长辈也要对孩子对晚辈有足够的宽厚包容，考虑到下一代的多元化需求，让他们有更多的选择，有更多的自由裁量空间。长辈和晚辈双方，都要自觉填补代沟，最大限度地相互理解体谅，有谦让、有保留、有妥协，给予对方情真意切的尊重和关爱。

家庭是生命的诞生地和成长地，是躲避世间风雨的港湾，也是社会最小单位的细胞体。有些人家庭观念淡漠，整天在外面或忙工作或忙生计，当然也有忙着吃喝玩乐的，对父母缺少孝心，对配偶缺少"忠心"，对子女缺少爱心，只顾满足自己的私欲。一个人要想获得持久的幸福，到了一定年龄就要负责任地组建起自己的家庭，并且要时时刻刻用心用情呵护好，不仅把家作为居住的处所，还要把家作为安放身心的圣地。最佳状态是，在丈夫面前你可以撒娇，在妻子面前你可以倾诉，回到父母身边你可以像童年那样依附眷恋，和儿女在一起时你又可以像孩子一样尽情玩耍。

处理好事业与家庭的关系非常重要，不放弃事业，也不忽略家庭，鱼和熊掌能够兼得。不要指责别人如何如何，不要埋怨社会不公正不干净，诸事还是要从自己的家庭做起。社会大气候是不是晴空万里，你决定不了左右不

| 方法的力量 |

了，但家庭每天的阳光是不是明媚，自主权和可用的方法都在咱手里。个人改变不了社会大环境，却可营建优化家庭这个小环境，责任和义务都要求咱为此真心真情付出。

同学/朋友关系，
和善互助，体己知心

如我在本章开头所说，同学关系是人生友谊的重要起始点，同学间的感情和友谊值得倍加珍惜。在学校里学习，必然要和同学们交往，无论是小学、中学、大学，还是中长期培训班及各类业余学习班，通过正常交往建立的同学情谊能一辈子受用。相对来说，同学关系较为纯真，相互之间的了解会比较具体，不太会被利益或权势所污染，聚在一起不会有多大利害关系。但是，近年来同学会活动有些变味，网络上时常有人表达对同学会的失望和郁闷，发誓再也不参加此类活动了。这种情况说明，那些比富、趋权、晒美、势利的同学会，确实会恶化同学关系，早就分道扬镳的同学，非得聚到一起互相利用，那又是何必呢？

毕业几十年，我从来没有参加过同学会活动，但我现在还有几个非常好的同学，天南地北住着，平时联系不多，但一想起来心里就暖呼呼的，即刻就唤起了历久弥新的美好回忆。如果有个什么事情，遇到一些难题需要求助，就会想到同学能不能帮个忙。同学关系应当是简单纯洁的，绵绵情谊是人生的宝贵财富，互相帮助应该是无私的非功利的，没有附加条件，也不需要回报。

交往是觅友的前奏，相互交往频繁了、深入了、投缘了，就自然而然成了朋友。一般的日常交往，也要注意方法。①文明礼貌，尊重对方。礼貌是必备的修养，尊重是必备的前提。友谊是在相互尊重的基础上建立起来的，缺少相互尊重的朋友，大都不是真朋友。②轻松自如，不高傲也不巴结。不过分客气，也不端架子装样子，稳稳当当，轻轻松松，顺其自然最好。不能死乞白赖和人家拉关系，剃头挑子一头热没有用。③有一定温度，又不能度数过高。冷冰冰不好，刚认识就一团火热也不妥。如果知人不深，就更要把握好适宜的温度了。亚里士多德有过提示，在发展真正的友谊过程中耐心是必不可少的，对友谊的渴望总是快速地蔓延，而友谊本身却并非如此，通常会热得比较慢。

人际关系的建立，应有所选择和区分对象，不能碰到谁就是谁。古罗马哲学家爱比克泰德说："让谁当你的朋友、同事或邻人，这一定要经过选择。"现实生活中，同事和邻人可是不太好选择，但朋友是一定要经过选择的。什么人可以深交，什么人只能浅交，什么人绝对不交，咱心里要有"小九九"。交朋友不能急于求成、急功近利，有了急切的倾向，不会交到好朋友，不会交到长远的朋友。朋友历来从浅交开始，慢慢有了较多了解后再进入深交阶段才好。

朋友最大的好处是平时能谈心交心，关键时刻会伸出援手"拉兄弟一把"。朋友对颐养情操和助长理智都有良好功效。这是培根的观点，他认为在感情上朋友可以变狂风暴雨为风和日丽，在理智上朋友可以拨开思想迷雾现出焕朗天光。心心相印是朋友间的最高境界，不能知心交心的朋友，只能算是相互认识吧。

友谊是人对人的识别和认可，发现朋友的伪劣可从基本面去观察，在交往中要认清 ABC 三类伪朋友。A 类伪朋友，在一起流汗卖力没问题，但假如有一个重要位置，两人都具备条件，是让还是争？当面他说你先上，背地却耍手腕下绊子，朋友的伪劣就由此确认了。B 类伪朋友，可共享富贵荣华，但不能共担艰辛苦难，利益压在友谊的头顶，他看重的利益关联断了，友谊就灰飞烟灭了。C类伪朋友,喝起酒来会拍着胸脯说两肋插刀的大话,若有灾有难需要他分担出力时,此人却不见了踪影。

友谊不能停留在酒桌上、牌桌上,朋友要有思想的共鸣和情感的恰合。"夏虫不可语冰","道不同不相为谋",这两句话说出了交友的原则。你和在夏天爬来爬去的小虫子,谈论数九寒冬的冰雪,等于是对牛弹琴。就交流方法而言,这亦是驴唇不对马嘴。有共同价值观,品性类似的人,才能成为患难与共的朋友。有人自以为朋友很多,然而当他失意落魄时,便会发现酒肉朋友原本是不值一交的啊。

人格魅力:滋养人脉际遇,厚植人缘基础

社会中人与人的关系,包括人际、人格、人脉、人缘四大因素。人际是客观的实际存在,本来无需多说的,但其"际遇"内涵却有必要做个注解——人们之间的相遇接触交际,无疑是形成人脉的条件,把握机遇与抓住机遇同等重要。人格是人的品位、品质、品格,在人际关系中人格魅力最具感染力、凝聚力、联结力(高品质、高效能的黏性)。人脉和人缘则是主观主动的自觉构建,当关系有了脉有了缘,什么事情就都好办了。关系贵在人脉也贵在人缘,你要想拥有这"双贵",必须打牢深厚的人格基底。关系学一项重要内容,就是要研究探讨如何建立和形成以人格魅力为主导的高级人际关系——人脉和人缘。

形成良好的人脉,得经过长期的涵养培育,春风徐徐,细雨润物,绵绵用力,久久为功,不以短期所得为目的,以长远发展和终身受益为旨趣。对有用的人不能抱紧大腿挣扎着拉近关系,对无用的人不能视为鸡肋不恭不敬。

与重要人物交往，也要有尊严和底线，不能甘当马仔走卒。社会阶层不同，社交圈子也不同，人的品位不同，建立人际关系的原则及方法也有区别。鱼找鱼，虾找虾，青蛙找蛤蟆，鱼有鱼鳔，虾有虾线，虽然都在水里游，游的技巧及径向有别，境遇及格局有异。俚语说的"王八瞧绿豆对眼了"，与"臭味相投""志同道合"这两个成语，从正反两面说明了相同的意思。

有好的人缘，亦非几日几月之功，至少要有几年十几年之功。确如作诗一样，"功夫在诗外"，搞点嘀嘀咕咕，送点浅情薄礼，施点小恩小惠，这些做法都是拙劣的，对小人会有些用，对君子是没啥用的。在日常交往中，急人所急，解人所困，帮人所难，不在乎感谢不感谢，比"平时不烧香，急时抱佛脚"管用得多。

人缘不仅体现在人与人的关系上，还体现在工作等方面的关系上。交友有选择是应该的，但与工作团队要"入群""合群"，主动建立不同层级的工作关系。临时出席一个会议，你和参会的人们以前不认识，但也要争取融入其中。平时的工作，要注意与领导、同事、下属，以及相关部门单位建立和谐的关系。对上级机关领导和工作人员要尊重，对平行部门负责人和工作人员也要尊重，兄弟单位有了难处，就尽量去帮忙排忧解难。你以人格力量建立起的人脉人缘，在开展工作或出面协调事情过程中，便会起到积极促成的作用。

在人脉人缘问题上，坚持团结绝大多数人的理念和行为是必需的。心胸开阔才能搞好团结，小肚鸡肠的人肯定搞不好团结。团结要待人以真诚，待人以宽厚，不要虚情假意，不要吹毛求疵。团结是凝聚力、生产力和战斗力，也是赢得人脉人缘资源的公开秘密。2021年7月，国际奥委会对奥林匹克运动口号作出重大修改，在原来"更快、更高、更强"的后面加上了"更团结"，这三个字加得真好，国际奥委会的确不简单！

第16章 务实：我的一定之规

务实是一种质朴而特别有用的价值观，同时又是立身做人、谋事创业、破解难题的一大常规武器。务实的方法最简便、易行、实用，最有利于避免错误，最能取得成效。"你有千条妙计，我有一定之规。"这个"规"是什么呢？它是原则也是方法。就我自己来说，一定之规就是务实，这是本人几十年中秉持不变的原则和方法。

"猫论"——一种务实的方法论

在进入正题之前，先普及一点有关猫的知识。一直以来，猫充当的一个重要角色是捉老鼠，猫的耳朵能听到人类听不到的特定高频声响，眼睛能快速锁定移动的小型哺乳动物——老鼠。老鼠是农业社会的祸患，猫是老鼠的天敌，它是捕获老鼠最出色的猎手之一。猫与人类的关系，刚开始时是若即若离，后来慢慢地成了陪伴者。家猫96%的基因与老虎相同，是缩小版的老虎，民间认为猫是老虎的师傅——会留一手的师傅，猫把各种本事都教给了老虎，唯独上树这一招没有教，自己才得以存活下来，继续为民除害。

第 16 章 务实：我的一定之规

不可理喻的是，中世纪欧洲的基督教世界，对猫搞过一次旷日持久的屠杀运动，最后酿成鼠疫大规模流行。13 世纪的教皇格列高利九世认定"魔鬼在信徒前变成了黑猫"，不久对黑猫的屠杀就在欧洲蔓延开来，抓到黑猫就装进麻袋、箩筐集中杀戮。到了 15 世纪，欧洲已经从屠杀黑猫到屠杀所有的猫，教皇英诺森八世发布号令，将猫与异端联系起来，猫成了基督教的异端，尤其是农业收成不好的那些年月，对猫更是要赶尽杀绝。欧洲的屠猫运动持续了近三个世纪，人与猫关系恶化带来了意想不到的严重后果，鼠患横行，大劫来临，鼠疫夺去了数千万人的性命！

"不管黑猫白猫，捉住老鼠就是好猫。"邓小平这句至理名言，曾被"四人帮"野蛮无理批判，指责为没有原则立场，不管姓社姓资，只要资本主义草，不要社会主义苗……这些指责百分之百是无稽之谈。实践早已充分证明，邓小平高度务实的"猫论"，摆脱了"文化大革命"僵化思想束缚，避免了许多无谓的争论，蕴含着促进生产力发展和生产关系调整的基本原则，释放出了求真务实、真抓实干的巨大动能。

邓小平方法论的基本内容就是务实。他用实际行动给我们留下了极为宝贵的务实方法论，引领我们坚定不移走中国特色社会主义道路。改革开放这么多年，中国靠什么与西方反华势力斗智斗勇？靠的就是共产党人的坚忍不拔，靠的是中华民族的忍辱负重，靠的是依照"猫论"韬光养晦，立足于把自己家里的事情办好，然后再视情况和实力去做些外面的事情。邓小平讲话都是朴素的大实话，不附加任何多余修饰语。他说："你们查一查，我们三中全会以来所作的决定哪一条是从马列主义的书上抄来的，没有。但是你们再查一查，我们哪一条是违反马列主义、毛泽东思想的，没有。"读到邓小平这些话，我不禁拍案叫绝！伟人的大智慧就在于此："查一查"，"没有"！"再查一查"，"没有"！既不抄袭又不违反，其大智慧使中国的改革开放巨轮在险滩上顺利开启了新的航程。

方法的力量

"猫论"就是以务实为根本——拨乱反正是务实，解放思想是务实，理论创新和推进各项工作都致力于务实。思维思想的务实与语言行为的务实，是一连串的实际动作，是相互促进的强大动能。务实的思想方法，总是要通过务实的工作方法展示出来。有些人想不到实处，也就说不到实处，更做不到实处，乍一看忙忙碌碌，再细看却是虚头巴脑。他们惯于用浮路子、玄招数、假政绩糊弄上级，对下属和基层也是虚上加假，虚假加忽悠。思维不着调，思想虚飘飘的人，还能干出什么实在的事情么？不能，肯定不能！

真的就是真的，假的就是假的，一是一，二是二，不搞耍滑取宠邀功那些烂俗恶俗的招法，高度重视实际追求实效，俯下身子真抓实干，一步一个脚印，这是务实的主要得分点和盈利点。你是从条条框框出发，还是从鲜活实际出发？你是从主观愿望出发，还是从客观现实出发？得出的结论和收到的效果完全两样。做任何事情都要以时间、地点、环境、条件为转移，以实为基，以实为要，务实再务实。我们就是要致力于把邓小平的"猫论"变成实际行动，根据客观事实把问题想明白，把工作思路理顺畅，往实处想往实里干，用实招捉到更多更大的"老鼠"。

我没养过猫，对猫没有什么研究，我觉得猫皮毛的颜色或黑或白或花都无所谓，有所谓的是它能不能捉住老鼠；推动工作的说法及形式无所谓，有所谓的是必须实打实，把手上的活干出实效来。以往人们养猫的目的，多是为了不让老鼠偷吃粮食，如今作为宠物养的猫，其价值则是另一个频道的事儿啦。

方法的"猫论"，特别注重实用性和实效性，不在意有没有来头，也不管招牌有多大。我们谋事做事和识人选人，都应当有"猫论"的务实理念，不必过多关注猫的外表，不要听它叫得好听不好听，而是要更多关注它的实际能力和能够取得多少猎物（政绩）。实践的方法是辩证唯物论的第一方法，实践是检验真理的唯一标准，摸着石头过河是实践至上论所提倡的务实方法，也是"猫论"题中已有之意。过河的方法有数种,架桥、造船、泅渡都能过河,那条不深也不浅的小河汊,挽起裤腿用脚踩着河底,一步一步试探着深浅,涉水趟着过去才是最便捷、成本最低、速度最快的过河方法。

实事求是——不唯上,不唯书,只唯实

务实的理论基础是实事求是,哲学方法论的"一定之规"便蕴含在其中。实事求是就是尊重事实,从客观实际出发,通过调查研究,对真实情况有深入了解,归纳综合分析研判,掌握事物的本质属性和发展趋势,按照客观规律和现实可能做事创业。

应当清楚的是,实事求是要有思想和行动的主体自觉,它跟那些一般号召、泛泛而谈是两个走向,与脱离实际专讲干瘪理论大话正好是反其道而行之。有实事求是精神的人,都有脚踏实地的行动并能取得实际成果,他们不会在镜头前和会场上搔首弄姿。作秀作假的人,也许一时一事混得上面信任,窃得职务地位名利,从长久来说,这种人经不起时间的检验,赢不得群众的口碑,后人评说才是他们的盖棺定论。

尊上不唯上,重书不唯书,这是实事求是的两个要点难点。陈云经常强调:"不唯上,不唯书,只唯实。"这九个字看似简单,阐述的道理极为深刻。我要补充的是,"实"固然是开展所有工作的根本依据,但也不能因为强调"实"而否定"上"和"书"——尊上和重书没有错,但"唯"只能有一个,那就是实。"上"主要是指领导者行使职责权力,"书"即文本形态的权威,这两样均是主观行为。只有"实"是客观存在,包括实际、实情、实干、实招、实绩等。不过,简单化的只唯实要不得,认知事实不能停留在

表层，那些表象的"实"多数靠不住，咱们要着力弄清深层次的"实"，进而增强唯实务实的真本事。要得到可唯的"实"，必须注意对具体情况的掌握，注意对现实生活与有关科学及理论的熟悉，注意对实际问题的研究解决。不能道听途说，不能迷信书本，也不能盲目模仿别人的做法，要经常到复杂的社会实践中"摘下梨子尝一尝""深入虎穴得虎子"，有价值的"实"就会为咱所取，为咱所用，为咱所唯。

文本上的文字不能唯，因为读"书"最大的问题是"纸上得来终觉浅"。真实事物摆在那里，代表着主体性和客观性，它们不会告诉你标准答案，只会督促引导你据实行动。不唯书并非忽视理论武装，不读书不看报不学无术，只凭肤浅感觉或个人经验行事，愚蠢的思想和行为往往因此盛行。诚然，对上级的文件还是要高度重视，对规章制度还是要严格遵守的，对马克思主义经典著作还是要认真学习的。

不唯上，不是要你违背上级精神，不把上级要求当回事，我行我素，恣意妄为，而是要你把上级精神与本地本单位实际情况紧密结合起来，实事求是加以贯彻落实。有时个别领导提出的要求与真实情况脱节，下属单位和基层就得从实际出发，努力找到转换点和对接点。毛泽东说："不根据实际情况进行讨论和审察，一味盲目执行，这种单纯建立在'上级'观念上的形式主义的态度是很不对的。""盲目地表面上完全无异议地执行上级的指示，这不是真正在执行上级的指示，这是反对上级指示或者对上级指示怠工的最妙方法。"毛泽东指出的"盲目执行"以及"怠工方法"，在一些地方单位的具体工作中并不少见。

只唯实就是重实际重实践，坚持实际、实用、实效原则，准确把握事物发展规律，开展工作和解决问题都要努力做到求真务实——唯有实事求是才能永远立于不败之地。然而，唯实求实不能被外观和表面的东西迷惑，实事求是务必抓住事物的本质及本质的表现。列宁告诉我们："非本质的东西，外观的东西，表面的东西常常消失，不像'本质'那样'扎实'那样'稳固'。比如：河水的流动就是泡沫在上面，深流在下面。然而就连泡沫也是本质的表现。"深水流动下面的本质是否真的扎实稳固？河水上面流动的泡沫又表现为哪一种本质？这些都是实事求是要解决的实质性问题——向上攀登唯实务实要有高度，向下探索唯实务实要有深度。

除了务实再务实，我没有别的高招

回顾五十余年的职业经历，我最想与大家分享的是，无论干什么事情都要务实，避虚就实，虚功实做，追求真实和狠抓落实；思维立足于务实，思想着力于务实，行动在务实上奋力作为，始终都把务实再务实当成自己做事做人的法宝；务实的"红利"体现在方方面面，务实的工作能够不断取得实效，务实的身体会长得壮实结实，务实的生活会越过越充实、殷实、厚实。

有年轻同事问过我："你做的一些工作那么有办法有成绩，还能经得起时间的检验，到底有什么高招呢？"我回答说："如果硬要说高招的话，那就是务实再务实，认认真真地务实，积极稳妥地务实，锲而不舍地务实，开拓创新地务实，把务实当成做人立身、谋事干事、从政为官的贴身武器来用，作为自身修养的常青树来栽种来养护。小事做到深实处，大事做到细实处，放下身段拉犁耕田播好每一粒种子，挺起腰杆扛起装满沉甸甸粮食的麻袋，所有工作都力求见实效，不放空枪，不图虚名。"

把话题再拉回实际工作中来，大家开会决策和部署任务同样应当是一个务实过程，如果会议决策不务实，部署任务不务实，那就违反了党的思想路线和工作路线。不过，只在某件事、某个环节上务实远远不够，从确定会议主题到起草讲话文件，从决策部署到提出贯彻措施，全程都要贯穿务实理念和要求。思路务实了,部署务实了,措施务实了,干起工作来才会务实。这件事情是实的,还是虚的空的?你要随时注意辨别,不能把假冒伪劣的东西当真当实。有那么一种人,汇报工作天花乱坠,材料和台账及各种留痕都能彰显出"形势一派大好",如果真这样那就不用上级操心了。事实上,他的话极不可信,汇报的水分不是一星半点,就看你是瞪大眼睛察看事实真相,还是睁一只眼闭一只眼走个过场。你如果走马观花,他的虚假就成了政绩;你如果认真较真,他的假冒伪劣就会被打回原形。

工作务实与思想务实是相辅相成的,有种现象能直接证明我的这个看法。在基层做实际工作的人,思想和行动务实的程度就比较高,不太会搞虚的假的;没有实际工作经历和经验,常在上面高谈阔论的人,工作思路上就会虚多实少。大家要以务实思想和务实方法为本能、为本领,只求实用、好用、管用,淡漠虚名浮利,以务实为根基、为要领,通过务实行动立身、立功、立业,争当头脑聪明、四肢发达、方法精湛的实干家。

有了务实态度、务实思想、务实工作,还要不断增强务实方法的内应力和外张力。务实的方法,要依据事和人的变化而变化,适应形势和任务的变化而变化,没有固定模式,方法不能从一而终,务实、实用、实效才是方法的"王道"。

具体化是务实极为关键的一环

列宁不仅是伟大的革命家,还是颇有建树的哲学家和方法论大师。他的一个经典判断是"马克思主义的活的灵魂:对具体情况作具体分析。"我的理解可能有些浅显,列宁这段话的关键词是"具体"两个字,马克思主义方法论活的灵魂是搞清具体情况,对具体情况进行具体分析,从具体情况出发,从具体事情做起。遵循各种各样的"具体",开展工作就能有具体抓手和具体措施,就能对计划和任务进行条理清晰的事项具体化。

具体是一个真实存在和相对变化的发展过程,与环境、与任务、与工作方法有密切联系。列宁深刻指出:"具体的政治任务要在具体的环境中提出来。一切都是相对的,一切都是流动的,一切都是变化的。"即是说,要从具体环境中提出具体的政治任务,具体不是僵化的,不是固定不变的,它是相对的、流动的、变化着的——具体问题要具体解决,具体工作要具体推进,要领就是坚持具体情况具体分析,用具体方法把事情做得实在做得精致。

工作部署不能上下一般粗,越往下要越细致越具体。我的多年经验是,工作一具体就扎实、就深入、就能见到实效,任务一具体到事项,就知道应该不应该做,就知道应该怎样去做。工作不能停留在会议和文件状态,要具体化为若干个事项,抓住具体事项不放过,不见实际效果不算完。当然也要注意,不能陷进杂七杂八琐事中耗费精力,工作的具体事项要有巨细、有轻重、有缓急、有取舍,加减乘除都要做精确。

具体化有AB两个主攻方向:A事项化,将上级部署的任务转换为具体事项;B项目化,将相关工作任务设计成可操作的具体项目。作出的决策和下发的文件,到了基层和各单位,任务措施还要再具体化,深度具体化。抓住具体事项和具体项目,工作任务就不会虚置落空,就能实实在在抓出成效。我在地方工作时,每年底年初都会把本年度的工作目标任务梳理出十余个较大的具体事项,并将这些事项转化为二三十个具体项目,每个具体事项都有若干项目作支撑,这样一来全年重点工作就能牢牢抓到手上了。

我的一个建议是,抓工作要以具体事项为推进单元,以具体项目为操作平台和手段,各部门和每位员工的工作都要明确具体,可操作、可监督、可检验、可考核,谁都不能有权无责只当二传手,谁都不能游手好闲只当不干事的评论员。这就是你的事项,那就是他的项目,工作职责都具体到事项和

| 方法的力量 |

项目上，施工图和责任书一应俱全，谁都责无旁贷。

警惕方法上的形式主义、官僚主义

几十年前邓小平就说过，形式主义也是官僚主义。一段时间里，这两个"坏主义"如同新冠肺炎病毒又有了变异，一会儿是德尔塔毒株，一会儿是奥密克戎毒株，再一会儿还不知道又弄成什么毒株。过去它们是双胞胎，后来俨然成了父子，许多形式主义的花架子，就是官僚主义直接逼出来的，上面搞官僚主义，下面只好用形式主义来对付，官僚主义衍生形式主义成了某种必然。形式主义、官僚主义的方法，折腾的花样时常翻新，组织宣传活动时，在文山会海中，还有参观先进典型的现场，都有它们搔首弄姿的身影。彩旗铺天、标语满墙、超级展板的奠基节庆，也是它们炫耀的领地——形式主义的重灾区，可是为数不少啊。

官僚主义能害死人，形式主义也能害死人，而且害人从来都不偿命。两者有着相同的历史根源和现实土壤，也有着相同路径依赖，投机取巧的人从中可以得到实惠，有些人不知不觉也会陷入这个烂泥塘里。以往不少地方和部门吃过这两个"坏主义"的亏，当下工作仍然时常出现投机取巧、劳民伤财的惯性。有人认为讲套话官话，讲歌功颂德的话，讲模棱两可的话最省劲最保险，半推半就学会了用虚假浮夸的办法应付艰巨复杂的任务，按形式主义、官僚主义的招式出牌，这些是很讨厌也很顽固的。

个别有点权有点势的人，对形式主义、官僚主义的方法十分娴熟，把履职当成秀才艺，搞得自己都不知道是真是假，几乎成了影视剧中的职业演员，把工作当演戏，脚本布景道具齐全配套，一出场就能进入表演状态，刻意把自己打扮成正面演员，有的几乎就是专业的戏精。工作没怎么认真干,繁忙的痕迹和突出的"政绩"却能留下一大堆。虚张声势做事,左右逢源做官,干的全都是有头无尾、只开花不结果的虚活,可气、可恶、可恨!

一个时期以来,各级各种检查督查组活跃在各地、各领域、各系统,基层应对这些检查督查已成工作常态,许多单位重中之重的工作,便是应对这些明面上的检查督查,还有所谓的暗访、微服私访。我曾搞过一周的农村调研,所到之处乡村干部们都在为应对各种检查忙乎着,有个镇一天接待了六个检查督查组——扶贫检查、项目检查、环保督查、创卫检查、绿化督查、档案检查。不能说这些检查督查不对,但方法上确实有形式主义、官僚主义之嫌,确有改进和削减的必要。

对形式主义的方法,对官僚主义逼出来的形式主义,咱们要敢于抵制,不要曲意迎合。第一,对形式色彩过浓的方法要警惕,以防某些方法只在形式上务虚功,不在内容上用真劲。方法的形式越简单越好,相对复杂的方法也要尽可能简约化,不要让华而不实的形式窒息方法。第二,你若是个官,那就要坚决杜绝官气,要记住以官气耍权威那是小人得志;你如果不是个官,也要敢于对官僚做派有所抵制,不买官僚化做法的账,至少不去迎合他。第三,以邓小平的"猫论"指导方法选择和创新,不管猫的颜色是黑还是白,不管猫的眼睛是蓝还是黄,只要能抓住老鼠那就是好猫,就是好方法。第四,不管他有千条妙计,你要有自己的一定之规,始终坚持用务实方法开展工作,对形式主义、官僚主义那一套毫不客气地说"不"!

第17章 沟通协调的窍门

人是社会性动物，社会性的实现以沟通协调为重要手段，以语言为沟通协调的主要载体。假如没有起码的沟通协调，人们就难以彼此体现应有的社会性。每个人的位置和境遇不同，思考和处理问题的意向不同，对同一事物（事件）的看法也就不同。正由于存在这些不同，沟通协调也就成了十分必要的事情。感受、意图、思想、情义、意见都需要沟通协调，只有把必要的沟通协调做到位，大家各自的看法、想法、方法、做法，才能接洽交融、相互打通，才能相互理解、存异求同。

沟通开路——像呼吸那样自然顺畅

套用并修改鲁迅的那句话：世上原本没有路，自从有了沟通才有了路，路才越走越宽，越走越畅通。一项需要多个部门配合的重要工作摆在面前，你首先要做的事情，不是发号施令要求有关部门必须怎么干，而是要在第一时间把沟通工作搞好。这类工作沟通要经常化，随时随地扎实进行（"虚晃一枪"或"临门一脚"的沟通不是好办法），大事小事最好都能有实质性沟通(不仅是程序性沟通,协调可以寓于具体沟通过程中)。换句话说,工作过程便是沟通过程,沟通不及时不到位,开展工作就缺少了相关条件。

沟通的内容是信息的集合体,其形式有公开、私下、文字、口头的语言符号,还有肢体、画面等非语言符号。沟通发起者通过信息的传递说明诠释,影响着信息接受者的思想行为,力求得到对方的理解支持,以期采取一致行动。沟通在不同职能、不同目的情形下,所运用的方法和所起的作用会有较大区别。

人与人之间,单位与单位之间,地区与地区之间都需要沟通,"鸡犬相闻,老死不相往来"是古代社会闭塞所致,现代社会是沟通便利化的开放社会,如果沟通被阻碍或被中断,或者主动放弃与外界的沟通,那就是对现代社会的游离背离。以个人名义的沟通是人际间的沟通,以组织名义或单位名义的沟通是工作沟通,两个名义兼而有之的综合沟通也经常被使用。某些人的问题是,自己知道的事情,不管别人知道不知道,甚至还有"不知道更好"的心理作怪,搞信息独享和垄断,以显示自己不是一般人。这是不想沟通的主观故意。

领导者、管理者与下属员工要保持经常沟通,以免信息不对称,由误传引起误导,由信号衰减引起信息失真。这种纵向的沟通,最好是及时的、直接的、面对面的,不要"捎话""传话""据说",搞烦琐的层层传达。沟通本身是信息的交流、交换及反馈,沟通中会因不同的话题而捕获不同的信息,有对话、有解说、有辩论、有互动,说着说着无意中就增加了许多新信息,沟通的价值便因此而呈现和提升。

传达信息、布置工作、提出要求是一码事,争取理解和配合协作的沟通是另一码事。前者是你要求别人如何如何,所要体现的是你自己的显性价值;后者是你需要得到别人的帮助和支持,所要体现的是别人的应有价值。沟通要像呼吸那样自然顺畅,而且要坦率真诚,没有诚意的沟通只能起负作用。

有种现象挺有意思,你与某人沟通的本来目的是要说服对方,想让他按照你的思路行事,友好深入的交谈使你受到了启发,双方都修正了自己的见解,你没有说服他,他也没有说服你,可喜的是两个人基本形成了一致意见。这就是坦诚沟通的良好特效。

进行沟通先是单向驱动,然后是双向互动,以致多方联动。一般的沟通是情况通报,通过文字和口头等形式,向有关方面把基本情况和关键问题说清楚。利用传播媒介,可达到大范围沟通的目的,但还代替不了有针对性的小范围沟通。沟通有时也是征求和听取意见,你既要让对方理解你的意图,又要真诚地尊重对方的想法看法,不要把自己或本部门的主张强加于人。

一些非正式沟通,可灵活选择沟通渠道和形式,走访看望、谈心谈话、研讨交流、组织活动、聚会聚餐,都是有效的日常沟通。从现象上看,工作沟通是单位与单位的沟通,组织与组织的沟通,事情与事情的沟通,但时常又是人与人思想上和情感上的沟通。不沟通思想,只沟通某个事项,没有感情做桥梁,就很可能沟而不通,勉强通了也不一定顺。沟通的态度要和善友好,阐明意见要平和,要知晓对方最关心的是什么,不能只拿单位或组织的要求说事,不考虑对方感受和能否接受,如果人家的思想不理解,行为不情愿,沟通就白费工夫了。

工作沟通的四种方式

工作沟通与人们日常生活的沟通不同,要有制度和机制作保证,常用的方法是会议沟通、文函沟通、电话手机或微信(邮件)及个别谈话沟通等。下面列举四种具体沟通的方式。

(1) 点对点、面对面的个别沟通

就是一个人对一个人,面对面坐在一起,没有其他人在场,把要沟通的事项谈透，进行互动式的沟通，求得沟通对象的理解支持。我喜欢采用这种个别沟通的方式，因为它没有距离又自然亲切，一般都能达到沟通的预期。其他沟通方式虽然更简单便捷，都不能替代这种点对点、面对面的沟通。当开会、发文、打电话沟通均没有效果时，这种传统的沟通方式就会大显神通。坐下来心平气和个别交谈，沟通者的意见建议最容易被接受采纳，只要时间和条件允许，咱就最好采用这种方式沟通吧。

（2）以开会为主要形式的群体沟通

有类会议叫沟通会，会议沟通属于比较正式的沟通方式，但会前要做好相关准备，书面沟通可先走一步。这种方式的沟通，有时是一个人对多个人，有时是多个人对多个人，沟通效率比一对一高，把问题摆在桌面上，把话说在会上，有利于深入研究问题和解决矛盾，若会议形成纪要还会有约束力。不过这种沟通应避免"告之式"，一个人说其他人听，说完了没有互动反馈，沟通的工作虽然做了，但没有做实做到位，只是走了个会议程序。开沟通的会，适合采取座谈讨论方式进行，广泛听取与会者的意见，在研究讨论中实现沟通的目的。讲课不能满堂灌，开会沟通也不能说单口相声，要变单向沟通为双向多向沟通，变硬性沟通为柔性沟通。

（3）以电话和手机为载体的沟通

从前，沟通的双方由于距离较远，有时就得电话沟通，尽管见不了面，但能听到互动的声音。这种沟通可以点对点，也可以用开电话会议的形式在更大范围沟通。随着互联网和智能手机的普及，当下的沟通前所未有的便利，通过手机用微信、语音、图片、视频等，都能即时进行远程沟通。三四个人可建个家庭群，几十人、几百人可建个工作群，沟通起来无任何障碍，想点对点就点对点，想点对面就点对面，就某个问题可以随时发起讨论，领导在群里随时可以对工作作出安排和提出要求。微信（邮件）沟通的成本低效率高，但也有不足和弊端，主要是沟通双方不见面，往往会降低沟通实效。电话相对好一些，好就好在可以即时交流，微信（邮件）可回复可不回复，恐怕会影响沟通效果。微信群的沟通，本来是先进而便捷的沟通方式，但在一些地方和单位出现了简单化、程式化倾向，取代了其他渠道的沟通，蜕变成了形式主义套路。

（4）文字以及非语言形式的沟通

文字沟通也是管用的，贴个工作便条，写个问题说明，发个情况通报，均能达到沟通的目的。文函沟通更正式规范一些，但不太利于互动和反馈，有时会变成公事公办的"单行线"通告。除了文字沟通，还有肢体、表情、语调等其他非语言形式的沟通，也是值得提倡的沟通方式。艾伯特·梅热比给沟通要素列出一个公式：沟通双方相互理解＝语调（38％）＋表情（55％）＋语言（7％），公式中的前两项都是非语言的沟通要素，竟然占到93％，可见沟通是可以"尽在不言中"的。所以，咱们要学会进行非语言文字形式的沟通，加强行为举止的修炼，综合运用语调、表情、肢体语言等取得沟通的方式。

要想干好工作，必须搞好协调

沟通是协调的前置程序，没有有效的沟通，就没有有效的协调，就可能冷手抓热馒头，相互都不理解对方，后面的协调便无法成立了。协调最好是预先协调，不能等到事情闹大了，工作进展不下去了，才被动地去协调。事后协调不是不可以，但预先协调更有必要，这样不仅能及时把矛盾化解在萌芽状态，而且还能避免可能发生的冲突。

协调与沟通有联系，但侧重点不一样，具体方法也不一样。有些事情沟通是协调的第一步，有些事情协调就是沟通的重要目的之一。部门与部门协调任务分工,落实各负其责的事项;单位对单位协调相关职能责任,解决推诿扯皮的问题;通过中间人协调矛盾双方,调节邻里间的矛盾纠纷;还有通过谈判式协调,研究确定利益分配问题,等等。协调好这些大小事情,对方法的要求甚高,协调不同的事项,应采取不同的方法。

只有沟通,没有协调,沟通就可能无功而返。如果能把协调与沟通紧密结合起来,1+1就不仅等于2,还可能等于3、等于4、等于5。我对协调的重视,时常会高于对沟通的重视,因为两种方法相比较而言,协调的方法实用价值更高些。优秀的跳高运动员,之所以能跃过普通人无法跃过的高度,他们不但要有很强的弹跳力,还要有很好的身体及动作的协调性。从助跑起步到身体跃过横杆,落在海绵垫上的那一瞬间,身体各个部位所作出的每个动作,都是连贯协调流畅的。

近段时间我打篮球,对协调这个方法又有了新的体悟。投篮特别是投三分球,使劲用力把篮球投高投远,那是一般化的初级技术,比较容易掌握,而保持身体各部位发力的协调性,才是投三分球方法的核心要义哦。原来我主要是用大臂、小臂、手腕的力量投篮,用力一大,动作就变形,命中率下降,总觉得别扭。注重了协调发力这个方法后,我增强了脚掌、脚尖、腿部、腰部力量与大小臂力、腕力、手指力的协调能力,全身力量由脚尖脚掌开始启动,通过身体各部位有序协调综合发力,力量一直传导到手指尖。整个投篮过程,以确保发力协调为要领,各动作细节都要连贯协调,做到一气呵成。协调发力的方法熟练运用了,我的投篮命中率明显提高。

柔性化:游刃有余,有商有量

方法力的一个基本功在于柔性化,刚性方法在大多数情况下不过是对柔

| 方法的力量 |

性方法的补充。柔性化应该是沟通协调的最佳方式和姿态。此时的你，拿着一份落实专项工作责任的文件，正在搞文来文往，通过内网把文件发给有关处室，这就算完成了沟通协调任务吗？大概未必。这种走程序的沟通协调效果往往不会太好。如果换成柔性化的沟通协调方法，你拿着这份文件到有关处室说明来意，解释文件的责任分工，求得他们的配合支持，效果肯定比只发一份官样文件好得多。

沟通协调一定意义上就是方法的柔性化。在日常工作中，对上要沟通协调，对外要沟通协调，对下也要沟通协调，机关处室之间，有关单位之间还要横向沟通协调。遇到了突出问题和尖锐矛盾，各方切身权益发生了摩擦碰撞，采用柔性化的方法沟通协调更是必需的。办事情，干工作，没有沟通协调就难以顺利进行，那些大量的经常性沟通协调，每件每项都不能颐指气使，口大气粗，生拽硬拧——《智取威虎山》的台词说得好，"只能智取，不能强攻"。

商量是沟通协调的一种方式，有商有量，商量寓沟通协调之中。沟通协调不是把情况告诉人家便了事，然后自己就可以"我的地盘我做主"了。这不是沟通协调，而是下个没商量的"最后通牒"，如此沟通协调只能把关系弄僵，把事情办砸。商量要以平等、尊重、低调、和蔼的姿态进行，关照对方的权益，体谅对方的难处，不能以上压下，以强压弱，以大压小，压的结果极可能是不买你的账，至少是消极抵制，使你做不顺做不成。商量能找到双方的共同点，利益的包容点，齐心协力做好工作的共同点。不会商量不善商量的表现是，把握不住沟通协调的最终目的，在枝节皮毛问题上扯来扯去，把商量搞成了打小算盘的讨价还价。

沟通协调或许就是商量，不少情况下没有商量就达不成共识，大的原则要有所坚持，其他方面都可考虑适当作出调整让步。商量不是非得要和稀泥，但有时也可适当和点稀泥，和稀泥有时也是解决问题的有效方法。有些矛盾看似尖锐，但在大是大非上又是没啥了不起的，如果通过商量找到了双方或多方能接受的融入点，矛盾也就化解了。非原则的沟通协调事项，要着眼于合情合理，不能固执己见，该打折的打折，甚至让几步也没关系。柔性化沟通协调是一门方法艺术，那就是以最小的代价或无代价，通过商量达成共识和形成合力。

三突出：目的性，主动性，变通性

（1）突出沟通协调的目的性

沟通协调要为目的服务的，突出沟通协调过程的目的性，同时找到实现目的的有效方法。你为什么去那个单位找那个人沟通协调？你要达到什么目的？在这过程中要时刻不忘，始终围绕着自己的预期目标进行。沟通协调时常会有一些分歧干扰和节外生枝的事，你不必纠缠那些无碍大局的分歧，用求实务实的精神灵活处理复杂事宜，求到你需要的"大同"，保存那些你不在乎的"小异"，为实现沟通协调目的做耐心细致工作。

（2）突出沟通协调的主动性

提高沟通协调能力，有一个诀窍就是主动再主动，争取主动，积极主动，不能碍于面子放不下架子，被动地等着人家与你来沟通协调。实际上，沟通协调的主动性越高，得到理解支持的可能性越大，成功率越高。当然也不能太过于主动了，弄成"求爷爷告奶奶"的窘态，那就是过犹不及啦。沟通协调主动了，也就拥有了处理问题的主导权，占领了把握事物发展趋势的制高点。主动要有一定的提前量，这样有助于及时化解分歧，减少误解和矛盾。等到事态恶化、矛盾尖锐再去沟通协调，势必陷入被动。出了大问题，实在绕不过去了，才不得不硬着头皮去沟通协调，最终会付出高昂代价。

(3) 突出沟通协调的变通性

做沟通协调工作不能不认真,又不能太较真,一点不替对方着想,只想让人家服从自己,持这种态度那就不叫沟通协调了。沟通协调要摆情况、讲条件、提诉求,同时还要根据对方的意见,灵活调整自己的对策措施,做一些妥协让步变通。不能非得自己得一百分,人家得零分才好,以这种期望值沟通协调,结果只会被顶回来,还得再降低自己的价码。其实,突出了变通性,许多事情都好办,你得个八九十分,人家得个七八十分,或者双方都得个九十多分,沟通协调也就实现了互利双赢。

第18章 在经历和经验中凝练方法

我经常和年轻人说,经历比学历甚至比职务重要,趁着年轻要争取多一些经历,多一些在不同单位不同地方的工作经历,多一些在逆境中生存发展的成长经历,多一些爬坡过坎柳暗花明的起落沉浮经历。经历过的工作不陌生,未经历过的事情心里会不踏实,"饱经风霜的树木"与"温室里的花朵",不在同一个生存环境,也不在同一个人生境界。

有些人信奉"有理走遍天下"那句老话,不懂得"有经验走遍天下"这句新话的方法论价值。现在,人们喜欢宣扬成绩,把总结工作当成了成绩的罗列汇总,时不时进行放大渲染,给自己脸上贴一些金。实际上,成绩不总结它也跑不了,但经验不总结它就会跑得无影无踪了——总结最重要的价值在于总结经验,在于通过总结将成功的经验提炼为实用的方法。

经历——获得经验的必要条件

经历和经验是亲兄弟,经历是哥哥,经验是弟弟,没有经历,难有经验,弟弟是踩在哥哥的肩膀上向上成长的,所以弟弟更有出息。经历中蕴含着丰富的矿藏，经验则是高纯度的黄金，经验和经历都要靠日积月累，靠持续不断开采冶炼提纯。从经历和经验中冶炼出来的，很大一部分即是各种各样的宝贵方法——经历和经验是方法高回报的投资洼地。

人这一辈子都会有不间断的经历，区别在于多少之分、长短之分、轻重之分。有人在一个单位苦熬了一辈子，有人走南闯北奔波了一辈子，有人在多个领域多个岗位上阳光灿烂了一辈子，还有人"除了当官什么也不会"，混成个油滑的小官僚。有怎么样的经历，就有怎么样的感受和怎么样的收获，所悟所得均来自经历的过程中。工作及社会经历是人生的无价之宝，是生成经验的金矿沙。

有种现象是客观存在的，某人的经历单一，工作的经验和方法必然单一；某人的经历丰富，干起工作来会有不少招数，做事情会有较多可参照可借鉴的经验。经验与个人的天赋及努力关系不是很大，但与经历的关系相当直接。每个人都不要过早把自己局限在单一的岗位上，过平庸安稳的日子不如过五关斩六将过瘾。在基层和艰苦环境工作的经历尤为重要，不是去镀一层薄薄的金了事，而是扑下身子摸爬滚打，遭冷遇、吃苦头、受挫折，得教训、积经验、长才干，把地气接足，这才是难能可贵含金量高的经历。

经历的厚实，某种程度上也是经验的厚实，思想及行为的厚实。不管什么工作岗位和职务，都不要捧着讨饭碗混日子，熬晋级度余年，寄人篱下吃嗟来之食。若是这样，还不如早点走出人家的"篱下"和"屋檐"，扔掉盛不满吃不饱的讨饭碗，冲出温室经风雨见世面，在更宽阔平台上有所作为，积累经历和经验的财富。大家要确立多一种经历，就多一份工作资本，多一份人生财富的意识，勇于在狂风暴雨中飞翔，这样活着的价值和意义便会在飞翔中持续体现出来。

经历有时是组织或领导给予的，有时是时代和机遇给予的，但主要还是自己选择或争取来的，如有可能那就设法使自己有更多的扎实经历，有能够积累更多经验的经历。我早年有一位同事 W，他的综合素质高，专业能力也很强，本来可以走出家乡小县城，调到省里在重要岗位上工作。但小 W 那时刚结婚，爱人的工作一时调不进省城，他犹犹豫豫错过了那次机会。后来，小 W 想通了，到省里工作的愿望很强烈，可惜失去的机会没有再来眷顾他，他只好在县里一个十几个人的小部门搞原来业务。小局的业务量毕竟不多，小 W 变成了老 W，见识和经验却逐渐稀少，经历和能力便在那个岗位上固化了，后来的发展受到了明显局限，挺可惜的。

不可否认的是，我们的一些经历并未留下令人愉快的回忆，留下的是累累伤痕，还有懊悔和遗憾。可是，所有经历都能使人受益，就看自己在经历中如何表现和怎样感悟。"文化大革命"中我下乡当知青的经历虽然时间不长，虽然失去了继续读书或早两年进工厂当工人的机会，但那是本人最受益的一段经历，吃苦受累遭罪，也得到了磨炼，农村广阔天地锻造了我的意志品质。有思想有深度的人，都会充分珍惜和用好人生的每一段经历，在经历中积累实践经验和成长营养。

较为理想的是，通过多种工作经历和生活经历，获得丰富的工作经验和社会经验，举一反三综合运用鲜活而成熟的经验，对那些单一的、个别的、浅显的经验，咱要注意其局限性和不适用性。

经验——凝练方法的重要资源

经验是个万花筒，有各个领域的经验，也有各种类型的经验，诸如生产经验、生活经验、政治经验、领导经验、务农经验、做工经验、教学经验、登山经验、钓鱼经验、比赛经验、治病经验，等等。本章主要讨论工作经验和社会经验。

方法的力量

"认识开始于经验——这就是认识论的唯物论。""你要知道革命的理论和方法,你就得参加革命。一切真知都是从直接经验发源的。""就知识的总体说来,无论何种知识都是不能离开直接经验的。"这是毛泽东在延安窑洞里写下的三段话,他只用几十个字就把认识论、实践论、唯物论、经验论、知识论、方法论巧妙地糅在了一起,进行点石成金的论证,并且紧扣着经验这个关键词来阐述——经验带有一定的优先性和先决性,对获得方法具有宝贵的价值。

在研究经验的过程中,让我感到惊奇和受到鼓励的是,叔本华对经验有非同寻常的高度评价:"人生中,经验、洞见和知识才是真正的、永恒的祝福,而幸福、愉悦和欢快是转瞬即逝的、虚幻的;人生的最后果实是经验而不是幸福。"经验高于幸福,经验是人生的最后果实,叔本华对经验的评估,真的是高得不能再高了。我尽管不太同意他对幸福、愉悦、欢快的消极而悲观的认定,但我还是举双手赞同他给经验"打最高分",而且由此拓展一步,我认为方法就是经验最为直接的丰硕果实。

将经验纳入方法论和方法体系中来探讨,大家会得到更多更深刻的启示。经验虽然多是个性化的积累,但又具有一定的普遍借鉴价值,它不仅是方法的重要资源,本身还是方法的精华部分。个人经验毕竟有限,完全靠自己积累经验远远不够,完全靠自己交学费试错的成本会高得无法承受。他山之石可以攻玉,同事们的经验,前辈及领导们的经验,还有外单位和外地的经验,都可以拿过来作为咱们的方法资源。多年来,我不只是收藏经验,也不只单纯依赖自己的经验,我还将自己的经验与别人的经验对比并结合,把各方面经验进行分类评估,使收藏的经验更加接近于现实,保持经验的鲜活和实用。

教训是经验的另一个版本。成功人士都善于及时总结汲取教训——教训是反面的经验,或者说是不成功的经验,有时它比正面的成功经验还宝贵还管用。不断积累成功的经验,高度重视和汲取挫折或失败的教训,经验多多益善，教训少一些为好，经验和教训都切不可异化为教条。说一个有些偏激的观点，如果经验和教条两者必选其一，我建议大家就要实实在在的经验，不要搞照抄照搬的教条，在方法上适当搞一点经验主义不是不可以，但教条主义千万不能搞。

学习总结经验和积累凝练方法

干工作不但要按制度、按规章、按流程办事，不少情况下还要按经验办事。据我的大致分析，一些人（青年人居多，也包括部分中老年人）犯的各种类型错误中，百分之八十左右是因为缺少经验，他们之所以一再出现工作失误，重要原因是由于不注意学习借鉴别人的经验，而且也不大会总结自己的经验。这就提醒咱们，方法的力量与经验的力量是水乳交融的，要想增强方法力，还要将经验转化为方法，主动学习借鉴别人的经验，及时总结提升自己的经验，最好把别人的经验和自己的经验一并凝炼成实用的方法。

学习借鉴别人的经验，是一种非常重要的方法。有些人对学习书本知识比较重视，但对学习借鉴别人的经验重视不够，或许他们是对人家的经验有嫉妒心理吧，所以才会采取不承认不接受的态度。就功效来说，学习借鉴别人的经验，比学习一般化知识的功效来得更快些。对别人的经验不知道学习借鉴，那就等于把有用的经验关在了门外，不也就是等于拒绝了好的方法吗。

学习不能局限于书本知识，大学毕业入职后，学习工作经验和社会经验，比学习书本知识更有必要性和紧迫性。从各方面经验中学具体方法，比在书本上学抽象理论和一般化知识更有效。你若想自己创业，可以先观察研究或直接向师兄师姐请教，了解他们是怎么选择和启动项目的，怎么解决融资合作等问题的,从中悟出大学生创业的门道。他们的经验可能成为你效仿的方法,借鉴经验和学习方法完全能一步到位。此处我借用歌德的语式补充一句:理论是灰色的,经验之树常青,方法之森林那可是郁郁葱葱的。

经验靠多种实践经历的积累,还要靠及时总结概括。总结是最为关键的一环,没有及时准确的总结,已有的经验就会自消自灭,由经验变方法的道路就会中断。学习借鉴别人的经验,总结自己的经验,将两个方面经验对接起来,提炼出一连串的方法,这就像两条腿走路一样,一条腿跳得再稳再快,也不如两条腿交替迈步行进走得稳走得快。

具体研究分析一些案例,也是总结经验的好方法。以案例形式出现的经验,有利于保持经验的生动性和完整性,也有利于经验的借鉴和转化为方法。当然,案例中不都是宝贵经验,深刻的教训也不少见。

一般来说,通过总结经验教训,吃小堑长小智,吃大堑长大智,但站位高落地实的总结,提炼管用的方法,则会进入吃小堑长大智、不吃堑也长智的佳境。及时总结经验教训,不为经验所累,不被教训所困,就能使矿石变成黄金,使毛料变成翡翠。

用科学方法充实
完善经验和创造经验

笛卡尔针对如何总结掌握好经验的问题,说过如下简明扼要的话:关于经验,我还注意到一件事,就是认识越进步越需要经验。我们刚刚开始研究的时候,宁可采用那些举目可见、尽人皆知的经验;但要略加思考,不必好高骛远,追求冷僻的经验。从笛卡尔这段话中,可领悟出一个重要观点,经验是思想和行为的进步,你要有所进步就得不断充实经验和完善经验;带有常识常理性质的经验好用实用,对冷僻的经验应当保持一定警惕性,充实完善经验不能好高骛远,举目可见的经验同样好用。

"方法就是经验材料最有效和最有成果的发展途径。"这是杜威实用主义的一个很有特色的判断。仅从这句话就能感觉到,杜威非常重视方法与经验的成果融合,或者说他尤其重视科学方法对经验材料高效转化为成果的发展途径。对经验要持科学态度,抱有亲近感和认同感,并要具备主动获取的思想自觉,随时随地虚心求教有经验的人,不断充实完善成为自己的经验。每完成一项重要工作,都应该静下心来及时回顾复盘,搞清楚哪项措施做得扎实?哪个环节做得高效?哪个地方做得火候还不到?哪些环节需要改进修正?哪种因果关系值得关注?从这些角度充实完善,经验就具体和深化了,下次再做类似工作就能手到擒来了。

经验是成功的做法,也是一种趋势性和规律性的感知。只有表面的做法和经验,没有形成对趋势和规律的深刻认识和把握,还不是高附加值的经验。充实完善经验切忌先入为主,不能只看亮点不看难点,只看普遍性不看特殊性,把经验说得十全十美,那是不科学也不客观的。

经验不但是总结出来的,还是创造出来的,总结与创造是获得经验的两个手段,这过程中需要方法的具体指导和实际运用。进而言之,总结和创造经验就是对方法的陶冶凝练,先有经验后有总结,先有创造后产生经验,创造经验必须发挥主观能动性。运用科学的方法创造经验,有以下三条可供选择的路径。

A 路径:针对问题创造经验

确立问题导向,对于创造经验十分必要。创造经验要有的放矢,这个"的"就是问题,有了问题也就有了创造经验的靶子。问题导向是经验创造的基本导向,想方设法研究和解决问题的过程,实际上也就是创造经验的过程。针对问题创造经验,这条路径会有些弯曲,有些坡坡坎坎,但开的是直通车，中途没有停靠站，不用任何铺垫和中介，哪里有问题就奔着哪里去，把问题切实有效解决了，经验的创造也就差不多了。在这个时候，又需要使用科学的方法把解决问题所创造的经验总结出来。

B 路径：以点带面创造经验

开展一项新工作，如果没有现成的经验可用，那就可以采取先试点的方法。这好比种试验田，新品种新农技不能一上来就全面铺开，最好在不同土质和不同气候区域选择几块试验田，试种新品种，试用新技术，一年两年过后总结出可以推广的经验。然而，试验田的经验也不是一下子就全面推广，可先推广几千亩、几万亩，适度扩大推广面积，使试验田经验得以验证和完善，呈现出以点带面效应，接着用成熟的经验带动更大的面。毫无疑问，通过试点创造经验加以推广是常用的工作方法，但选点要科学严谨，杜绝打造试点盆景，推广经验要实事求是，不能搞一刀切。

C 路径：嫁接杂交创造经验

多数情况下，别人的、外地的、外单位的特有做法，只是部分或个别的好用、管用，那么就要取其长、用其优、弃其冗。如同树苗的嫁接，有芽接法、劈接法、插接法、腹接法、靠接法、切接法，贾思勰的《齐民要术》，对嫁接方法就有详细叙述，谈到了梨树嫁接砧木、接穗的选择等方法。咱们即可用某品种的枝条，也可用某品种的根茎，还可以接花授粉。方法总是能够触类旁通的，譬如起草一份你以前没有写过的讲话稿，那就找来三篇（不一定就是三篇）相同内容的讲话稿研究参考，了解前一篇如何搭建结构，琢磨中间一篇如何组织内容表达思想，体会后面一篇如何简练运用语言，然后把三篇讲话稿的可取之处嫁接在你起草的讲话稿中。经过亲历起草讲话稿的反复实践，你又积累总结出了属于自己的经验，这实际也是经验的自我创造。

第18章 在经历和经验中凝练方法

老掉牙经验要不得

经验可以是不断增值的优良资产，也可能变为把人压得气喘吁吁的沉重包袱。经验是有保质期的，有的保质期长一些，有的保质期短一些，有的可以长期多次使用，有的只能短期使用甚至一次性使用，若不及时总结运用和充实完善，经验就很可能过期。陈旧的经验，大多是过期变质的经验，用它应付新情况、解决新问题，便会犯错误。我就遇到过一位背着沉重包袱干工作的中层干部老L，他的经验其实并不多，其使用价值就更低了，但老L却偏执得很，工作中总是喜欢拿自己老掉牙的经验做标杆，要求年轻人原封不动按他的经验做事，这样做的结果可想而知，或不欢而散，或无疾而终，至今老L还不知道为什么不讨年轻人的喜欢。

在本章的末尾，我要引用蒙田的话，给经验再泼一点冷水。他说：从经验中得出的东西永远存在缺陷。用经验来思考事情那是不可靠的，因为交情永远不可能相同。我不完全赞同蒙田的话，但也愿意接受他的提醒——经验给出的答案是个性化的，仅以自己的经验思考问题容易出现偏差，经验近乎于你与若干人不同程度的交情，有深有浅，有长有短，也有虚有实，所以经验与交情一样，确实带有某种不可比性和不可靠性。

经验不是真理（真理也不能简单化、绝对化），过分依赖经验会使人变得保守落后，经验也会变得"内卷"和"躺平"。对于经验的喜好及使用，与日常饮食有些相像，那就是经验的来源不能太单一，经验需要各种营养合理搭配，大鱼大肉吃多了有害，总是吃糠咽菜会造成营养不良。我发现的一个真相是，犯经验主义错误的那些人，一大病根就是对自己的狭隘经验过分自信自恋，他们不是因为经验太多而出错，却是由于经验太少、太单薄而犯错啊。

第 19 章 低调谦谨，卑亢适度，外圆内方

就个人风格来说，我是一个地道的"低调主义者"，说话从来不会高谈阔论，做事调门能低就不会高，开会不愿意坐在前排，坐在角落里最感惬意。谦谨是我干工作的基本方法，不管做多繁杂的工作，负有多重要的责任，都会保持着内心的谦虚谨慎。我对人对事的看家本领是不卑不亢，且又卑亢适度，外圆但不腻滑，内方但无锐角，看起来平易随和挺好说话的，其实本人的方法力内核是端正方正的，原则性还是有的。

低调不张扬：高姿态，软实力

前几年，一些人鼓吹"低调做人，高调做事"，把做人与做事弄成了两种似乎相抵触的性质，他们难道不明白，做人做事是拆不开的，装出来的低调和吹出来的高调，都不自然也不真实。我的观点是，做人做事都应该保持较低的调和较高的姿态，这种低调不是勉强点头哈腰，故意作出谦卑的样子，而是平实不张扬的高姿态——低调与高姿态，虽然一低一高，却也有许多相

通之处，两者结合起来能够形成方法的软实力。

低调不但要有平常心，更要有敬畏心，对大自然的敬畏，对老百姓的敬畏，对法律纪律的敬畏（也不排除对正当权力、对上级领导的敬畏），敬畏是最好的保护力和免疫力。低调只有好处没有坏处，调子低不意味着实力弱，它实质是务实省力、不惹事、为自己留余地的好方法。求职创业和从政做官，低调比高调好，和气比傲慢好，稳重比显摆好。曲高和寡不仅是句成语，还是一种道理和一个规律，唱歌调门太高了，就会唱不上去，弄不好会唱坏嗓子，把听众都唱烦了、唱跑了。没有焦躁骄横之气的低调，体现的是你纯朴淡雅的高素质，形成的是你做人做事的好范式，不但能给工作留足进退自如的空间，还能为自己攒足发展进步的后发优势。

就拿做事来说，某人一开头就把话说得盆满钵满，把要做的事说得又大又好，可能干着干着他就会感到心有余力不足了，事物的变化和工作的进展并没有按照他的高调路径走，铺开的乱摊子、说出的大话收拾不起来，陷入尴尬境地那是他自己找的。有鉴于此，不如咱开始就把调定得低一些，工作实施中适当稳健，逐步调高，由低起步，顺势拉高，一路走高就更好了。

左宗棠性情张扬外露，恃才放旷，办事凌厉果断，做事"好自矜伐"高调。曾国藩内刚外柔，料事周全，做事低调，被誉为"半个圣人"。左曾两人的事功及后人评价有很大不同，较为一致的评价是，"国藩以严谨胜，宗棠以豪迈胜"，相比之下，曾国藩的做法更睿智，效果更佳。学习曾国藩做人做事，应学他以低调为主的方法。有的人浑身上下都是毕露的锋芒，谁都得让他三分，凡事他都要高人一等，那是有害无益的。干点事儿就目空一切，独自扛着大旗招摇呐喊，第一个牺牲的大概就是他了。才华不但要用到正地方，还要作为珍贵的家底收藏好，有限的才华露尽了，家底也就捉襟见肘了。自恃过高的人，日常表现就是自高自大，谁都不在话下，沿着这条路走下去，必然狂妄虚荣，甚至会变态得不可一世。狂妄和虚荣是恶性肿瘤，小小的官，小小的权，有五六个人围着他转上一转，就想让全世界都知道自己，让后来者都敬佩自己，狂妄得不能再狂妄，虚荣得不能再虚荣，肯定会摔大跟头。

方法的力量，实质上是一个人的软实力——坚忍不拔之力，鲜活灵动之力，不急不躁之力，润物无声之力，承受耐久之力，委曲求全之力。具体来说，低调就是自信自律、淡然平和、和而不同的软实力，有了这种柔性、韧性十足的方法力，水来土掩兵来将挡，攻坚克难就会胜券在握了。

谦虚戒骄躁：好品德，妙方法

谦虚是有识有志之士的一大美德，也是学好用好方法的一个秘诀。美国斯坦福大学前校长约翰·汉尼斯写了一本名为《要领》的书，他在书中给管理者提出十个要领，第一个要领就是谦逊。说句实在话，谦虚是当下许多人缺乏的素养，一些年轻人身上的明显缺点就是骄傲和浮躁，一些中老年人也存在此类问题，当下骄傲或焦躁的人，似乎比前些年多了一些。

《易经》六十四卦中，专门有一个谦卦，里面接连不断说了许多"谦"字，如益谦、流谦、福谦、好谦、谦尊等，特别是鸣谦、劳谦、扐谦这"三谦"，讲的都是谦虚的方法。鸣谦，传播谦虚的美德能获得吉祥，有利于打胜仗；劳谦，有功劳而谦虚的人，必然有一个美好结果；扐谦，把谦虚适度发挥出来，不违背谦虚的法则，不会有什么不利的。

关于谦虚，还有两个成语可形容概括：谦谦君子，虚怀若谷。前句说了谦，后句说到虚，异曲而同工又同义。礼貌谦让是君子固有的品德。我认识的老吴，他为人处世就有君子之风。等候公交车，排队是人人皆知的规矩，一辆公交车到站轮到老吴上，但他愿意让老人、孕妇、儿童先上，即使遇到

第19章 低调谦谨，卑亢适度，外圆内方

加塞的人也能谦让，没有争执和怨言。这种良好品德，同时又是美妙的方法，和不守规矩的人赌气争先后，那是老吴不愿为且以为耻的事情。虚怀若谷的"虚"，指的是胸怀宽广博大，豁达深邃包容，如同高山峡谷那样，功名利禄好似鸡毛，飘落到"谷"里不会引起一点动静，山还是那样巍峨耸立，谷还是那样深不可测，仍然是本色纯洁的自我。

年纪愈大，我愈加意识到，谦虚作为保持品德本色的绝妙方法，具有"生物酶"（如前比喻，方法就是能产生良好化学反应的"酶"）的溶解性，渗透力和融通力都非常强。一件难办的事情摆在面前，需要你联系有关方面协作配合，尽快把它做好。你是用谦虚的方法，还是用骄躁的方法，效果绝对不会一样。若以骄躁的方法去联系，只能把事情搞复杂了，本来不是问题的小事却成了大问题。如果以谦虚的方法去联系，诚恳耐心，循循善诱，则能得到有关方面的理解支持，形成把事情办好的合力。

思想的骄躁，会导致一系列的骄躁，方法的骄躁也源于此。骄躁有多种表现形式，诸如骄傲、矫情、骄横、焦躁、急躁、暴躁等。骄躁者不会踏踏实实工作，总想着讨巧走捷径，工作抓不实，事情做不到底，早晚会吃大亏。谦虚者一般都会吃小亏占大便宜。一个人的骄躁之日，也就是停滞不前乃至屡犯错误之时。"器小易盈，人小易骄"，这话难听也难以接受，但现实中的小人不都是以骄躁为特征吗。有了飘飘然的感觉，便是骄躁的开端，如同骑着瞎马走在悬崖上，一路都有危险。自命不凡，盛气凌人，经常显摆自己过去那些水分很大的"光荣历史"，把成绩都说成是自己的，缺点和毛病都说成是别人的，这就是底气不足和本领有限的症候。

咱们得记住，骄躁可不是有本事的表现，它是浅薄而愚昧的表现，犯的是大忌——做人之道忌骄，做事之道忌躁，谁若是犯了这两忌，人道和事道都不会顺利。所以要力戒骄躁，除掉各种各样的骄躁病，把"谦虚不骄躁"这五个字当成座右铭，时不时要问问自己，骄傲了没有？浮躁了没有？某句

话是不是口气大了,某件事是不是头脑发热了?心静了下来,身沉了下去,迈开了踏实的脚步,到社会实践中就会充盈谦虚不骄躁的底气。

此外,还要学会才华的储蓄和投资,韬光养晦,夹尾巴做人,收敛着做事的方法。表面上似乎聪明绝顶的人,实质上多是些雕虫小技,真正有智慧的人,表面上和实质里都是厚道、质朴、醇厚的,才智高深,不骄不躁。才华就像你身上的钱,挥霍出去了就没了,存到银行里和用于投资,才会保值增值,成就一番事业。

严谨审慎,慎勇慎权,杜绝蠢事

如果把"谨慎"拆分为两个词,那就是严谨和审慎。严谨的方法,即是科学、严密、周到、周全的方法,认识事物的判断要严谨,分析问题的逻辑要严谨,作出的选择和决定要严谨。草率是方法的敌人,方法上粗枝大叶马马虎虎,好事也能办成坏事。一些人做蠢事,频频出现过失,主要原因就是思想不严谨,律己不严,行为鲁莽,头脑简单化,方法粗放化,难免重复犯错误。

审慎的方法,内涵相当丰富。审视+审察+审验+慎重+慎微+慎独,这六个方法相互渗透,既是相加关系,又可以是相乘关系,有机构成综合效应。干大事解难题,要先进行仔细深入地观察,认真审视验证,搞清事情的前因后果,厘清表象与实质的关系。接下来进入研判确认决断阶段,慎重作出定量或定性的判断,大的方面要有精确把握,细小微妙的情况也要认真对待,慎言慎行,慎之又慎。慎独是自身修养的高级方法,私下独处时,没有监督时,做到不越雷池一步。依据审慎的原则为人处世,过错失误就会少之又少,拙劣愚蠢的事基本不会发生。

在所有谨慎中，用权特别需要倍加谨慎再谨慎，能少用就不多用，绝对不能随意用、任性用。前些年有个说法，有权不用过期作废，在位时一定要把手上的权力"吃干榨净"，肥水不外流。这是极为错误的用权观念，也是十分愚蠢的权力欲望。方法论正确的领导者，大权、中权、小权都不会滥用，也不会揽权、恋权、侵权，而会慎重地分权、授权、督权，用权"慎"字当头，审慎监督权力运行。权力观正确的官员更应该这样做，因为这是正派而高明的工作方法和领导方法。

谨慎不是唯唯诺诺，勇敢不是拍着胸脯咋咋呼呼，有事没事、大事小事都喊打喊杀，天不怕地不怕不是勇敢是鲁莽，那是不知敬畏。勇敢要有强大的内心，有理想有抱负，有信心有决心，还要具备高超的本领和担当的实力，无智无能敢打敢拼的人，不过是蠢汉一条，成事不足，败事有余。正如南宋吕东莱所说："驱山塞海未足为勇，惟敛收不可敛之气，伏槽安流，乃真有力者也。"有雄心壮志敢担当的强者，往往又是谨慎小心的人，平时不显山不露水，关键时刻方显英雄本色。

不卑亢，有卑亢，善卑亢——
难度大，附加值高

不卑不亢中的"卑"，有低下屈服卑微的含义，"亢"指的是头脑发热亢奋激烈，正是基于对这两个字的如此认识，才有不要卑也不要亢的成语。但我还觉得，做人做事在方法上还是要有卑有亢，既善于卑又善于亢，卑亢有度、有节、有力。至此，语义语境就有了变化，有卑善卑的"卑"，蕴藏的是遵从、知敬畏、懂谦卑、不失主见、不失人格的力量；有亢善亢的"亢"，则需腰不弯、头不低，对丑陋邪恶敢于斗争，展现出奋发有为百折不挠的力量。不卑不亢做起来不算太难，有卑有亢及善于卑和亢的难度较大，但附加值也很高。

不卑不亢，就是不低三下四，也不张牙舞爪；有卑有亢，就是有自己坚持的原则和独立性。善于卑亢，即是准确把握卑亢的尺度，卑亢得体，不失人格和身份，把卑亢作为可守可攻的武器。你掌握了卑亢自如的方法，就能够持续充实坚韧力和综合素养，整体提高自己的德才水平。

拥有强大的自信心，是不卑亢、有卑亢、善卑亢的心理基石。某人自信不足时，肯定做不到不卑不亢，有卑有亢就更做不到了，卑与亢的尺度也就把握不准了。增强自信心的方法很多，看重自己的优点，发现自己的长处，不断取得成绩和积累经验，多学习、多思考、多做见效快的事情，都可以使自信心不断增强。

刚才说到的《易经》，谦卦中还有这样两句话："谦尊而光，卑而不可逾。""谦谦君子，卑以自牧也。"从经典回观现实生活，谦与尊与卑是不矛盾的，谦卑的骨子里是不骄躁也不胆怯的自信，这比一般的谦虚还要难得，且更加贵重。"卑以自牧"是一种方法论的要求，就是希望大家用"谦卑"来驾驭自己的性情才华和功绩，把属于自己的那群牛马驴羊牧放好，由此便会达到更高的精神境界。

我的职场感受是，假如遇到对你缺少尊重的人，最好用不卑不亢的方法对待他，这样你的品行就能高出他一筹；假如遇到让你喜不自禁或急不可耐的事情，最好提醒自己务必不骄不躁，不亢奋、不急不狂；假如遇到十分复杂的境况，那就要能屈能伸，有卑有亢，以不同对象、不同情景，确定是启用卑的方法，还是启用亢的方法。宜卑则卑，宜亢则亢，卑的方法不掉价，亢的方法不失据，妥善释放卑亢的应力和张力，就能立于不败之地。

圆方得当，原则性+灵活性，守住底线红线

方法就"外形"来划分，无外乎有这么两大类：一类是圆的，一类是方的，"圆"代表灵活性（弹性），"方"代表原则性（刚性）。就表面来看，这种区分好像有些形而上学的味道，两类形状的分法过于粗糙，但也大概把方法的外貌特征形容出来了。诚然，方法的外形并不重要，重要的是它的内核及机理。

"圆"是方法的"圆"，意味着不会针尖对麦芒，而是最大限度的包容及滋润，但又不是玻璃球的那种溜溜圆。"方"是方法的"方"，亦是方向、方针、方略的"方"，即内在的原则性。涉及价值标准，这个"方"是要坚守的，在原则问题上就要有棱、有角、有风骨。外圆内方，具有方法论的双重意义。首先，内有别于外，外有别于内，历来是方法的基本要领；其次，圆有圆的法度，方有方的规制，则是方法的关键所在。内外有别和方圆得当，是方法论的两大要义，不可不知，不能不用。

坦诚地说，最值得效仿的是方法的"圆"，这种方法之圆，即如鹅卵石的那种千姿百态的圆，经过山石滚落撞击，经过溪水江河翻腾打磨，它们共同的特征是椭圆，既像鸡蛋鸭蛋鹅蛋那样的椭圆，又绝不会长成一个模样。世界上每块鹅卵石都是不同的，任何一块鹅卵石都展示着外圆的特有方法。你细致观察鹅卵石，就会发现它们的外形虽然各异，质地、颜色、花纹亦有区别，但神态相似、相近、相通，这就是外圆的魅力。若着眼于方法论的探索，咱们能从鹅卵石那里得到不少启示呢。

云南昆明市区中心有一座著名的圆通寺，这个庙宇的名字很有哲理——

方法的力量

修养在意的是内外兼修，求的便是内外"圆通"，圆润而融通。就此借题发挥一下，我认为做人、做事、做官，搞油头滑脑那一套是低级庸俗的，但适当提倡圆润融通，确有一定必要性和可行性。内心正念强大，性格稳重宽厚，自身修养畅通、惠通且圆满，不正是大家应有的良好品质吗？

圆有圆的道行，方有方的原则，我们不一定局限在外圆内方的传统模式中，方圆得体、得当、得益才是方法的真谛。必须坚持的原则，那就不管对内对外，都要方方正正，爱憎分明，不妥协，不退让。应该圆润周全处理的事项，就要耐心柔和地协商通融，争取各方的理解支持。但不是被动地把方磨成圆，也不是碰了钉子才去被动地搞圆通，碰了一鼻子灰再回头想圆通，历来效果不佳。日常处事的方法，我主张不斤斤计较那些鸡毛蒜皮的事情，不被眼前的是是非非捆住手脚，多一些圆通就少一些跌打损伤。

原则性与灵活性要在方法平台上结合，坚持基本的原则立场，同时要保持适度而高效的灵活性。原则虽然是刚性的，但又是食人间烟火的，如果忽略了灵活性，一些抽象原则便会影响方法的运用。美国人瑞·达利欧写的《原则》一书，成功之处在于他把原则和方法有机地结合起来了，相信万事总有最好的解决办法。达利欧的观点有趣而实用：管理者要像西餐大厨，不时尝尝汤的味道甜了还是酸了；定期开会，把组织造得像瑞士钟表一样精准，并且要经常与标准时间对照；判断别人可信与否，要看他过去有没有成功经验，看他的说法有没有逻辑。达利欧这些原则，是不是更像是实用的方法呢？

联系国际关系的焦点，我们与美国等大国的外交博弈，原则性和灵活性虽然都不可或缺，但最为重要的是设定什么样的底线——底线又是原则性的低线，灵活性的高线，如何把底线、低线、高线都坚守好了，靠的还是要采取实用的方法。大是大非坚持原则不为撼动，细枝末节体现灵活机动可以适当调整通融。做负责任的大国，不左摇右摆变来变去，不越过原则性的底线和低线，不超过灵活性的高线，牢牢掌控军事国防外交和参与国际事务的主动权。以南海主权争端为例，我国体现了一定的灵活性，采取了求同存异的包容方法，但在根本问题上始终坚持主权在我原则，维护了南海安全稳定。搁置争议，共同开发，不放弃领土主权，这三句话中的不放弃领土主权，就是我们处理南海问题必须坚持的大原则。

原则性有时又是红线，它是最起码的行为准则，逾越了就会付出沉重的代价，所以做任何事情都要明确底线和红线边界，并且要始终坚守。①要清楚哪些事情可以做，哪些事情绝对不能做；②要清楚哪些手段可以用，哪些手段绝对不能用；③要清楚做某件事可能出现的最差结果，你有没有能力承受和化解。关键是要在思想深处划清做人做事的红线，划出是与非、善与恶的分界线。红线的设定就像水利设施的防洪警戒线，水位在多少米之下可以继续蓄水，水位达到多少米要加大防洪措施和力度，水位一旦到了设定的阈值红线，那就必须果断开闸泄洪。

第20章 清单管理法

清单管理作为实用简单而直接的方法，就是把值得重视和需要操作的事项梳理出来，并以具体事项线索为依据，确定和规范关键性行为，求得预期效果。本章围绕清单管理的内涵和外延，对问题清单、任务及措施清单、责任清单梳理运用的方法作一些介绍。

管理的招数：对照清单干工作

清单管理早就是一种常规的管理措施，只是那时还不像如今有这么明晰的清单概念。我二十来岁的时候，在一家工厂的机械加工车间当组长，有幸代理过一段仓库管理员工作。那间仓库不大，库房里的东西可是不少，按类来分有近千类，按件来算有上万件。工友们来领加工所需的材料和工具时，我先要在仓库物品清单中查找，确认仓库里有没有，如果有即按清单上注明的序号，在货架上取下来给工友。清单上注明有，货架上却找不到，那就要及时通知厂供应科采购，还要查找清单与货架"对不上号"的原因。哪位工友领走了物品，也要在清单上一一登记清楚。

清单管理介于规章制度与工作要求之间，或者说它的着力点就是打通规制与要求的隔断，有效解决"规制是规制、要求是要求"两层皮现象。若要再展开来分析，实施清单管理的方法，的确非常有利于提升员工的判断力、执行力和操作能力，使判断有支撑，执行有遵循，操作有依据。

前些年，有位美国医生写了一本《清单革命》的书，他在书中虽然主要是研究医疗事故的规律，而且指涉的多是负面清单的案例，但清单管理方法是相通的，我们可以拿过来参考借鉴，当然不是囫囵吞枣。一些情况下，清单管理几乎等于负面清单管理，如避免交通工具驾驶操作失误的清单，生态环境保护的清单，大都属于负面清单，也可以叫做问题清单。然而，负面清单确有非常积极的正面价值，能够起到"负负得正"的作用。

与负面清单相对应、相联系的，还有正面清单和中性清单，正面清单就是指引鼓励你做的事项，中性清单则是既不正也不负的清单，诸如刚才提到仓库里物品管理清单，还有下面要讲到的任务清单，都属于中性清单。拿着清单干工作，无疑是企业管理和行政管理的可靠方法，其中有任务管理、程序管理、流程管理、质量管理、事项管理等具体要求，实际上又是使工作规范化、条理化、可控化的手段。

问题清单——防止流失，系统梳理，全程管理

（1）问题纳入清单才有使用价值

搞专项工作时，我经常反复强调，问题只有进清单才具备使用价值，发现了问题，却没有及时纳入清单，问题就等于流失了。专项工作小组调阅那么多材料，与上百人个别谈话和多次集体座谈，谈话记录就有十余万字，还

有下沉调研和询问知情人等了解的情况，大家发现了各种各样的问题，其中有价值的问题若是未纳入清单，上述工作就变成了无效劳动。大海捞针（深入调研发现查找的问题），捞上来的"针"放在哪里？只有及时梳理筛选，分门别类，提炼概括，之后把它放在问题清单中，才能保证工作不白干。不然的话，捞上来的"针"就又掉进大海，再想找都找不到——熊瞎子掰玉米，掰一个丢一个，最后是白忙一场。

（2）梳理问题清单的具体做法

梳理问题清单有多种做法，下面以谈话调研发现问题为例，咱们探讨梳理问题清单的几种做法。

A. 明确梳理清单的责任。梳理谈话调研的问题清单，须先明确三个层次的责任。一是记录员要设法记全记准，这是基础性工作，需要有个磨合过程，记录员与主谈人默契配合才行。二是主谈人对谈话的质量负主责，并对记录稿的质量负责，主谈人是梳理问题清单的第一责任人。三是小组长要把梳理问题线索作为重要工作，对拟纳入清单的问题要过筛子，审核把关，避免重复。一个问题多人说，说法一致的，取一种比较可靠的说法；相类似的重要问题说法不一致，可同时纳入清单，但要注意表述的微妙区别。此外，应及时确定哪些问题需要深入了解，由谁去了解，到哪里了解，向谁了解。

B. 划出问题，捕捉猎物，原汁原味。这也是工作和学习中常用的"划重点"做法，在谈话记录上标注出的问题都应有实质内容，可不理睬那些与问题无关的铺垫。缺少经验的人，划重点不得要领，要么划得零零碎碎，要么大片大片地划，划不到点子上。在谈话记录上划出问题，如同捕捉猎物，猎物可能藏在丛林中，只露出一个小尾巴，但"老鼠拖木锨，大头在后面"。划问题就是要抓住狐狸的尾巴，拖出木锨的大头。在这个步骤中，划问题要保证原汁原味，不可随意加工润色，此时还没到提炼概括的步骤，确保问题来源的真实性才是最为重要的。

C. 拎出问题，不偏、不漏、不错。在划重点基础上，一条一条往外拎问题，就像在海上钓鱼那样，小鱼小虾干脆不要，只要经济价值高的大鱼，要肉味鲜美的好鱼。划出来几十个问题，值得拎出来的问题也许就几个。拎问题还要追求纲举目张效果，拎出来一条线，最好是一个纲，由此拉上来一张网。拎出的问题要具体确实，不能太笼统。比如，有一份问题清单上写道：某局"资金安全存在隐患，腐败问题有苗头"，这种表述比较抽象，作为对问题的判断可以，但问题的具体内容要跟上："局里有17人在社会上跑经营，长期不到局里上班，几千万元资金体外循环，缺少监督制约措施。"经过这样梳理概括，问题的性质和表现结合起来说，清单就有了高度，内容也翔实了。梳理清单不能凑数，捡到筐里都是菜，要坚持质量优先，数量服从质量。

D. 提炼问题，标题要力求精确。面对面谈话涉及的问题，通常是若隐若现的，谈话人一般不会说得很直白，有意给咱留下联想推测的空间。可尝试做两级标题的清单，一级标题是问题的大类，二级标题是问题的具体描述，除非复杂重大的问题，一般不用搞到三级标题。主要问题和典型事例必须写实写准，但又不是大段复制粘贴，对问题要进行精炼浓缩，列出清单中问题的出处和支撑材料。这个问题线索是个别谈话了解到的，还是下沉调研了解到的，还是群众来信来访提供的？典型事例是清单的实质部分，有关内容要围绕实质部分设计和展开。

E. 清单与报告对接。梳理问题清单，要有"进报告"意识，将问题写进专题报告是清单管理的重要目的之一。列清单时就要考虑到，这个问题有没有可能写进专题报告？如果没有可能进报告，那就不必纳入清单，放在一边备查即可。这是取舍的具体标准，也是实用标准和结果导向。问题清单中提炼的观点及初步判断不能太抽象，能使用专题报告的语言表述更好，有的问题概述很可能就是报告的小标题，起码是报告中的重要判断。

F. 制作问题底稿。将问题纳入清单，只是实行清单管理的开始，接着还要制作问题底稿——清单要有底稿支撑,不能拿着道听途说的问题往清单里装。底稿的问题数量应当多一些,以便使写进专题报告的问题有选择和能替换,并着眼于"找得到""说得清""查得准"。了解问题时,就要保留有关材料,来源和表现都要一清二楚。清单是底稿的压缩,底稿是清单的扩展,清单质量决定着底稿质量,底稿质量又保证着清单质量。正确做法为边调查研究,边梳理问题清单,边制作问题底稿,趁热打铁不费两遍事。同时还要拿着清单和底稿深入了解核实问题,逐步实化和深化问题,这样清单与底稿的双向效应就会显现出来。

(3) 对问题进行全程清单管理

实施问题清单管理法,反映的是事物发展变化规律,构建的是推进工作的载体平台和相应解决机制。其前提是,潜在问题要转化为显性问题,无序的问题要转化为有条理的问题。对清单中的问题进行全过程管理,便能同步实现这两个转化。固然,清单管理不是一次性的,也不是少数人在小范围掌握的,除高度敏感、保密性强的问题线索外,其他问题的清单都应在工作团队内共享共用,不过也要注意问题清单管理不交叉。清单管理可分批次进行,第一批清单多少有拉大网意思,"有没有枣先打两竿子",后面第二、第三批清单,便会不断深化和聚焦。清单质量由此会一批比一批高,深层次问题不断浮出水面,这时继续梳理出来的问题,就更加有分量和深度了。

任务、责任、措施,一并纳入清单

这类清单应一体化统筹考虑,不能把清单搞得过多过散,有些机关单位一项工作搞五六个、七八个清单,看似非常重视清单管理,实际是在搞形式主义。推进工作过程中,任务、责任与措施三大要素无法分开,而是互有制约和回路互通的，明确了任务，紧接着就要明确主体责任分工，明确应采取的措施，责任和措施反过来保障任务的完成。

（1）所列事项条理清晰——任务具体化

清单中应设定务必关注和如期完成的具体事项，即任务的具体化。如何完成任务，怎样推进相关工作，还要细化责任和措施，条理越清晰越好，操作性越强越好。有些时候，任务、责任和措施清单是由问题清单引发的应对事项，这就要从问题出发，锁定工作任务，落实相关责任，采取相应措施。在清单框架内，要把具体任务一项一项列出来，据此明确完成任务的各方责任，有针对性地列出各项措施，把任务、责任、措施逐项逐条写清楚。

（2）任务、责任及措施紧密对接——要素一体化

在任务、责任、措施三大要素中，责任居于中间位置，具有"一根扁担挑两头"的作用，所以这类清单管理要抓中间带两头。①责任主体要毫不含糊把任务承担下来，任务与责任紧密挂钩，不然就会被虚置，很可能落实不下去。②措施的落实，也要落到责任主体头上，责任项与措施项要契合，措施由谁来实施，怎样加以实施操作？在清单中不能含糊。③一些重要任务、责任及措施清单，还要附加监督检查验收项，形成确保任务落实的责任闭环，防止"自己的刀削不了自己的把"的弊端出现。

（3）明确关键内容和关键步骤——切中问题要害

坚持简要、高效、可操作原则，对清单内容进行精心设计筛选提炼。糟糕的清单，任务不细，分工不明，责任不清，空洞冗长，不便执行，很可能误导决策者和执行者。高质量的清单都是切中要害的，其中规定的都是实质性内容和要求，操作起来一环紧扣一环，重点非常突出，措施非常有力。清单不能搞成豆腐账，把所有细节都写进去，而是要把关键内容和关键步骤突出出来。比如，防范金融风险，持牌经营是前提，严格监管是关键，负面清单是基石。奠定了负面清单这块基石，防范金融风险就有了实在的抓手。

对任务实施清单管理的一个看得见的好处是,能够及时发现执行中存在的显性问题。在你一周的任务清单中,几乎都被各种会议占领了,没有现场调研的任务,没有沟通协调的任务,也没有对外联系的任务。这种任务雷同趋同现象,清单会如实记录下来,明晃晃地摆在那里提醒你要补任务的短板。下一周,安排任务清单时,便要设法压缩会议任务,尽可能安排现场调研任务,给沟通协调和对外联系挤出时间。也就是说,工作任务不能过于单一,只是开会发文件不行,只是埋头写写算算也不行,还要在清单中增加其他方面的工作内容,通过不同渠道和手段扎实推进工作。

防止任务雷同趋同,我有一个小小的窍门可供大家借鉴。在清单的任务项中,可用不同颜色的笔标注,会议用黄色,调研用棕色,协调沟通用蓝色,对外联络用绿色。假如发现清单上的任务项连续两三周都是一片黄,不见棕色、蓝色、绿色,这就是"黄色预警",就要对近期任务清单作出大的调整。

清楚明晰,简便实用,不搞大而全

工作中有各类清单,对于它们管理的总要求是,既要清楚明晰,一目了然,不能含糊不清;又要简便实用,不零散烦琐,不复杂化,简单实用。清单不能过长,不过于追求全面,问题大的分项最好控制在五至九项之间,字数最好控制千字以内,三五百字为佳。切不可把清单当文件写、当文章做,提要概述要精道,抽象论述越少越好。用语要精炼,用词要精确,每一项都得简明扼要。清单列出的问题,明确的任务、责任、措施等事项,"天网恢恢疏而不漏",分工细而不繁,配合协作不留死角,构成确保任务实施到位的责任链和措施链。

强调清单的可操作是对的,但不能把清单搞成无所不包的"操作手册"。

清单有提醒备忘的功能，又不能把清单当成"提示语"或"备忘录"，仅停留在提醒备忘层面，忽视针对性和实操性。清单若有特殊需求，条目可适当多一些，同时要防止庞杂散乱。我曾经搞过一份问题清单，共梳理了300多个问题，后来经过合并同类项，剔除价值不高的问题，将这份问题清单减至56个问题，归纳为7类，最后写进专题报告的问题精简为23个，归纳为4类。

大家一方面要养成按照清单做事的习惯，另一方面要防止清单蜕变为固定不变的教条，应当根据情况变化及时改进完善清单，动态修订和更新清单。此外，还要避免清单的泛化滥用，碎片化的清单、重叠的清单、大而不当的清单，都是对清单管理法的误用，若出现这种情况，就要对清单及时进行浓缩压减，尽快回到清单管理的初衷。

第 21 章 怎样识人、选人、用人

人心隔肚皮，识人的确不容易，选人用人更不是好干的活，但咱可以从容易识别的角度入手，依次深入下去。列宁说过："要把说空话的人和办实事的人区分开来。"相对比较，这一点是易识别的。循着列宁的思路，我先给大家推荐一个具体方法：工作和生活中接触某个人，先要听他说的话是否真实，再看他做事是否扎实，然后看他为人处世是否诚实稳重，有没有虚假伪饰的行为，进而深入观察他的思想是否端正，意志品质是否坚定，德才是否匹配，识人选人用人的方法就寓于这些是否之中。

识人：客观/准确/全面

一旦识人不准，那些精于做表面文章、溜须拍马的"优等生"就会被赏识。信任提拔了品质差的人，必然会冷落排斥素质高、能力强的人，这对一个地方、一个单位、一个群体是最大的伤害。识人要准是正确选人用人的前提，客观准确全面识别人，要有科学公正的评价方法。

客观——不要戴有色眼镜看人，跳出自己狭隘的主观感受，坚持客观性，保证公正性。

识人要尽可能排除主观色彩，他对你有好处，你对他有好感，识别人的客观性就会退避三舍。人与人的关系，难免会涉及利益，如果有人要利用你，那就会对客观识人产生干扰。某人围着你转来转去，专门设法投你所好，你身上哪里痒痒他都会知道。出现了这种情况，识人的客观性就会大打折扣，你怎么看他都顺眼舒服，对他的缺点不足却看不到，听见了也不相信。克服这个弊端，就得摘下有色眼镜，不但自己要客观地看，还要听一听身边人怎么看，从不同渠道、不同视角观察人，就能作出较为客观公正的评价。

准确——看人品人格，看思想本质，看关键时刻的表现。

看人看走了眼，重要原因之一是只看到某人的外在表象，看不到他的内在品质。人是有多面性的，某些人不一定是有意伪装，而是由他们的人品人格所决定的本能。他多才多艺，他善解人意，他忙忙碌碌，他信誓旦旦，这些现象不能表明他的人品就正，人格就好，思想品质就优良。他在特殊时期和特殊时点的表现，却能让你把这个人看准。关系到切身利益时，他是谦让还是不择手段去争？关系到重要责任担当时，他是变着法地推卸，还是敢于承担？再具体一点，关系到单位主要领导变动时，他是改换门庭还是一如既往？关系到个人升迁时，他是理性对待还是要死要活？在这些情况下，基本能看透他的人品人格的档次，看透他的格局大小和境界高低，由此就能对他的思想品质作出准确判断。

全面——那就是看成绩也看失误，看怎么说的，又看怎么做的。

找对象、处朋友、做生意，需要全面识别对方；与人交往，识人、选人、用人，更要全面评价对方。全面不是求全责备，而是要看他的正面，看他的侧面和背面，看他的立体面，并且要有一定纵深度。我有时识人就不太全面，通常情况下容易把他的优点和成绩估计过高，对其弱点和失误有意无意忽略，等他把一项重要事情办砸了，才发现这个人的弱点是致命的。但在个别情况下，我又容易放大某人的失误，从反感一件事，到反感一个人，结果是以偏概全。在这两个方面，我都有些教训的。

至关重要的是，识人不能只看他怎么说，还要看他怎么做，尤其要看他做的效果如何。想的和说的不一样，说的和做的不一样，领导在和领导不在不一样，人前人后不一样。对这种人可不能信任，可不能把他放在重要岗位上啊。

在平日里对人进行真诚度观察

我搞过多年干部工作，与人接触和打交道时，会注意观察他的言行举止是不是真诚。有时看的是某个微小细节，说话的神态是自然还是做作，做事是认真还是浮躁，以此来辨别这个人的底色和纯度。真诚最重要的是对党和人民事业的真诚，又具体表现为对某个人、对某件事的真诚态度。对平时工作没有真诚，接人待物虚于周旋应付，其他方面的"真"或"诚"也就不可信了。

一个人内在品质忠诚不忠诚，平常不易看得清，但外在的真诚不真诚从他的眼神中就能看出个大概。目光躲闪，眼神飘忽，对这种人你就要提高警惕性了。当某人神经兮兮和你说事时，他表达的什么内容并不是很重要，重要的是你要注意观察他的眼神，他即便是搬弄是非的老油条，十有八九也会在眼神中露出蛛丝马迹。如果他的眼神游移不定，他说的事情可能是真实的，但其目的很可能不纯正。

待人不真，何以为人？工作敷衍，何以做事？职位再重要，责任再重大，都不要伪装自己，装成脱离凡界的正人君子，装成高不可攀的大人物。用难听的话形容,最终他装不成"老大",结果会装成令人讨厌的"犊子",装来装去早晚有露馅的那一天——装,特别能装会装,这是极坏的品质和风格,对整天都在装的人,离他越远越好,坚决不选他不用他。

注重思想政治品德和胜任素质

识人、选人、用人有许多标准,思想政治品德要放在各种标准的第一位,这个根本标准不合格,其他条件再好也不能信任,不能重用。在人的各种质地中,德不能缺位,德才要配位,考察人和选用人要坚持四个看重。一要看重思想品德。考察他的三观,世界观和人生观不太好考察,但价值观是比较好考察的,价值观不纯的人,思想品德肯定不纯。二要看重政治品德。考察他的理想信念正确不正确,坚定不坚定。看风使舵,投机取巧,官迷心窍,有奶就是娘的人,政治上百分之百是肮脏的。三要看重职业品德。有些人动不动就跳槽,看似经历很丰富,但职业操守差,不以事业为重,只为私利和个人晋升打小算盘,这种人的思想品德和政治品德也是有问题的。四要看重做人品德。有的人能力可能不太强,但做人的品德过硬,不会拉扯攀附,做事扎实肯卖力。对这种人可以用心培养,多给他们锻炼成长的机会,适当压给一些重担挑。

考察人和选用人,还要注重胜任素质,考准考实他与所承担的职责或任务相配套的基本能力。胜任素质主要有两个方面:一是专业方面的胜任素质,二是综合方面的胜任素质。两个方面的胜任素质,得结合起来考察评价。

专业的胜任素质,不是凭空而来的,得有必要的经历经验积累,与之相关的专业背景也不可忽视,他学过什么、做过什么、擅长什么,都应有具体的了解和考虑。同时,这个人的职业特长或弱点、能力特长或短板,也要充分顾及到。让他承担这项任务能否胜任？安排他到这个岗位工作是否合适？准确回答了这些问题，就大致能把合适的人用到合适的岗位上。

综合素质的胜任力，不像专业素质胜任力那样直接起作用，但也是需要重视和关注的。专业单一，知识面过窄，综合协调能力弱的人，其局限性就会比较大，重用这类人可要多加小心，以防"一专遮百丑"的问题发生。我们对干部（员工）作出准确的品德和胜任力识别判断，目的无非是要做到德配于位，位配于德，德才兼备，才位相适，围绕这些目标考察大体上就能看准人、选好人、用对人。

谨防偏听偏信

在识人、选人、用人过程中，由于偏听偏信造成误判误选的可能性极大，以致把品质低劣的人用了起来。有些权力大、职务高的人，往往会把自己封闭在特定的圈子里，听信传言而看错人、用错人。有一位姓H的官员，他的业务素质和工作能力比较强，但就是时常犯偏听偏信的错误，H官员选的人用的人，大多不太靠谱。有员工说他用的人谁都看不懂，不知道他为什么用一些不着调的人，用一些口碑不好的人。其实，咱们认真看也能看出点门道来，那就是H官员被身边的小人围上了，偏听偏信致使他在选人用人问题上屡屡出错，屡屡被利用。

不偏听，不偏信，把人识准、选准、用好，根本办法是充分发扬民主，广泛听取各方面意见，健全科学的绩效评估和考核考察机制，加大干部人事制度改革力度，提高对干部（员工）的精准识别力和判断力。领导干部要严防被别有用心的人围猎，对经常围着你转的人，给你吹耳边风的人，时不时向你推荐干部的人，还是要多问几个为什么。而且，尤其不要陷入某个小圈子中，不要被老乡圈、同学圈的栅栏挡住识人、选人、用人的视线。要清醒地认识到，如果咱具有一定的选人、用人权力，包括弹性较大的话语权、建议权、选择权，咱的身边就不会缺少奸诈的投机钻营者，不会缺少枪法精准的围猎者，所以要小心，可不能粗心大意啊！

用人所长，避人所短

总体而言，识人、选人、用人应当看人的优点长处，用其所长，发挥其优势，不求全责备，发现和激活积极因素，对人的理想主义要不得。曾国藩是识人、选人、用人的高手，他说："应事接物，须从人情物中之极粗极浅处着眼，莫从深处细处看。""不可眼光太高，动辄无人可用。""人才有转移之道，有培养之力，有考察之法。"的确如此，用人不可把标准定得过高，应把识人所长、用人所长作为着力点，这是要注意的一个方面（但对重要岗位人选，还是要看到他的深处和细处，一般岗位人选只着眼他的"极粗极浅处"是可以的）。同时，还要识人所短和避人所短，选人用人要看到他的软肋，看到他的致命缺点，避免未用其长而用了其短，这也是需要特别注意的另一方面。在团队中，要把每个人的长项发挥到最大限度，把每个人的短处控制在一定范围内，选人、用人要的就是这种综合效应。

识别人评价人，不可只关注他的闪光点，不能对阴暗面和污垢点缺少敏感性和辨识力。不仅要看他的一时一事，还要了解他的出身和经历，某时某事的辉煌不可抹杀，长期持久的表现也要看得通透。人不可能全是优点，也不可能一无是处。识人的关键，就是要采取实用可靠的方法，了解考察对象最大优点是什么，最短的短板在哪里，他的主流决定着什么，支流制约影响着什么。这个人好，但不十全十美，要看到他"全"和"美"的所占比重以及局限性。那个人差,但也不会一无是处,要看到他特有的长项,力求避短扬长。任何人都有可取之处,任何人都有不足或失误,考察人的优缺点和长短处,切忌带着成见偏见,把小缺点当成大问题;也不能仅凭自己的喜好,凭着该人对自己的恭敬顺从态度,与自己走得近就什么都好,把可怕的缺点看成了优点。

固然,人的优点和缺点并非孤立存在,大多数人的优点和缺点均有特定联系。有主见的人,一般都比较主观自负,喜欢自行其是;小心翼翼的人,一般都比较胆小怕事,显得魄力不足。把优点发挥过度了,把长处整异化了,就蜕变成了它的反面——深层次的缺点,甚至变成了能把其他优点抵消了的决定性缺点。不能期望一个人完美无瑕,也不能期望一个人完全彻底改掉他的缺点,只能力求他有自知之明,不把自己的致命缺点当成优点来坚持,帮助他把缺点的危害限制在最低程度也就不错了。

第22章 远小人，不树敌，守拙藏锋

咋听起来，远小人，不树敌的这种提法，似乎是对小人的态度有些无可奈何，不得不容，不得不忍。对待令人无奈的事情，持息事宁人、容忍让步的态度，是方法的无为而治，亦是境界的潇洒超脱——对没什么好办法解决的坏问题，兼容忍让和回避远离是务实的办法。与之相关的，守拙是一种好的笨办法，藏锋是一种好的巧办法，妥协是一种没办法的好办法。这些虽然都算不上是最佳的方法，但却是管用的真招实招。对待小人，宁守不攻，收锋藏锋，采取远、躲或软、圆的办法，不树敌不为敌，最好使小人转变为无害的正常人。这也是守拙的精髓所在——咱的本性就有些拙，不想守这个拙恐怕也不成嘛。

人群中确有君子与小人之分

中国传统文化，总是把好人与坏人用"君子"和"小人"这两个称呼区别开来。君子是光明正大的好人，代表着优良道德和社会正义。小人是指心怀鬼胎，没有道德约束，阴险狡猾，行为不轨，干坏事不择手段的人，他为了达到不可告人的目的，会用各种各样损人利己的阴招（但咱也要意识到，好人与坏人、君子与小人也是相对存在着的，相互也可以转化）。

"君子坦荡荡，小人长戚戚"，这是两类不同性质人物特有的鲜明特征。诚然，小人的存在方式又是有差异的，大体可以分为三种。第一种是恶贯满盈的小人。他的脑袋上贴着恶、坏、邪、狠的标签，听其言观其行，就能知道这个人不是好人。第二种是两副面孔的小人。对领导或有用的人一副面孔，对下属或无用的人又是一副面孔。有事求你帮忙时是一副面孔，翻脸不认人又是一副面孔。此种小人也不太难识别，经过一两件变脸翻脸的事，你就会看透他。第三种是隐藏很深的小人。这种小人一出家门就戴上面具，把自己伪装得道貌岸然，能获得不少人的好评和信任，但他的内在本质极坏，对利益相关者杀伤力极强——"笑面虎"就是他的典型脸谱。识别这种小人的难度大，但也不是没有一点办法。比如，这种小人会给你一些好处，表演他的"好心"和"善意"，对此你就要多画几个问号："他为什么无缘无故给我一些小恩小惠？他为什么跟我说一些拉拉扯扯的话？"如果答案是莫名其妙的，那你就要对他多加小心了。

小人的数量虽然不大，但在任何地方和单位，形形色色的小人都未绝迹过。有些人也不是特别小的小人，但他们的功利心和排他性强，个人主义思想重，争名夺利和搬弄是非是他们常干的事儿。这些人处于小人的边缘，时好时坏，可好可坏，若和他们的关系分寸把握得当，就不会受到伤害，如果关系弄僵了，小人效应就会波及于你。对这类小人，别指望与他们的关系搞得多融洽，还是井水不犯河水为好，各做各的事，各走各的路吧。

有了较远的距离，才不至于被伤害

说句实在话，我非常惧怕小人，对小人总是心有余悸，遇到小人有时会

第22章 远小人，不树敌，守拙藏锋

"望人而逃"。我承认自己在手段上，根本不是小人的对手，人家是刀枪棍棒全副武装，我是赤手空拳只能是水来土掩。面对着小人，我从来都是惹不起只好离他远点，离他远得看不见才好。因为我不止一次吃过小人的亏，一朝被蛇咬，十年怕井绳。"近君子"我的身心会怡然愉悦，能走多近就走多近；"远小人"却是不得不为之的事情，距离远才能免于受伤害。老实正派的人都会近君子与君子为师为友，都会远小人不与小人纠缠纠结，不和小人论是非比高低。

远小人的方法，有疏而远之、让而远之、避而远之、躲而远之、隔而远之、逃而远之等。概括地说也就是两句话：一句话是"一定要远离小人，离得越远越好"；另一句话是"不能和小人斗，君子斗不过小人"。对此，《官箴》提醒的在理而且很具体："当官既自廉洁，又须关防小人。如文字、厉、引之类，皆须明白，以防中伤。"除了自己能保持廉洁，还要多方面防范小人，像设军事关防那样，防得严格，防得细致。诸如办理公文、发放税赋的凭证、过往驿站的通行证，都要清楚明白，以防在这些事情上疏忽，使自己受到小人的中伤。

对那些有小人倾向的人，咱还要尽最大可能少招惹他们，少和他们联系，少和他们发生纠葛矛盾，这样才能少是非、少烦恼、少被伤害。不是坚持重大原则的特别需要，就应当避免和小人争斗，不与小人积怨结仇。如果你是朴实厚道的人，不是心狠手辣的人，那就得承认自己不是小人的对手，只能甘拜下风，见到小人马上绕着走。在勾心斗角的复杂环境中，与小人不斗、不争，是大智慧和大格局的表现。

弱弱地补充一句，咱对小人设防可不能大张旗鼓，而是外松内紧，拉起无形的内心防线，能远则不近，有卑而不卑，有亢而不亢。如果和小人在一个办公室工作，就要在坚持原则和保持独立人格前提下，能应付他就即时应付，能让他忽略咱更好。有了矛盾也不要露声色，使出浑身解数化敌为友，

千方百计化消极因素为积极因素。不这样做，咱那还能咋办呢？大概是没有其他什么法子。

调和化解矛盾，把敌人搞得少少的

现实中，我们虽然疾恶如仇，有顽强的斗争精神，但眼前若半个敌人都没有，便是最好的处境；如果我们内心没有任何敌人的踪影，这就是最佳的心境。因此，大家遇到不顺利、不愉快的事情，切不可陷入假想敌误区，不要把竞争伙伴设定为不可调和的对手，更不能把有些别扭的同事当成势不两立的对立面。事实上，假想敌思维和对立面做法，时常是由针头线脑的小事、琐事引发的，由认知误判到态度误导，由态度误导到方法偏颇，久而久之便固化成了树敌偏好。

据说，延安时期毛泽东曾就关于什么是政治说道："没这么复杂嘛，政治就是要把支持我们的人搞得多多的，把反对我们的人搞得少少的哟！"这句大实话，点破了政治的实质，把敌友关系转化的可能和极端必要性讲得豁然开朗。

咱要相信，没有永久的绝对不变的敌人，绝大多数矛盾都可以调和化解，利害关系能够转化为互利关系，某些敌人如果不是假设出来的，那就是矛盾未能及时处理好争斗出来的。许多情况下，人与人之间的矛盾得到了调和化解，敌人真的就不存在了，原来谁是小人谁是恶人也就不重要了。使对立面得以转化的方法十分宝贵，运用好了即可化干戈为玉帛，变负能量为正能量。

守拙是朴实耐用靠得住的方法

老子曰:"大直若曲,大巧若拙。"显摆是小聪明,守拙是大方略。世事洞明,要善于在洞明中守拙。大智若愚,要善于在聪慧中若愚用拙。《棋经》说:"夫围棋之品有九:一曰入神,二曰坐照……七曰斗力,八曰若愚,九曰守拙。"在围棋的布局及走法上,若愚是指布局厚重,棋力扎实,不落俗套;守拙是指棋风稳健,不咄咄逼人,也不露怯、不露半点破绽,使对手心里没底,束手无策,难有作为。现实生活中的守拙,就是大度豁达,逆来顺受,不计得失,不急不躁,时机未成熟,不轻举妄动,最大限度忍耐,心平气和等待,默默地积蓄资源和力量。

拙应当是一种本色,这种本色意味着不投机取巧和讨巧弄巧。如果你先天不具备拙的本事,那就要训练自己的守拙之法,后天练就的拙也是管用的。防小人不树敌,应保持示弱守拙之势态,若非十分必要,绝不采取攻势。对于那些心术不良的小人,以守为攻,步步为营,以退为进,以拙制胜。守拙实际是谦虚的反讽,甚至可以转化为以守为攻的利器,用这一利器对付小人,或许可以收到奇效。

在方法上守拙,比讨巧弄巧好无数倍,凡事都想用巧劲走捷径,很可能走进死胡同;凡事都要在人之上压人一级,便会把自己弄得四面楚歌。我使用的方法,大多数是愚公移山、精卫填海、笨鸟先飞的方法,较少是灵机一动、超群过人、点石成金的方法。方法需要下笨功夫,用实功夫,积累持久的功夫,投机取巧的方法绝不是什么好东西,不能学、不能用,但要能够辨别它、战胜它。多铢而积,寸而累,集腋成裘,厚积薄发,把根基扎牢靠,把冷板凳坐热乎,是正当可靠的好方法。

| 方法的力量 |

有些人表面上聪明绝顶,却不过是花拳绣腿,平时不堪大用,乱时不堪一击。真正方法精深老到的人,都是厚道、质朴、醇厚的,才智高、办法多而又显得语言的讷和方法的拙,谁要是把这种人视为木讷愚笨,那就大错特错了。

个别人有智慧不是太大,有技巧不是太多,却非常喜欢竭力施展一些浅智商和小技巧,有点"好评"就能让他兴奋异常,虚荣在他那里总会有倍增效应。小事上精明过度,大事上欠缺深认知和真功夫,小动作能搞出花样来,遇到敏感复杂的问题就懵圈了。他们根本不懂得,大智的最佳状态是若愚,大巧的最佳状态是若拙。无理争三分是假聪明、真愚蠢,有能力、有灵性不能成为骄傲的资本,有理也要主动让三分是厚道之法。大智若愚和大巧若拙,不是伪智装愚、掩巧弄拙,这个若愚和这个若拙,是智慧成熟到较高水平后,跳出了小聪明范畴,进入了大智慧境界的内功修为。

藏锋/露锋——不仅是书法之法

方法的选择与运用,我们可以学一学书法的藏锋——落笔时藏锋,运笔时藏锋,收笔时特别要藏锋,但也不是丝毫不露锋,而是需要露锋时露得顺其自然。除非你实在是一个藏不住的天才,否则那就要多藏锋、少露锋或不露锋。藏与露要因"法"而异而用,书法大家并非一味藏锋,必要时他们也会露锋,应该露锋而不欣然露出也不对。王羲之的行草多是露锋,于右任的笔法入纸点多为藏锋,他们的书法韵味各有千秋。一般人学不来王羲之,那就老老实实学好于右任也相当不错。

起笔时露锋,往往以侧锋为主,灵活而飘逸,看着挺舒服。露锋可露得自然舒适,亦可畅快淋漓,小露露得恰似"小荷才露尖尖角",大露露得势如"倒悬利剑寒光闪"。人的成长及成熟，有时是逆锋起步，有时是顺锋起步、侧锋起步、回锋起步。出锋也是露锋，常在点画提笔收笔之处，顺着行笔的方向收笔。比如，悬针提笔出锋，撇和捺收笔，也可以提笔回锋，把漂亮的锋露得洒脱。

藏锋就是要收敛锋芒，锋芒越裸露、越尖锐、越易脆裂崩断，把锋藏好会显得稳重有分量。用太露的锋芒推动难点工作或协调复杂关系，十次会有八九次受挫，其余的一两次即便达到了目的，也会留下隐患。不分时间场合，不分问题性质，总是显出锋芒强势，让人反感、嫉妒、怨恨，被人非议诟病是必然的。这种裸露的锋芒，开始刺伤的是别人，反弹回来就会刺伤自己。

有些人对出风头的事情过于上心，越是能突出自己的事情越来劲，若让他扎实干点基础性工作，却没了主意和本事。每个人都希望自己的才华得到同事、特别是得到领导和组织的认可，都希望自己晋升的步伐快一些，职级高一些。相对正常的情况下，才华与晋升有直接关系，才华显露得越充分，晋升的机会越多。然而，才华的露锋，应当是淡然顺然的，前提是你拥有足以展示的才华，拥有足以显露才华的舞台。这两个方面的前提，都是要靠自己的不懈努力，持续积累下来，踏实争取而得到。

有些才华要在关键时候启用，无须在平时招摇过市。培根说得好："炫耀于外表的才干徒然令人赞美，而深藏未露的才干能带来幸运。"从方法论角度概言之，你才华本领出众，你能力实力超群，那仍然是小露、中露偶尔露，比大露、尽露经常露好，少露比全露好，收藏内敛比张扬外显好。

我的看法是，藏锋与守拙相辅相成，并且宜以藏锋的姿态去守拙，用守拙来表明你并非精明过人，你是可以友好相处、合作共事的。藏锋的藏，守拙的守，应该是真心和本色使然，如果刻意去藏去守，会让人家觉得不真实、不真诚，因而加以防备。不管什么情境，都设法隐藏自己的真面目、真想法、真性情，也不是藏锋守拙题中应有之义。

第23章 麦肯锡方法的七个要领

《麦肯锡方法》是一本畅销书,内容主要是介绍美国某些咨询公司常用的方法,机械地移植到中国来可能会些有水土不服之弊,但其中确有一些值得借鉴的方法要领。在这一章里,我会对麦肯锡的方法作些借题发挥,时不时会把自己的心得体会糅入其中。

不畏惧事实,与事实为友

麦肯锡方法有三大理念,第一个理念就是以事实为基础,认为没有事实的有力支撑,其他方法理念都落不了地。事实是砖,工作是由砖铺成的路,无论何种工作都要以收集事实起步,开始阶段未能把事实搞清楚,随后的工作就可能误入歧途,判断、决策、方案和措施就有走偏方向的危险。个人也好,团队也好,开展工作的首要任务是马不停蹄收集必要的事实,并且还要经过相应的分析综合。不积极主动搞清事实是懒汉,不敢正视事实、畏惧事实是懦夫。隐瞒事实是导致失败的最大风险,真相早晚要暴露,所以必须尽最大可能去探求事实,以事实为基础开展工作。领导和普通员工,都要养成搞清事实的勇气和执著，树立以事实为友，远离虚假的意识，学会发现事实真相的方法，不被表面现象所迷惑。"不要将事实捣碎硬塞进你的结构框架"，"必须时刻准备接受证明你错误的事实"，舍得在事实上花力气动真格。

相互独立，完全穷尽

据说这是所有麦肯锡校友印象最为深刻的解决问题方法，其要点是解决问题的思路必须在保持其完整性的同时避免混淆和重叠，不漏不重，不偏不倚，起草的文件、演示的文稿、发出的电子邮件，都要符合这一要求，不能有半点投机取巧。他们的具体方法是，在不影响完整性的前提下，把大的复杂问题拆分为小的容易解决的子问题，重点是要列出问题的构成清单。高质量的问题清单，一级标题数量不能少于两个，也不宜多于六七个，当然这不是绝对的（关于对问题进行清单管理，我在第 20 章有过较为详细的介绍）。列出清单后，就得直奔问题的解决方案，按照一定逻辑架构整理事实，从中找到关键驱动因素，提出解决问题的可行性建议。

层级管理指挥链和激进策略

这个方法要领，主要是针对官僚机器来说的。官僚主义的层级管理效率低、耽误事、要不得，严重的能把人急死，对工作造成重大损失。工作中要杜绝官僚思维和作风，力求取消那些不必要的等级，至少要淡化和精简等级。但这不是不要层级，而是要优化和强化层级管理方法，建立完善层级管理指挥链。一般而言，指挥链越直接、越短越好，尽可能减少中间环节。一方面要落实层级责任制，另一方面要尽可能实行扁平化管理，指挥链要贯穿到底，指挥者要直接履行职责。工作要稳步推进，不能盲目冒进，但要有激情，要有业绩激励，执行某些任务可适当采取激进策略，开足马力往前推进，鼓励员工"如果你很想做某件事，就尽力去做，直到有人阻止你"。这就是要使大家围绕既定目标，主动大胆开拓进取，发挥积极性和创造性，不要怕走在队伍的前列，不要怕提前完成任务，有条件激进的工作任务就是要高歌猛进。至于是不是超前了，是不是操之过急了，这些担心就由层级管理的上一级考虑啦。

让信息流动起来，不断保值增值

工作运行的成效如何，有赖于信息的及时沟通和共享，麦肯锡方法把信息比作汽车引擎的汽油，没有汽油汽车就会熄火。在特定范围内，每个员工都要处于"消息圈内"，不然会产生疏离感，引发信息不对称的麻烦。确认有效信息的标准是简洁、全面和系统，简洁为首要标准，流动起来是必备条件，"把你的信息缩减到受众需要知道的三四点。有必要的话，把这些都写在纸上"。信息沟通的具体方法有三种：一是个别交谈。这种沟通的信息质量最高，但效率会受到一些影响。二是会议交流。让有价值的信息充分流动起来，如果不涉及保密问题，会议沟通信息的范围大一些为好。三是通过文字材料、电子邮件、电话、微信、图片、视频等形式进行信息沟通。这种多管齐下的方法实效性最强，沟通的成本也最低。当然也不要局限于这三种方法，只要有利于信息沟通和分享的方法，都可无限制采用，使信息在流动中得到高效利用。

简单为上，不做重复（无效）劳动，用图表说话

有专家提出一条关于计算的平方律：……如果问题的复杂度变为原来的 2 倍，解决这个问题需要的时间就会变为原来的 4 倍——除非你作出简化处理。麦肯锡的大部分方法，都程度不同地遵循着简单为上的原则，他们的"电梯法则"就要求在电梯里用 30 秒时间，向服务对象把解决问题方案解释清楚。不要浪费时间做别人已经做好的事，打个电话就能了解清楚的事情，就不必召开会议、发文件部署安排。简单为上的方法，致力于杜绝多余动作和重复（无效）劳动，综合运用已有成果，积极借鉴已有经验，节省时间和精力，不搞多头管理，简单事情一定要简单做，复杂事情也要争取做得简约简便。防止"烧干大海"的蠢办法，工作头绪虽然纷繁复杂，也不要四面出击，用 80% 的精力做好 20% 的重要工作。用图表说话，最能体现简单为上方法的要求，图表越简洁越容易理解，传递信息的着力点不在于量大，而在于图表的质高义深。立足于一张图表说明一件事情，媒介形式不能压过重要内容的表达，简单为上也是内容为上。一个好的小标题，表达的就是一个重要判断或意见，图表中的文字应高度概括，列举的数据应准确而权威。图表通常用普通的单色印刷，除非十分有必要，基本不用三维制图。所列的图表，应以简明朴实清晰的方式传递信息，不可弄得花枝招展的，看了让人眼花缭乱哦。

麦肯锡式访谈技巧

访谈是调查研究的一种方法，比开座谈会的方法更专一和专注一些。麦

肯锡式访谈，突出了这种方法的针对性和技巧性。首先，要设计一份高质量的访谈提纲，明确你需要知道所问的问题是什么，明确你真正需要获得的是什么。访谈的目的要在提纲中变成可询问可互动的事项，尽可能细一些，抽象问题要拆分为具体问题。其次，要掌握访谈对象的大致情况，包括他的学习经历和职业经历及职务责任，他应该熟悉的又是你想了解到的情况。第三，访谈时一般要从平和浅显的问题聊起，易于接受，便于回答，不宜一下子扎进敏感领域。提出的问题要有质量，菜鸟类问题一个也不要提，如果在提问时露出菜鸟的迹象，你的访谈也就只能很"菜"了。第四，一次访谈不宜提太多问题，要有搞透问题的耐心。一个重要问题未能得到有效回答，又跳到另一个问题，这就可能把访谈搞夹生。访谈是在会议室，还是在办公室，或是在谈话室？是坐在软沙发上，还是坐在硬椅子上？是面对面，还是并排坐？这些细节都要考虑到。郑重严肃的访谈，最好在谈话室，访谈双方都要端正地坐在椅子上，手不一定握，茶不一定端。随机轻松的访谈，可以在办公室或会议室，坐在哪里、怎么坐不重要，重要的是拉近与访谈者的距离，消除访谈对象的隔阂心理，可握手也可拍肩膀，彼此形成信任，营造和谐气氛。主动引导和适当互动是访谈的两大要素，对需要回答的问题要循循善诱，保证所谈内容不离主题，不断增强访谈的实度深度。通过真诚的交流探讨和认真的记录，以及必要的肢体语言，让被访谈者知道你对他说的事情感兴趣。如果你需要知道某个深层次问题的答案，或者需要核实某个重要数据，可尝试在访谈即将结束，访谈对象正要起身离开时，便不失时机加问一句："不好意思，刚才我有个问题忘问了。"这就是所谓"哥伦波策略"，有时会使访谈的结尾得到惊人收获。

把头脑风暴刮起来

许多培训项目都会大力推介头脑风暴，把它说得天花乱坠，可是实际使用起来，却成了空谈闲扯，搞成一锅粥。麦肯锡方法强调，头脑风暴中最重要的原则就是你不能在真空中完成它，不要指望人们一踏进会议室就高招频出。成功的头脑风暴，需要事先做好很多务实的准备工作，相关功课要提前做得精深。大量收集研读分析基础数据文件，重要概念和情况在会前就要了然于胸，发现问题关键点，作出归纳摘要，以便在生成观点时有可靠的基础数据。头脑风暴如何刮起来？怎样才能刮得硕果累累？麦肯锡办法给出两点建议：一是"自己熟悉问题和数据的梗概，不要在讨论开始之前形成观点"；二是"要从假设开始，否则，你将浪费很多时间在四处寻找观点上"。这两点建议都有指导性，大家要从实际出发，不必刻意在是讨论已经"形成的观点"，还是用多少时间去"寻找观点"这两个建议中二选一。头脑风暴研究探讨问题的方式，应根据深化会议主旨主题的需求，不带任何框框，没有任何成熟观点，就是要在会上展开思想碰撞。当然也可以一开始就抛出鲜明的观点，但不必说这是唯一正确的答案，只围绕着这个现成答案开始头脑风暴就没意思了。有些会议的主持人，自我意识过于强盛，把自己的观点一股脑生硬地塞给与会者，于是众人就跟着说些陈词滥调，随声附和，多是言不由衷的废话。这就不是头脑风暴了，而是恭维奉承的歪风邪气。头脑风暴不能被"官大一级压死人"的陋习所左右，要鼓励与会者大胆提出不同的看法观点，围绕核心议题展开辩论。与会者也要有"扼杀自己观点"的思想准备，抱着"没有不值得回答的问题"和"没有坏点子"的态度参加讨论，并且要知道适可而止，不搞无意义争辩，可别开成马拉松会议哦。

第24章 会议筹备、主持和具体开法

在各项工作中，都要有开会这种安排部署、推动落实的手段，会议如同家常便饭，它不但是议事沟通协商达成共识的主要方法，还是分析形势任务、研究解决问题的重要方法。开会的方法可讲究，也可不讲究，但讲究不讲究的实际效果会大不一样，至于开会用哪种方法好，且听我一一道来。

如何筹备会议

筹备会议，比开会的时间长得多，有的重要会议要筹备几个月以至半年以上，但开的会也许就是一天半天。日常工作中时间短的会议，半个小时就能完事了。开会的目的和主要内容必须提早明确，不然的话筹备工作就可能来不及。会议马上要开了，工作人员才知道开会的意图，才知道会议要解决的实质问题。这种情况下匆忙开会，必要的筹备工作无法做得充分。会议筹备包括形式和内容两个方面，会议形式有多种选择，要根据内容设计选择形式，围绕会议主题统筹兼顾会议各要素。会议内容的筹备不对路，形式的筹备再好也没啥大用。假如把精力都用在参会人员吃住行上，因而忽略会议内容的筹备，这就是本末倒置。

筛选确定议题是会议内容筹备的重点工作之一。从议题数量上区分，有单一议题的会议，也有多项议题的会议。有的会议筹备，主要是筛选议题，哪些议题要上会，哪些议题不上会，都要在筹备过程中加以确定。多项议题的会议，筹备工作较为复杂，但这类会议多是例会，如政府常务会、党委常委会、董事会、总经理办公会，通常是依据职权职责定期召开，议题范围有明确规定或惯例。与几个部门有关的议题，会前应征求意见，上会审议的文件要由部门负责人分别会签，重要的须经主要领导审签。一些难点问题要在会前协调好，协调中形不成一致意见的议题，暂缓上会，不能到会上几家扯皮打嘴仗。简单的议题，且不很重要的工作，会前协调形成了一致意见，那就不必再作为议题上会。

讲话、发言和审议的文件，就是会议的主要内容，起草会议文稿是筹备工作的重中之重。撰写领导讲话稿不是做文章，文章相当于文字的艺术，讲话好比是语言的艺术，讲话稿比文章更接地气，要有指导性和针对性，并且要适度口语化，可以用设问、反问、感叹、祈使等语气词，以增强讲话感染力。尽量使用短句式，一口气念不完的句子，起草者写起来累，领导讲起来也累。句子该长则长，但还是以短为佳，错落有致为好，构成和谐的节奏感。领导的讲话和会议的发言，都要直奔主题，言简意赅，这是开短会、开实会的关键。

在形式方面，筹备工作较为繁杂琐碎，先要搭起筹备的主框架，制定出会议的议程及日程，给会议设置一个"筐"，为会议提供合适的形式载体，将议程科学有序排列，确定会议具体开法。是开全体人员大会，还是开中层以上干部会议？是开座谈会，还是开视频会，或是开现场会？是先介绍经验，还是领导先讲话，或是先讨论会议文件？这些都要在会议筹备时设计安排好。规模较大、日程较多的会议，需要制定详细的会议须知，参会人员拿到须知对会议内容和形式就一清二楚了。

　　开会要把握一定频次及节奏，以免出现会议走马灯现象，会议一个接一个连轴转，弄得人们苦不堪言。一个星期开三四个会，问题可能不是很大，但若是七八个会一股脑接着开，上午开、下午开、晚上开，今天开、明后天还开，看似开会的活儿没少干，但实效也会递减。会议开起来，不能没完没了，领导讲话长得让人昏昏欲睡，讨论问题无边无际，谁在会上都受不了啊。零打碎敲地开会也不可取，有些会议打起捆来开，串起来开，能够集中精力和节省时间。

　　会议规模及规格要适当适度，会议内容与形式要有机统一。兴师动众的会，不利于把问题研究透，也不利于把工作安排实，难免出现大而化之的弊端，增加会议精神贯彻落实的难度。从实际需要和可能出发，不贪图会议规模大和规格高，不追求阵势豪华场面热闹。另外还要注意会议的细节，从坐席、桌签、音响到会议材料印发、参会人员食宿等，都要想得周到做得仔细。

如何主持会议

　　会议的质量如何、效果如何，主持人至关重要。有水平的主持人会依据会议主题，灵活把控会议进程，及时化解意见分歧或矛盾，调动积极因素，集中正确意见，提炼会议成果。主持人要以简练的开场白，把会议目的和要求先说个清楚，以引起与会者的关注和重视。会风好不好，会议主题突出不突出，主持人开宗明义几句有分量的话，就能形成精准导向，为会议定下基调。

　　主持召开会议，无非要突出充分发扬民主和实行正确集中这两大旨意，民主与集中缺一不可。统领会议的总规则是民主集中制，这不是空洞的口号，而是必须坚持的根本方法。主持人不能只想着听赞歌，有不同意见就沉不住气，不是泼冷水就是打断人家的发言，这种主持人最不受欢迎。会议作出决策，必须坚持民主集中制原则，要进行的步骤是：①把会议的主张亮出来，有时会议的主持人也是会议讲话人，会议主张的动议人。②充分听取与会者的意见，展开深入讨论，讨论实不实、深不深，决定会议质量高不高。③对审议决定的事项应当有权威的说法，决策不能含糊，主持人要善于集中正确意见，且不受错误意见干扰，体现责任担当。主持人须有定力，正确引导和掌控会议全过程，遇到杂音和非议，不要缩手缩脚，因为咱手上有民主集中制这把杀手锏。针对意见分歧，精确陈述会议主题和目的，争取多数与会者的理解支持，在充分吸收各方面意见基础上，敢于坚持原则，善于拍板决策。

开会要注意过程的把握，更要注重成果的提炼确定，主持人要以总结讲话的形式，把会议的主要收获集中表达出来。总结好了，会议加分；总结不好，会议减分。主持人总结讲话有一个技巧，可概括为两个变成：一是把大家的正确意见变成总结的意见；二是把自己的正确意见变成大家的共识。总结讲话不宜过长，既要提炼概括会议精神，又要梳理出重点要点，不必过多重复，同时又要提出贯彻落实会议精神的要求，措施要明确具体。

座谈会的开法

座谈会的功能比较齐全，可采用的方法多种多样，调查研究可以开座谈会，总结部署工作可以开座谈会，纪念活动也可以开座谈会。座谈会不过是一种惯用的说法，对它的内容、形式、开法没有明确规定，在所有会议形式中，座谈会最不在意形式——它在意实质内容，在意实际效果。在办公室、会议室能开座谈会，在老乡家的庭院里、在乡镇食堂餐桌上、在车间班组的休息室，也能随时随地开座谈会。

　　工作中的座谈会常见、常开、常新，主要目的是听取收集各方面的意见建议，对情况的真实性和问题的性质进行分析研究。座谈会不是决策，但通常可以为决策寻找可靠的依据，有时它就是决策过程中的前置会议。这类会议的内容范围涉及广，开法灵活多样，不需要做太多的会前准备。一个座谈会可以听取几个人、十几个人的意见建议，比个别谈话的效率高得多，主持人的想法看法也会与大家交流沟通。座谈会的过程是参会人员相互启发的过程。经常参加座谈会的人会发现，开始几个人的发言可能是浅显的，发言越到后面越有实度和深度，这并不代表后面发言的人水平就高多少，而是他们受到了前面发言的启发。等到作会议总结时，主持人已经站在"巨人们的肩膀上"啦。

　　一个值得关注的现象是，参会人员范围较大的座谈会，一致的意见比较多，不同的意见比较少，讨论得也不一定充分，发言内容多是表态性的。参会人员范围较小的座谈会，不同意见比较多，相同意见比较少，对议题的讨论能够比较深入，各有各的看法和主张。这就要扬长避短，发挥不同类型座谈会的长处。

学习会的开法

　　读书会、交流会、培训会、辅导报告会、理论中心组学习、上党课等，都是广义的学习会。集体学习的会议，应当认真读原著学原文悟原理，不能让内容质量不高的辅导材料充斥学习会，也不能依赖于偏题跑题的所谓辅导报告。若想避免这两种偏差，可以采取围绕原著原文的领学法、联系实际的点评法、示范引导的中心发言法和搭建互动平台的定期交流法等方法，来增强学习会的实际效果。

A. 领学法。领学者自己要先学一步，整体把握实质内容学深学透，紧扣原著原文作领会性的解读，然后展开讨论，与会者谈各自学习体会。领学不是一把手（主持人）的"独唱"，班子成员可轮流领学，一个处室、一个部门的同事们也可轮流领学。谁学得深，谁领会得透，通过领学的交流亦有具体比较。

B. 点评法。由有关领导对学习会上大家的心得体会发言展开点评，也可以对此前撰写的学习心得进行点评。一方面肯定和鼓励，并作延伸解读辅导，扩展深化学习内容；另一方面指出学习中存在的不足，加强学习方法的指导和示范，促进学习质量的提高。点评法就是点主题、点纲要、点收获、点不足的学习交流，通过点评把学习重点和要点归纳出来，使学习更有深度和高度。

C. 中心发言法。学习会内容要新要实，形式应力求大家喜闻乐见，不能搞得死气沉沉。每次学习会围绕一个主题，提前明确三四名同志作中心发言，即中心发言法。这种做法的好处是，会前能够做充分的准备，杜绝空泛议论现象，说来说去说不到点子上。中心发言要比一般发言的质量高，对集体学习能起到促进和引领作用。作中心发言的同志要经常轮换，最好能有较高的覆盖率，而且还要有一定的代表性。

D. 定期交流法。如果是由十几个、几十个单位组成的地方或机关，那就可以采取定期交流法开展学习，形成比学习的认真态度、比学习成果的势头。采取这种方法的学习，应与年度学习计划对接配套，提前确定学习交流的题目和时间，明确各单位及有关人员的具体任务。学习交流主要是各单位之间的横向交流，目的是使各单位的学习相互促进、共同提高，建立和完善推动学习的交流机制，共享和扩大学习成果。

决策会的开法

召开决策性质的会议,务必严肃、严谨、认真,不能随便拿出个事儿来就开会决策。突然袭击的决策,头脑发热的决策,虽然走了会议程序,也会有决策失误的风险。提请会议决策的事项应当基本上成熟,会前经过沟通协调和审核。在具体程序上,决策事项要由有关部门或单位提出,经过领导同意后才能提请会议审议。会上要进行充分研究讨论,认真听取和吸纳与会者的意见建议,不要嫌麻烦,不要怕占用时间,有时该开长会就得开,可不能简单化走程序。研究决策重大问题,非紧急情况外,时间长短不是优先考虑的因素,精准决策才是重要的优先选项。

决策会要明确三个规矩(方法):①明确既定权力界限的规矩,任何时候都不能超权限决策——界定权限的方法。②明确集体审议决策的规矩,防止个别人在会议上违规操控,实行严密的规则限制——规则限制的方法。③明确少数服从多数的规矩,多数人意见要尊重,少数人意见也要尊重,但不能因为有不同意见就搁置议题的决策,该表决的要依会议规则进行表决——贯彻集中制的方法。

部署会的开法

召开这类会议的时间要及时,能早开就不要晚开,参会范围要有一定覆盖面,以免因为层层再传达、层层再部署,拖延贯彻落实的节奏和效果。召开年度工作部署会,一月上旬开最好,二三月份开就晚了,年度工作部署要管十二个月，不能只管十个月，甚至只管八九个月，使年初这段时间大家不知道干什么，不知道怎么干。参会人员至少包括中层以上干部，如果单位较小，就开全体会来部署工作，如果厅局或公司有下属单位，还应直接开到基层，防止信号衰减、信息失真，争取会议精神一步到位。

在部署会上，向参会者要准确传递这样几个方面的信息：确定的工作目标和路径，具体的工作任务计划，采取的措施及完成任务计划的办法，所要取得的成效和要达到的目的。会议作出的部署，指导性和操作性要强，安排的各项工作都要有特定指向，任务和责任都要有着落，不能说了一大堆事儿，都不知道由谁去干，采取什么措施去完成。指导性和操作性强不强，关系到部署会的实际效能，不但要通过会议部署把活派到位，还要让参会者知道用什么方法把活干出成效来。

总结会的开法

在实际工作中，有以交流经验形式召开的总结会，有以领导讲话形式召开的总结会，还有以团队成员分别发言形式召开的总结会。一些重要而隆重的总结会，会有奖励表彰的内容，需要营造热烈气氛和一定的仪式感。简单或单项工作，总结会的议程就是一项，领导作一个总结讲话便能解决问题。

开总结会是为了肯定成绩，总结推广经验，研究问题，找出差距，明确努力方向，关键是要加油鼓劲，为下一步工作奠定基础。根据工作需要，可召开月度、季度、年度工作总结会，还可召开专项工作总结会。这些总结会的内容和形式区别不是很大，开会的方法也是能通用的。会议肯定成绩不能拔高，也不能压低，主要干了哪些工作，采取哪些得力措施，取得了哪些成绩，拉出实实在在若干条，每一条都应该是"干货"，给与会者打下烙印。

总结的重点要突出，亮点要真切，不能虚报浮夸，有的没的都说，那就不对劲啦。

成绩中有经验，但成绩不是经验，经验是对成绩的理性思考和概括。总结经验要有高度——定位站位的高度，观察事物的高度，理性思考的高度，提炼概括的高度。经验是干出来的，也是深度挖掘提炼概括出来的。总结经验的着力点是探索工作规律，同时也要总结好工作方式、方法的经验。总结会不能只讲成绩和经验，研判问题、找出不足、汲取教训也十分必要。对问题和失误要有精准发现和表述，并且要提出解决问题和预防失误的措施。总结不是简单给某项工作、某一时段的工作画个句号，还应当对下一步工作扼要提出新的任务和要求。

视频会的开法

现代信息资讯技术的迅猛发展，正在使会议形式不断升级换代，电视电话会的"迭代"，以及新冠肺炎疫情防控的要求等原因，使视频会几乎成了会议形式的首选，在线会议软件需求量暴增，Zoom作为音视频会议的全球龙头，2020年的企业客户比2019年同比增长470%。腾讯会议2019年底上线，2020年在其举办的会议超过3亿场。音视频会一大特点是远程传输，覆盖面广，开会成本低，没有空间距离障碍的限制，有一部笔记本电脑或一部智能手机就能开视频会。刚才说到的上述几种会议，都可以视频的方式召开，这里仅推荐两种视频会的具体开法。

（1）视频推进（调度）会的开法

一项重要工作部署下去后，过段时间就可召开视频推进（调度）会。这种会议有点像企业传统的生产调度会，一周一次或一月一次，也可以根据工作进度在关键时间节点上开会推进或者调度。它的特点不是领导讲了一通话就完事，而是采取问答互动方式沟通交流，汇报工作进展有一说一，不穿靴戴帽。可按顺序发言，也可随机点名发言，有时后一种方法效果更好些，这样所有参会人员都有可能被提问，大家会因此做充分准备并集中精力关注会议的进程。会议主持人发现问题就要直截了当指出，针对问题提出明确要求，该提醒的提醒，该批评的批评，该引导的引导。会议结束前，主持人通常要有个精炼的点评讲话。

（2）视频调研会的开法

运用视频调研，能够把调研成本降至最低，形成直接便捷的调研渠道，掌握来自基层的第一手情况。根据调研主题需要，单独对一个点的视频调研，效果也会不错，能把一个地方或单位的情况搞透彻。常用的视频调研会，还是一点对多点的调研，提前三五天就要把调研提纲发下去，让参会人员有时间准备，提纲宜细不宜粗。开会时，不允许照本宣科念发言稿，主持人要像面对面开座谈会那样，在调研提纲范围内提出问题，请与会者具体回答。这种视频调研会要以问题为导向，主持人可出一问一答的"简答题"，也可出深入讨论的"论述题"。在云南工作时，我曾经开过10个县参加的视频调研会，最远的县是香格里拉，东南西北要去调研的车程得上万公里，半个月也跑不完，通过视频，只用半天时间就把要调研的事情搞定了。

现场（观摩）会的开法

现场操作性较强的工作，涉及地方和基层抓好落实的重点工作，需要实地考察增强感性认知的工作，采用召开现场（观摩）会方式来加大推进力度尤为可行。"耳听为虚，眼见为实"，现场会是要"眼见"，展示原汁原味的

> 方法的力量

典型和实际工作成果，使与会者在现场能够观摩到好做法，体验到可借鉴推广的先进经验。组织筹备现场会，要把主题、地点、方式、打算交流推广的经验提前明确下来，文字材料可以不用下太大的功夫，关键是要把现场准备好，这也是筹备现场会与筹备其他会议的一个区别。现场会，成在现场，败也在现场，现场准备要摆在第一位，经验交流和领导讲话都要有现场感，拿现场的真实样板说事、论理、提要求。现场要有"看头"，使大家在观摩中受到启发和教育，知道怎样做才能做出实效。

有一点须注意，现场会不能集中使用项目资金造典型、砌盆景，搞成脸上贴金的秀场。现场会的"点"和"线"要与"面"对接融合，不要局限在个别观摩点上，各个观摩点要紧扣会议主题，由点形成线，由线展示面，使之成为会议推广的经验。还可考虑将其他地方和单位的相关经验拍成视频片，在现场观摩的途中播放，使面上经验也能得以重视和交流，跳出现场会的时空约束，打开更宽广的视野。

为了促进和强化面上工作，亦可不过早确定现场会在哪里开，部署重点工作时就"放出风"来，哪个地方、哪个单位干得好、抓得实、成效大，就在哪里开。这样各地各单位会努力竞相做好工作，纷纷争办现场（观摩）会的机会，形成争当先进的赶超局面——现场会还没开，推动面上工作的效果就溢出来了，这有多好啊！

第25章 抓落实的手段和措施

时而可见的场景,你肯定不会陌生吧——在办公室和会议室里,大家忙着起草文稿和开会,领导不惜财力物力精力和人力,人们点灯熬油在文山会海中耗费着大量时间。不得不说的是,这其中的部分人和部分事,包括个别官员的行为,仅有部署工作之心之举,却没有抓落实之意之力。坦率地讲,此类场景在省市机关不是偶然现象,在县和乡镇机关也并不稀罕,事业单位和企业亦常会有同样的场景出现。他们也许真的不明白,会议隆重开了,文件通知及时发了,任务全面系统布置下去了,并不等于大功就告成了,强化抓落实的手段和措施才是最应该做的事情。

对文件和会议要有清醒的理性分析

会议和文件精神不落实,一些领导就找下面人算账,发了一通脾气,甚至还要处理干部,但有些工作依旧落实不到位——落实难和不落实成了久治不愈的顽疾。其实,用会议落实会议,用文件落实文件,属于抓落实的一种方式,也并不算错。但不能因此而以为,开了会发了文就是落实了,这种想法如果不是太天真，就是他在那里装糊涂。

有的地方和单位，为什么把会议开成了"海"，把文件发成了"山"，工作实效却微乎其微？官僚主义形式主义作祟，乃是此弊害的主要源头也。请大家注意，我在这里把官僚主义放在了前面，意在显示谁是文山会海的始作俑者——官僚主义是名列第一的，形式主义导致不落实的弊害则为其次，官僚主义更强势、更霸道、更贻害工作、更祸害人啊！

某些官员有心开虚会，无心干实事，以开会为头等大事，把开了多少个会议当成自己的政绩。这是十分有害的政绩观和工作方法。层层传达会议精神，级级转发上面的文件，贯彻落实的要求次次讲、反复讲、甚至天天讲，场面上该做的事都做得无可挑剔，就是没有动真碰硬抓落实的有效措施，没有上下左右合力抓落实的运转机制，到头来上级的工作部署还是落实不下去。有的官员整天泡在大大小小的会议里，讲话的时候从来就没想到能不能落实，拿过讲话稿讲完了也就完了，下次会议再接着讲，一套一套都是陈谷子烂芝麻。这种潜规则和假默契影响极坏，危害极大，必须坚决彻底破除。

针对四个原因，从源头上抓落实

当我们真的搞清楚了为什么没有落实的原因后，才明白原来有些会议作出的决策不科学，有些文件提出的要求空对空，会议和文件提出的任务过于繁重烦琐，这也要落实，那也要落实，可能就都落在半路上了。

（1）针对决策的原因——科学务实决策

有的决策不科学不务实，官僚主义拍脑袋，形式主义装样子，一般号召多而又多，分类指导少而又少，层层照抄照转照搬，手段没有刚性韧性，措施不明确不具体，宏大的要求不着边际，咱们的本事比天大也落实不下去。

为解决此类问题，决策一要科学二要务实，科学和务实要紧密结合，决策的内容和程序都要科学，重要决策必须经过科学论证，不能少数几个官员说了算，更不能一把手直接拍板。决策的时候就要想到能否落实的问题，如果落实不下去，那就要改变决策或暂缓决策。

（2）针对作风的原因——**强化严实精细**

有些官员思想作风差，喜欢脱实向虚，有心作秀玩花样瞎折腾，无心干艰苦细致的实际工作，抓落实不过是喊口号。这是思想作风出了问题。因此要以对党和人民事业高度负责的态度，下决心解决基层力量薄弱，基础工作不实和干部作风漂浮的问题，杜绝"会议游戏"和"文件旅行"现象。工作要求必须符合实际，工作措施必须可操作、有力、有效，以三严三实的态度抓落实，抓关键处和要害处，牵一发而动全身。决策要精准，落实要精细，细心细致细腻抓落实，粗心粗放粗糙的工作方式要不得，做精细就要避粗糙，去粗取精，求细抓细，把细节抓实，在实处深处抓精细。

（3）针对能力的原因——**提升执行力**

工作任务落实不力，还有一个原因是有些干部和员工能力欠缺，心有余而力不足。本来一步就能落实到位的事情，由于能力有限跟不上，几步都到不了位。开会发文在行，填表报数在行，层层往下推责更在行，就是有效抓落实不在行，那就只好把工作落实到纸面上了事。提升抓落实的执行力，就要加强综合素质和专业能力的学习培训，加强实战实操的历练锻炼。根据抓落实的重点，设计安排学习培训的具体项目，不搞一般化的空头学习培训，综合素质要力求转化为专业能力，专业能力要争取转化为综合素质。真本事、真本领都是在工作实践中实打实练出来的，要给干部和员工提供更多的实战实操机会，通过落实急难险重任务，培养人、考验人、锻炼人，全面提升落实工作任务的执行力。

(4) 针对体制机制的原因——深化改革

由于职责不清而致使一些重要工作任务落实不下去，可能就是体制机制方面有问题。上面千条线，下面一根针，各个渠道安排的工作任务太多，基层人手太少、责任太重，一个萝卜顶五六个坑，整天忙得不可开交，顾了东头顾不了西头。这些影响工作落实的因素，与体制不顺、机构人员配置不科学、工作机制不健全有一定的关系。涉及体制机制问题，唯有从改革入手寻找破解之策，理顺体制和职能职责，打破条块分割和部门壁垒，精简机构设置，减少机关人员，加强基层工作力量。做好减法是深化改革的一个着力点，不但要精简机构和裁减冗员，还要精简事权，精简程序，减少不必要的环节及流程，减少多头管理的事项。

拆分任务，压实责任，逐项抓落实

一项工作安排部署之后，抓落实的手段和措施就要马上启动，大体上无外乎是这样三部曲：①拆分任务，压实责任；②跟踪督促，检查指导；③总结评价，反馈意见，好的问效，差的问责。拆分任务和压实责任，是首先要做好的前提性工作。目标任务要细化实化，大目标要分解成若干个小目标，大项任务要分解为若干项小任务，近期目标与远期目标紧密结合，原则要求要具体为操作措施，各项任务的落实都要有工作载体。这样做有利于防止目标和任务的盲区死角，有利于促进任务和措施的落实，也便于督促检查。

对工作应根据轻重缓急进行分类处置，应急事项与日常工作既要统筹推进，又要突出重点抓落实。上级布置的紧急任务，要集中力量用短平快的方法即时处置，并及时对接与日常工作的联系，及时总结汇报阶段性成果。难度大耗时长的工作，要抓紧提出启动意见和整体实施方案，有长期计划和短期安排，协调有关方面整合力量，一步一步往前推进。情况复杂、标准高、要求严的工作，要尽快深入调查研究，把基本情况和问题症结摸清搞实，提出并落实推进措施。

压实责任，主要是细化主体责任和相关责任。一般化讲责任落实不行，关键是要逐层级强化抓落实的主体责任，一环紧扣一环，一级落实一级，把任务一项一项分解到责任单位和责任人。涉及几个部门或几个人的责任，要明确牵头单位和牵头人，使有关单位和人员确实负起抓落实的第一责任及相关责任。责任主体明确了，传导抓落实的压力就有了发力点和牵引绳。

接着就要压实保障、监督、协同三个方面的责任。一要压实保障责任。比如，人员保障，某项至少需要三四个人抓落实的工作，结果只有一个人兼职做，那就要增加抓落实的工作人员了。再比如，经费保障，起码的办公经费要有保障，推进项目的实施经费要有保障，不能"只想让马儿跑，不给马儿吃草"。二要压实监督责任。纪检监察机关，还有审计、督查、巡察等机关部门，都应当认真履行监督责任，当好抓落实的促进派。尤其要加强过程监督，发现倾向性问题立即预警提醒纠偏，不要等到出了大问题再去追责处理干部。三要压实配合协同责任。有些工作推不开落不实，就是由于配合协同责任虚置，形不成抓落实的合力，牵扯了抓落实的精力，甚至成了落实的阻力。压实配合协同责任也要明确具体，哪件事归谁负责办理，在实施方案上就要一一写明，落实过程中假如出了岔头，那就要顺藤摸瓜，不迁就也不客气。

另外，抓落实的工作要有一定的条件，在讲条件的同时更要主动改善条件和创造条件，不能拿着条件当做不落实的挡箭牌。有的人，交给他一项任务，活一点没干却提出一大堆条件，热衷铺摊子招兵买马，要人员要编制，要专门的办公室和会议室，跟相关部门争权争利，还要经费、投资、车辆等，就是不在抓落实上动真格的。这不仅是方法的错误，还很可能是思想品质的不纯正。

| 方法的力量 |

跟踪督查，检查指导

抓落实要多措并举，不能仅靠开会和发文这两种方式，还可以通过催办督导、随机调研、交叉检查、追责问责、表彰奖励、推广经验等方式抓落实。在实际工作中，上级机关或部门要经常督促不落实的事项，检查不落实的责任，深入基层进行业务指导和方法指导。但也要注意到，任何事物都有一个过犹不及的规律在背后起着作用，有效管用的方法做过了头，好事也会变成坏事。一些地方和单位，应付各种检查督导已经有了丰富的经验，接待和后勤服务会不计成本，台账等痕迹材料代替了实际工作，不择手段让检查组督导组舒舒服服地走过场。

检查督促抓落实要把握好度，保持一定的频次和力度，但更要有实度和深度。各种检查组督导组切不可铺天盖地，一个检查组刚刚离开，另一个督导组又"猛烈"地来了，迎接检查成了基层的主要工作（有的地方已经形成了"以迎检为中心"的工作思路），这就会使抓落实偏离正确方向。会议室里的检查督查色厉内荏，听汇报看台账找痕迹紧张兮兮，现场蜻蜓点水却又吹毛求疵，随意性很大，基层成了众矢之的。这样做会造成严重的负效应，大家把精力都用在了应付各种检查上，基层基础工作根本排不上号，抓落实蜕变成了抓迎接检查。上级机关对这种现象可不能视而不见啊！

复盘评估，反馈意见，问效或问责

抓落实要有复盘评估意识，一项任务部署之后进展如何？完成的质量如何？取得的实际效果如何？需要经过科学的复盘评估作出准确判断。定性判断必不可少，进行分项量化整体复盘评估更有操作性，比如采取百分制的方法，从得分、减分和加分三个角度量化，逐项进行打分评议评估。需要注意的是，这种打分要以结果为重，防止以过程代替结果。只看重开了多少次会，发了多少份文件，搞了多少份报表，却忽视了工作的实际效果，这种量化评估只能助长形式主义。

评估意见的反馈，要力求放大积极的正效应，问题导向仍然要坚持，又要有正向激励的导向，通过双向发力促进整改和落实。该肯定的要充分肯定，该批评的也不能含糊，把差距和不足直接指出来，对存在的问题尽快理清及时反馈，促进工作部署真落地见实效，不要等到秋后才算总账。提出的整改意见要坚持实事求是，指向要准，内容要实，有突出问题不能轻描淡写，不管问题多少都不能乱扣帽子、乱打棍子。

问效和问责是对工作效果和责任的"问法"，先问效后问责，如果干得好取得的效果实，那就没有问责的问题了。问效就是要重结果，以结果为依据来问效，以真实效果为标的来问效。落实的效果很差，或者本来就没有落实，抓落实的侧重点就要转入问责了。健全完善不落实的责任追究制，问责不落实的干部和员工，剖析不落实的原因及危害，用问责来加大抓落实的力度。但要防止在抓落实中上面向下面甩锅，避免层层向下一级问责简单化和泛化，要注重调动保护抓落实的积极性。

打通堵点和瓶颈，强化抓落实的机制

某些工作难落实或不落实，与条块分隔，职能交叉，部门扯皮，相互掣肘有直接关系。堵点和瓶颈一般都在工作机制的关节点及薄弱点上，如果这些堵点和瓶颈打不通，难落实和不落实的问题便会永远存在。有的工作虽然勉勉强强做了，但相关的机制屏障没有清除，不落实的问题随时还会发生。对此，就不是一事一议、一问题一解决了，必须将近期采取的手段措施与健全完善长效体制机制衔接配套，拔钉抽楔，脱胎换骨。在前进的道路上，出现荆棘和绊脚石，就像钉子户、顶门杠，你不拔掉它，不抽出它，路就不能畅通，封闭的门就打不开。

有些部门各种各样的工作机制不少，如职责分工机制、开会发文机制、议事决策机制、监督制约机制等，但就是缺少抓落实的机制。上级精神和重要任务来了之后，就慌慌张张搭个草台班子，临时研究贯彻落实的办法，提出的都是临时措施。此项工作结束后，也就散了摊子还是老样子，下次有了新精神新任务，还得匆匆忙忙启动临时程序，反反复复从零开始抓落实。这是错误的工作理念，也是落后的工作方法。临时抓落实，突击抓落实，被动抓落实，都是由于缺少抓落实工作机制，从而引发和延续的不正常现象。

因此，我们要构建常态化抓落实的工作机制，根据不同的落实任务，采取不同的抓落实举措。另外，还要确立科学的落实观，不能不讲条件，不计成本，不顾规律，硬往下压无法完成的任务。工作要科学布局，任务要科学确定，人员和时间要科学分配。特别注意抓落实的系统谋划统筹，工作机制的健全完善，不搞那些一惊一乍的折腾式落实。

"三抓"工作法

对工作有各种各样的抓法，我在这里从三个方面介绍日常抓落实的工作方法。

（1）抓基础基层（抓短板弱项）

基础基层不扎实，各项任务都没法落实，这是对工作的一种根本性制约。

在一些地方和单位，基础基层工作薄弱的问题一直引不起重视，风平浪静时还看不出什么，遇到了必须完成的重大任务就瘪茄子啦。很大程度上，抓基础基层就是抓短板弱项，因为大量的短板弱项都存在于基础基层工作中，不少人乐于建高楼大厦搞锦上添花，不太喜欢做基础工程和基层工作，不愿意补漏洞和加长短板。而恰恰是这些工作，才是抓落实最重要的工作，忽视基础基层工作的抓落实，那就只是搞些浮皮潦草的短期行为。抓基础基层，工夫要下在平时，硬件软件一起抓，逐项工作打牢夯实。抓落实最怕见事不见人，事情对付过去了，队伍建设还是强不起来。基础基层工作每件事都要有人来做，特别是人才这个基础最为重要，做好人的工作，抓好干部队伍建设，就抓住了基础基层建设的龙头。

（2）抓重点难点（牵牛鼻子）

在所有工作方法中，抓重点的方法最为常用。工作重点不突出，活可能干了不少，实际却没干到点子上。在特定时段，最重要的事情只有一件，顶多两三件，而且重点往往就是难点，所以必须集中主要精力去优先做好。抓重点难点不要搞大呼隆，大会战的做法也是弊大于利，能不搞还是不搞吧。关键是要在思想重视上、排兵布阵上、资源配置上、计划安排上，突出重点难点，稳扎稳打抓落实。尤其要抓准重点难点的突破口，激活和带动全局工作。牵牛要牵牛鼻子，抓兔要抓兔耳朵，在千头万绪的工作中"突围"，非得牵住牛鼻子不放。有些人干工作也知道要牵牛鼻子，但一到具体事情就不知道哪里是牛鼻子，怎样才能牵住牛鼻子。其实，牛鼻子就是诸多任务中那项最具有全局性和统领性的工作，比如某单位专业人才缺乏，打酱油的多，能挑大梁的基本没有，那就要抓紧引进急需的专业人才，抓紧培养培训本单位的人才，这个牛鼻子抓出了成效，各项工作的落实便会有大进步、大提升。

（3）抓典型示范（抓两头带中间）

抓典型的目的是作出示范，告诉大家这件事情应该怎样做，怎样做才能

| 方法的力量 |

取得良好效果,引导面上工作向典型看齐。抓典型示范,抓两头带中间,抓先进促后进,推动工作落实的引领作用就发挥出来了,也就有了干好工作的标杆和先头部队。"两头"主要是指前头的先进典型,数量不多,大概10%;"后头"是落后的典型,数量也不多,大概不到5%;"中间"基本上是不前不后随大流状态,占85%左右。抓好15%左右的先进和后进,带动85%左右的中间部分,全局工作就好办了,整个队伍就好带了。抓先进典型不可堆盆景,不可随意拔高涂脂抹粉,先进典型不真不实,会把典型示范的路带偏的哦。

第26章 所有方法都由细节构成

方法与细节有密切关系，如果方法缺少了细节的充盈，便成了没有内容的空皮囊，也就不能称其为方法了——方法作为物理性和化学性兼具的力量，需要细节的聚力和发酵，依赖细节的催化和伴生。

做事成于细，方法亦成于细

老子曰："天下难事，必作于易；天下大事，必作于细。"平凡人的一生，遇到要做的大事不会太多，而是要设法把各类小事处理好做成功，或者是把大事中与自己有关的细节做精致。诚然，大事多由小事积累而成，没有一件又一件小事的成功，成就大事就是虚话。许多看似细小的事情并不小，在佛教禅宗的视野里，一树一菩提，一沙一世界，生活细节的深处，都藏着大哲理和大方法。理论有细节，实践有细节，生命历程有数不清的细节，任务无论轻重都离不开细节，各种各样的方法均由细节构成，运用方法如果不重视细节，多数情况下都会功亏一篑的。

有管理专家认为，一切伟大的思想和行动，一切拙劣的意念和举止，都

> 方法的力量

由某一个或某几个微不足道的细节发端。整体是细节的合成,并通过细节加以展现,假如细节乱了套,整体势必混沌一片。方法有个基本特征,那就是无处不在的细节。任何方法都是由细节组合而成的方法,细节无厘头的方法,就是难以操作乃至无用的方法——只有骨头没有肉,没有血管没有神经。细节决定成败的说法,在大多数事情上是能够得到验证的,不管是重大的方法,还是细微的方法,都得把细节做好做实,这几乎是运用所有方法的一致要求。

切不可低估细节的杀伤力

出发点的细节差之毫厘,全局和总体的终点便会谬之千里。咱们既要重视整体,又要重视细节,妥善处理好细节与整体的关系,能够把两者结合起来加以重视的人,通常都是思想成熟、能力不一般、事业有成的人。细节也表现为小节,小节能成事也能坏事。"大丈夫不必拘小节"这种观点是会害人的,小人物要拘小节,大丈夫也要拘小节,小节上出了问题,大丈夫也就当不成啦。言行随意,小动作任性,不屑的面部表情,接人待物的小脾气,这些细节都是一个人素质和品格的形象化。平常之事要重细节,也要拘小节,不干不净的邋遢着装,单位聚会耍了酒疯,说话偶尔露出的粗俗语言,上电梯不按顺序排队往上挤,都会折射出一个人修养存在的缺陷。

错了一个原始数据,会形成一份错误的研究报告。写错了一个词,甚至一个字只错了一笔,可能会导致一场战争失败。1930 年 5 月爆发的军阀中原大战,冯玉祥的军事实力不弱,阎锡山的谋略超一流,而且当时的"舆论正义"也倾向冯玉祥和阎锡山这一方。但是,由于细节出了问题,冯玉祥、阎锡山最终成了蒋介石的附庸。冯玉祥的一位作战参谋起草命令时,一个字多写了一撇,把"沁阳"会师,写成了"泌阳"会师,导致反蒋联军误入泌阳，贻误了聚歼蒋军的有利战机，中原大战冯玉祥和阎锡山以失败告终，蒋介石实现了"一统中原"的目的。

我在一个机关当副秘书长时，排查了连续三年的工作质量问题，发现97.6%的问题是因为细节出了差错，1%的工作细节没做到位，往往会影响百分之百的工作质量。所以，各项工作都不能大而化之，粗而放之，应当细而化之，精而慎之。多年来，我自认是一个干小事做细事的人，经常提倡和强调细节的重要性，抓大事干大事的魄力有些不够，抓细节还是有较强的自觉性，能够主动承担起细节之重。在平时工作中，我还比较用心用力将大事要事做精细，并且注意细节对大事要事的制约及影响，把自己定位为精益求精的执行者和操作者。在工作实践中，我时时刻刻都能得到把细节做实做好的收益。

扇动翅膀的蝴蝶与漏水的木桶

"一切都在这些细节之中。"《复杂》的作者米歇尔·沃尔德罗普一直秉持着这种细节方法论的理念。他的书中讲了一个动人故事——太平洋上空扇动翅膀的蝴蝶，引起了几千公里以外的雷暴。不言而喻，任何一只活着的蝴蝶，都会扇动它的翅膀，这是微不足道的细节，但的确会产生连锁反应。蝴蝶扇动翅膀的细节，影响一场灾害性大雷暴的生成及走向，真的是不可思议。

不仅如此，沃尔德罗普还详细指出："遗传程序中的最微小的错误都会导致一个发展中的细胞的癌变，或可以将之安全置于死地。"这一阐述是有充分科学依据的，深刻证明了细节的决定性。在分子层面，所有活细胞都惊人的相似，它们的基本机制带有普遍性。但在整幅基因蓝图中，哪怕有一个微小的异常，就会诱发整个生物体骤变剧变——恶性肿瘤就是这么产生的。

这些说法听起来好像有点危言耸听，但事实的确就是这样。

大家都知道，构成木桶的任何一块木板都可以决定木桶到底能装多少水。但用沃尔德罗普的细节观来观察和解析木桶漏水问题，新的结论便会不同——木桶底部的一个细小漏洞，木板之间的一个细小缝隙，都会决定这个木桶能不能装水，装的水能存留多久。沃尔德罗普的细节观可贵之处还在于，它并没有把结论停留在具体的细节上，而是提醒咱们要相应改变思考方式和解决问题的方法。任何细胞个体都包含着几个细节调节基因，这些调节基因就像开关一样，能够打开或关闭其他基因。"一个小小的偶然事件能够改变整个事情的结局。"从这个角度描述，细节的决定作用无疑是成立的，这使细节方法论的价值又提升了一大步。

运用关注和解决细节问题的方法，应当注意把握好三个要点：①注意把握好单一细节的关键性和可操作性，整体是由个体的细节构成的，关键的细节尤为重要；②注意把握好细节与细节之间的密切关系，比如木桶的细小裂缝经常出现在两块木板之间和桶的底部；③注意把握好细节的不确定性与整个系统的不可预测性的相互关联，这是细节的理念与方法的切换点。

从事无巨细，到有巨有细，盯准关键细节

事情有巨细，工作有轻重，但如果一味陷在细节里不能自拔，那就可能误了大事。最好的办法是把大事的细节抓实，面临巨大挑战，接受重大任务，既要在重要部位上聚焦发力，又要周密详实地做好其中的细节工作。把大事做细，把小事做实，这是非常有效的措施。将那些宏大的目标，拆分成可执行的细节事项，即是抓实抓好细节的首要步骤。相对而言，机关工作要细致

第26章 所有方法都由细节构成

一些,基层工作要粗放一些,不能用一个统一的标准来要求,但不管哪个领域的从业者,都要有精雕细刻的工匠功夫。

工作中的细节无处不在,诸如会议中的细节亦不可忽视。筹备会议当然要抓大事(议题、议案、讲话、报告等),但同时也要注意细节工作的严谨周到,两者不但不抵触,而且还会互补互利。会议的大部分细节在现场,大多是会议管理和服务应做好的具体事项,会前检查必不可少。要通过细节把控,落实会议管理和服务的要求,尽可能把完善补救工作做在前面,而不是问题出现了再去搞应急处理。小到桌签的摆放、空调的温度、会间的茶歇等,该想到的细节都要想到。前些年开大会,话筒出问题的概率不小,主席台上领导讲话,下面听不清楚,可领导却不知道下面听不到,还在对着不好用的话筒"埋头苦干"。音响的效果如何,就是会议服务要抓住的关键细节。有时话筒效果不好,一会儿尖叫一声,一会儿声音又中断了,把台上讲话的领导搞得心烦意乱,下面的听众不得不堵上耳朵。有的会场话筒是好用的,但却不知道是开着的还是关着的(有时看也看不明白),讲话人和发言人不习惯事先看一看话筒开没开,拿起稿子就开始念,其实话筒的开关没开,工作人员赶紧跑过去给打开话筒。这种场面看似工作人员很机敏,但那不过是马后炮的表现。此类关键细节工作,会前就应当做好的。

方法的把握和实施,应当粗时即粗一些,应当细时即细一些,关键细节必须做得严丝合缝。人有不同性格,做人和做事也有不同风格,在方法上大体可分为粗细两种。我的主张是,做事的方法要细致精细,以细为主,以粗为辅,宜细不宜粗,越是普通员工越要致力于把工作的细节做好,坚持使用细腻细致的方法做事情。做人的方法则是另个思路,可以豪放、大度一些,以粗为主,以细为辅,宜粗不宜细,切不可钻到针眼里,把人做得太累,那就没意思了。当然也要粗中有细,对家人对朋友要细心呵护,少一些以个人需求为主的任性而为,多一些对别人感受和需求的关照。

| 方法的力量 |

努力使你的方法细节更加缜密

除个别方法具有战略性外，绝大部分方法是战术性、技巧性、操作性的，与细节密不可分的。就是说，细节对于方法来说非常重要，操作的细节做得好不好，决定着使用方法的实际效果。有的人大大咧咧，思维和行为都比较粗放随意，好方法到他们手里也不中用。细节意识欠缺，仅知道方法的大概，不注意方法之密和细节之重，就会出现方法变形变味的问题。

"麻绳易从细处断"，做大事的方法细节不缜密会坏事，做小事的方法不细致会误事。实化方法细节，规范方法细节，使方法细节化，这三个方面的工作都要认真做好。不过也不是把所有细节都抓在手上，不能像螃蟹吃豆腐，吃得不多抓得挺乱。抓方法的细节，不是一根一根抓头发，也不是胡子和眉毛一把抓，而是核桃和栗子、西瓜和芝麻、牛羊猪鸡兔要分开来数。抓方法细节的另一个含义是，在满头黑发中发现几根白头发，然后把它拔掉或者染黑。

注意细节的切口，对于突破难点问题会有直接而重要的帮助。我与某单位负责人S谈话，想了解上级主管部门存在的官僚主义问题。在他的办公室刚坐下来，我就看到办公桌上有份紧急通知，要求当日把11个方面的工作情况报送上级主管部门，主要负责人要签字背书，确保情况真实。我就从紧急通知这个细节切入，步步深入，从文件到会议，从工作部署到检查评比，与负责人S一项一项了解核实，他把竹筒里的豆子都倒了出来，使我掌握了他的上级主管部门热衷搞官僚主义的种种表现。

看起来毫不起眼的细节，一旦通过方法链接整合，便会形成特有功效，产生持续的张力。细节时时处处都作用于方法，方法无时无刻不通过细节起着作用。一定意义上，方法的"节"——节点、节奏、节律、节约、节度，比方法的"细"还更为重要，只是做到细还不够，还要致力于方法节点的严密周延顺畅。以节点为例，方法的节点是关节点和连接点，节点如果不严密，有疏忽有漏洞，只是在方法的细致细腻上下工夫，那就是抓了小的放了大的，结果只能是落下一地鸡毛，下蛋的母鸡却不知去向了。

细节是大森林中的株株小树，是生活海洋中的条条小溪。在工作园地中，你要用真心照料好属于自己的那些小树；在生活海洋中，你要用热情激活属于自己的那些小小泉眼。这是生活哲理，也是提高工作质量的窍门，它们蕴含着整体与细节的辩证法。细节决定着质量和效果，细节着影响整体和全局，工作和生活概莫能外。

第27章 扬法/抑法：表扬奖励为主，批评惩戒为辅

有些人可能会觉得，表扬奖励就是说好话做好事，批评惩罚就是说坏话做得罪人的事，这种理解显然有片面性。其实，我们可以把"扬"与"抑"比喻为两剂药方，表扬奖励和批评惩戒是效果奇妙的中成药（不是兴奋剂，也不是止痛片），"扬药"是赞优扬正，鼓励积极上进；"抑药"是差评抑劣纠错，惩戒和制止邪恶。用好了这两剂药方，对人对事就能形成鲜明正确的导向，产生积极向上的力量。

表扬奖励 = 鼓劲 + 激励 + 鞭策

通常来说，表扬是表扬，奖励是奖励，表扬与奖励各是各的。但有些情况下，表扬和奖励又是连在一起的，表扬的同时加以奖励。有精神奖励，也有物质奖励，精神奖励和物质奖励可以一并进行。改革开放之前的那些奖励，大部分都以精神奖励为主，常见的物质奖励是一个笔记本、一条毛巾或一个搪瓷茶缸，特别贵重的奖励不过是一条薄薄的床单。不论奖励什么东西，都

要印上或写上一个红红的"奖"字,这个字的本身不值几个钱,但精神褒奖的含金量很高,鼓劲激励鞭策的效果极强。

苏格拉底有个好习惯,他随时随地都能看到别人的优点,对人都能给予适当的肯定和赞赏。赞其一功,胜于数其十过,表扬奖励的力量即在"点赞"之中。对先进、对优秀、对典型及时表扬奖励,会形成比学赶帮超的局面,这种方法对落后者、对中间者、对消极者也有正向触动。奖励是表扬的隆重表达(惩罚是批评的严重升级版),在和谐家庭、和谐单位、和谐社会中,表扬奖励应该多一些,抱怨指责批评最好少一些,没有惩戒那就更好啦。咱要养成关注和赞赏别人长处的习惯,肯定别人的优点,虚心向人家学习,见贤思齐,取长补短。

少数人真的是怪了,手中权力和肩上责任都不大,但对下属的不足却是"火眼金睛",放大数倍,以偏概全,一概否定。我认识一位年轻员工小Z,他感叹:"干工作太难了!业务主管老K只会挑毛病,只会指责批评人,根本看不到员工的成绩和优点。我写一份企划案,内容无可挑剔,但老K只盯着一个无关紧要的措辞大动肝火,弄得我有口难辩。"小Z的苦衷也是不少年轻人的苦衷,对此有必要提醒手握权力的那些人,切不可只看到下属百分之一的失误,对百分之九十九的成绩却看不到。实际上,那位老K应当多关注员工的长处,哪怕是微不足道的小事,也要让员工发现自己的强项,鼓励鞭策他们创造更好业绩才是重要的嘛。

高素质的领导者和组织者,对下属都会容过忿念功劳,表扬奖励工作努力认真并取得佳绩的员工,适度宽容有失误的员工。即使发现有人犯错,也不会当场戳穿大声呵斥,而是帮助他把失误弥补过来后,积极认同和及时肯定他的改过行为。认可和肯定是一种有效的奖励,差评和否定是一种无形的惩戒,有些事情不必直接用语言表扬,只需发自内心的认可,竖起大拇指给予肯定,还有鼓励欣赏的眼神,都会产生表扬奖励的良好效应。

> 方法的力量

但是，不能把表扬奖励这个方法用过头了，捧着宠着迟早会把员工捧坏了宠坏了，还会搞坏单位的风气。表扬奖励要适度，庸俗廉价的表扬奖励没有什么好处。有的单位表彰先进，90%的员工都榜上有名，这种做法弊大于利，人人都是先进了，也就没有先进了。表扬奖励要有分量，还要考虑到相关的平衡，防止物极必反，少数人美滋滋，多数人不高兴。有时亦可采取背后表扬的方法，本人不在场，上级的肯定和表扬，产生的效果会很好的呢。

咱们还得注意一个微妙的区别，表扬与被表扬不是平起平坐的关系，而是上对下的称赞鼓励。老板难得表扬你一次，你会非常高兴；但入职不久的员工，莫名其妙当面表扬老板，老板听了会反感恼火——"哪来的这个傻帽，拍马屁都拍不到正地方"。

两则有关奖状的真实故事

故事一：2013年春节前，我下乡搞扶贫工作调研，在村委会吃完晚饭，入住一个贫困户家。次日一大早，天还没有亮，睡梦中听到有翻动纸张的声音，睁开眼睛看到女主人用手电筒照亮，男主人往房间的墙上贴着什么，我也没有多想，翻过身去又睡了。

早上吃饭时，发现墙上新贴了几张学生奖状，十分醒目。我放下筷子走到奖状前细看，原来是她家两个孩子在小学和初中得的奖状，"红花少年""三好学生"等。女主人见我对这几张奖状感兴趣，就说："两个孩子的学习成绩都挺好的，只是过了年大女儿就要到县城上高中，花销肯定要增加不少，现在还没着落呢。"

可怜天下父母心，听到这番话我立即表态，孩子上高中每学期的花销，我用写书的稿费资助1500元，如果孩子能考上大学，再提高资助标准。我对孩子上学的资助，实际上也是一种实质的奖励。

故事二：2016年暮春，我参加红旗渠干部学院的培训班，在那里看到了50多年前关于红旗渠的真实故事——《红旗渠日志》，一本内部刊印资料，让我对那个时代的奖励有了生动形象的认知。

日志中写道："1961年12月2日，红旗渠工地在第二期工程基本结束的基础上，涌现出不少的英雄模范，全工地共有6800人，选出模范1652人，其中一等617人，二等655人，三等480人，并选出县模范46人。为了更好地鼓舞民工干劲，促使第三期工程顺利进展，保证达成1962年5月5日通水的县委所提出的要求，红旗渠党委又研究决定，对这部分模范进行了奖励，共奖给垫肩617个，奖状1272张，民工放假一天。"

"垫肩"就是防止担担子把肩膀皮肤磨破了，用多层布制成的一种戴在肩膀上的垫，现在这种东西已经进了博物馆。分析这段日志，本次选模范的大体情况是，一等模范每人奖励一个垫肩，一等模范和二等模范有奖状，共发奖状1272张（日志没有记载三等模范和县模范是什么奖励），每张奖状只值几分钱，每个垫肩也就值三五角钱。但红旗渠建设的组织者明白，口头表扬十次八次，不如奖励一个垫肩一纸奖状，因为垫肩和奖状有展示价值，弘扬的是艰苦奋斗精神。苦难岁月赋予的这种光荣，今天的年轻人可能不太好懂，但这就是物质匮乏条件下奖励的常用方式，值得咱们怀念，值得大家珍惜。

榜样力量是无穷的

榜样好比旗帜，它能给人充实正能量，能给人指出正确的方向。树榜样，学榜样，跟着榜样往前走，使大家心甘情愿效仿榜样的方法，对有关单位是必要的，对一个地方是必要的，对一个民族一个国家也是必要的。说到榜样

| 方法的力量 |

的力量,我最佩服的是焦裕禄和杨善洲,作为思想境界和行为操守的榜样,他们两位无疑是公职人员终身学习的楷模。

20世纪60年代,河南兰考县委书记焦裕禄,带着"骨子里爱民"的公仆情怀,为了治理内涝、风沙、盐碱灾害,他吃苦拼搏奉献,为了减轻百姓的疾苦,他不惜牺牲自己的健康,最后献出了宝贵生命。他的办公室里那把破旧的藤椅,见证了焦裕禄的精神境界:"有一把藤椅让你坚守,坚守的不惜去洞穿;风雨里沙窝盐碱里,你把全县八十四个风口摸清,唯独一个风口被你藏起。""那个要命的风,年年吹着,吹绿了兰考的大地,也吹绿了万千人的敬意。""我们和一把藤椅的距离有多远,我们奋斗的诺言就有多远……"这首诗从一把有破洞的旧藤椅切入,彰显的是焦裕禄的远大理想、坚定信念和高尚情操啊!

杨善洲几乎与我们同处一个时代,曾任云南省施甸县委书记、保山地委书记,2009年逝世。他是实在的人、真正的人、有理想有追求的人、脱离低级趣味的人。杨善洲一辈子坚守共产党人精神家园不弃不舍,坚守人民公仆本色不褪不变,坚守清正廉洁一尘不染。他没有丝毫庸俗官气和虚假浮夸,没有丝毫求名图利和杂念私心。对照杨善洲这面镜子,他的长处就是我们的差距。退休后,他在施甸的大亮山上风餐露宿二十多年植树造林,不搞半点特殊化,不给女儿办农转非,用公车办个人的事坚决交钱。他为什么这样做?就是"怕脱离群众、失掉民心"。他说:"我不图名不图利,图的就是老百姓说,没白给我吃公粮。"这些话体现了他的朴实、纯真、善良。杨善洲用一辈子的实际行动证明,人民公仆应该是个什么样子。

公职人员就应该像焦裕禄那样,把危害群众的"风口"全部摸清,把泡桐树深深地种在盐碱地上,挡住肆虐的风沙,为老百姓祛害造福;就应该像杨善洲那样,永远把人民利益摆在最高位置,绝不"白吃公粮",用汗水和心血为家乡人民留下青山绿水。

• 第 27 章 扬法/抑法：表扬奖励为主，批评惩戒为辅 •

无论批评谁，都要注意方法和场合

批评作为方法，用得好可以达到目的，用得不好会伤害别人，对自己也非常不利。批评要温和婉转善意，既要从做好工作的良好愿望出发，还要从对批评对象本人有利的考虑出发。需要记住的是，"摘花不可折花茎，批评莫要伤人心"。批评不能过生硬尖刻，挖苦讽刺贬低绝对要不得，作出的批评要易被接受，令人心悦诚服，其他人也能引以为戒。

对谁都不要斥责，包括对自己的孩子，也不能想训斥就训斥哩。小孩子做错了事，父母斥责他或许能够暂时制止错误行为，但这不过一时一事有点用，给孩子带来的心理阴影则是长期的。以斥责的方法指出错误，会给被批评者带来逆反厌恶效应。奥地利心理学家阿德勒说："没必要任何事都用斥责、处罚或威胁的方式解决，向对方简单地说明，进行亲密的沟通就够了。只要建立起信赖关系，对方就能接受。"我对阿德勒的观点是赞同的，批评也要以信赖关系为基础。

批评要注意时间和情境。公开批评一个人，虽能提醒教育一大片，但对这个人自尊心的伤害却是难以承受的。所以，公开批评人要反复权衡利弊，若能换另一种方式，就尽量不用这种公开的方式。有的人需要个别批评，你稍微点到他的弱点不足，他就能心领神会立即改正。有的人却需要"敲重锤"，私下里提醒帮助，不痛不痒的批评，都不会奏效，对这种人只好进行适当的公开批评。

批评人不仅要注意方法，而且要尽可能少批评，不宜点名道姓地批评，如果能和风细雨，就不要急风暴雨。不要轻易以批评的方法笼统地给人下结论，特别是不要在品质上否定人格。批评某人时，可先来点肯定的铺垫，从正面给些鼓励，然后再转入批评的正题。同事间、朋友间的批评，宜选择适当时机，本来他需要你鼓劲时，你偏要揪住他的缺点不放，没完没了地唠叨，这样的批评即便是善意的，效果也好不到哪里去。

诚然，有些批评可以直来直去，几句话就要点到错误的要害处，这样才能起到警醒诫勉的作用。有些批评则不宜搞得过于严肃紧张，应当考虑到问题性质和严重程度，诸如日常工作中出现的小差错，一时疏忽造成的小过失，就不必大动干戈。需要咱用心做好的事情，就是帮助犯错者分析出错的原因和危害，把批评的着眼点放在如何避免再出现类似错误上来。对方未能把某项工作做好，咱不一定作"直筒子式"的批评，但也不是等着看笑话，一边要给对方提出切实可行的改进建议，一边还要给对方充分的理解和宽容。

领导者对落后者亦要有一定限度的容忍，对捣乱者的惩戒则要准确地击中要害。对太差劲的下属，屡教不改的下属，批评最好一语中的，真诚率直，不拐弯抹角，这样能使他有醍醐灌顶之感，也可以降低他揣摩领导真实意图的成本，有利于他及时纠正错误。注意方法是应该的，但该严格要求也要严格要求，对下属总是彬彬有礼不一定是好事。C员工由于业务不熟练，出现了责任事故，影响不好但损失不大，你可以这样批评C："半年前，单位本来是要对你们这批新入职的员工培训一周的，但考虑到你曾经有此类工作的经历，就没有安排你参加这次培训。这段时间你的工作是努力的，但就发生这次责任事故的原因来看，你的业务能力还是有欠缺的，责任心也是不够的。为什么如此简单的业务出现了不该出现的事故？为什么事故发生后你还有遮遮掩掩的行为？问题的性质是严重的，你的责任是直接的……"开始那段话，为责任事故找到一个客观原因，肯定C是努力的。这之后的话，转入了批评的内容，指出C存在"业务能力"和"责任心"两个方面的问题，严肃提出"两个为什么"，作出"两个判断"，没有含糊，直指他的痛点。

摆事实要摆准，讲道理要讲透，批评不能盛气凌人和强加于人，应给被批评者一些时间来反省觉悟，让人家有说明解释的机会，还要给改正错误及弥补过失的机会。"就事论事"这句话常带有贬义意味，可对待批评这件事，我觉得要倾向它的正面意义。处理一些事务，对待一些问题，以及批评某个人，就事论事比较好。就是把事情拎出来批深批透，把人剔出来给他反省改错的空间——需要就事论事的错误较多，值得横眉冷对的错误不多，必须惩罚处理人的错误少之又少，采取对事不对人的批评教育是一种好方法。

虽然有人会说，对领导也要批评，敢于进行思想斗争，敢于对领导的不良行为作斗争。可更多的真实情况是，对领导的批评难度相当大，或者说可能性相当小。在一些场合下，与其说是批评，还不如说是提出意见和建议。批评切忌伤害领导的威信，采取迂回和提醒的方法更为可行，曲径也是能通幽的嘛。当领导主动而真心地请你对他的工作提出批评时，迫切需要听到一些不同声音时，或者在民主生活会上，你可以进行适可而止的正面批评。即便如此，也要把握好分寸，哪些意见该说，哪些意见不该说，从什么角度说，说到什么程度，都要拿捏好。私下给领导提意见，可以等到他心情好时，以建议的方式给领导发热的头脑浇点小凉水，他或许会感谢你呢。

惩戒——一把锋利的双刃剑

批评是一把双刃剑，惩戒更是一把双刃剑。相比较而言，批评这把双刃剑还不是很锋利，而惩戒这把双刃剑可是异常锋利。仅就方法说，惩戒的双刃剑最好高高地悬在那里，让人们看到它的存在，明白纪律规矩的不可触犯，若不是十分需要，就不去启用它。实在不行，批评可以严厉一些，批评的面可以再宽一些，争取在不得不实施惩戒之前，通过严厉而覆盖面较大的批评，把严重错误和突出问题解决掉。

| 方法的力量 |

惩戒某个人,不是专门收拾他打击他,也不是谁跟他过不去,而是要引起相关人的重视,有时是要达到敲山震虎、杀一儆百的目的。总的来说,惩戒的方法不可常用多用,用得越少越妥当越好。自古以来,惩戒大多是为了起到以儆效尤的作用——杀一儆万,肯定比杀一儆百效果好,不杀而儆那就再好不过了。

一个不大不小的机关单位,定期搞有针对性的警示教育,拿其他机关单位个别人违法违纪的案例说事儿,时不时地重申强调高压线和底线设在哪里,哪里是雷区,哪里是禁区,逢年过节警钟都敲上一敲。这些工作做到了家,本机关单位不惩戒干部职工,也是能够保持风清气正的。

第28章 有秩序，排次序，优先序

秩序是必然的，有序是必需的，社会如果没有起码的秩序，那就离天下大乱不远了。作为正常的人，每天都会有大大小小的事情要做，想躲也躲不过去。把需要做的事项排出次序顺序，明确优先序，然后再依序加以实施，就是咱们日常要做的功课。排序有传统与现代之分，传统的排序主要是"排队"，现代的排序关键是"算法"，现代与传统的跨度虽然很大，但并没有隔断，只有承续和对接。

有秩序才不会打乱仗

单位要有秩序，工作要有秩序，生活要有秩序，行走和开车也要有秩序，假如缺少了秩序，随时都会乱中出错。是的，个别单位给人的印象一个字"乱"，两个字是"混乱"。有的人做事没规矩，没章法，没主次，没上下，也可以用一个"乱"字来概括。防止和克服这些乱象，前提性方法就是建立秩序，维护秩序，强化秩序。以城市交通为例，必要的秩序建立不起来，路口的红绿灯那只是摆设，拥堵现象就随处可见，交通事故亦会频发，汽车开到自行车道上，电单车在人行道上横冲直撞，行人安全都没有保证了。

秩序可以小见大，见微知著。一位员工的办公桌，似乎就是他"秩序度"的缩影。文件、资料、纸张、书籍、茶杯、零食乱堆乱放，电脑上布满灰尘，座椅上搭着凌乱的衣服，把重要任务交代给这种员工，你的心里能托底么？另一位员工的办公桌上，文件资料摆放得井井有条，让他找一份文件马上就能找到，这种员工的职业习惯起码是有秩序，且不说他的能力水平如何，仅就其"秩序度"来观察，其人就比前一位靠谱些。

但也有另外两种情况要具体分析。一类情况是，某员工办公桌上连一张纸片都没有，干干净净，似乎很有秩序。然而，就像一个交通要道的路口，交警把这个路口管得一辆车都见不到，这种秩序就没有价值了。还有一类情况是，某员工的办公桌上表面的秩序比较乱，却都是近期工作（如一周内）形成的文件资料，外人看着像是有些乱、有些无序，但他使用起这些文件资料得心应手，一边在电脑上草拟文案，一边查阅桌上的文件资料，"乱"不过是表象，秩序井然才是实质状态。

我属于后面这种状态的员工，办公桌历来难得清净，各种文件资料堆成几叠，桌面上几乎没有空地儿。但哪类文件在哪里放着，哪份资料在哪个地方存着，我都了如指掌，需要的时候便会信手拈来。当一项任务完成后，我才清理一次，第二天只要有案头的工作，桌面上的空地儿很快就会被占用。我特别怕别人帮我收拾办公桌，他一收拾我就什么都找不到了——混沌中的秩序——建立务实秩序和应用程序的独特方法。

次序的老套排法仍然有用

笛卡尔对数学和哲学均颇有研究，他的意见是："从最简单、最容易认识的对象开始，一点一点逐步上升，直到认识最复杂的对象；就连那些本来没有先后关系的东西，也要给它们设定一个次序。"这是对排序必要性的方法论解释。可不是吗，排序及设定秩序就应从最简单、最容易之处开始，理顺对象关系和排序的任务，给没有关系的事物设定次序，也是排序要做好的重要工作。

某天早上，北京秋高气爽，我坐公交车去西单图书大厦，在挥小红旗的志愿者指引下，我和十五六个人有序排成一列，我排在第十一名。一辆公交车开来，车上的乘客比较满，轮到我时就不好往上挤了，于是就自觉等待下一辆，此时我由刚才的第十一名变成了很靠前的位置。这是按"先来后到"的规矩排出的上车次序，虽然有些老套了，但还很实用。传统排序的方法，能够有效解决公平、效率、秩序等问题，规则简单易行，有些就是约定俗成的常规。

在日常工作中，咱们就是要按着任务的轻重缓急，按着时间要求的长短周期，进行先后顺序的"排队"，先把紧急事处理好，再把重要任务完成好，先做好时间要求紧的工作，后完成所需时间长的任务。这种老套的次序排法操作灵活便捷，领导和员工都能达成共识，正常情况下，你我他都会这样给工作排出先后合理、干起来顺手的次序。

次序的新型排法要会使用

排序一直是推动计算机发展的主要动力之一，早期专家们为存储程序计算机编写的代码，便是高级高效的排序程序。计算机普及了之后，再加上互联网的助推，排序方法又有了翻天覆地的变化。排序列表如今无孔不入，各种问题清单、任务清单、责任清单，都在排序上做文章。利用大众点评网站寻找餐厅,依据的便是邻近距离与用户评分,给"吃货们"推送排序提供选择。

然而,排序有个规模不经济的问题,纳入排序的对象越多,排序的难度和成本越高。排序首要解决的问题是尽可能压缩排序对象数量,把排序规模控制在较为合适的数量区间。不过,数量若是太少了,对排序也会有较大影响。数学家对排序的研究越来越专业化,专家讲的那些高深"排法"不易为普通人理解,我在这里试图从传统与现代的对接轨迹,列举几个具有算法背景且有趣的排序方法。

(1) 冒泡排序法

之所以叫冒泡排序,就是因为这种排序法的每一个元素,都可以像水中的小气泡一样,根据自身的大小,一点一点向着数组的一侧移动,小的元素往前调,大的元素往后调。这是凭简单直觉且效率较低的方法,但仍然有较好的应用性。假设你希望把书架上的书籍按书名第一个汉语拼音字母排序,那就可以采取冒泡排序的方法。在书架前,你发现有两本书颠倒了位置,便把它们调整过来,这种方法以此类推下去,你从书架的左端走向右端,不断重复着冒泡排序的动作,直到所有的书籍都按照书名汉语拼音字母的顺序在书架中排列好。

(2) 插入排序法

继续以书籍整理为例,按照插入排序法行事,你要把所有书籍从书架上取下来,然后再一本一本放在合适的位置。第一本书要放在书架中间,然后拿第二本书与第一本书比较,根据比较结果确定是把它插在第一本书的左边还是右边。放第三本书时,你要先从左到右浏览书架,然后把它放在该放的顺位上。这个过程要不断重复,它比冒泡排序更直观,但效率估计比冒泡排序低一些。

以上两种排序虽然名字比较时髦,但其实都是现代排法与传统排法有机结合的应用。说它们是"现代"的,主要是因为赋予了现代理念。这也应了我刚才说的那句话,传统排序法与现代排序法没有隔断,只有承续和对接。

(3) 合并排序法

以扑克牌的排序为例,若是为两张牌排序,方法就非常简单,把较小的那张牌放在上面就行啦。如果有两叠牌,每叠包含两张排好序的牌,你就可以很容易地将这四张牌整理成排好序的一叠牌。用此办法重复几次,便可整理出越来越多且排好序的牌垛,很快一副完整的井然有序的牌就整理好了。这种排序的效率较高,在家庭内部处理小规模排序问题也有用武之地。别小看合并排序法,它可是被计算机专家视为"计算机科学的传奇算法"呢。

(4) 桶排序法

20多年前,我下乡到一个严重缺水的山村,天寒地冻快到春节了,不管贫富家家都在准备过年。我到村口时看到,一条干涸的小河边,水井周围站着三五个人,身后是六七十只水桶弯弯曲曲地摆成了一行。因为井水太浅了,反复多次才能打满一桶水,人们没必要都等在井边,于是这六七十只水桶就代表着各家各户排着队。后来我才知道,这就是原汁原味的"桶排序",不过它过于原始简略了,现代的桶排序比它复杂得多。

在计算机科学中,"桶"这个术语表示一组未排序的数据,排序对象要按照排序类别分成若干组,类别之间更精细的排序问题留在后面解决。如果"桶"选得合适,所有项目都被分到大小差不多的"桶"里,这就表明已经朝着完全有序迈进了一大步。早年有个试验,美国加州大学伯克利分校的图书馆书架总长度加起来有52英里,受过桶排序训练的学生们将这些图书装到小车上,每车装150册,他们事先知道各种书目号对应的图书数量,清楚应该如何选"桶",先粗排,再细排,25册左右分为一组,大桶里还有小桶,这样他们可以用不到40秒的时间,就把车上的150册书排好序。

(5) 向马拉松比赛学排序

体育比赛排序的主要目的是解决公平竞争问题,同时也兼顾着观众需求,以及观赏性和商业价值。一项体育赛事只通过一场比赛,就能将几万名选手的成绩排出次序来,这就是马拉松比赛排序的简单而高明之处。马拉松比赛排序简单得不能再简单了,就是确定一个共同的起跑时间,几万名选手同时开跑,赛事所需时间由速度最慢的选手决定,但也不能慢过了头哦。

这种排序给咱们的启示是,在本质上竞争与争斗不同,规则简单,机会均等,速度和耐力为王,仅用常数时间算法的简单数值,就可以记录每个选手在赛场上的成绩。事关排序的项目,最好多用一些马拉松赛的排序,少用一些拳击赛、斗牛赛的排序,这样有利于为参赛者提供公平竞争、和平和友好的竞赛规则。

列出工作优先序

你要想使工作紧张有序,效率高质量好,那就要排出工作的优先序。实际上,每一年、每一月、每一周,甚至每一天,大家都要排出工作的优先序。假如你在企业就职,那就应该在排序的大盘子中把工作分为三类性质:①必要的职责之内的工作。这类工作不一定全排都在前面去优先做,但又要必须认真做到位。②回报效益高的工作。对于这类工作要经过筛选,淘汰低效益、无效益的工作,为做好重点工作留足时间、精力和资源。③回报最高、质效最佳的工作。此类工作在年度、季度、月度工作中,都必须排在第一位,优先安排,优先实施。

优先序的安排,首先是在工作日程表上把最重要、最紧急的工作排在第一时间:"下周一早晨一上班,我就要召开项目进展调度会,解决'卡脖子'

的两大问题。一是300万项目资金必须到位,二是项目急需的专用设备必须在半个月内采购到位。"从调度会要解决的两大问题看,项目资金的优先序,肯定要排在专用设备购置之前,因为资金问题不解决,就没有钱购买专用设备。优先序的方法当然不只涉及工作的时间顺序,还关系到工作的精力分配。比如,你一天只能全身心地做好一两件事,但却有十几件事等着你去做,那就得把其他事情放到第二天、第三天,急的重的事项往前排,轻的缓的事项往后排,实在排不过来,那只好推迟到下一周或再下一周。

除了时间和精力,优先序中要考虑的另一个重要因素是可利用资源的配置,家庭购置计划亦要注意排好这方面的优先序。一个小伙子手上有60万元资金可使用,是先买辆小汽车开着去各地旅游,还是先首付买房子居住与投资兼得?优先序的问题就摆在了面前。买车重要,还是买房重要,两者可能都重要。那么再具体一些,他是急需买车,还是急需买房?假如小伙子马上要结婚,他的资金使用优先序必然要把买房排在第一位,下一步是否买车那就看收入增长情况再说啦。

学习和研究也要有优先序,一般来说分析在前,综合在后,先拆分后整合,先部分后整体。在学习和研究的顺序程序上,多以逻辑关系线索排列,逻辑关系中的首要关系常常就是优先序关系。没有分析难有综合,分析是综合的前提。感知事物事情事理,先要进行具体分析,然后转入综合,若颠倒了这个顺序,绕过必经的分析环节,一步就进入到综合环节,所综合的内容就是不可靠的。

列出成长及事业发展优先序

这方面的优先序排列较为复杂,有一定的难度和较大的不确定性。比如,你是先打拼奋斗，事业有成后再恋爱结婚，还是结婚生子后再全身心去投身事业？你是把硕士、博士读完再考虑就业的问题，还是大学本科毕业后就考公务员？类似的优先序因人而异，个人不同的选择各有特定的理由，谁也设计不出来一个通用的优先序。尽管如此，大家在成长过程和事业发展中，还是要运用排优先序的方法，明确哪些事情往前排，哪些事情往后排，心里要有主意、有顺序，行动上要有次序、有节奏、有重点、有步骤。

我的一个同事小D，他排出自己成长的优先序是理性的、成熟的，也是有一定境界的。考公务员进机关后，小D没有安于在办公室干些事务性工作，而是主动要求到基层单位任职，很快夯实了业务基础。接下来，他又申请援藏，在西藏高原摸爬滚打了三年回到机关，简直换了一个人，各方面都表现得很优秀。我和小D聊起为什么作出这样选择时，他说要趁着自己年轻没有结婚，多一些基层实践，多一些本领积累，也多一些艰苦岗位的历练。职务晋升可以往后排，成家立业可以往后排，但打牢成长根基要往前排。实践证明，小D的优先序排列，对个人成长和事业发展都大有益处。

优先级任务/优先约束

这两个问题的关联性不是很大，但对于优先序排列的方法来说，它们是方法中的方法。在各种工作任务的盘子里，经过优先序排列之后，优先级任务就会浮出水面，其他任务通常要往后排，让优先做的任务先启动，这样一来优先约束的问题就会连带出来。

优先级任务不能太多，最好是一两项，尽量不超过五项，把任务都列为优先那就没有优先了。实施优先级任务要集中人力、财力、物力，使用优质资源和强有力手段，遇到阻碍优先级任务完成的其他事情，都要将其果断挪开。我在农业农村部门工作过,每年中央一号文件的贯彻落实,就是全年唯一的优先级任务,其他任务都要服从服务于一号文件的贯彻落实,一点都不能含糊。可见,优先级任务带有优先约束的刚性和统领性,但又往往不是单一的任务,多是带有综合性的任务。

　　西方调度理论指出的优先约束现象,值得大家在方法实施过程中加以关注和借鉴。当某项任务在另一项任务完成之前无法启动时,就发生了优先约束的情形。你坐在自己的汽车上,如果不先按启动按钮或者用车钥匙打着火,车的油门、方向盘、刹车,包括车载导航都无法使用。如果你的任务存在优先约束,那就要先解决制约性问题,然后再去完成优先级的任务。如果有些任务在其他任务之后才能完成,那你就不能简单地按照到期日的先后顺序来安排任务,特别是要把优先级任务安排好、完成好。优先约束与优先级任务若是重合的,其他相关的事情就比较好办,优先约束的问题也就好解决了。

第29章　坚持方向目标，把控过程结果

方法要围着方向和目标转，过程要围着结果转，方向、目标、过程、结果都要靠有效的方法来支持和实现。干事创业的方向要明确并正确，以目标为先为重，行动要符合方向和目标指向，工作的"准星""枪口"要始终瞄准方向目标，力争做到弹无虚发。在干事创业领域，必须以结果论英雄，过程是从属性和手段性的。诚然，过程也不是可有可无，没有必经的过程难有实在的结果——结果没有什么大不了的。

方向盘/轮舵/船锚

走路，特别是驾车，把握好方向十分重要，其正确与否带有根本性，一旦出现错觉误判，在出发点上便会犯错误，行进得越快，离目标越远。驾车时手不能离开方向盘，必要时还得用好百度导航、高德导航或北斗导航，按照导航指引走最短最省时的路线，把车顺利开到目的地。走路也要弄准方向，搞不清东西南北，是走路的大忌。方向感不准的人，常常把南当成北，把西当成东，还会把右当成左。有一位老X，他对方向的分辨90%是错的，下了

电梯去会议室，本来往左走才对，但老 X 几乎总是往右走。行走在街道上，明明朝东走是要去的单位，可这位老兄非得朝西走，走出一大段路，发现方向弄反了，才不得不掉过头来往东走。

增强对方向的判断能力，就是要对东南西北、上下左右的方位，能够作出准确分辨。在此前提下，还要坚持正确方向的专注，把握好手上的方向盘，掌舵要稳，导航要准。有些时候，目标会有数个，一个连着一个，这就会涉及先后顺序。你从宿舍出来，先到食堂吃饭，然后到操场活动，上课铃响了，就去教室上课。这三个有一定联系的目标，逐个到达是没问题的。但方向并非如此，你要去食堂，那就得一心一意往食堂方向走，不能一会儿往操场方向走，一会儿往教室方向走。你到底要往哪个方向走，确定下来就不能变，忽东忽西，忽左忽右可不行，方向摇摆不定，便会反复走冤枉路，甚至像老 X 那样不得不走回头路。

站在这座山上，望着对面那座山高，经不起各种诱惑，方向不是偏南就是偏北，那就会在山峦密林中迷失方向，不但到不了目的地，还很可能会有生命危险。舵掌得不稳，导航定位不准，前进方向就会变来变去，航行的目标必然会被搞乱。茫茫大海中一艘轮舵失灵的船，来自任何方向的飓风都可能把它吹翻。因此咱得把舵掌好，使人生之船和事业之船沿着正确的航线行驶，如果遇到惊涛骇浪，还要把船锚重重地抛下去，深深地扎在海湾中避风浪，等到风停浪小的时候再起航吧。

设定目标科学可行，锁定目标分步实施

我在第 1 章中，就给方法下了个简略的定义：方法是实现目标的各种手段。理论上讲，国内的任何一条道路都能走到北京，但道路有曲直之分、宽

方法的力量

窄之别，绕来绕去的路最好少走，断头路和死胡同就更不能走啦。我历来是"目标优先"的鼓吹者，目标先于过程也先于结果，目标重于过程，目标决定着过程，过程要服从目标，结果是实现目标的结果。目标与过程的关系是主次从属的关系，目标与结果的关系是主观愿望与客观成效的关系。学业目标，工作目标，事业发展目标，人生价值目标等，都应当事先作出正确的设定。

具体来说，目标的设定需要相互兼顾和贯通，大目标可拆分为近期即可实现的小目标，也可用中期目标把大小目标连接起来。设定目标要科学务实可行，从实际需要和可能出发，既要考虑必要性，又要考虑合理性，尤其要注重它的可行性。定了一个不可行的目标，等于给自己出了个解答不了的难题，背上卸不掉的沉重包袱。实现大目标，要从设定小目标，实现小目标起步。

1917年蔡元培就任北京大学校长，他的就职演说提到两个"任期小目标"：一要改良讲义，只列纲要，尤赖潜修，以能裨实用；二要添购书籍，多购新书，典籍满架，以旁稽博采。这样细致具体的任职目标，今天听起来有些不够远大宏伟，但这就是蔡元培的"小目标方法论"——不好高骛远，不画饼充饥，不说大话、许大愿，从须急迫做而又能立即做到的事情做起，先把小目标顺利实现，然后再向中目标、大目标迈进。蔡元培的两个小目标很快就实现了，接着他主持下的北大实行了"学与理分校、文与理通科""学年制改为学分制"等现代大学制度，乃至形成了以北大为先导，全国推行的高等教育体系——大目标的实现也有了眉目。

对刚入职的同事们我有个建议，首先要给自己设定两三个近期（以一周、一个月、一季度为单位）能够实现的小目标。如完成一份策划书的成功编制，得到领导和同事的肯定，争取工作短期成果的最大化。其次要设定中期（半年至一年）能够实现的目标。如工作业绩在三十多名新员工中排名进入前五,在这个队列中进入第一方阵。再次要设定中长期(三年至五年)的目标,待遇明显改善,经验能力较大提升,职级职务晋升,成家立业,养育子女,赡养父母。最后还要设定超长期(十年至二十年)的目标,这个目标是管长远的,也是与终极目标一致的。

任何目标都要分步实施,从小到中再到大,一步一个脚印往前走,并且要清楚"前途是光明的,道路是曲折的",遇到挫折不要放弃,但应视情况作出相应的调整。实现小目标是第一步,实现中目标是第二步,实现大目标是第三步,长期目标、超长期目标的实现,都依赖于中小目标成果的积累。小目标和中目标比较好实现,只要脚踏实地,不好高骛远,方法科学得当,就能够如期到达。实现大目标的关键是坚持不懈,持之以恒,在方法上打好组合拳。

你设定了运动健身的小目标,每天早起跑步一小时,适当控制饮食,三个月后体重减三到五公斤。小目标实现了,还要继续坚持锻炼,形成良好习惯,不然体重还会反弹,小目标就会前功尽弃。你设定的中目标是,用三年的时间把超标的血脂血糖降下来。为达到中期目标,还要增加运动手段和强度,多一些有效措施。接下来你设定的大目标是,拥有健康的身体和良好的精神状态。要实现这个大目标,运动的、养生的、心理的、医疗保健的方法,都要用上并坚持下去,因此,大目标的实现要靠中小目标的巩固提升。

再说一说有关工作目标要注意的问题。如果殚精竭虑工作,目标却在过程中流失了,那么所有付出都会变得无意义。一些层级较低的员工,对目标时常会产生疏离感或抵牾情绪,"目标是领导(老板)的事情,与我没有关系,我只要把手上的事情做好了就行了"。还有的员工,容易陷入过程中的繁杂工作,准备会议材料,安排活动场所,打个电话发个通知,这些日常付出与大目标有没有关系?与中小目标有多大的关系?他不知道做这些事情到底为了什么。

还有一种情况，长期目标缺失，过程和结果被急功近利行为所制约，去年种的小树苗，今年又拔掉种上了花花草草。事实上，短期目标与长期目标处于一个目标体系中，大目标由中小目标构成，中小目标是大目标的具体化。因此要注意厘清工作目标体系，用实目标代替虚目标，防止把过程当成目标，把工作要求或措施当成目标，出现目光短浅、杀鸡取卵的问题。

制定工作目标的同时还要设定界限，凡事既要有较高标准，又要有决不能突破的相关界限。充分调动有利因素，把不利消极因素控制在最低程度，对可能出现的最坏情况应当有所预见，提前做好防范应对的准备，争取用较低成本，取得最佳结果。能快速实现目标更好，但该坚守的界限要认真坚守，不能为了快，在弯道超越对手时压线犯规。有人说，只要能实现目标，什么手段都可以用，什么招数都可以使。这是不对的，不择手段是方法论的误区，也是做人做事的危险区。不管目标多么重要，都不能用不正当手段实现，不能"有奶就是娘"，不能去干偷鸡摸狗的坏事。

过程管理：虎头、熊腰、豹尾

目标需要管理，过程同样需要管理，而且还要注重程序的管理，使过程管理进一步具体化、可操作。程序是为结果服务的，属于过程的既定规范。在审判工作中，程序的公正与审判结果的公正密切相关，程序出了问题，审判就会受到质疑，结果公正极可能无法保证。但工作程序不能僵化，要定期审视程序，看一看程序是否已经过时呆板，是否已经异化成了消极的俗套。大家要意识到，烦琐的程序有可能变成效率和创新的障碍，程序若是喧宾夺主，造成过程过于复杂，耗费太多的时间和精力，目标便会大大偏离，结果也会因此失控。

大部分过程，均有开头、中间、结尾三个阶段，过程管理要把主要阶段把控好，最佳状态是从虎头到熊腰，再到豹尾——开局阶段起点要高，要有气势；中间阶段要强化内涵，不断求得实效；结尾阶段要慎终如始，后劲十足，收官有力。以往写文章和讲话，我就提倡虎头熊腰豹尾，现在看来干工作、做事情、创事业，也要提倡这六个字。

（1）虎头高昂

万事开头难——登台讲亮相，做事重开头。《诗经》云："靡不有初，鲜克有终。"没有一个好开局，就难有好结果。对于许多工作来说，良好的开局就是成功的一半。有那么一些人，原本就没把工作认真做下去的打算，搞个缺少实质内容的花哨方案，弄个吸引眼球的启动仪式，只是为了取悦上级和媒体。这种干法不但对工作十分有害，对自己也不是什么好事，搞几次后，上上下下也就看透了他的本事。虎头要是实实在在，不能搞成纸糊的，虎虎生威不是狐假虎威。准备工作要扎实，起步动作要设计好，不是简单地铺开摊子，而是要踏实布局和务实操作，头三脚要一脚接着一脚踢，一脚比一脚有力、有效，三把火要越烧越旺。

（2）熊腰强壮，承前启后

做事到了"腰"，也就到了最厚实、最能取得实效的阶段。与头尾相比较，腰要占身体的一大部分，任何动物都有腰，要是没有了腰，头和尾也就断了。有人初来乍到，基本情况和底数都没摸清，单位的主体业务和人情世故一窍不通，就急于露脸表现，急于建功立业，匆忙草率行事，序幕一拉开就大唱高调。虎头也许有了，腰却不是熊腰，而是细细的小蜂腰，豹尾就更没了指望。一项工作启动后，务必坚持抓铁有痕，踏石留印，不干则已，干就干实干好，成效要货真价实，使强壮的熊腰高高隆起，带动全身发力。

（3）豹尾粗长而有力

有些人做事情，最大毛病是有头无尾，开头时热情很高，也会用点真劲实招,但越到后面越松懈,做着做着就高开低走了,不是半途而废,也是虎头蛇尾。有的官员只会安排布置工作,不会有始有终地全面完成工作,抓落实更是没兴趣也没办法。编筐编篓全在收口,好戏在后头,听戏要听压轴戏,做事留下一个什么样的结尾,是检验一个人的试金石。做每一件事都要致力于求实效,都要有始有终,善始善终,到后期接近结尾时,尤其要鼓足劲干到底。要像优秀长跑运动员那样,到终点前时要全力以赴冲刺,把所有力量毫不保留地释放出来,创造最佳成绩。

目标与过程的三个时态

把握目标和过程,有三个时态值得重视:过去时,现在时,将来时。过去时是以往的工作过程,积累的是经历和经验,以及取得的成绩与付出的成本。现在时是当下正在进行的工作过程,与眼前小目标有直接关联,具有承接过去开辟未来的作用。在三个时态中,现在时最为关键、最为重要,无论要实现哪个目标或哪类目标,都必须把现在时把握好利用好。将来时是完成长远目标所需要付出的时间和努力,属于现在时过程的延伸及扩展,这个时态与实现远大目标关系最大,最考验咱们的远见和耐力。

一个支离破碎的糟糕时态过程,无法实现理想的目标。过去时的失败或成功,不能成为负资产或骄傲的资本;现在时的过程顺利如意,不能作为麻痹大意、胆大妄为的理由;将来时的远大目标不但要牢记在心,还要把当下的工作与将来时的任务对标对表。某些人把眼前的事情看得过重,精力和资源分配不科学,不懂得向关键环节倾斜,从现在时做的事情中虽然得到了些许利益,但对长远目标的实现没有任何帮助。

三个时态的目标任务不能断裂,要一环紧扣一环,一个时态紧扣一个时态，以简捷过程和科学程序保证成效最大化和最优化。不同的时态，重点目标有别，时态与目标总是要在动态中磨合演进的。从方法论角度分析，三种时态有高度契合的关系，但又不能一锅煮，分开来实施是前提，结合起来实施是必须，道理各有相通，方法各有差异，它们体现的是时间、空间与工作目标任务的辩证逻辑。

人生以过程论成败，工作以结果论英雄

生命是自然过程，人生是历史过程，任何人都得经历从出生到死亡的过程，活到五十岁、六十岁如此，活到九十岁、一百岁也是如此。由此可以推导出一个观点，人生哲学不是重视结果的哲学，而是必须重视过程的哲学，过程对人生有无限意义，终极结果对人生基本没啥意义。要想使自己的人生不空虚不白过，那就要把人生视作一个自强不息的奋斗过程，做好每件事，过好每一天。

每个人的成长和成功，都具有鲜明的过程性特征，机遇蕴藏在过程之中，当过程掌控在自己手里时，接踵而来的机遇便会为你所用。过程的充实，过程的美好，过程的问心无愧，应当是人生的现实追求。过程有成败的分晓与韵味，不必等着结果出来才画句号，因为过程已经有了答案，那么也就有了一笔又一笔的收益。人生难料，世事难料，每个人或迟或早都得走向生命尽头，化作青烟一缕，飘然而去，谁还能例外呢？

我不反对确定人生的一些阶段性目标，争取一些看得见摸得着的物质果实，但非常不赞成把人生牢牢捆绑在忧患得失的结果上。人生打拼磨炼和完善充实的所得过程，比那些难以把握的结果更美好幸福。人生有这样一个给

| 方法的力量 |

人慰藉的现实图景——大家在过程中得到的，总比在结果中得到的要多得多，过程的兑现是可享受的，最终结果的呈现只是可期待的。

截然不同的是，工作要的就是结果，过程不重要，结果才最重要。过程总处于现在进行时，常常是不确定的，而结果带有客观现实性，它可以证明你的方法是否有效，你的工作是否做出了成绩。比如打网球，你的动作做得行云流水，每一个环节看起来都挺优美，但却把球打出了界、打下了网，所有过程因此都是无效的，丢分的结果是个坏结果，还不如没有这个结果呢。对于在过程中衍生出来的一些事项，诸如搞个应景的考察走访，制作悬挂一排又一排展板，可忽略、可去除。那些与中长期目标毫无关联的事情，能不做就不做，费力不讨好的事，费力没实效的工作，那是坚决不能做的。

结果就是你特别想要的那件有价值的东西。春天你耕种了一小块菜地，撒种、育苗、施肥、浇水、除草、打农药，这些活都在做的过程中，你要的结果是青椒、萝卜、豆角、茄子、西红柿……结果有时还是你要达到的阶段性目的，目标、过程与结果有着特定的"闭环关系"：目标→过程→结果→下一个目标，结果是成效化的，目标则是动态性的，它需要不断更新升级。工作必须追求结果，注重结果，为了结果而设计过程，为了结果而推进过程。过程可长可短，可直接可间接，结果才是咱要实现的目标。那些过程热热闹闹，结果却是激烈搏斗了一场之后的"满地找牙"，便是没有实际价值的工作。

长期以来，有种不妥的方法，考核考察工作业绩，把过程放在了突出位置，讲了多少次话，定了多少个制度，搞了多少次排练预演，设了什么机构，增加了多少人员，投入了多少资金，实际效果如何？却没有人太关注了。好多工作内容被杂乱的过程涂抹得面目皆非，被过程边缘化异化得虚无缥缈。过程是空的浮的，走形式走过场的，结果到哪里去找？开始工作那一刻，直到工作全部结束，有些人仍然不清楚为什么干这项工作，所要的结果是什么。

这样的话，过程和结果就都变得一团糟了。

美国文官的绩效考核，采用的是360度考核方法，综合来自上级、下级、同事、本人和服务对象五个方面的信息反馈以此来确定考核结果，并由计划→检测→发展→评分→奖励五个相互联系的环节构成考核的过程及评价体系。这种方法的考核，一方面注重了考核对象的工作过程与成效的一致性，另一方面也注重了绩效考核自身过程与结果的一致性，比较科学全面，也比较好操作。

我们一定要认识到，绝大多数工作都是以结果为根本为目的的工作，没有结果，那为什么还要干这项工作？具体到个人的工作，也必须根据一串串目标，在过程中追求一个个预期的结果。据我的了解，成功人士都善于盯着结果开展工作，不大关心工作过程及程序，而特别在意结果的实在有效。工作过于重视过程的人，往往比较漂浮，喜欢搞些形式主义的东西；反之，特别重视工作结果的人，则能够求真务实，有实干精神和真本事，舍得在结果上花大力气。

过程是要为结果服务的，就像形式要为结果服务一样，工作过程差不多就行，但结果一定要优良厚实，不能轻飘飘，而要沉甸甸，力争在工作过程中收获最丰硕的结果。

不过，工作和事业到了一定的境界，其艰辛而充实的过程，可能比辉煌的结果分量还要重。路遥用了六年时间，如牛马一样辛苦劳作，最终创作出了百万字的《平凡的世界》，为中国当代文学史留下了厚重精彩的一笔。应该说，他的这个结果是相当圆满的，莫言对路遥也是敬佩有加。但后来路遥却说："尽管创作的过程无比艰辛，成功的结果无比荣耀，尽管一切艰辛，都是为了成功，但人生最大的幸福也许在于创作的过程，而不是那个结果。"对路遥的这些发自肺腑的话，我也是有些同感呢。

第30章 量化法：明显的短板要加长

有的人可能没有关注到，18世纪末法国大革命的惊涛骇浪，有一朵绚丽的浪花是"计量革命"，其成功的具体标志是发明了"米"的量度，现在全世界都使用着它。此前法国的旧体制，有超过25万种度量单位，应用最为广泛的长度单位是"派得"。这个派得的依据是什么呢？原来它与国王的脚一样长。国王的脚还应用到印刷业，计量单位的"点"是国王脚长度的1/144，精确是挺精确，可这也太别扭了。

《万历十五年》的作者黄仁宇，他在历史作品中有个判断，中国落后的一个重要原因是"数目字管理差"。不太重视数字，量化管理和定量判断都有欠缺，"差不多""理大于数""有没有数也无所谓"，概念的模糊与数据的模糊，在许多人思维中的比重不小。因此大家要正视这方面的差距，共同努力把量化方法不足的短板加长。

从数据逻辑入手，提升量化意识

量化意识较弱是一些人的弱项，想问题做事情都是个大概齐，定性有余而量化不足，偶尔涉及数字或量化也不过是"八九不离十，"粗略地定性说点事情还过得去，说到定量的事情就含糊不清了。一次我下乡赶路，向路边的老乡打听，到前面村子距离还有多远。他热心地告诉我："不远，也就三四里地。"我走啊走啊走，四五十分钟过去了，还是不见村子的踪影，最终走到那个村子，实际路程八九里都不止。老乡对距离的量化原来是大概齐。

某些官员的量化意识也很成问题，说话没个准，说数也没个准。一位官员在台上讲话，开场白就告知听众："不占用各位更多的时间，我只讲二十分钟。"可是他一讲起来就信马由缰啦，讲了一个半小时才勉强刹住车，结束时却没有一点歉意，好像他刚才没有说过"二十分钟"的事。量化不是随口说个差不多的数，要有严肃性和权威性，领导讲话要算数，普通员工说话也要算数。

量化要精准，数字要实要准，不可报虚数，搞模糊数学的把戏。统计数据就更得真实了，不能有半点注水掺假，也不能变来变去，这个星期公布一个数，下个星期又公布一个数，前后的数据不统一。古今中外，最直观、最简单、最容易理解的逻辑是数字逻辑，一个苹果加上一个苹果等于两个苹果，10头猪加上5头牛等于15头牲畜。数字数据是量化法的元素材料，量化法是以数字数据收集、分析、处理、应用为主，并侧重于提炼出其中逻辑的方法。对情况分析的结果，只有抽象定性的评价，没有具体量化的数据及比例验证，说服力和权威性就不够。

分析研究问题时，习惯于定性还是习惯于定量，会表现出两种不同的方法导向。在某些人看来，习惯定性分析研究是由于运用抽象的方法能力强，习惯定量分析研究是由于算细账、算小账的能力强。问题的实质并非这么简单，定性和定量两个方面要搭配起来用，空泛的定性和干巴的定量，都会有偏颇、有纰漏。

还有一点须明确，对问题也是有量化必要的，道路的距离要量化，主要经济指标要量化，工作成绩要量化，这些大家都不会有疑义，但问题还要量化恐怕就会有点疑义了。其实把问题量化了，纷繁复杂的现象就能理出一些头绪，研究和解决问题便能比较精细具体，有利于防止问题被大而化之。

心中一定要有数

　　数字是人类认识和理解世界的基本工具。大概公元前3000年的时候，古巴比伦的泥版书就用"钉头"符号代表数字。中国古代最早的数字是象形文字，一就是一，二就是二，三就是三。数字非常具体，又非常抽象，数字不但能认识世界，还能解读世界，老子的名言是"道生一，一生二，二生三，三生万物。"不仅如此，数字还能改变世界，席卷全球的数字化浪潮，已经改变了世界，而且继续深度地改变着世界。

　　刚才说到，中国人的数字管理意识较差，其实西方一些国家的人们心中也不是太有数，特别是算数方面的能力明显不足。英国研究人员调查结果显示，由于算数能力差，每年因购物时没有发现商家找回的零钱少了，而多花8亿英镑的冤枉钱。那些在学校数学成绩欠佳的学生，相较于数学成绩优异的学生，未来失业的可能性高出两倍多。

　　毛泽东雄才大略，从来都是打大算盘不打小算盘，不纠缠旁枝末节，但却时常很具体地强调要"心中有数"。他曾经指出，没有数量也就没有质量，一些干部不懂得注意事物的数量方面，不懂得注意基本的统计、主要的百分比，不懂得注意决定事物质量的数量界限，结果犯了错误。例如，要进行土地改革，对于地主、富农、中农、贫农各占人口多少，各有多少土地，这些数字就必须了解，才能据以定出正确政策。对于何谓富农，何谓富裕中农，有多少剥削收入才算富农，否则就算富裕中农，这也必须找出数量界限。在群众运动中，群众积极拥护的有多少，反对的有多少，处于中间状态的有多少，对这些都必须有基本调查和基本分析，不可无根据地、主观地决定问题。你看看，毛泽东对量化这个问题分析得多么透彻，要求得多么具体啊！

在工作方法上，咱们心中至少要有四个"数"。一要有基本的数。这个乡镇的面积、人口、特色农产品和主要产业等。二要有历史的数。这家公司是哪年成立的，最初有多少员工，曾经开展了哪些业务项目，去年前年的产值和利税等。三要有关系的数。数字单独存在意义不大，厘清了数字之间的关系，意义就会凸显出来。四要有变化的数。用动态的数字概述情况和说明问题，呈现变化走势的数字，死数字就变成了活数字。

量化不是一串没有生命的数据，高附加值的数据都有血有肉，有跳动的脉搏，有鲜活的生命力。一家优秀公司，从艰苦创业到走向辉煌，业务量近百倍增长的数据，服务领域几何级扩大的数据，高科技比重逐年大幅度提升的数据，还有员工收入每年两位数增长的数据，每组数据都激动人心、鼓舞士气。当这家公司成立十周年庆典时，老总用有分量的数据说话，比任何华美的词语都有感染力，都会受到员工们的热烈欢迎。

关注量化与量变的关系

量化是认识量变的前提，从量的变化到质的变化，不简单是机械或物理性的累加或相乘，这过程中每一步量化与数据变化，都是性质要素量化与变化的有机组合，特征表现为物理性，性质则内含着化学性。量变与质变的关系是相对的不是绝对的，然而量变的决定性和促变性尤为重要，过去有些领导者经常低估量变而夸大质变，贬低或否定量变的重要作用，这是片面的和有害的。量变能够引起质变，这是量变的价值所在，也是其发展的必然结果。

以舆情量化分析为例，当下大数据预测和舆情监控的功能正在凸显，在

| 方法的力量 |

海量数据信息支撑下的舆情量化研判已经悄然成了一项日常工作，宣传机构在搞，网信部门在搞，政法系统也在搞。关注研判网络言论动态倾向，可根据需要掌握网民持不同意见的数量、结构、分布，对网民舆论倾向走势变化，进行标识跟踪解读和数据量化及计算。对舆情进行量化分析，能够做随机或定期的统计，即时获取可量化的计算预测，为决策者提供舆情应对的建议。

从方法论视角看，量化的一个重要目的是要发现量变的动态趋势，通过把握量化与量变的关系来推动事物的发展，探索和运用量化与量变及质变的规律。量的关系，总能反映着质的关系，量与质是分不开的，较好地把住了量的问题，也就为掌控质的变化奠定了基础，量化对质量的决定性和促变性不可小视。传统哲学比较重视量变的价值，却某种程度上忽视了量化的价值，没有把量变与量化的关系彻底理清楚。现代信息和互联网技术的进步，大数据和云计算的应用，为厘清这种关系提供了操作平台。

当下厘清量化与量变的关系，已经不是哲学思辨的问题，也不是一般数据统计的问题，而是大数据和互联网技术综合运用的实际操作了。其特点是在收集汇总资料过程中，特别关注数据、比例等量化变动的情况，系统分析数据与情况的关系，比例与趋势的关系。判断和结论，来自于对情况的精准研判，来自对各种量化要素的全面掌握，没有数据或比例支撑的判断越少越好，定性研究必须有定量研究的数据基础。但对量化内容收集的使用，也不能贪多嚼不烂，搞数据大杂烩。有咨询公司曾作过统计分析，许多单位收集分析数据资料的百分之六七十是无用的，对判断无用，对决策无用，对实际工作也无用。这是问题的一个方面，与之相关且又相反的问题是，由于数据信息的不完整，特别是缺少高质量数据采集和使用，得出的判断和结论大多是不准确的，作出的决策不少是有错误、有瑕疵的。

情况和任务应尽可能量化

情况要搞准，任务要落实，量化是极为重要的一环，量化是使情况和任务具体化的有效方法。情况没有量化概念，那就会在抽象固化的小圈子里转不出来。向上级汇报情况，说的都是一些抽象概念，没有具体数字，这种汇报的实度就太差了。数字、数据和比例等，都是量化的基本要素，有了这些要素才能达到量化的目的，才能体现量化的指导性和目标性。比如，2010年巴塞尔委员会发布了《第三版巴塞尔协议》（BaseL Ⅲ），确立了微观审慎与宏观审慎相结合的金融监管新模式，建立了全球一致的流动性监管标准，不仅将核心一级资本、一级资本和总资本比例分别确定为7%、8.5%和10.5%；还将杠杆率要求纳入第一支柱，杠杆率最低标准为3%；银行普通股占风险加权资产的比例要达到7%。也就是说，微观监管要量化，宏观监管也要量化。

量化要有利于准确反映真实情况，精细安排部署任务，推动工作落实，考核完成情况。没有量化指标和要求，任务就会被弄得可完成可不完成，督促任务落实也没有什么抓手。如果工作仅有原则性的要求，缺少量化指标的刚性规定，做起来就会可这样可那样，过程不好控制，结果也不好考核。多干一点，少干一点，干好一点，干差一点，都能过得去，会使工作任务落空。

形势和任务都有量化的必要。分析形势时，要有对具体情况的分析研判，若是缺乏量化的要素，那就可能使情况不清不楚，对形势的看法也就会不明朗清晰。安排工作时，对需要落实的任务，尽可能提出量化要求，突出量化指标的工作导向。任务量化的指标越细，落实起来具体指向就越明确。比如，CPI的增长控制在3%以内，服务业的增长要提高9%，农民人均可支配收入的增长要保持在7%以上，森林覆盖率要提高1.5%。明确和运用好数据，对于反映任务落实情况必不可少，我们既要娴熟地使用数据，又能够系统分析解读数据，并且要高度重视数据真实性的问题。

量化了的规定，才更有可操作性，推进过程中才便于检查和考核。但不要提不符合实际的量化指标，如果不是特别需要，也不宜提绝对化的落实要求。上级机关切不可草率地往下压过高过重的量化任务，提那些不符合实际的高指标，不要提那些"百分之百"之类的完美指标要求，这样做会导致层层加码、弄虚作假和数据注水。人会说谎，数据也能骗人——人用数据骗人的事例并不罕见，"大跃进"的前车之鉴本亦不远。

对确定的目标任务，还要提出量化的时限要求，明确完成量化指标的时间，尽可能减小时间要求的随意性。任务的量化和时间的量化经常是一体的，如每月的工作进度指标，每季度的产品成本指标，每年的效益指标等。量化指标和时限要求分得越实越细，抓落实越能出成效。部署工作必须有明确具体的时间要求，贯彻落实会议精神的时间要求也应当明确具体，不能5日完成也行，15日完成也可。要求6月30日之前报告贯彻落实情况，就不要说7月中下旬报告落实贯彻情况。

考核量化就实避虚——以红旗渠评比为例

业绩考核的量化非常必要，但有些考核内容架子拉得很开，定性的指标多而不实，定量的指标少而又少，有些量化指标等于是"白给的"，你有我有，大家都有。考核没有实质的量化内容，不但没有什么用，还会对以后工作造成不良影响。考核员工的业绩，更应加大量化的力度，减少抽象的考核内容。在全车间的业绩排名，产出量、销售量、利润率、贡献率，这些量化都能说明员工贡献的多少、大小。计件工资与计时工资的根本区别在于，一个是实质量化，一个是非实质量化，管理者要在提高实质量化意识上下大工夫。有些人觉得，考察考核干部不太容易量化，实际上许多内容也是可以量化的，民主测评、推荐票数、选举票数，以及他主抓工作的业绩指标，都是可以作为量化考核内容的。

20世纪60年代初，河南省林县的红旗渠建设总指挥部进行的评比值得一提。《红旗渠日志》记载的情况，时间间隔了9天，前后两次评比的量化标准不一样，实质的变化是评比的量化内容由虚变实。

1961年11月8日，"今天召开指挥长会议，检查总结评比了第三次战役的战果。""评比以（依据）四个条件和（确定）各分数：①社会主义教育30分；②干劲30分；③质量20分；④安全节约20分。"从当时的背景分析，这是红旗渠建设第三次战役的战果评比，不好理解的是社会主义教育却占了30分，干劲占了30分，各营连的"教育"和"干劲"如何量化打分？我估计这是根据上面精神套用的评比打分标准，搞成上下一般粗。由于评比的主观因素和不可量化的因素过多，大家伙儿面面相觑，都不知道怎么评比了。

总指挥部及时意识到了这个问题，11月17日他们又按新的标准进行了总结评比，早上4点天还没亮，各指挥长们就吃饭了，然后就动身到各工地进行细致的量化检查，中午11点才回来开始各营连的总结评比。《红旗渠日志》记载，这次"评比的根据有三个主要条件：①功效占40分；②质量30分；③安全30分。"前一次评比，社会主义教育和干劲加在一起占了60分，这一次评比功效和质量加在一起占了70分，把原来的四项减为三项，增加了功效这一项，占的分数最多，质量加了10分，安全加了10分。这些变化很有意义，由此评比量化的内容更实在，引导性更强，我们不得不佩服60多年前红旗渠建设者们求真务实的精神和勇气啊。

第31章 时间管理攻略

孔子曰:"逝者如斯夫,不舍昼夜。"马克思说:"时间是一切能力的地盘"。我的理解是,决定生命长度的是时间,决定生命质量的却不是时间本身,而是自己掌控运用时间的意识与能力。你的地盘你做主,在时间这个托起所有能力的地盘上,需要科学合理的管理理念和方法,需要不断提升时间管理的水平。时间管理和时间一样古老,但科学合理的时间管理法应用历史并不长。我的时间观与方法论是密切相关的,方法以时间为载体,时间的高效利用须臾离不开方法,没有时间的存在和延续,任何方法都落不了地,发挥不出应有效能。

科学合理分配时间

时间管理的前提和基础是科学高效地分配时间,通过时间的精细管理和节约分配,规划设计生活节奏和工作段落,在有限时间内圆满完成任务。我分配时间的方法是,依事情的缓急轻重确定时间的使用顺序和使用量,急事第一,要事第二,急事要事排在最前面,其他事情都要让路。用较多的时间处理要事难事，用较少的时间处理点零碎事，但急事要优先，重要的紧急事项更要优先（关于优先序，我在第 28 章已经专门谈到，这里不再展开说了）。

哪些事情多分配一些时间？哪些事情少分配一些时间？都要根据实际需要和可能，既要防止时间的浪费，又要防止时间不够用，切实增强时间使用的计划性和增值性。与其被烦琐事缠身占用宝贵的时间，不如采取锁定关键环节的工作方法，不在程序中过多逗留，抓住工作的实质内容，集中时间寻求突破。每个人都应以他本人的方法，根据自己设定的时间表，实现成长进步和事业发展的目标。

给学习和工作分配时间，要找到最佳的时段和节点，什么时段干什么也是科学合理分配时间的重要内容，状态绝佳的一小时，比状态不佳的两三个小时效率能高出几倍。或许是生物钟所决定，也可能是年轻时养成的习惯所致，我的最佳时段历来都在清晨，甚至在凌晨四点钟就开始进入这个时段，有了五六个小时的睡眠，头脑比其他时间清醒，而且这个时段的环境十分静谧，绝对是完全可以由个人支配的时间，中间没有任何干扰，不会被打断。所以我历来把重要工作，特别是重要的写作任务安排在这个时段进行，直到吃早饭。这两个多小时的时间，利用得好比一天的工作效率还高，质量那就更高了。

时间管理要防止零碎化，努力做到紧衔接、快节奏、精打细算，用整块的时间做重要的事情，用零散的时间处理日常杂事儿。然而，整块的时间毕竟不多，碎片时间每天都能有十几个时段、几十个时段。用好这些碎片时间，使生命的每一刻钟都不浪费（紧张工作后有个短短的空闲，用一刻钟打个小盹儿，同样是对时间的有效利用），也是一门很大学问。小块时间更多更经济，用零散时间学有所成，做有所成，那才叫本事大。

| 方法的力量 |

主导权：尽早尽快，能提前就不拖延

时间管理的根本出发点是要掌握时间主导权，做时间的统领者，"我的时间我说了算"，不被时间紧任务重搞得丢三落四。有的年轻人每天早上上班，都会慌慌张张，顾了东忘了西，饭没吃饱，脸没洗净，衣服没穿好，门都忘记锁了，就火急火燎向地铁站跑。假如他早起床一刻钟，早晨必做的事每项多分配三五分钟，就不会出现这种情况，时间的主导权也就牢牢握在自己手里了。

爱丁堡说："在时间面前，我们并不平等。唯一平等的，我们都是时间的仆人。"就时间管理角度看，本人不赞成他的观点，反倒是坚持认为，时间面前人人平等，大家不要做时间的仆人，而是要做时间的主人。无论富人穷人，无论是大人小孩，每一天都是二十四个小时，只要你掌握了时间主导权，时间的仆人就会成为时间的主人。

做事情要尽早，赶早不赶晚，早行动早进入状态，把准备工作做充分，最好还能留出一些可机动使用的富余时间，不能把时间搞得可丁可卯。进考场，早个十分八分钟很重要，如果踩着铃声进考场，屁股还没坐稳，就得阅卷答题，心神都定不下来。农村人都有早起习惯，我的习惯和农村人一致，几十年如一日早起，做事情也喜欢抓紧和赶早，讨厌拖拖拉拉的做事风格。生活中有人醒得早，但起来得晚，躺在床上玩手机，那还不是个晚嘛。也有人起得并不晚，但常是起个大早，赶个晚集，这就是拖延症作怪了。吞噬时间的魔鬼，十有八九是那个名字叫"拖延"的家伙，假如掉到这个无底洞里，就是有再多的时间也会被它耗费掉。拖延症是危害极大的毛病，必须下决心根治。

对待工作时限有两种方法：一种是往前赶时间，不是笨鸟也要先飞；一种是能拖就拖，不到最后时限不着急，到了最后时限仍然是火上房不着急。你推着时间往前走，还是你被时间拖着走，工作效率和质量会相差极大，人生状态亦会迥异。尽快和赶早，就是能快不慢，紧张振作起来，节奏动作快了起来，工作效率就能明显提高。但尽快和赶早不是慌慌张张，不是忙得脚打后脑勺，应当是提早抓紧时间，走在时间的前面，使各项工作及个人活动，有序高效开展。

管理细则：守时、惜时、争时、挤时、节时

《周易》有"天下随时"之说，王弼给出的注释是："得时，则天下随之矣。"明清之际的王夫之提出"知时""乘时""治时""先时"的时间管理理念，强调"一兴一废、一繁一简之间，因乎时而不可执也"。在此，我从守时、惜时、争时、挤时、节时五个方面，来简要概括本人加强时间管理的方法。

（1）守时

在人与人交往中，守不守时与诚信不诚信是挂钩的，不守时还能诚信么？上班迟到早退，开会没个准点，约定的事情不按时回音，承诺的事情不及时兑现，这种人是不值得信任的，更不能委以重任——守时往往就是守信，不守时也就是不守信。遵守时间是做人做事的本分，咱不要给不守时找任何借口。某人参加一个会议，迟到了二十多分钟，进到会场来了句："哦，来晚了，这车堵得太厉害了。"这是为不守时找借口的话。哪天不堵车？别人也遇到堵车，为什么你来晚了？无非是他时间观念差，守时意识不强。

（2）惜时

珍惜时间就是珍惜生命，珍惜生命必须珍惜时间，时间是生命的度量衡。珍惜时间至少有两层含义：第一层含义不言自明，就是要珍惜自己生命的分分秒秒。第二层含义常被人忽视，那就是珍惜别人的每时每刻，这一点反映人的修养和境界。浪费自己的时间，等于浪费自己的生命，这是极其愚昧无知的。浪费别人的时间，等于侵害别人的生命，这是非常不道德的。尊重别人的一个法则，就是尊重别人的时间所有权和支配权，不随意占用别人的时间。

（3）争时

学习和工作都应有强烈的时间紧迫感，乃至要有一定的时间危机感。"难得而易失者，时也"。时不待我，必须得争，对时间不能消极对待，能多争取一点是一点。一段路程快走二十五分钟就到目的地，慢走得四十多分钟，骑自行车只需要十来分钟。与时间管理有关的这三种选择，首选应该是骑自行车，其次是快走，如果是要消磨时间，谁想慢走就慢走吧。争取时间要强化只争朝夕的意识，正如毛泽东所说，"一万年太久，只争朝夕"。每一天早晨、每一个晚上都要去争，不要以为一朝一夕不值得争，时间就是由朝夕构成的，只争朝夕是事业成功和人生充实之要义，有意义的生命长度和成长发展机遇，都是经过争取时间来获得并展现的。

（4）挤时

时间有不可逆性，但确实又有很大的弹性，它如同海绵里的水，就看你挤不挤，零散的时间要挤，整块的时间要争，对所有的时间都要挤着用省着用。在大学读书，除了听课外，其他时间的弹性都很大。自习时间可以去图书馆，也可以做课题搞实验。早晚时间，可以阅读和预习，可以有规律地进行体育锻炼，晨跑夜跑的感觉都会挺好。在机关工作，挤时间也有窍门。我对开会常有两手准备：一手准备实实在在开会，那就充分准备，务实而认真开会，深入研究问题，切实解决问题；另一手准备是应付那些"官僚会"，包里带一些需要阅研的文件资料，以及需要修改的文稿，会上不动声色地埋头苦干搞自己的"副业"，基本做到两不误。

（5）节时

人的所有节约，归根到底是时间的节约。我时常看到，一些工作绩效差的员工，大量时间都用到了可做可不做的琐事上了，每天都整理价值不大的资料，每天都要把电脑中的各种信息都浏览一遍，看似没闲着，但也没有创造什么价值，浪费了自己的时间，还耽误了工作。节约时间的方法，一是不干没有用的事情，从事项构成上整块节约时间；二是提高时间使用效率，用较少的时间做较多的事情；三是切换执行路线，不在拥堵的路上浪费时间，宁可绕一些路，但能节省时间。

使用洗衣机和烘干机的时间安排

有些任务迫在眉睫，有些工作没有时间要求，有些事情有序去做和无序去做结果天差地别。工作一大堆，你应该怎样去做，应该在什么时候去做，用多少时间去做，都要运用科学合理的时间管理法具体去设计实施。

1954年兰德公司的数学家塞尔默·约翰逊发表了一篇论文，他提出的问题是："如果在同一天你有很多衣服要洗和烘干，最好的处理办法是什么？约翰逊的答案有些复杂，我作一些简化表述。关键是要找到一个使用最少时间的洗衣机或烘干机的方法，肯定是要先用洗衣机，然后再用烘干机，开始时总有一段时间是洗衣机单独运行，结束时总是有一段时间是烘干机单独运行。你若能将开始时的洗衣时间耗费最少，便能使洗衣机和烘干机共同工作的时间达到最优。约翰逊提出一个方法是，选最好洗的衣服洗起，以最少的烘干衣物量结束。

应用约翰逊这种方法，的确会取得节省时间的效果，我从中体会到时间管理方法的两点深层理念。其一，时序安排和时间的充分利用，可以通过算法来表达和实现。也就是说，算法能够对时间进行高效管理，相关的理论和公式可用于指导实践。其二，无论是学习、工作还是生活，都存在最优的时序安排方案。没有最好，但有最优。何为最优？那就是时间与效率的比较。时间管理的要点之一，就是尽可能将时序安排得科学合理，求得时间效率（效益）的最大化。

关系时间：快时间/慢时间

传统的时间以标准时钟计算，现代时间计算法则是通过新结构的变化来衡量，可称之为"关系时间"的计算。如果事情总是保持不变，就没有变化来标注事情正在过去，因而也就只能用没有变化来标注时间；如果结构变化了，事物通过移动等方式改变了自己，时间便会显现。依据这一原理观察，时间可以用两个尺度来衡量。一是较快的尺度，为"快时间"。它不但会显示变化的节奏，还会显示人们进行新活动和采用新方法的步调。二是较慢的尺度，为"慢时间"。这个尺度在经济和社会发展中具有时代特征，具体到人的活动和工作，主要的意义在于标注时间的时代性和持续性。

这个时间关系法及快时间/慢时间的概念，理论性过强，不大好理解，但从实际应用角度，咱们可借鉴的是，理顺时间的关系，注意时间内容的变化，使时间凸显实效性。既要准确把握和跟进快时间，又能在宏观上高位俯瞰及驾驭慢时间，站在时代的高度领会时间的可持续性。具体来说，就是把握时间节点和时代潮流，有快有慢，有张有弛，不操之过急，也不得过且过，在风云际会中，使自己的思想行动与时局时势合拍，与时机时代同频同步。

别致而实用的番茄工作法

把工作时间分成几个三十分钟，在每一个三十分钟里工作二十五分钟，休息五分钟，这就完成了一个番茄时间，然后再进入下一个番茄时间。这样做的好处是能够保证每一个二十五分钟都保持专心致志，把"漫长的工作时间"划分成了一个一个有休息指望的"番茄时间"。开展实际工作，以番茄时间为主划分时间段是有一定条件限制的，因此要照顾到完成各项任务的特殊需求，而不是机械地划分和执行番茄时间。番茄时间工作法主要是技术性的，也有一定的方法论意义。我的感受是，面临繁重的工作任务，长时间处于高度紧张状态，必然会出现边际效益递减现象，把时间切成不大不小的番茄块，利用节奏，有序而持续地进行工作，劳累疲乏感会降低，工作效率和质量也会有保证。

抢占与切换：最早到期日和最短加工时间

这两个时间管理法，与"抢占和不确定性"的理念有关。如果把某类任务的时间管理当成一种时髦的游戏，在中途只要对游戏编程进行简单的程序修改，就可以停止一项任务的执行，立即切换到另一项任务。这就实现了时间和任务抢占的意图，最后就很可能戏剧性地改变整个游戏的内容和结果，达到高效利用时间的目的。在某任务的开始时段，就将相关的任务与正在进

| 方法的力量 |

行的任务做比较。如果你运用最早到期日方法，新的任务会比当前的任务截止日期更早，那么就拉起你的"操作杆"转换挡位，否则它将停滞不前，至少会拖你全部任务的后腿。

关于最短到期日和最短加工时间，我的一次文稿起草经历，或许能说明问题。当时机关要撰写的材料相当多，半个月内我手上要同时起草五个文稿，交稿的时间要求是，一份在半个月后，一份在十天后，一份在一周后，一份在三天后，一份在一天半后。这种情况下，最早到期日和最短加工时间的方法就派上了用场。我先启动的是半个月后要交的文稿任务，因为它前期工作量大，有关处室要提供基础材料，还要召开座谈会听取有关部门意见。第一天上午，我用一个半小时把需要有关处室做的工作安排好了，于是就立即切换到一天半后要交的文稿起草。由于只是一份简单的通知稿，就只用两个小时就完成了这项任务。下午即切换到座谈会事项，晚上又加班两个小时（加班时间长了，效果并不好），把任务切换到起草三天后要交的文稿框架。完成了这个文稿，再突击一周后和十天后要交的文稿，最后五天用于完成半个月后要交的文稿。如此时间安排和任务及时切换，最早到期日和最短加工时间的方法都用上了，工作的轻重缓急和节奏感都体现了出来，工作效率大大提高。

当你接到一项任务时，即可通过其将耗费的时间来对这项任务进行重要性评估，参照最短到期日和最短加工时间理念作出时效对接，如果该任务重要性高于当前执行的任务，就切换到新任务，不然就继续抓紧完成当前任务，为切换到新任务争取时间。这个方法不仅能够高效完成任务，还能动态地保质保量完成多项任务，对工作任务的不确定性也能有所兼顾。

但要清楚，抢占和切换都不是随意的，应当有条不紊加以科学调度安排。第一，你要抢占和切换的任务，都在一个"计算机"上，并且是由你一个人完成，别人帮忙不算数。就像我切换起草文稿的任务，都在我的个人工作电脑上，如果盲目切换或粗暴抢占和切换，自己会把自己搞得晕头转向。第二，每次切换任务都是有代价的，应当计算所需的时间成本。当计算机处理器把注意力从给定的程序转移出来时，肯定要付出一定代价，它需要及时标记该任务的位置，并把其所有相关信息放置一边，然后找到它下一步运行的程序，还必须取得程序的所有相关信息，找到它在代码中的位置，最后进入该档位。第三，人的大脑注意力的切换也是要计算代价的，起草一个文稿进入了状态，突然思维和精力又被打断抢占，不是一时半会就能调整过来的，人脑"换频道"比电视换频道难度大得多。因此，切换不能太频繁，抢占也不能太强硬，最好有序有度切换和柔性抢占。

加班不能成为工作常态

有些单位经常加班，一些员工每天工作十几个小时甚至连轴转长时间加班，无休止工作。只有紧张状态，没有松弛休息的时间，无疑是一种不健康的工作方法，也是低效甚或负效应的工作方法。常态化的加班至少有三个坏处。

一是造成工作无序，致使效率和质量走下坡路。该下班时不下班，该休息时不休息，或者以加班名义不按时上下班，看似负责，貌似敬业，实际可能是本事不大，用加班来弥补能力的不足。人的精力有限，八小时之内不能有效完成任务，那么加班就能完成了么？恐怕也是拿加班的时间凑数，结果会形成恶性循环。机关里加班写出来的材料，错别字明显高于正常工作时的发生率，内容质量也相对较低——加班无休无止，常态化加班是低效低质劳动。

二是付出的社会成本很高，既损伤个人的身心健康，又危害家庭和睦。

长期加班的人不仅透支时间，还是透支生命，使人过早衰老，容易患病，减短寿命。长期加班会给家庭关系带来不良影响，引发夫妻矛盾，尽不到孝敬老人的义务，没有时间对子女进行培养教育，淡漠了亲情。

三是加班赶出来的活，不但次品和废品多，而且会给人提供投机取巧的机会。年轻的时候，我曾在一个工厂的流水线上当工长，那时经常靠搞大会战加班来完成生产任务。在年底清理产成品发现，90%以上的次品废品是在大会战加班时加工出来的。连续加班加得头重脚轻，数量倒是上去了，质量可是下来了，出次品废品在所难免。有个别员工，把平时出现的次品废品，都统计到加班的时段里，反正是萝卜快了不洗泥。后来我在机关工作也发现，个别人加班看着领导办公室的灯光，领导走时他会"正巧相遇"。其实他刚才是在电脑上加班打游戏，班是加了，但一点正经事没干。

克服加班常态化问题，应当增强工作的预见性和超前性，掌握工作的一般规律和特殊规律。正常情况下，需要加班的工作多是比较"急、难、重"的任务，平时若能把工作做得有条不紊，"急、难、重"任务也是可预见的。同时还要端正评价导向和政绩观，切不可把加不加班作为敬不敬业的标志。愿意加班的员工凤毛麟角，不愿意加班的员工接近百分之百，加班不得人心，只是为了获得热衷"瞎折腾"的领导者欢心。在对员工评价标准中，尽可能不出现对加班多少的考量。还要改变以往只知道做加法的旧招数，主动做好科学务实的减法，必要时还可以做干净彻底的除法。大刀阔斧把减法除法做到位，减少工作量和无效劳动，坚决摒弃不必要的加班，下决心从加班常态化的困局中跳出来。

第32章 预见预备预防与应急应变行动力

当今世界瞬息万变，潜伏着各种风险，挑战和考验严峻，"灰犀牛"和"黑天鹅"随时都可能出现，提高应急应变行动能力，应对和化解突如其来的风险，那可是不等人的。新冠肺炎疫情久久挥之不去，中美关系时常出现复杂的焦点问题，致使当前和今后一个相当长时期，大的关系格局和许多矛盾都处于山雨欲来风满楼之势。在这种大背景下，我们对经济社会发展变数和不确定性要有清醒认识，掌握好预见预备预防的方法，切实提高应急应变行动力。

预见——把握因果性和相关性

预则立，不预则废，这个"预"首先是指预见，预见事物未来发展趋势及可能出现的事件或危机。事发之前，突变之前，危机来临之前，优秀的人能够预见到敏感点、关节点、爆发点，预见到事物突变的可能性及走向，看得比别人远，看得比别人深，在别人看到之前，就能看到那些苗头倾向，看到隐患危机，看到深层原因。预见是为预备预防争取时间，为趋利避害选择路径，也是为发展进步寻找机会，这些就是预见的价值所在。

毛泽东有个"领导就是预见"的论断，他说："什么叫领导？领导和预见有什么关系？预见就是预先看到前途趋向。如果没有预见，叫不叫领导？我说不叫领导。"其实，不是领导也要有预见，刚刚入学的大学生，刚刚就职的企业员工，都应有一定的预见能力。你一入校，就得对四年后的就业有所预见，不能等到毕业时才考虑从业的方向；你一入职，就要对所在企业的发展实力和前景有所预见，如果发现是个"皮包公司"，那就赶紧再找新单位吧。

正确的预见方法，主要是通过发现事物（事件）的因果关系，科学区分因果性和相关性，认识变化规律和把握发展规律。这方面内容，我在第14章已有涉及，本章主要从预见的角度阐述因果性和相关性。世界上的事物，只要在同一领域，或在相关领域相关层面，大体都有一定的因果关系，某种现象的产生都不是孤立存在的，内在条件和外部环境都有缘由，都有促成这种现象的显性力量和隐形推手。咱们要注意的是，因果性与相关性有所不同，若未能科学区分因果性和相关性，把两者混淆了，那就可能在方法上发生错误。两个变量之间，虽然相关性是有的，但并不意味着因果关系就由此形成了。

在工作中确认因果关系，可用的方法并不特别复杂。正如笛卡尔所说："几乎任何一个特殊的结果，开头我都觉得可以用许多不同的方式从那些原因推出来。"首先要明确因与果的先后顺序，因必须在前，果必须在后。其次要分析前者与后者的直接关联，以及带有主导性的单一关联。再次要搞清一因一果、多因一果、一因多果、多因多果在性质上及分量上的差异。这个过程要当心误将相关性认定为因果性，不能因为一种现象与另一种现象多少有些瓜葛，一个问题与另一个问题或许有些牵涉，就草率认定存在因果关系。

有学者主张，人们要从对因果关系的追求中解脱出来，转而将注意力更多地投放到相关性的梳理及应用上来；广泛全面地掌握事物（事件）之间的相关性，视情况放弃对因果性的过分寻找，意在纠正以往观察问题着力点的错位。很早以前，休谟就质疑过因果关系的普遍性和必然性，他严肃提出两个问题："第一，我们有什么理由说，每一个有开始的存在的东西也都有一个原因这件事是必然的呢？第二，我们为什么断言，那样一些特定原因必然要有那样一些特定的结果呢？"休谟揭开了因果观的软肋，否定了当时把因果关系作为最普遍规律的各种学说。他提出的问题很深刻，但并不能因此而否认因果关系的实际存在。我认为正确的观点应当是，相关性中包含着因果性，因果性是一种带有因果关系的相关性，在重视相关性的同时，不应排斥在相关性中寻找因果关系的必要性和可能性。假如在相关性中排斥了因果性，只问相关不相关，不问有没有因果联系，那么相关性也就没多大意思了。这是从"因果极端"滑向"相关极端"，走极端的方向虽然不一样，但都是不良的思想方法和工作方法，对正确的预见预备预防都是不利的。

在我看来，因果性情形比相关性情形少一些，相关性具有整体意义和普遍性，因果性有特定意义和特殊性。一个事件先于另一个事件发生，未必是另一个事件的原因，因果关系比相关关系的要求更高，相关关系比因果关系更错综复杂——相关不能直接验证因果，因果关系中一定会有相关性。事物现象及实质的因果联系并不简单，看似此现象为原因彼现象为结果时，或许那只是表象的因果，实质的因果可能恰恰相反。时而会遇到的情形是，某种现象既是某个事件的原因又是结果，现象与事件的因果联系又会表现为逆向交替的态势。

宏观层面是普遍的相关性，中观和微观层面是一般的因果性，把宏观、中观、微观三个层面的因果要素结合起来综合分析，不但预见预备预防的视野会很开阔，还能够更好地把握相关性与因果性的联系及异同。相乘法则、

方法的力量

平均法则和相加法则,这三个预测法与实际传统预见也有不少类似的地方。作出准确的预见,基本方法是全面准确了解你所预见的事物(事件),养成跟踪研判新情况、新问题、新动态的习惯,思想上有预见意识,能力上有预见的本领。之所以能从少量的或某个单一的观察结果得出正确的预见结果,就是因为你在这个方面经历及经验是比较丰富的,已经存储了接近准确的经验或知识。

预备——越扎实越好,重点做实预案

在社会现实和具体工作中,有些风险隐患是显而易见的,也比较好防范,应对的预备工作也容易做到位。有些风险隐患却是潜伏着的,就像压发式地雷埋在那里,没有人踩它,它就不会炸,应对的预备工作不太好做准做实。还有些一时一事的险情险境,过去了也就过去了,接下来便会风和日丽。重要的是,有些风险隐患长期存在,不管你走到哪里,都会形影不离,那就要务必时刻防范,不断夯实应对预备工作的基础。为此,排查风险点要彻底,从源头开始一直排查到最末端,每个环节都要认真排查,不留死角和隐患。

在预见预备预防"三预法"中,预备工作是关键的中间环节,预案是三预的重要抓手。我要指出的是,人们对此重视得不够,制定预案也下了点工夫,但涉及具体预备工作时就虚而化之了,致使应急应变不力,造成不必要的损失。从预见到真的发生变化,那就要预备以变化迎接变化,以变化引导变化。做好预备工作的一个着力点,应当是从预测到预判到预案,制定和实施预案不但要有板有眼,还要随机应变。这是重要的预备工作,带有一定的基础性和导引性,务必做实做细。不能纸上谈兵,没有实实在在的预案,应急应变就会缺少根据和相应的准备，有备无患就是空话。

在一次审定预案的会议上，几个部门说来说去都不得要领，一位领导尖锐指出了预案制定中存在的突出问题。他说，"各方面的预案都有了，但我不得不把这层窗户纸捅破，现在相当多的预案是摆设，是抄来搬来的一纸空文。应急应变工作抓了多年，有关预案的制定到现在还存在不小问题，那就是不务实的流程化倾向。我看了十几份预案，有省一级预案，也有市一级预案，都是表面文章式的流程规定，见不到实质性的要求，缺少操作性措施。看了这些应急预案我就想，如果按照这些预案从头到尾一个流程一个流程做下去，大概还是无济于事"。接下来这位领导强调，"认真修改应急预案，不一定推倒重来，但必须充实完善。重点是充实实质性内容，增加操作性强的措施，预案不是应付各种检查的，更不是专门给上级看的，说到底大家是要拿着预案照着干的。不能搞一些好看不中用的预案，一定要防止应急管理陷入单一程序管理的误区"。

这位领导指出的问题不同程度的存在，提出的要求也是很有指导性的。一些机关单位的应急应变程序和要求确实存在复杂化倾向，相应的操作措施又存在针对性不强的问题。应急应变管理的程序，一定要锁定化解风险的目标，不能因为走程序而偏离目标，弄成了程序至上。可操作不仅是程序的可操作，更重要的是应急应变措施的可操作，使实质规定和可操作措施更管用，把应变应急工作重点转移到增强针对性和实效性上来。

预案制定等预备工作，必须要往实里抓，着力解决重程序轻实质的问题，突出关键点和侧重点。预备工作的相关职责要环环相扣，分工明确具体，确保每个环节、每个部位、每个相关单位都能做到守土有责。尤其要认真落实牵头部门职责和责任，科学处理好主责部门与有关单位的关系，主责部门承担主体责任和首要责任，有关单位承担职能责任和协同责任，形成应急应变预备工作一盘棋。

| 方法的力量 |

预防——针对事物（事件）苗头做靶向手术

苗头有好有坏，用鲜花和毒草来形容大致是贴切的，鲜花的蓓蕾是好苗头，毒草的幼芽是坏苗头。我在这里所说的苗头，主要是指可能引发风险危机的事物或事件的苗头，而且这种苗头代表着某种不好的态势。就像在肠胃里发现了一两块小息肉，为了预防发生恶变，就要及时用微创手术等方法把息肉去除，此后还要定期做胃肠镜检查，这就是抓住不良苗头做切实有效的预防工作。

话说回来，有了预见和预备的前期工作基础，随之就要切实做好应急应变的预防工作。预见到了风险和危机，应对的预备工作也到位了，剩下就是乖乖地等着它们来吗？不是的，而是要加强预防，尽所有能力把风险降下来，尽最大可能使危机不发生。那就要抓住事物或事件发展变化的苗头，在苗头中有力掌控转折点和突变环节，使它不恶化、不失控、不爆雷，最好能使其向有利的方向转变。预防，有预有防，防范的靶向手术做成功了，风险和危机就能够得到化解。

必须以求真务实的态度和方法抓预防工作，不能只是喊口号，没完没了发文，有事没事开会，这不是真负责任，而是在推卸责任。疫情的防控，火灾水灾的预防，债务金融风险的防控，其中的道理和做法都是相通的。危难、危险、危机来临，以什么手段和措施应对？是惊慌失措，还是临危不惧？是畏畏缩缩，还是进退有据？在重大考验面前，作出何种表现，采取何种预备对策，都与方法有很大关系。然而，警钟应该长鸣，但又不能总喊"狼来了！狼来了！"假如狼真的来了，防范化解风险危机的工作可能已被弄夹生了,这方面的惨痛教训不是没有。

提升应急应变行动力

三个人行走在路上,眼快的那位最先发现一块金币,盯住了但并没有弯下腰去捡;嘴快的那位大喊大叫:"我发现了金币,一个很大的金币!"但也没有弯下腰去拿;行动快的那位不声不响,马上弯下腰把金币抓到了手中。不言自明,眼快的不如嘴快的,眼快的嘴快的不如手快行动快的。预见预备预防不变成行动,有针对性的方法变不成行动力,那就都是一钱不值的花架子。君子要讷于言、敏于行,还要善于行、稳于行、耐于行。前面说到的判断决策和具体事项,都需要一项一项执行落实下去,如果都停留在认识上、纸面上变不成行动,所有的预见预备预防的工作和方法都没有用。

中国革命和建设,改革开放和经济社会发展,包括具体工作的实施推进,经常使用的一个重要方法,就是先干起来(行动起来)再说,不去争论是非,不被教条束缚,是非、对错、成败均由实践说了算。一步实质行动,比十个规章制度还重要。费希特说:"行动,行动——这就是我们生存的目的。""只有人的行动,才是决定人的尊严的东西。"执行往往是被动的,但把执行力改换成行动力,便成为主观的能动性了。项目实施和商业运作,靠的是果断的行动,看准了的就要立即行动。行动中结合着实际情况,还要对行动的方式方法进行持续思考和调整完善。

应急应变行动力是平常而又特殊的反应能力。说它平常,就是人们对事、对人、对环境、对变化总会有所反应。说它特殊,就是对突发事件、对紧急情况、对公共危机必须作出果断反应和应对。提高应急应变行动力,总的要求是紧跟时代发展步伐,在大格局大趋势中找到顺应时变的关切点,准确把握变化的形势和任务。应急应变行动力实质是快速反应力和强势行动力的结合，对可能发生的风险及紧急事件，预见预备预防都要及时扎实，未雨绸缪，行动有力，防患于未然。临危阵而卓厉风发，遇大事大敌而益勇益壮，提升应急应变行动力，起码要做到以下三点。

（1）行动的最佳时间就是现在

本杰明·富兰克林说："千万不要把今天能做的事留到明天。"应急应变工作是由具体的实际行动来完成的，第一步没有迈出去，第二第三步也就迈不出去。所以要争取做到当天的工作当天完成，能不过夜最好不过夜。拖延和推诿往往是使风险危机潜伏下来的原因，也是导致问题恶化的原因，切不可等到生米煮成熟饭再去应对。换言之，应急应变工作要做在平时，不积累矛盾，不隐瞒问题，不得过且过，想到就要做到，观察到就要有对策有行动，当下是行动的最佳时间，现在立即行动就不会晚。

（2）第一时间，第一反应，第一动作

出现紧急情况和突发事件，最宝贵的是要在第一时间作出第一反应和第一动作。就像纸篓里发现一个冒烟的烟头，你不必打110电话报火警，也不必到处去找灭火器，立即将一杯茶水倒进纸篓里，可能的火灾就被消灭在纸篓里。出现危机时，头脑要保持冷静，沉着应对，镇定自若，稳健稳妥处理问题，不可显露出手足无措或悲观失望的情绪。要勇于承担风险带来的压力和责任，快速反应，精准决策，果断行动，不误时机，不乱阵脚，在第一时间果断、有力、准确作出应变应急的第一个反应和第一个动作，并且还要马上跟进采取有力措施，最大限度控制和化解风险危机。

（3）选择最便利的行动路径，越直越短越好

应急应变不是按部就班的日常工作，采取应对行动，必须走顺路和捷径，减少多余的条条框框，防止行动在过程中卡壳变形。剧烈变化和紧急情况来临时，要敢于越过常规，改变惯常的做法，迅速果断启动应对措施。行动路

径有纵向、横向、网状等坐标，有直路和近路，也有弯路和岔路，关键时刻可别把行动坐标搞错了走到岔路上，那是要惹祸的。行动最好是直通车，走最直最短的路，以最快速度抵达目的地。按照应急应变预案紧急行动，不等、不靠、不迟疑、不推责，不亦步亦趋、瞻前顾后，但一定要及时请示汇报，不能自作主张。风险或灾害突出，可以越过原来规定程序，采取应急应变的有力行动，直指风险危机的"漩涡"。

第33章 如何管控情绪和行为

自我管理的一个重要方面,就是管理好自己的情绪和行为,感情不冲动,言行不出格,行事不草率,任何情况下不失态,即如苏轼所说"无故加之而不怒"。人的情绪和行为具有连贯性,两者要一并管理,且可用相近的方法管理,重点是先得把情绪管理好。管理情绪和行为的方法,也就是咱们的自我管理法。

直观、直感、直觉——感知事物和人,引发情绪和行为

伊壁鸠鲁说过这样的话:"一切感官都是真实东西的报道者。""没有什么东西能够驳倒感性知觉。"他的这些话对感官和感性知觉是高度肯定的,强调感官报道出来的都是真实的东西,感性的知觉是驳不倒的。我在这方面的体悟是,从感官到感观,从感觉再到感性,具体表现为直观、直感、直觉,这"三直"是感性的直接产物,是引发情绪和行为的酵母,又是由感性到理性的直通车。

(1) 直观

直接的观察，对外表形象的观察，比想象接近现实，比间接听到看到的可靠可信。按照笛卡尔的说法，这种直觉就是找到最简单、无可怀疑、无须辩护的人类知识元素，发现最简单和最可靠的观念或原理。感知事物和人，直观往往是第一手的认知要素，也是能够产生情绪和行为的第一因由。你站在昆明滇池海埂大坝上，一眼看到那群鸟感觉像是红嘴鸥，它们就是一群红嘴鸥，不是家养的鸽子，瞬间的直观就决定了你的判断，就是真的没错嘛。

(2) 直感

直感注重的是从感触到感知，从感知到感悟，由直接的接触感触到直接的认知感知，再到直接的体悟。它是通过感官来向情绪和行为传导信号的，看到了，听到了，也就直接感觉到了，于是发生情绪和行为。今天早上，小李出门上班，看到小区里有个大妈，把没分类的一大桶脏兮兮的垃圾倒进了可回收的垃圾桶里，立即引起了他的反感情绪，这种直感甚或使小李马上制止她的行为。直感是第一感觉，不仅是感官的感，还是感受感应的感，比直观有更强的感应性，对事物和人的感知也会更全面一些。

(3) 直觉

就是身临其境的直接觉察，它有些神秘但准确度可是不低，特别是那些智商情商较高的人，依靠着直觉一下子就能把人把事看到骨头里。凭直觉的观察，并不是主观唯心的，反而是更能够直面真实。爱因斯坦对直觉的作用高度看重，他说："要发现（复杂的科学规律）没有逻辑的方法，只有用直觉，直觉能感受到表象背后的科学规律。"美国前总统林登·约翰逊说的话更实在，当你走进一个房间时，如果你不能辨别谁是支持你的人，谁是反对你的人，那么你就缺乏从政的素质。短时间内的这种辨别，靠的就是奇妙而比较准确的直接觉察。有些直觉是天生的，有些是靠阅历和经验积累而形成的，有些又是有意识自觉养成的。

在这"三直"中，我最看重的是直觉，第一印象就是直觉的第一份礼物，它建立在直感和直观基础之上，有了直观直感，接着的直觉就不那么简单了，它是在直观直感之后经过思考而获得的觉察觉悟。多数情况下，咱们要相信和善用自己的直觉，凭直觉认知事物和处理问题，将方法由科学转变为学问和艺术。直观直感或许会有些误差，而直觉则会对这些误差作出修正，每个人都有属于本人特定的直觉，都有自己所熟悉或所擅长的领域，男人有男人的直觉特长，女人有女人的直觉特长，孩子特有的直觉也不简单。直觉还是融汇广博见识的感性认知，具有"第六感觉"的功能，有时是很灵的。面对面的交流，往往凭直觉进行，但直觉中已经包括了理智判断的因素。直觉不只是对事实的单纯反映，需要经验参与但又不完全仰赖于经验，它更是来自本能的一种视觉、听觉、嗅觉、知觉、察觉和觉悟。

对事物对人的认知及判断，情况和数据等事实当然是不可缺少的，但直接起作用的还是依据综合性更强的直觉。直觉能够告诉你，某件事情正在发生中，某种事物正在悄悄改变中，某个机遇正在来临的路上。直觉还会提醒你，这个人是真诚可信的，那个人是虚伪阴险不可靠的，某个项目不值得做，某一行为不宜作出。直觉通常基本上能使你读懂所面对的对象，读懂你的同事、你的下属、你的领导、你的伙伴，读懂你日常遇到的那些人和事。

把直观、直感、直觉把握准了，管控情绪和行为也就有了好法子。直观要细致入微一些，直感要周全理性一些，直觉要敏锐深刻一些，并要专注于感性与理性的耦合，以这样的姿态及方法进行情绪和行为管理，就能较好地解决溯源的问题——源头的自我管理。

闹什么都不要闹情绪

情绪有时是一腔热血，有时是一首奏鸣曲，有时又是一张扭曲的脸谱。

有人做成一件小事便喜形于色，遇到一点挫折便垂头丧气甚至撂挑子，别人一句不经意的话竟然使他火冒三丈。不言而喻，情绪确实需要加强自我管理，如果管理不及时不到位，就会产生危害很大的负能量。咱们要管好自己，首项任务是管好自己的情绪，在管理方法中情绪管理法不可或缺。

"闹"是一个很有意思的多义词，"正月十五闹元宵"是受欢迎的好闹，闹情绪的闹是令人讨厌的坏闹。我在山西工作过，那里人说话有时会巧妙地用"闹"字做动词，山西 CBA 球迷有两个字的响亮口号："闹他！"这就更是多意的、有隐喻的词汇了。闹情绪实际是自己闹自己，当自己和自己较劲时，那就是在闹情绪了，闹情绪不是等于闹病么？结果还不是让情绪病把自己闹了。

人的情绪，此一时彼一时，好情绪和差情绪，均需要用科学的方法管理。好的情绪对人能产生积极愉悦的效应，形成兴奋自信和积极乐观的精神状态，但也容易自我感觉良好，由头脑过热到全身发烧，直到不知谁大谁小。差情绪表现为焦虑、沮丧、气愤、失望、冷漠、伤感，耗损人的正念和精力，以致思想消极，精神不振，行为萎靡。一些人的情绪，波动的时候多，稳定的时候少，既容易激动又容易消沉，热一阵冷一阵，他们闹起情绪来，不但情绪失控，行为也会失控，干出后悔的事情。

无数反面事例都告诫我们，闹什么都不要闹情绪，因为闹情绪损人不利己，害己又害人，最难受的还是自己。情绪管理的一条底线，就是遇到不顺心的事情，以不闹情绪为管控的阀值，闹点小聪明，闹点小自嘲，都比闹情绪强数倍。当然也可以生点闷气，可以和家人或好友倾诉发泄，只要是不把情绪闹起来，烦恼的问题就会渐渐消解。这就要提升理性对待事物和处理问题的能力，使心理活动及言行不过于偏激，自觉调节舒缓疏通情绪和心态，使坏情绪转变为好情绪。

> 方法的力量

调控节制：可卡因头脑，情绪化举动

国外神经学家研究发现，人们的欲望和预期能够刺激头脑中的原始奖励中枢，其效果和吸食可卡因差不多，兴奋异常，极度乐观，不理智情绪爆棚。这种状况下的头脑被称为"可卡因头脑"。投资专家据此分析，那些投资屡屡失败的人，主要是被可卡因头脑害了，一听到所谓的好项目就兴奋异常。那些不理智的赌徒，每一次投注都被强烈的赢钱欲望驱使，大脑的奖励中枢不断给他们传导错误信号，几乎百分之百都是可卡因头脑。

除了可卡因头脑，还有"自寻烦恼头脑"，自卑、自艾、郁闷、怨愤、焦躁，都会引起情绪恶化。爱抱怨发牢骚，遇事就着急上火，不通情达理过于挑剔，均为自寻烦恼头脑的直接产品。这种随时变化的情绪，对身心健康势必造成危害。喜欢抱怨的人，肯定与优秀有不小的距离，抱怨往往是无奈且无能的表现。谁都不要抱怨，因为抱怨啥用都没有，坏处却是不少，时间很快就会化解你的不满，抱怨却会终止这种化解的进程。

情绪化较重的人，心情好时得意忘形，心情坏时看什么都不顺眼，经常在情绪的两个极端状态下行事，他们做错事、做蠢事甚至做坏事都与情绪化有关。差情绪露头了，就要理智分析出现差情绪的原因，找到问题的症结在哪里，设法改变处境和心境，尽快摆脱它的纠缠，不被它挑唆支配。人的情绪高涨时，也要适度控制调节，趾高气扬要不得，只顾自己表达高兴，不顾及别人的感受。蒙田说过：节制是自身力量的体现，通过节制而预防危害是明智之举。

情绪化管控有四个小方法。一是转移注意力。对影响情绪的那些人和事，能不见就不见，能不想就不想，把注意力从消极事物转向积极事物，把不良情绪晒到一边去，做自己喜欢做的事情。注意力转移了，情绪便会跟着转移，这是顺其自然的情绪管理。二是转变场景环境。不良情绪和行为往往产生于特定的地点场合，相对于特定人和事，如果能摆脱这些场景环境，离开产生不良情绪的地方，可以去球场打球，去野外郊游，去和朋友聊天。场景环境变得和谐了，情境和心境也会好转。三是按下调节键，切换频道。当情绪化袭来时，主动按下中止键，拿起遥控器立马换频道，由上演悲情剧的电视剧频道切换到体育频道或文艺频道，最好看一集吐槽大会，把情绪调整到较佳模式。四是选择对象适当发泄。长期压抑不良情绪有害身心，应当选择好宣泄的对象和办法，在值得你宣泄的人面前宣泄。但不要没完没了，非要得到别人共鸣和同情，让人家接受你的痛苦。适当宣泄是为了把自己的不良情绪清理掉，不是让人家陪着你难过的啊。

情绪源于内心的思维方式，人的心理活动主要通过情绪这个东西外显外露，它能直接影响人们的思维、判断、决策乃至决定着人的行动，左右着工作、学习和生活。咱们要看清情绪的真相和实质，完善思维方式，化解烦躁焦虑，缓解内心压力，避免情绪恶化"跳水"。待人接物要平易和蔼，礼貌稳重，不摆大架子，不耍小脾气，以平和淡然心态面对现实。看淡眼前的一切得失（不是看淡长远的一切事物），此刻是非荣辱大多是昙花一现，无需过于在意它们。用积极的心态去处理消极的事件，消极的事件就有可能产生积极的效果，至少会把一些消极因素转变为积极因素。

西方情绪状态理论认为，幸福就是一种积极的情绪变化，幸福的门槛就是积极情绪和消极情绪的比例达到三比一，消极情绪不能超过情绪总量的三分之一，当然能减少到五分之一、十分之一那就更好了。自觉培养积极乐观精神，不让消极悲观污染情绪，越平和越有温情，工作起来越会心情舒畅。情绪稳定温和的人，朋友不会少，人际关系会比较融洽，运气也不会差。做

| 方法的力量 |

人做事不要太敏感,心思不宜太精细缜密,性格中保留一些单纯和直白,对于情绪的稳妥和超然会大有帮助。

当然,管理情绪和行为,也不是使人一锥子扎不出血,麻木不仁,没有个性血性,没有喜怒哀乐,行为总是谨小慎微拘谨过分。情绪和行为健康的人,一方面能够做到"血气之怒不可有",另一方面也能够做到"理义之怒不可无",有血气不方刚,有理义会坚守。

冷处理制怒:杜绝了冲动,就打败了魔鬼

成熟的人对自己的行为能有所把持,遇事不会立刻"热启动",而是适当的"冷处理",点火就着的脾气很不好。任何人都要防止滋生极端情绪,无论是对工作对同事,还是对亲人对朋友,谁也没有资格毫无顾忌为所欲为。丧失理智的冲动暴怒是魔鬼,遏制了冲动暴怒就遏制了魔鬼。遇到不快之事,当场不冲动,当时不暴怒,事后也就不会冲动暴怒了。发怒发飙是丧失理智的表现,不但会搞坏关系贻误工作,还会大大损害自己的形象。遇到怒不可遏的事情,要有不发怒的定力和接受现实的平常心,争取做到怒而不发,以威带怒,不怒而威。底气足的人,很少冲动激愤暴怒,更不会作出无理智的过急行为。

制怒是自我管理的关键点,也是决定人的心理素质和修养层次的功力所在。如果火气太旺,遇事爱激动发脾气,长此以往会减少寿命的哈。《三国演义》中,诸葛亮三气周瑜,就是抓住了周瑜的心理弱点,用一次又一次激怒周瑜的计谋,使孙权赔了夫人又折兵。"既生瑜,何生亮!",气得风华正茂的周瑜旧病复发,口吐鲜血而亡,时年仅 36 岁。林则徐把"制怒"的条

幅挂在他的公堂，时时提醒自己不要发怒，保持理智用权行事的定力。你越要干大事，越想干成大事，越要随时制怒。某件事令人发指，你可以耿耿于怀，但不要愤愤不平，要控制情绪，保持冷静，泰然处之。

以理性驾驭情绪是必需的，但方法有时却是受感性驱使的，然而方法的本质属性归根结底是理性的。诚然，感性也不是什么坏东西，受理性约束和调整的感性就不会产生坏情绪，但情绪化的那些方法会违背理性，这个时候理性就要干预感性。顶牛、斗气、走极端，破罐子破摔等行为，都是感性失控、情绪偏激的表现。这就要求大家，克服绝对化思维和钻牛角尖思维，对人、对事、对工作、对生活不过于苛求挑剔，欣然接受不完美的现实。

对影响情绪的事情，不可作出即时反应，再等一等观察观察，让事情继续发展下去，看它到底又能把你怎么样。不怕刺激，排除干扰，承受打击，保持沉静五分钟，在心里暗示自己沉住气，情绪和行为就不会失控。不怀好意的人踢过来的球，你干脆不去接，连球门都不守，谁愿意守谁守，让他射空门也无所谓："其实我不但很坚强，而且还很完美，别人的贬低只是出于嫉妒心，因为我比他干得漂亮，做的成功，活得滋润啊！"具体的办法还有，不正面应对外界的恶意刺激，能回避就回避，能闪开就闪开。到盥洗室用冷水洗一把脸，并且再照照镜子，看一看自己在气愤中的"尊容"，让自己情绪稳定下来。听音乐是舒缓情绪的一个有效办法，科学研究证明，大脑中处理音乐的部位与处理情绪的部位有重叠，音乐可以冲淡消解不良情绪。

忍耐忍让，厚实有容，中庸之道

毛泽东曾经给陈毅写过一封信，字数不多，反复劝陈毅凡事忍耐，必须练习忍耐，不是严厉的批评，而是善意的引导。信中写道："凡事忍耐，多想自己的缺点，增益其所不能，照顾大局，只要不妨碍大的原则，多多原谅人家。忍耐最难，但作为政治家，必须练习忍耐。"毛泽东的这些话，不但对政治家有用，对所有人都有用。

忍耐和忍让，乃情绪和行为管理的要义，两个词的前面都是一个"忍"字。忍的价值绝不可低估，大家要从方法论的高度认识忍耐及忍让的重要性。古人说："小不忍则乱大谋。"我还要补充一句，遇到"中的"事情和"大的"事情，也要解决好如何忍耐忍让的问题，小的忍一般好做到，中的大的忍做起来就有相当的难度。人要有做大事志向，也要有忍大事的肚量，自觉涵养忍耐忍让的软功，做到宠辱不惊，能忍让忍耐，能忍辱负重——"胜败兵家事不期，包羞忍耻是男儿"。

忍耐，考验咱们的心理承受力和耐受力。人们常说要耐得住清贫，耐得住寂寞。我觉得还要耐得住坐冷板凳，耐得住无职无权无势，耐得住经常被顶头上司安排打小工、打零工。这些忍耐都是日常的，也是成长进步的必经阶段。但也要明确，忍耐不是自认倒霉，放弃进取目标，失去拼搏向上的斗志。正确的态度是以平常之心，应对不合理、不公平、不公正以至残酷无情的打击，通过理智的忍耐养精蓄锐，这是为更好发展壮大、完善自己值得付出的代价。

能不能忍让，考验着你的格局和智慧。遇到蛮不讲理的人，你和他讲再多再正确的道理也是对牛弹琴，那么能忍让就忍让吧，其实这也是解决棘手问题的上策。在兵法韬晦中，忍让主要是谋略计策，对于个人修养来说，能够忍让则能够证明你是拿得起放得下的大丈夫。提倡忍让，不是对任何人、任何事都忍让，而是刚与柔相生相济，柔与刚优势互补。忍让是一种不失原则的柔，柔到底线的边缘时，就要展示出应有的刚强了，不能忍让到没有立场、没有原则的地步，该刚强必须刚强，决不当窝囊废。

此外还要学会让步，别老想着相遇的人都会给你让路，而是要经常想到自己应该主动给人家让路。适时适度地让步，不但是做人做事的方法，从政做官也用得上。就像贵重商品的价格定高了，销售时打折让利便是有效的促销手段。涉及双方和多方一起做的事情，没有让步就不太容易达成共识，个人的想法要让多数人接受，一般也要有些让步，这亦是人之常情，工作之常态。

宽厚实诚，简称厚实，宽厚以济猛，实诚以济薄，有容乃大是一门好用的学问。叔本华说："我们须用宽容的态度来对待人们的愚蠢、缺点和恶劣的行径，因为我们眼前所见的这些不过是我们所属的人类的共同缺陷。"既然愚蠢、缺点和有恶劣行径是人们的共同缺陷，那么宽容他们也就是宽容自己嘛。"原谅即是一切。"这是莎士比亚晚年创作的一部喜剧《辛白林》中人物说的。

有容的"容"，除了宽容还要包容，用厚实的心胸包容形形色色的人，包容千奇百怪的事。掌握和用好了包容的方法，你的发展道路会加宽数倍，你的成长空间会扩大数倍，你的朋友会增加数倍。以容己之心容人，包容同事，包容家人，还要包容那些与你不对付的人。下属和领导也需要相互包容，尽管他可能不包容你，那也没关系，你就主动包容他。海纳百川，包罗万象，包容的本质是和为贵，和而不同。

中庸之道与第三条道路有点像，内核中也有厚实的要素起作用。我们除了黑白、是非、对错、好坏，还有其他的形态和选择，即如黑与白相间，阴与晴，是与非，对与错，好与坏相互过渡。适当的灰度，介于黑白之间，不须非得分出谁高谁低，拼出谁输谁赢，搞成零和博弈。这条道通往悬崖，那条道通向沼泽，你不必二选一，还可再选另外的第三条道，虽然有些弯曲或荆棘，但也能到达目的地。

你在奋力前进的路上，眼前突然出现一个深潭，此时有三种选择：一是不顾一切继续前进，那么深潭可能就是葬身之地；二是放弃目标打道回府，百尺竿头就差这么一步；三是停下来观察，向左或向右，绕过深潭，坚持既定的目标。左边一条道，右面一条道，中间还有一条道，中间这条道便是中庸之道。不偏左偏右，不走两个极端，也不是只认准唯一的那条路，多条路径与最终目标对接，原则性与灵活性融合的方法，便是稳妥的中庸之道。

第 34 章 定位站位，不缺位不越位，补位与上位

在工作格局中，把自己定在什么位置上，如同确定发展的立足点和出发点。你是谁，你的资历所限，你的能力所长，你的价值和潜力所在，都与自己的定位和站位发生着关系。较好的状态是，在职场上不缺位，绝对不越位，该补位时要补位，能上位时也要积极上位，尽心尽力把本职工作做到位。

定位稳而准，站位高而实

定位是很具体的事情，在一个十余人的处室里，你是一把手还是二把手，还是三把手四把手，或者几把手都不是，只是打下手的白丁位置。在一个层级管理鲜明的团队，你是处于核心层，还是处于中间层，或是处于底层，但又是处于上升层。这种类型的定位，主要由职级职责所决定，论资排辈，以资定位，先入为主，均为不争的事实。还有一种类型的定位，则主要是根据由实际能力来确定，五个人都是科员，但相比之下你经验丰富，业务能力强，那么在科员中你便是领头羊，你的定位应在科员与科长的接合部，这样既便

于你充分发挥作用，又利于你向上成长发展晋升。

定位稳就是不摇摆，不站在这山望那山高，一会儿往上蹿，一会儿往下跳，一会儿抢处长的活干，一会儿又抢科员的活干。稳健的定位不随风倒，不两边跑，骑在墙头上就是不稳的定位，一不小心就会跌落到墙角磕破了头。稳稳当当坚守定位，外面起风刮不动，里面起刺刺不走，定位稳了发展进步的根基也就实了深了。与稳有关的定位是准，准定位是不偏上也不偏下，不偏前也不偏后，这就是我的位置，舍我其谁。准不能过高，太高了自己会有不适，别人会有非议。准也不能过低，太低了自己会把自己埋没了，应发挥的作用没发挥，应得到的东西没得到。定位相应稍高一点为好，即如跳起来摘树上的桃子，在定位上为自己留下上升到高位的空间，用力跳上一跳就把桃子摘到手了。

站位要与定位相匹配，就高不就低，这样视野会开阔，思考问题会有高度，处理问题会看得更远一些，对自己的要求也会更高一些。否则，班长永远当不上排长，排长永远当不上连长，士兵只能当到不得不退伍了事。站位高还不仅是为了当排长当连长，还是为了使自己有远见卓识，干工作坚持高标准大手笔，不在意笸箩里的针头线脑——往高处站位，必然要往高处攀登。站位高更要站位实，高处不胜寒，虚高不是真高，脚底下踩着枯枝败叶，站位越高越危险。实实在在地站位，才能站得稳、站得准、站得高。

做事要有准确的位置感，有强烈的职责感和自我提升意识。年轻人从较低的职务干起是必然的过程，但较低职务并不意味着你的站位也要低，站位应当比你的职责职务高半个到一个档次。比如，你履行的是业务员职责，站位起码要站到业务主管的高度，必要的时候还应站到部门经理的高度履行岗位责任，落实工作措施。有的人智慧并不出众，但会比别人在站位上高出一个合适的高度，这种效果不是小聪明所能获得的，站位高出了一级，办法也能高出一筹，境界也会高出一等。你比别人站得不是一般的高，而是站在一览众山小的制高点上，从主峰上瞭望肯定比站在山洼里望得远，目光才不会被树木藤蔓遮挡。

切记！做好本职工作，不能缺位，绝不越位

把本职工作做到位是最重要的定位和站位，唯有把本职工作做好了，你才有资格去考虑补位或升职的事情。在一个中等规模的企业，你如果是生产部门的经理，你的本职工作是保质保量按计划完成生产任务，尽可能降低生产成本，把本部门各项工作管理得井井有条。在这个基础上，再去研究改进产品设计和新产品开发的问题，再去替其他部门考虑产品销售和市场开拓的问题。假如本职工作没做好，却想在职责之外建功立业，那是多管闲事乱插手。

职场上有些人的习惯不太好，自己的一亩三分地撂荒着，却对邻居家种的地指指点点。做得过分的个别人，还会不经允许替人家种地，替人家除草，替人家收割。这是定位的严重偏离，犯了越位和缺位两大错误，此类人在单位里谁会认可他呢？只会是费力不讨好吧。

前些年，我就遇到过一位专门喜欢"种别人地"的同事大Q，他在一个厅机关工作，心思没有用到自己所在岗位上，整天游游逛逛，昨天和处长说，小李和小张的活没干好，刚才我替他们干了一阵子，他俩还不高兴。今天又和厅副主任说，有件事处长没管，我去管了，大家还不服气，这怎么行？厅副主任不了解情况，把处长叫来批评了一顿，处长回来也没客气，质问大Q："你自己的事情做好了吗？你知道你是干什么的吗？正经事不干，只管别人的事，你不是能向厅领导打小报告吗？那好，姓Q的你马上写调离报告，今

天就交到厅人事处去,我这里绝对不要你了!"小李和小张看到了这个场景,就差拍手叫好啦。

本职工作是自己必须种好的责任田,如果三心二意履职不到位,把自己该做的工作耽误了,问责的板子必定会打在自己的头上。而别人工作做得如何,你不去瞎操心为好,也不必向领导反映,你可以友好地帮助同事,但手不能伸得太长,尤其不能打小报告。这种越位是不道德的,在职场上越位会犯大忌,做了不属于你职责范围内的事情,下场大概不会比大Q好多少。

做本职工作要有恒心和耐心,不要指望每做一件事就能得到表扬,自己立即得到好处实惠。多做多得要有个集腋成裘、厚积薄发的过程,铢而积,寸而累,把基础打牢了,把冷板凳坐热了,积少得就会变成多得,达到在本职工作上多做多得的目的。

骑马、骑牛、骑驴的"骑位"不同

驾驭不同的对象,需要选择不同的"骑位"(驾位),这是定位站位的动态表现形式。马快牛慢,驴低马高,牛背宽驴背窄,它们的秉性和腰力都有区别。骑马要骑在马腰的中间,骑牛要骑在牛腰的后部,骑驴介于两者之间,还可以倒着骑驴——"骑驴看唱本走着瞧",说明驴的步幅小走得稳,骑马是看不了唱本的。

我下乡当知青时,骑马、骑牛、骑驴都是快乐的事,也是让人羡慕的技术活。我学着骑的马,没有马镫和马鞍,老乡教我如何上马,手要拉着缰绳,跟着马走几步接着加速跑几步,然后纵身跳跃上马背,要伏下身子骑在马的腰部上,并适当拉紧缰绳,但又不要让马难受。胆量对于骑马很重要,抓住缰绳也很重要(没有缰绳也要抓紧它的鬃毛),但最重要的还是骑在马的腰部中间，靠后或靠前都不行，马要是感觉不舒服，它会暴躁地跳起来，把你颠下马去。

学会了骑马，我以为骑牛就简单多了，牛性情温和厚道，也不会乱跑，我用力一蹿就窜到牛背上，稳稳地骑在它的腰前部。这下子牛可不高兴了，后腿立即跳了几跳，就把我摔到了地上。老乡看到我的狼狈相，笑着告诉我，骑牛和骑马的路数不一样，别看牛老实，但你要骑在它腰的后面，因为牛的腰太长了，你骑在它腰的前面，牛会很不舒服，但牛的两只后腿劲大，骑上两个人它都不在乎。现在想起来，老乡讲的是个骑位问题，骑牛也是骑，骑马也是骑，但骑的位置搞错了，就会摔下来。

骑驴的确比骑马、骑牛容易得多，老太太、小孩子都会骑，但也有个骑法的问题。驴比牛走得快，比马走得慢，承重能力不如马和牛，它承受不了两个人的重量。骑驴的位置不能靠前，要稍微靠后一些，把较多的重量落在驴腰的后部，但也不能太靠后，驴的身段短，骑的位置靠后多了，驴走起来你会掉下去，尽管它不是故意把你颠下去的。

可见，骑牛、骑马、骑驴，都要选好合适的位置，不仅是你自己骑着舒服，还要考虑到它们舒不舒服，能不能承受得了。定位站位也是如此，不能只想自己充分展露才华，忽略身边人、周边人的感受。你的定位站位高一级，但不能让人家觉得因此而低你一级，这也是要特别注意的。

不轻易去补位，补就补到关键处

做到位不越位是补位的前提，补位的要求高，难度大，且敏感，易发生矛盾，建议大家别轻易去补位。补位要先看准是不是真的出现了空位，有时空位是故意留下来的，已经有人选要补到这个空位上，只不过是暂时还没到位。如果是这样,你匆匆忙忙地去补位,可能闹出笑话来。缺位的问题比空位的现象更难判断,有些缺位不是正常的情况,而是人为有意造成的,他就是要诱使别人来挡子弹。牵扯到风险大的责任,个别有心计的人会故意使之缺位,就等着哪个傻帽去补呢,你不明就里补了上去,那不正好被当了牺牲品吗?

判断是否有空位需要补位,是否合适你去补位,要有专业水准和综合素质,对那些不太熟悉的业务,诸如部门职责间衔接的环节,有些并非是单纯空位和补位的问题,所以尽量不要去插手补位。不是有了空位就要补,也不是有了空位就该你去补,该不该你补要有准确判断。关键时刻守门员掉链子了,你可以在球门前一显身手,但还要立即回到自己原来的位置上,补位往往都是临时的、暂时的,都是短暂时间的责任替代,可不要把短期补位弄成长期换位。

补位要补到关键处。还有一两天,上级就要来搞重要工作的专项检查,负责专项工作的同事不巧生病了,你加班加点忙前忙后,主动把他的工作承担起来,顺利通过了专项检查,这个位就补到了关键处。"救急不救贫"也是这个道理,补位关键是要补急,如果平时这位同事拖拖拉拉不好好工作,你才不去给他补这种"贫"位呢。补位最好是双赢多赢,如果一赢多输,对方不满意,领导不满意,被补位的对象不满意,只是你自己有点成就感,这类的补位就大可不必。

换个角度说,我的"新版木桶理论",其要点是注重补漏洞、补缝隙,补短板则在其次,致力于不让木桶桶底和板与板之间漏水,补这种性质的漏水比补短板漏水更为重要。补短板解决木桶多装水的问题,补漏洞、补缝隙是解决木桶能不能装住水的问题。或许也可这样理解,补位必要且首要的是补漏洞、补缝隙,补短板这种事情往往要把木桶拆开,用长板替换短板,这种"大活"该不该由你去做,那还真不一定呢。

晋升的常规计策

(1) 要做好准备，随时接受晋升前的检验和选择

认真做好知识的储备，业务的熟悉精通，能力水平的提升，经历经验的丰富，还有思想观念的准备，在扎实的准备中寻找和抓住机遇。但在日常工作中，应当避免流露出急于晋升的迫切心情，较理想的姿态是若无其事，不动声色，水到渠成，结果是"我最合适这个岗位"。英国前首相玛格丽特·撒切尔说得不错："权力就像淑女，如果你必须告诉自己是淑女，那你肯定不是。"对于晋升的事情，不要表白自己是"淑女""没想法""不在乎"，正确的态度和方法是有备而不强求，有求而不硬争。

(2) 爱岗敬业要成为常态

晋升要建立在爱岗敬业基础上，虽然现在的岗位职级较低，但也要真心真诚地热爱，真抓实干地敬业。如果不热爱目前的岗位，只想着哪天晋升了，就不干这种吃力受累的活了，这种想法对晋升没一点好处，只能带来一连串的短期行为，领导和组织怎么会喜欢不爱岗敬业搞短期行为的员工呢？还有，爱岗敬业不是热冷失度，切不可有了晋升的消息就格外积极地表现，错过了一个晋升的机会又会格外消极地应付。爱岗敬业要有一惯性，有良好的可持续性，成为一种常态化的职业操守。

(3) 不要拒绝分外的工作，这可能就是实现晋升目标的过渡平台

不要把自己的工作职责界定得太窄，要把各项能接触到的工作都作为锻炼提升自己的机会。粗活、累活、下手活多干点没坏处，难活、大活、棘手的活都干点受益更多，干这些活不但能锻炼提高你的能力和水平，还能彰显你的人品和境界。领导把分外的工作交给你，那是对你的信任，也是给你展

现自己发挥作用的机会。眼下看似分外的活，再往高处看可能就是你分内的活——晋升之后这就是你的本职工作，提前干一干，先热身不是挺好吗。

(4) 面对艰巨繁重的任务，要敢于挑大梁，勇于挺身而出

晋升的难得机会在哪里？其实就孕育在日常工作中和完成艰巨繁重任务的时段里。一般化的日常工作，你要做得认真精细有序有效，致力把工作基础搞扎实了。艰巨繁重的任务来了，你要不失时机地勇挑重担，再难、再重、再辛苦也要顶上去，不说软话、不畏难退缩，平时的工作用十分心十分力，此刻就要用十二分心十二分力。什么叫抓住机遇？全力以赴把艰巨繁重任务完成好，在这过程中施展了才华，创造了扎实的业绩，锻炼提高了自己的能力水平，也就是抓住了晋升的机遇。

(5) 要学会推销自己，必要时可毛遂自荐

酒香也怕巷子深，适当展示推销自己是有必要的。推销自己，不是王婆卖瓜自卖自夸，更不是投机钻营跑官要官，而是要用突出的成绩来让领导、让组织、让大家了解和认可自己，进而实现晋升。较高的素质和较强的能力，是展示推销自己的优质资本，你可以用这方面的综合实力为自己打广告。如果有了合适的机会，你就要不失时机又恰到好处地自荐，竞争上岗和公开选拔，都是毛遂自荐的机会。在单位工作格局中，你不但要有重要的使用价值，还要有重要的自身价值，组织上提拔重用了你，你就要把这双重价值都体现出来。

第35章 毛泽东的方法论

毛泽东的许多著述都是方法论的杰作,其中有的就是讲具体方法的,较为著名的如《党委会的工作方法》《工作方法六十条》等。1949年3月,中国共产党要进北平执政了,在河北西柏坡召开的党的七届二中全会,毛泽东提出了十二个有关方法的要求。1958年1月,毛泽东分别主持召开杭州会议和南宁会议,均重点研究讨论了方法问题,他较为系统地阐述了自己的方法论。

十个指头弹钢琴

出生在波兰的伟大音乐家肖邦,发明了人们今天熟悉的钢琴演奏法,包括踏板法、指法、节奏等一些新的理念和技巧——这种演奏法尤其重视每个手指的灵活运用。作为政治家的毛泽东,借用弹钢琴的"指法"来形容他的领导方法和工作方法,强调既要抓紧中心工作,又要围绕中心工作开展其他工作;不能只注意一部分问题而把别的丢掉,凡是有问题的地方都要点一下。我对这一方法论的理解是,无论是当领导,还是做具体工作,都好比弹钢琴,

| 方法的力量 |

十个手指要有分工,动作要有节奏感,各指头相互配合,不能有的动,有的不动,得都动起来才好。但又不能十个指头同时按下去,那就成了轰鸣的噪音了。手指有长有短,各有各的用途,不能以长短论英雄,不能按着固定的顺序先用大拇指,最后再用小拇指,而是要根据其特点特长,该用食指用食指,该用中指用中指。对十个手指,不但用其长用其粗,还要用其短用其细,把每个手指用到极致,不仅要弹出高音、弹出最强音,还要弹出低音、弹出辅助音,使十个手指都充分发挥作用,把最偏最远的琴键弹得优美动听,每个音符都能与主旋律形成和谐默契。

一切经过试验,举办展览,组织参观

试验(实验/实践)的方法,一定意义上就是实践第一的方法。毛泽东深知试验(实验/实践)的价值,他在抗日战争时期写的《实践论》,到了社会主义建设时期,就演进成为"一切经过试验"的工作方法了。一段时间里,毛泽东特别强调全国农村"普遍推广试验田",重点把农产品产量搞上去。还要求各地在城市抓先进的厂矿、车间、工区和工段,突破一点推动全面,加快工业化的步伐。我曾在地方政府分管过农业农村工作,经常能尝到种试验田和以点带面的甜头。凡事不急功近利,不搞大动静大帮哄,不搞堆盆景包装典型,在较小范围内试出了好的效果,再在面上加以推广。开展一项难度大的新工作,更是要先搞试点试验,不断改进做法,掌握内在规律,创造切实可行经验,然后再分步铺开。学有先进,赶有标杆,退有回旋余地,心里有了实底,成功的把握就大。与之相关的,毛泽东很看重组织干部和群众对先进经验的参观,集中展览先进的产品和做法,他觉得这些方法可以提高技术水平,推广先进经验,鼓励互相竞赛——"许多问题到实地一看就解决了"。他还具体建议，各地与各地搞互相参观，中央和各地举办生产建设展览会，通过参观和展览的方法，把先进技术和好做法、好经验推广开来。以上这些方法，看似简单具体，却是生命力旺盛的方法论，现在一点都不过时，将来也不会过时。

全面规划，几次检查，年终评比

对农业、手工业和资本主义工商业进行社会主义改造任务完成后，毛泽东考虑最多的是怎样更快更好地推进社会主义建设。实践中他发现，实行规划、检查、评比的方法，很必要也很有效，于是指出："全面规划，几次检查，年终评比。这是三个重要方法。这样一来，全局和细节都被掌握了，可以及时总结经验，发扬成绩，纠正错误，又可以激励人心，大家奋进。""一年至少检查四次。中央和省一级，每季要检查一次；下面各级按情形办理。重要的任务在没有走上轨道之前，要每月检查一次。这也是掌握时机的方法，是就一年内说的。""如何评比？省和省比，市和市比，县和县比，社和社比，厂和厂比，矿和矿比，工地和工地比。可以订评比公约，也可以不订。农业比较易于评比。工业可以根据可比的条件评比，按产业系统评比。"毛泽东的这些话说得通俗易懂，细致周全可行性强，将社会主义建设的方法论转化为了可操作的具体方法，现在许多地方和领域从上到下，仍然延续着这三种方法开展重点工作呢。

八句歌诀：科学分配权力，确定决与办的责任

毛泽东谈到党委会工作方法时，建议省地县乡四级干部会议讨论一下这

些原则是否正确："大权独揽，小权分散。党委决定，各方去办。办也有决，不离原则。工作检查，党委有责。"他说，这八句歌诀是为了反对分散主义而想出来的。"大权独揽"指的是，主要权力应当集中于中央和地方党委，重大事情要由党委集体作出决定，这个大权是不能放的。但小权力要分散下去，这样有利于落实责任，调动各地各方面的主动性和积极性。所谓"各方去办"，不是说由党员个人径直去办，而是要经过党员们在国家机关、企业、合作社、人民团体、文化教育机关，同非党员们商量研究，对不妥当的部分加以修改，各方面达成了一致意见，再去分头办，分别落实。"不离原则"强调的是，坚持民主集中制，实行集体领导和个人作用的统一，不违背中央和上级的决议。并且在执行过程中各级党委要履行好检查的责任，采取有力措施督促决定的落实，这也是党委的主要责任，不能决定了就不管不问了。毛泽东提出的口诀式八句话方法，实际主要是解决如何处理大权与小权的关系，以及如何处理决定、办理、落实的关系，形成科学的领导机制和方法。

抓而不紧，等于白抓

有些人伸着巴掌，什么也抓不住；有些人也抓主要工作，但就是抓不紧，手也握起来了，却没有握紧，样子像抓，还是抓不住东西，工作还是抓不实做不好。对于这些现象，毛泽东是不满意的，但他批评这些现象时也比较注意方法，把侧重点放到了用什么方法扭转这些现象上。他明确要求，主要工作不但一定要抓，而且一定要抓紧。什么东西只有抓得紧，毫不放松，才能抓住。抓而不紧，等于白抓。不抓不行，抓而不紧也不行。这就提醒大家，主要工作重点工作要抓住抓紧，紧张起来，节奏要快，关键环节要突出出来，切实提高工作效率。慢吞吞不行，松松散散不行，要做到紧张有序见实效。

对那些重要而紧急的工作,更是要尽早牢牢抓在手上,紧锣密鼓不分昼夜。只要是对全局有重要价值的工作,不仅近期要抓紧,中长期也要抓紧,不能紧一阵松一阵,要有前后接续的举措,每一步都不迟缓不踏空。

班长要带好一班人

毛泽东讲方法,经常用比喻来阐释问题,亮出自己的观点和意见。他说,党的委员会有一二十个人,像军队的一个班,书记好比是班长。要把这个班带好,的确不容易,书记要善于当班长。当班长不是当官,而是要当带头人,当干好工作的"打头的"。党委要完成自己的领导任务,就必须依靠党委这一班人,把每个成员的作用都发挥出来。书记(副书记)如果不注意向自己的一班人做宣传工作和组织工作,不善于处理自己和委员之间的关系,不去研究怎样把会议开好,就很难把这一班人指挥好。书记和委员之间的关系是少数服从多数,这同班长和战士之间的关系是不一样的,简单地搞成上下级的关系或用命令的方法,都是不行的。确实是这样,当下有些领导干部,不懂当班长的方法,以为官大一级,就可以唯我独尊,甚至就可以随便发号施令。这是民主集中制所不允许的,也是毛泽东方法论明确反对的。

把问题摆在桌面,让意见分歧见阳光

"不要在背后议论"。一些矛盾就是由于有意见不说在当面,背后私下议论,风言风语,犯了自由主义的毛病,才积累下来或激化的。毛泽东是光明磊落的领袖,其方法论的鲜明主张不藏不掖、崇尚阳光。他概括了"两个不怕、一个就怕"：有问题不怕，有分歧不怕，就怕同志之间思想不见面，时间一长就会"生分"，离心力也就出来了。解决问题消除分歧的第一步，就是要让问题见阳光，让意见分歧见阳光；有了问题就开会，摆到桌面上来认真坦诚地讨论，规定它几条，问题就解决了。有问题不摆到桌面上来，得不到及时解决，问题就会越严重，越难以解决。在不同场合，他都要求党委各委员之间把彼此知道的情况互相通知、互相交流，如果鸡犬之声相闻，老死不相往来，彼此之间必然缺乏共同语言。毛泽东"桌面法"和"阳光法"的好处是，公开透明，直来直去，不拐弯抹角，问题摆上了桌面，就容易找到解决的办法；分歧或矛盾见了阳光，是非曲直也就容易看得清楚了。

谅解、支援、友谊，比什么都重要

毛泽东不但原则性很强，还特别强调同志之间要相互谅解、相互支援和讲友谊，不搞无原则的纠纷，不搞本位主义，"谅解、支援、友谊比什么都重要"。大家都是从五湖四海汇聚而来的，有了矛盾要相互理解谅解，工作中要相互配合支援，同志之间要讲友谊重团结，不仅要善于团结和自己意见相同的同志，还要善于团结和自己意见不同的同志一道工作。按照毛泽东的这些要求去实践，就能使一些老大难问题冰消雪融，一些尖锐矛盾迎刃而解，个人的恩恩怨怨也会烟消云散。

不耻下问，先做学生，后做先生

先做学生，然后再做先生，做决策和处理重大问题时，除情况紧急和事情已经弄清楚者外，都要不耻下问，先向下面干部请教。毛泽东认为这样做不会影响自己的威信，而只会增加自己的威信，作出的决定包括了下面干部提出的正确意见，他们当然拥护。下面干部的话，有正确的，也有不正确的，听了以后要分析。对不同意见要能够耐心听完，并且加以考虑，对正确的意见，必须听还要照它做。不懂得和不了解的东西要问下级，不要轻易表示赞成或反对。有些文件起草出来压下暂时不发，就是因为其中还有些问题没有弄清楚，需要先征求下级的意见。不可不懂装懂，不知却自以为知，要善于倾听下面干部的意见。我实践毛泽东的这些工作方法的体会是，不耻下问，先做学生，后做先生的方法，是调查研究的方法，也是谦虚谨慎的方法，还是科学决策的方法。先生不是不当，但要在当好学生的前提下，再当好先生，这个顺序不能颠倒。一上来就当先生，指教人家这样做那样做，这样抓工作只能越抓越乱套。

划清界限和三七开

　　划分各种各样的界限，在毛泽东方法论中占有重要位置。划清界限的方法，首先是思想方法，其次才是工作方法。工作中会遇到各种性质的问题，在思想上要划清不同性质矛盾的界限。他是革命还是反革命？此地是延安还是西安？划清了这些界限，敌我友和问题的性质，以及方向和路线就大致有了着落。另外还要划清正确和错误、成绩和缺点的界限，弄清它们中间什么是主要的，什么是次要的。成绩究竟是三分还是七分？说少了不行，说多了也不行。一个人的工作是三分成绩七分错误，还是七分成绩三分错误，要有清醒估计。如果是七分成绩，就应该对他的工作基本上加以肯定，如果把成绩为主说成错误为主，那就完全错了。如果是七分错误三分成绩，那他的工作就是错误为主。

| 方法的力量 |

四个缺点/三种性质/自己动手

对于写作,尤其对于文件的起草,毛泽东历来不是一般的重视。他毫不客气地指出,许多文件有四个缺点:一是概念不明确,二是判断不恰当,三是使用概念和判断进行推理缺乏逻辑性,四是不讲究辞章。看这种文件是一场大灾难,既耗费精力又少有所得。针对这些问题,他强调起草文件不但要注意准确性,还要注意鲜明性和生动性。文章和文件都应当具备这三种性质。准确性属于概念、判断和推理问题,这些都是逻辑问题。鲜明性和生动性,除了逻辑问题以外,还有辞章问题。他说,不要以为这只是语文教师的事情,大老爷用不着去管。重要文稿不要委托二把手、三把手写,要自己动手,或者合作起来做。"不可以一切依赖秘书,或者'二排议员',要以自己动手为主,别人帮助为辅"。"一切依赖秘书,这是革命意志衰退的一种表现"。

材料与观点相统一,解剖麻雀

毛泽东对起草文件和开会讲话发言,有个惯常的要求就是材料和观点要统一,不能把材料和观点割断。他尖锐地批评,"讲材料的时候没有观点,讲观点的时候没有材料,材料和观点互不联系,这是很坏的方法。只提出一大堆材料,不提出自己的观点,不说明赞成什么反对什么,这种方法更坏"。他要求各级干部,学会用材料说明自己的观点,必须要有真实详细的材料,但又要有明确的观点来统领这些材料。材料也不是多多益善,能够说明问题支持观点就行,解剖一个或者几个麻雀就够了,不需要很多。自己应当掌握丰富的材料，但是在会上只需要拿出典型性的，不必把自己知道的情况一个不落地都罗列出来。下发文件也好，会议讲话也好，都要做到材料与观点相统一，不能犯三个错误：①只有观点没有材料，空对空，唱高调；②只有材料没有观点，罗列大量的现象，观点无影无踪；③材料与观点没有必然联系，或牵强附会，或各说各话，或相互矛盾。这些都是早就被毛泽东严厉批评过的坏方法啊。

开好三种类型的会议

开什么会？怎么开会？毛泽东颇有研究，他曾经详细分析了三种类型会议的不同好处和开法。大型会议、中型会议和小型会议，都是必需的，各地和各部门要好好安排一下。小型会议，参加的几个人，一二十人，便于发现问题和讨论问题。上千人参加的大型会议，只能采取先作报告后加讨论的方法，这种会不能太多，每年两次左右。小型和中型会议每年至少要开四次。这种会最好到下面去开。省委可以到地委召开一个地区或者相近几个地区的县委书记会议。先报告后讨论，一般是大型会议的开法，中小型会议不一定生硬地照搬照做，可以先讨论听取大家的意见，然后再吸纳集中正确意见作报告。从这些要求来看，毛泽东非常重视开会指导工作的作用，通过开好三种类型的会议发现问题和讨论问题，吸纳集中正确意见。会议是必需的，要好好安排，大型会议不能太多，中小型会议不能太少（一年至少开四次，但也不宜过多），报告与讨论的先后顺序，可以灵活掌握。

吃过大亏——必须反对教条主义的方法

在党的历史上，教条主义的方法曾经对党的事业、党的建设、党的各项工作造成严重危害，毛泽东对此深恶痛绝。他回顾党史总结教训时，一一盘点了那些吃了教条主义方法"大亏"的事件——陈独秀路线用的是这种方法，立三路线用的是这种方法，张国焘、王明搞分裂用的也是这方法。教条主义方法的一个特点，就是拿着鸡毛当令箭，不管实际情况如何，一味依据教条分析形势确定任务，一概照着书本上写的做事行事。教条主义还是一根"坏方法的杠杆（棒子）"，抬高个人，打击异己，把自己搞成理论权威，把别人都看做是阿斗，实际上他自己才是只会说不会做的"傻瓜"。毛泽东告诫，一定要"从认识论和方法论上加以批判，使干部觉醒起来，以免再吃大亏"。

"好人也要研究方法论"，交代任务，教给方法

好心做错事，好人犯错误，一个重要原因是方法出了问题。毛泽东的观点是，好人也要研究方法论，领导机关和领导干部，不仅要制定正确的方针政策，还要确定正确的工作方法。有了正确的方针政策，如果在工作方法上疏忽了，还是要发生问题。只是强调完成任务，只是要求过河、快快过河，不教给架桥的材料和方法，不提供造船的图纸和技术，这种情况下要求快速过河，不出问题就怪了。所以对下级对基层，不但要交代任务，而且还要教给方法。方法与任务要匹配，担负不同的任务，应采取不同的方法。无论职务高低，无论何种身份，无论做什么事情，大家都应认真研究方法论，学习具体实用的方法，注意方法的选用和创新。

第36章 陈云的"六字真经"，慢比失好

"不唯书，不唯上，只唯实；交换，比较，反复"是陈云最为重视和运用娴熟的方法论（不唯书、不唯上、只为实的内容在前面已经讨论过，本章就不再重复了）。1962年初，党中央召开七千人大会，陈云在会后参加陕西省全体干部会议时重点讲了交换、比较、反复的思想方法和工作方法。在陈云卓绝超人的政治智慧中，"交换、比较、反复"这"六字真经"占的分量非常重——慢一点不怕，总比失误要好。

交换法：重点解决主观片面的问题

大家都熟知，马克思的政治经济学特别重视交换的作用，给出的顺序是：生产、交换、分配、消费，交换在四大要素中的地位承前启后、承上启下，"一手托着三家"。生产、分配和消费离不开交换，没有交换这个环节，各要素就会变成碎片。马克思《资本论》对商品交换的内在规律分析得十分透彻，在此基础上揭开了资本主义经济运行的秘密，指出了它们的软肋和硬伤。

我觉得，从马克思的交换理论，到陈云的交换方法，理论和实践是一脉相承的。

这些年来，我喜欢学习研究陈云的哲学思想，他的文集和传记我都认真读过数遍，深切感受到他说的话、做的事都能经得起历史的检验，尤其是他的方法论及具体的方法，充满了辩证而务实的精神和智慧。

陈云讲解交换法通俗易懂，桌子上的茶杯是他的道具。交换就是互相交换意见，比方说看这个茶杯，你看这边有把没有花，他看那边有花没有把，两个各看到一面，都是片面的。如果互相交换一下意见，对茶杯这个事物我们就会得到一个全面的符合实际的了解。过去我们犯过不少错误，究其原因，最重要的一点，就是看问题有片面性，把片面的实际当成了全面的实际。作为领导干部，应当经常注意同别人交换意见，尤其是多倾听反面的意见，只有好处，没有坏处嘛。

陈云进一步指出，看问题往往容易产生片面性……两个人各看到一面，都是片面的，都不全面。如果两人把各人看到的一面"交换"一下，那就全面了。用什么办法来弄清情况呢？办法之一，就是多和别人交换意见。观察事物和思考问题，不但要看它们的正面，还要看它们的反面，如果有必要，还应当看各个侧面。调查研究有各种各样的方法，找有各种不同看法的人交换意见，也是一种方法，而且是一种重要的方法。有了交换，才能有效避免片面性错误。是的，无论是领导干部或是普通员工，都应当经常同别人交换意见，多听多吸收和采纳有价值的意见，丰富完善自己的认知经验和工作方法。

比较法：主要解决鉴别选优的问题

"没有比较就没有鉴别"，这是毛泽东说过的哲理之言。"没有比较就没有伤害",这是网上流行的诙谐调侃。科学研究和分析问题,也有个专门的比较法,后来发展成了比较学。陈云相当推崇比较的方法,就像充分肯定交换法那样,他多次说过:"多比较,只有好处,没有坏处。"这话说得虽然有些绝对,但符合实际情况,也是实在的道理,多比较确实有许多好处。

陈云认为,"研究问题,制定政策,决定计划,要把各种方案拿来比较。在比较的时候,不但要和现行的作比较,和过去的作比较,还要和外国的作比较。这样进行多方面的比较,可以把情况弄得更清楚,判断得更准确"。这就把比较方法的内容展开了,方案的比较,现行的比较,过去的比较,国外的比较……目的是把情况搞得更清楚,使判断、决定、政策、方案更准确。

他特别举例说明,所有正确的结论,都是经过比较的,毛泽东的《论持久战》就是采用比较的方法,把敌我之间互相矛盾着的强弱、大小、进步退步、多助寡助等几个基本特点,作了比较研究,批驳了亡国论和速胜论,得出抗日战争只能是持久战的结论。"比较,就是上下、左右进行比较。"这是陈云为比较法设定的两个基本方位——纵向(上下)的比较,横向(左右)的比较。

实际上,比较法不仅可以上下左右比较,事与事、物与物也可以比较,人与人同样可以比较,今与古、中与外都可以比较。没有比较就分不出优劣、高低、长短,有了比较就能够辨别和有所选择取舍。山有多高?珠穆朗玛峰的高度是相对于海平面来说的。水有多深?马里亚纳海沟的海水深度也是相对于海平面来说的。正如毛泽东所言:"真的、善的、美的东西总是在同假的、恶的、丑的东西相比较而存在,相斗争而发展的。"

用比较法辨识人,是一个便捷而又较为直观的方法,有两层含义:一层是指人与人之间对事对人态度的比较,另一层是某个人对某人谋事态度的比较。比如,领导交办一项棘手难缠的工作,有的人设法推脱躲避,有的人不讲条件认认真真尽力干好;两个人共同承担一项艰巨的任务,一个人克服各

方法的力量

种困难扎实圆满完成了任务，另一个人拈轻怕重只是做了一点表面文章。这样一比较，谁优谁差就不言自明了。再比如，一个人对手握实权的领导点头哈腰，对没有什么权力的人不理不睬，甚至排斥贬低欺负；他平时挺淡定随和，但一涉及个人的评优提职，就跳出来争名夺利。将这个人的不同态度不同表现进行比较，特有的思想品质就能看得清清楚楚了——比较是高准确度辨识人的天平。

比较法是优选法或选优法，也是日常家常的方法，就像家常菜那样好吃又实惠。货比三家，无论钱多钱少，买东西都要比较一番。一位大爷刚才到楼下一个大超市转了一圈，又到附近稍偏僻的小超市转了一圈，比较了西红柿的质量和价格，最后买到的是物美价廉的西红柿。年轻人找对象也要比较，第二个与第一个比，第三个与第四个比，单项比人品、比相貌、比身高，综合比优点缺点和各种条件，一些人经过比较找到了好配偶，也有一些人比来比去挑花了眼。这说明比较法再好也不能比过头了哦。

谈到陈云的比较法，让我想起了对比较法很有研究的荀子，他写道："通财货，相美恶，辨贵贱，君子不如贾人；设规矩，陈绳墨，便备用，君子不如工人。"赋予实质内容的特定比较，会发现不同人以及不同事物的特有价值——在某些方面，君子不如做生意的人，不如做工的工匠，这是荀子经过比较而得出的相对结论。

关于比较，老百姓还有两个自我安慰的说法。其一，"比上不足比下有余"。比的是有余，不是比不足，这样就会增强自信心和满足感。其二，"人比人得死，货比货得扔"。比的结果是不能死、不能扔，不能盲目比，不能比绝对了，人及物还有某种不可比性。民间流行的那些比较方法，重实际、重实效，不慕虚荣，也是接地气的务实比较法。

反复法：保证决定正确和处事慎重

陈云建议领导干部们，决定问题不要匆忙，要留一个反复考虑的时间，最好过一个时候再看看，然后再作出决定。他说这也是毛主席的办法。决定问题时，能放一放最好，比如放一个礼拜、两个礼拜，再反复考虑一下，听一听不同的意见。如果没有不同的意见，也要假设一个对立面。吸收正确的，驳倒错误的，使自己的意见更加完整。因为人们对事物的认识，往往不是一次就能完成的，一般情况下要经过多次反复。

反复法不能仅从字面上理解，它的内涵是十分丰富而深刻的。"反"还有"返回"的意思，返回事物发展的原点，返回初衷和最早的出发点。不少人有个通病，就是在追求美好生活和追求事业成功过程中，往往会出现思维行为异化和目标手段异化的现象，忘记了自己是从哪里来的，要到哪里去，最终要达到什么目的。运用反复法，有助于治愈这个通病。在密林中迷路了，不能在原地打转转，返回原处去校正方向，便会走出密林。

"复"字的一个深意是"复盘"，即是回过头来，一步一步反复研究，看哪一步走对了，哪一步走错了，通过恢复盘面原来的状况，总结具体的经验和教训。就像下象棋，一盘棋输得很惨，可不能这样就过去了，要把棋局再重复一遍双方下的过程，找到自己重大错误在哪里，细小的过失在哪里，相关联的问题在哪里？搞清哪个关键点上若是换个走法，就能转败为胜。反复法中的复盘用好了，不仅能够解决吃一堑长一智的问题，还有助于积累经验和发现规律。

当然了，这里所说的反复，不是反复无常、朝令夕改、迟迟疑疑，不是没完没了、无理由的反复，而是理性理智慎重的反复，研判问题权衡利弊的

方法的力量

反复，鉴别真假和比较优劣的反复。

放一放，凉一凉，慢比失好

陈云常用的工作方法是，对一些重大事项不急于作出决策，有时保持一言不发，不发表任何意见，有可能缓一缓，就不要非得立刻把事情定下来。他认为凉一凉，放一放，情况清楚了，说话的依据就多了，决策的把握性和科学性就会提高。"有些问题，没有把握宁可慢些，多考虑一下，其缺点是慢，但如果做错了，那就是失。慢和失比较起来，慢比失好。""一件好事在推广时，假如搞得太快反倒会把事情搞坏。由点到面很重要，一方面可以考验领导决定的是否正确，另一方面也有训练干部、提高认识的作用。"这些话意味深长，他把对与错、快与慢、点与面、得与失的利害关系讲透了，无疑是处理复杂问题和作出重大决定的方法论——没有把握的事情，宁慢勿快，宁慢勿失，错就是失，比较得失利弊，好事搞得太快会变成坏事，要由点到面，考验领导，训练干部，不要匆忙决定，留一些时间反复考虑，过一个时候再看看，再作出正确决定。

陈云还谈过他与毛泽东共事的感受，以证明对问题不要急于表明态度和慎重决策的必要性："我们和毛主席在一起工作的时候，发现他对于有些问题也不是一下就决定的。你和他谈问题，他当时嗯一声，但并不一定就是表示同意你的意见。"陈云和毛泽东的做法都是对的。陈云作决策看似效率不高，但精准度非常高，他有定力、有耐心、能沉住气，决策的大事要事都没有失误过。

咱们学习陈云"六字真经"、慢比失好的方法，就是要在情况、看法、意见等方面进行交换，信息要交换，思想要交换，经验教训也要交换。主动比较，善于比较，经常比较，在比较中权衡利弊得失，在比较中识优辨劣并扬长避短。不要怕反复，而且还要主动做好反复的工作，反复学习思考，反复调查研究，反复分析问题，反复研究对策，多一个反复比少一个反复好。一时拿不准的事情，那就暂时放一放，不慌不忙，不急不躁，没有调查研究不发言不决策，火候不到不揭锅，或者先在点上试一试，取得经验后再决策、再推广。

第37章 说话的艺术，倾听的奥妙

这一章主要讨论说话（讲话、谈话、发言等）的方法和倾听（听话、听懂话、解读等）的方法这两件事情。

态度至上，平和坦诚，有话好好说

说话是一门实践性很强的艺术。同样内容的话，以怎样的态度说，用什么方法说，用何种的语气说，在什么场合说，产生的效果会大不一样。我把说话粗略分为这样四种情况：一是日常生活和工作的说话。这种说话最为普遍，也最不需要修饰，随机性和随意性较大。二是有目的的交谈交流。我要说服你，取得你的理解和支持；我要向你传递敏感信息，并要由此影响你的言行。这种说话是要讲究方法的，不能张嘴就来。三是讲话或发言。主要是在各种场合、各种会议上发表见解，提出意见建议。有的是个人行为，有的是职务行为，有的是代表某群体某组织，所以要特别注意方法和技巧。四是汇报或讲课。这种说话的目的性也很强，也非常需要讲究方法，有时还要有一些技术手段加以配合。下面先讨论在日常生活和工作中的说话，持何种态

第37章 说话的艺术，倾听的奥妙

度为佳，如何把话说得中听耐听。

一个人每天要说许多话，和各种人说各样的话。很多时候，说话的态度决定说话的效果，说话的语气甚至会起决定作用，态度不好，语气不对，说出来的话会很伤人。好话不好好说，良好的愿望不用良好的态度表达，说的话本身没错，但说话的态度拙劣，效果就会适得其反。语言是有杀伤力的，某一句话说得不妥，可能就得罪一个人乃至一群人，他或他们由此改变对你的印象，恶化对你的评价，甚至从此会记恨你。

平和是说话的起码要求，一方面要平等，一方面要和气，加在一起就是平和。不管社会地位相差多么悬殊，说者与听者都应当是平等的，你即便是坐在主席台上讲话，与台下的听众也应该是平等的，不能盛气凌人，不能教训人贬低人。只要以平等的态度说话，大事难事也好商量，否则小事杂事都不会有共同语言，反而会产生对立情绪。平实温和的话语，才是最好的信息和感情交流工具。

俗话说，和气生财，人与人进行语言交流，和和气气最好，如果不和气很可能会生气。不要吵吵嚷嚷，不要拿出逼债的嘴脸，好像谁都欠他的，鼻子不是鼻子，脸不是脸，气急败坏只能把话说砸了，把事办砸了。和气说话，能拉近双方的距离，"有话好好说"便是提醒人们说话要和气，注意方式方法。平等是抽象的尊重，和气是具体的尊重，大家都要以尊重对方的态度说话，注意摆正位置和端正态度。

礼节性说话，不一定多么坦诚，但说那些有实质内容的话，必须持坦诚的态度，不能支支吾吾，三心二意，不能用假话糊弄人，也不能用虚话忽悠人，绕圈子的话，言不由衷的话，谁听了都会不舒服，不反感抵触就不错了。说话的首要目的是让听者理解，坦率地交换看法想法，诚恳地进行语言交流，率直而得体地发表中肯的意见，这些都是使对方理解的前提。你说话的时候，要看着对方的眼睛，如果你东张西望有一句没一句地说话，无非是表明你缺少诚意。坦诚中蕴含着语言的力量，体现着说话的价值，有了坦诚就能排除不少交流障碍，在得到理解的同时得到信任——好好说话的根本点是坦诚。

有思想，看对象，讲短话，讲管用的话

　　话是由语言组成的，由声音表达出去的，传递的是信息、感觉、看法、想法、见解，核心是思想观念主张。没有思想的语言，大概百分之八十是废话，百分之二十是有用的话，表达感受和情感的话虽然不一定有多少思想性，但也是有用的。作为师长，作为领导者，研究重要问题时，讲出的话要有很强的思想性，不然就是肤浅的虚话。大话、套话、官话似乎有些思想性，但那是鹦鹉学舌，一点用都没有。

　　言之有物，强调的就是讲出的语言要有思想和有作用，做到了这"两有"其中的一有，便能达到言之有物的目的。增强语言的思想性并不难，只要有心用心，动脑用脑，经常思考加工和沉淀，自然会少不了思想性。语言要过脑子，有的人嘴比眼还快，说话随意不动脑筋，不但没有思想，连点实质内容都没有。讲话发言尤其要经过大脑的思考，对重要事情的意见，对关键问题的表态，事先要好好过过脑子，话没想好不说，事没想好不插嘴，深思熟虑后再说出来。"肚子里要有货"，遇到一个棘手问题，在会上让你谈看法并提出解决的办法，如果你以前对此类问题没关注过，没研究过，临阵磨枪来不及，说出来的话只能是谈谈概念，兜兜圈子罢了。肚子里的货，靠平时学习研究，以及社会实践的积累，要做勤于学习善于研究的人，做勇于投身社会实践的人，这样就能使自己的语言思想性强，积极的作用大。

　　一些会议需要你发言，如果是讨论问题或研究对策，你要在事先充分调

• 第37章 说话的艺术，倾听的奥妙 •

研的基础上，提出自己的见解。不要高谈阔论，要准确表达自己的看法和意见，前面有人的发言内容不合你的观点，那就耐心地说明自己所持观点的理由，不要针锋相对批驳他的发言内容，也可以不接他的话茬，你只要把自己的观点阐述清楚即可，照顾到持不同见解人的感受。

到什么山唱什么歌，这不是机会主义的见风使舵，而是要增强说话的现场性和对象性。说话不看对象，那就是对牛弹琴，弹了也白弹，只有对懂音乐的人弹琴，才能找到知音。讲话和发言要区分对象，针对不同的对象，讲不同内容的话，用不同形式及语气说话。你在家里说话，对父母要恭恭敬敬的，对子女要循循善诱的，对爱人说话要有商有量的，情话只能悄悄地说，不能在大庭广众之下说。你在单位说话，也要区别不同对象，向领导汇报工作时要经过认真准备的，闲暇时与同事聊天就不能太一本正经，给下属安排工作任务要简明扼要、说一不二。

根据对象讲话、发言、说话、谈话，不仅要在形式和语气上有所区分，更重要的是要在内容上区分对象。私密内容的话，保密内容的话，敏感内容的话对谁说，对象千万不能搞错，场合也不能搞错。有些话对亲人和知心朋友可以直来直去，但对其他人就不一定说啦，你说的话尽管是对他有好处的好话，但恐怕对方理解不了。因此要讲究说话的艺术，委婉一些，铺垫一点，根据他对前几句话的反应，来确定后面的话怎么说。如果感觉他是"油盐不进"，那就别深说下去了。与人谈话要力求善意有效，谈出共鸣感，让你我的"两个巴掌"拍出和谐的声音来。想要使谈话产生思想上的共鸣，就得真正关心对方的感受，关心对方关心的事情，不要硬把自己的观点强加给对方。

现在让人们烦恼的事情是，有些人（尤其是一些官员）讲起话来滔滔不绝，一个简单的小事能说成长篇大论，一些电视剧的对白也是没完没了，磨磨唧唧，这是想让人听不下去看不下去吗？孟德斯鸠有个判断："演说家深度不足，就用长度来补偿。"不少官员讲话，空泛而冗长，只讲一些人人皆知的大道理。讲短话，说管用的话，其实一点都不难，有一说一，有二说二，不尚空谈，务求实效就行。认识可以少讲一些，道理不宜老是重复地讲，高调最好别唱，你心里想什么就说什么，你要做什么就说什么，什么话管用你就说什么话，不管用的话那就一句也别说。

另外，讲话发言时应充分考虑到目的、内容、时机、场合和效果，不随波逐流，不人云亦云，敢于并善于说不同意见和独特的看法观点，言人之应言而未言，言人之应言而不会言，言人之应言而不敢言，但又不可追求"语不惊人死不休"。

用PPT汇报和讲课的技巧

在人们印象中，汇报是下对上的，讲课是上对下的，汇报与讲课好像是两种不同的表达方式，其实这不过是表面现象。在表达方法上，汇报和讲课近似度很高，目的也具有较高的一致性，都要特别注重内容的简明扼要和提要，使听者听得懂，听得顺畅、舒服、痛快，并愿意接受你的观点主张，接受你的意见建议。

以PPT演示稿作为汇报和讲课的载体是个好方法。把深刻的思想观点转换为幻灯片，如果汇报二十五分钟左右，幻灯片页数可控制在三四十页；如果讲课讲一个半小时到两个小时，一般八九十页幻灯片较妥。幻灯片是以页为单位来表达汇报或讲课内容的，每一页的演示集中表达一个内容，不要企图通过一页有限的容量表达多个观点，节外生枝的演示也是要避免的。演示的内容可以使用标题式语言，也可以用判断句或陈述句。

错误的做法是，讲课者一张一张按着幻灯片的文字来读，就像读讲课提纲，这类幻灯片并不能起到应有作用。有幻灯片专家称这种方法为"视觉朗诵",并未发挥出幻灯片应有优势。幻灯片主要靠图片与文字,还有数据与文字、动画和短视频的有机组合,争取受众的认同,以此来打动受众,文字只是要素之一,这一点区别于讲稿或汇报稿。

在制作 PPT 时,要力求内容和形式、趣味性和感染力的统一,并求得相对的平衡。如果用单调形式展现丰富的内容,缺乏趣味性和感染力,幻灯片的魅力便被埋没了。如果只有趣味性和感染力,但内容贫乏、观点杂乱、结论含糊,这就又背离了汇报和讲课的初衷。演示中出现的文字,既要惜墨如金,又要点石成金,高度概括地把汇报稿、讲稿中最精华的思想观点提炼出来,切不可整段整段引用原文。

提高趣味性和感染力的简单方法,就是要让幻灯片的表现形式灵活多样,图片可用摄影片、漫画片、动画片,图表可用条形图、饼状图、曲线图、柱状图,其中还可插入配音、播放音乐和短视频等。相对而言,汇报的图表要注重严肃严谨周密,不能搞得太活泛了。图表专家爱德华·塔夫特把图表视为"量化信息的工具""数据的图示",但他也尖锐指出,当数据图与它本身所代表的事实或数字本身不一致时,就会发生图表歪曲或图表错误,结果就会出现"过度装饰和简化的设计,小数据,大谎言"。讲课的幻灯片可在增强趣味性和感染力上多做些文章,制作 PPT 时可对热点问题设问,埋下伏笔与听众搞问答互动。借助幻灯片的图文,引出生动感人的故事情节,通过幻灯片讲故事最适宜讲课,在汇报中赋予一定故事性也是可尝试的。幻灯片不能搞得全是数据图表,这也会像整页整页全是文字那样单调、枯燥、乏味。

好的幻灯片都是图文并茂的,有数据、有图表、有文字、有故事的。论据论证、思想观点、问题分析、价值判断及结论,都蕴含在 PPT 各要素之中。图片应占多大比例为好呢?《金字塔原理》作者芭芭拉·明托认为,理想的比例是图表占 90%,文字占 10%。到底占多大比例合适,应根据汇报或讲课的内容确定,不宜为了突出图表的占比而影响内容的全面准确表达。

| 方法的力量 |

PPT 不是汇报稿，也不是讲稿，但又是汇报稿、讲稿的核心内容。它要确保能够提升你汇报或讲课的质量和水平，在切换每一页幻灯片时，都要给受众有充分的理解消化的时间，你的眼睛不能只盯着 PPT，而是要保持着与受众的不间断交流——人们往往不相信不看着他们眼睛说话的人。幻灯片的文字和图表，都要为汇报或讲课的主题服务，同时文字与图表也要相互服务，相互补充，相互支撑，要素间不能脱节。图表的主旨是把龙画得活灵活现，文字的主旨是把龙的眼睛点得闪闪发光。

多听少说／逻辑简洁／雄鸡或塘蛙

"多闻阙疑，慎言其馀，则寡尤。"孔子这句话的意思是，多听别人讲，把你觉得可疑的放在一旁，其余的，可以谨慎地说，这样过错就少。这真的是至理名言啊！多听要放在第一位，听得多，自己收获就多，听得少，自己知道的就少，说不仅要放在第二位，还要慎言且少说，说多了过错也会多。培根说："慎言胜于雄辩。打交道时说得投机，胜过说得天花乱坠、头头是道。"曾国藩有"三戒"，第一戒就是戒多言，这并不是他的先见之明，而是他的切身教训。刚出道时，曾国藩年轻气盛，经常显摆自己的才华，因此而吃了一些苦头，还跌过几个跟头。

有个省厅领导岗位上退下来的老 L，曾经向现任厅主要领导推荐一位综合素质较高，政绩也比较突出的年轻干部小 B。厅主要领导听完老 L 的情况介绍，轻轻地摇了摇头说："小 B 这个干部我也是有些了解的，其他方面都不错，就是话多，如果这个毛病改了，小 B 还是可重用的。"大妈们话多不是个问题，但官员话多就是个不小的问题喽。话多的确是一些人的软肋，这个大问题不解决，那就难担重任。如果谁不幸染上了"话痨"病，那就要经常自我提醒，话多不是什么好事，话少一些会显得沉稳，也能使自己避免一些麻烦和是非——克制，再克制，把话多的毛病克服了，小 B 的层次会有个不小的提升。

思想的逻辑是通过语言逻辑表达出来的，说话的逻辑性直接影响思想的逻辑性。前言不搭后语，思维跳跃，头绪混乱，语无伦次，令人费解，话说不明白，别人也听不明白，所以在高中和大学阶段就应当进行一些逻辑学习和训练。"苏格拉底法"就是以谈话为主要方式进行启蒙式教学的方法。苏格拉底总是用逻辑缜密的语言启发和说服听者，以此传播他的真理。讲话可先说重点内容，概括性的意见可先说出来，然后层层展开说明阐述。也可由浅入深，一步一步逻辑推理，接近正确的结论。至关重要的是，形式逻辑和辩证逻辑要统筹运用好，不能拘泥于形式逻辑。一个复杂问题，要拆分为几个点来解析，逻辑条理要清晰可见，第一点、第二点、第三点……上下前后的内容，都要符合事物发展逻辑和问题表达逻辑。

说话应当有一句是一句，不必没话找话，扯一些闲言碎语，说了也是白说。憋不住话的人干不成大事，不太中听的谚语说，"狗肚子里装不下二两香油"，意思是狗喝了香油也要吐出来，形容有些人肚子里藏不住话——嘴欠。"桃李不言下自成蹊"，桃李成熟时散发出来的芳香是最好的语言，最能打动人的广告。有的老人教训晚辈说："你能不能不说话？不说话也不会把你当哑巴卖了。"

最美的语言是简洁，简单、简要、整洁、纯净，不穿靴戴帽，不拖泥带水。有个检验单词数量和句子长度的"宁冈难度指数"，就是提醒人们放弃复杂词语，尽量使句子简洁干净，增强动词的力度。简洁的语言、词汇和句子，完全能够生动描述复杂的事物和问题，翔实通俗表达深刻的道理。表述的内容和方法都做到了简洁明了，复杂的事情也能说得简单明了。

城府深的人，说话常常说一句留半句，既不简明，也不扼要，好像点拨你一下,蜻蜓点水的那种点法,把真实意图包裹得挺紧。遇到这种情况,你不要跟着他的节奏走,他越要"点拨"你,你就越不上他的道,使他不把话说清楚,就达不到目的——说清楚了也不一定达到目的。说话最好不要耍小聪明,把听者当成阿斗,拐个弯抹个角就把别人套进去了,这几乎是不可能的,可能的是暴露了自己的不地道。

墨子曾经告诫他的学生,宁学雄鸡,莫学塘蛙。真正的雄鸡,不鸣则已,一鸣惊人,不到关键时刻不发声,发了声就会管用。而水塘里的蛙们,白天叫,晚上叫,晴天叫,雨天也叫,叫得实在辛苦,但谁也不知道它们叫的是什么,听起来不过是一个"烦"字吧。

无声胜有声——你可以选择沉默

社会愈进步,它的常态即是愈安静和谐;人愈是有思想深度高度,说的话就会愈少愈严谨。话多话浅嗓门高,几乎是孤陋寡闻的标志,有这种特点的人根本不懂得沉默也是力量的道理,不懂得声音大了太嘈杂了会造成噪音污染。在不少重要的场合,沉默比迫不及待的解释更有威严,比强词夺理的狡辩更能显示出实力,比牢骚满腹的抱怨更有底气——选择沉默,比选择辩论、争吵、互掐、找人评理更高明。

巧言易得,雄辩耗力,安静是铜,淡定是银,沉默是金。比起那些滔滔不绝口若悬河的人,少说话会倾听、该不发声时不发声、保持理智沉默的人,综合素质更高,为人做事更靠谱,拥有的力量更强大。鲁迅说得好:"惟沉默是最高的轻蔑。"你与不讲道德的人讲大道理,与小人恶人争论是非,那就是人与鸭说话、人与狗争斗,搞不好还会把自己摆在和他们同等层次上,你没有说服黄鼠狼,还惹了一身臊。遇到无聊的人,或者有人对你不公正,那就不屑于和他说话,不屑于和他交往,保持镇静沉默持重,岂不也是表达一种有分量的态度么?

当有人在你面前说别人坏话时,你可得马上提高警惕,但又不必立即露出声色,可以不搭话,不明确表态,不作迎合回应,用"哦""嗯"等语气词,接个小小的话茬搪塞过去,就算你对他礼貌了。切不可跟着说别人坏话,弄不好他说的坏话就变成你说的了。听之任之也不失为一种方法,听了也就听了,不作明确表态,对那些嚼舌头的话,装聋作哑亦无不可。

倾听是无言的确认和赞赏

经验不足的人,与别人交谈时总是自己喋喋不休,只有付出没有什么获得。有经验的人则愿意倾听,通过倾听来了解真实情况,获得有用的信息和资源,增长见闻学识,丰富自己的思想。善于倾听的人,较少作出错误的决定,也很少产生误解误判。倾听不仅非常重要,而且也非常值得,在倾听中咱能得到许多宝贵的知识,能受到许多有益的启发,还有助于对对方深度了解,知道他想什么关心什么,也能知道对咱如何评价,从中听出真情实意,听出弦外之音。说话不仅仅用嘴巴、用语言、用声音,眼睛、表情、肢体、心情都会参与说话。只听对方说的语言还不够,还要结合其他方面的信息听出他真实的深层意思。

马休·麦凯和马莎·戴维斯合著的《如何交流》一书写道:"倾听是一种确认和一种赞赏。它确认了你对他人的理解,对他人如何感受、如何看待世界的一种理解。它也是'一种赞美',因为它对别人'说':'我对发生在你身上的一切表示关心,你的生活和你的经历是重要的'。"他们的这些话,把倾听的好处都讲到了,倾听和诉说同等必要,同等重要。耐心的倾听确认你的理解，承接他人的感受，表示关心和友好，对说者是无言的赞赏，交流的目的通过倾听就达到啦。

倾听要有真诚的态度，不是简单地你说我听，而是要专心地弄懂听到的内容，对听到的话语给予注意、理解和应有的记忆，别人和你说的交心的话，你若是给忘记了，那是极不应该的。倾听要有耐心，向诉说者显示你愿意听他说的话，尽可能使诉说者没有拘束和顾虑。不能表现出心不在焉，似听非听的，当你意识到有些走神了，要立即重新集中注意力。谈到你感兴趣的话题，也要忍住不要立即接话插话，不要粗鲁无礼地打断人家的话，有不同的看法或反对的意见，不宜当场表达。因为当对方正在说，你却急于想着如何反驳他的观点，那么你就脱离了倾听的轨道，不但会错过对方所说的精华部分，还会影响彼此坦诚交谈的氛围。

倾听也不是静静地没有什么反应地听，还要适时地回应反馈，围绕谈话的主题提一些相关的问题，或交流一些倾听的感受，与诉说者共同深化话题内容。但接话不要多，插话更不要多，就像传统电影的插曲，只需在关键场景出现时才插上一段，由此把影片的主题烘托出来——锦上添花，雪中送炭，可不是画蛇添足哦。

第38章 团队建设的方法

团队可分为固定团队和临时团队两大类，相应的团队建设方法有所不同。大到一家跨国公司、一所高校、一个机关、一级组织团体，小到一个班组、一个科室、一个村委会，都是固定团队的建制。临时团队主要是根据完成专项任务的需要，抽调有关方面人员组成的工作班子，人员可多可少，时间可长可短。一堆沙子是松散的，但水泥、石子、水与沙子按照一定比例混合起来，就成了坚固的混凝土，这也可比作为形成团队力量的常规方法。

一支固定团队建设的切身经历

这些年来，我的工作变动多次，无论走到哪个单位做什么事情，都特别重视团队建设，愿意探索团建的各种方法。实践总能证明，成功的团队建设，不仅能够圆满完成艰巨繁重的工作任务，而且能够培养出不少优秀干部和人才。

早些年，我从地方调到一个厅机关工作，这个厅在编人员有八十余名，还有二十多名借调人员。多种原因所致，团队的暮气较重，论资排辈的意识较强,干部长期不交流,思想僵化,岗位固化,人员老化,习惯于多年媳妇熬成婆。年龄大的靠老资格过日子,年龄不大也不小的靠熬年头排队等位置,年轻的只能当"小媳妇""打水扫地",借调人员时间最长的有十多年啦,看不到什么希望。当时,提拔使用干部,谁能不能干不重要,重要的是能不能排上号,或者有没有特殊的硬关系。

翻开团队的这本"老皇历",我不急不躁,而是在培养人、带队伍、抓团建方面采取了一些打基础的措施,特别在树立机会意识和搭台阶划赛道上,动了脑筋,想了办法。一是提供学习机会。有时宁可日常工作受些影响,也尽可能多地选派干部出去学习培训,及时进行学习成果交流。二是提供调研机会。通过开展深入调研,使团队成员接地气,调研报告数量每年都翻几番,调研成果转化的效应显著。三是提供锻炼和发挥作用机会。给年轻人挑重担的机会,给中年人岗位交流成长的机会,给老同志发挥余热的机会。四是提供考察机会。争取有关部门的支持,组织干部到国内外考察,打破封闭,开阔眼界。五是提供展示才能机会。鼓励大家用突出的政绩来体现个人的价值,增强责任感和成就感。六是提供成长机会。分类规划,指导帮助干部选准成长方向,因人设计成长路径,搭好扎实进步的台阶,划清良性竞争的赛道。

加强团队建设的一个着眼点是,看人看其长处所在,用人用其优势所长,我和厅班子的具体做法是,既抓工作又育人,既重使用又重培养,既对事业负责又对个人负责。把关心培养干部与使用干部结合起来,使本职工作成为锻炼干部的平台,工作的担子越重越好,生活的包袱越轻越好,真心实意关心和想方设法帮助团队的每一位成员。

对不同年龄段的成员,应采取不同的培养使用方法。对年轻干部是给他们创造成长发展的机会,提供展示才华锻炼能力的舞台。对中年干部是把他们放在关键岗位上,压实责任担子,并授予一定权力,充分发挥骨干作用。对年龄较大的干部,明确他们传帮带的责任,让他们既有责任感又有荣誉感,同时还为他们解决一些实际困难。这样做的效果，并不是立竿见影的，但经过一段时间的坚持，团队的凝聚力和战斗力有了扎实提升，整体素质和综合实力有了稳步优化。

我十分明白，个体无论多么优秀，如果没有集体的力量难成大事。在实际工作中，厅领导班子把老同志作为中坚力量来依靠，不断提升他们传帮带的能力；把中年同志作为骨干力量来使用，响鼓也用重锤敲；把年轻同志作为新生力量来培养重用，多交给任务，多传教方法，经常鞭策激励。团队建设尊重个性但不容许任性，弘扬共性但不需要都用一个声音说话。每个成员都有权利和机会选择自己成长成功的路径和赛道，但又都与团队的目标趋于一致。

我在这个厅工作了整整五年，感触颇深，体会颇多，当离开这个团队又要调到地方工作时，实在是恋恋不舍，特别怕大家为我送行的那种场面——自己既然选择了轻轻地走进这个团队，那就再悄悄地离开吧。临走的前一天晚上，在机关内网上我写了一篇文章，谈了团队建设的感受心得，作为与同事们告别的赠言。第二天早上大家上班的时候，我已经到了机场马上登机了。

临时团队的组建与启动

我这里说的临时团队，主要是指为完成某项重点任务，在特定时间内组建的精干工作班子，包括项目团队、企划团队、专题工作团队，以及各种检查组、巡察组、督导组等形式的团队。这类团队工作的目标高度聚焦，任务急难重且短平快，除了少数固定人员外，大部分是抽调人员。我组建过的临时团队，前前后后大概有三四十个吧，承担的都是专项专题任务，工作地点有时在一两个省、几个市县，有时在几个机关、几所高校，一个领域或一个系统。

在地方工作的二十余年里，我曾经组织过重要会议文件起草的团队，人员只有五六个人，工作时间一个月左右；组建过举办大型展览会的团队，人员有四十多人，工作时间三个多月；具体负责过专题教育活动的督导团队，人员有一百余人，工作时间持续了一年多。后来我又调回机关工作，主要是搞专项工作，一批一批（轮）地组建团队，每个组三四十人，工作周期一般为三四个月，完成一轮任务保留少数骨干，再组建下一轮团队。团队成员有来自地方和基层的，有来自各部委机关的，有来自专业部门的，也有来自综合部门的，称得上既是五湖四海，又是各行各业。

组建团队的第一件事，就是要精心抽调团队的组成人选，对人力资源进行最佳配置，尤其要考虑具备哪种业务能力的人最合适，以利于每位成员发挥特长和优势。不是抽调最聪明的人进团队，而是抽调具有特定经历经验和技能的人进团队，据事择人，因事选人，按事用人。

临时团队的工作，与在固定单位工作有明显不同，任务单一，磨合期短，几乎没有预热就启动，进入状态上手必须快。团队工作一启动，负责人就要与成员谈话谈心，了解他们的专业背景和特长，以往工作经历及业绩，并交代具体任务。我在团队中当组长或副组长，一直坚持在开局时就与每位成员都谈一遍，如果团队成员较多，时间一时安排不开，我也会利用饭后散步时间谈（一些重要工作团队，都是集中食宿的）。此后与成员们继续保持密切联系，让他们深知手头上工作的价值，随时沟通工作的动态进展情况。在团队的第一次全体会议上，每个成员自我介绍主要经历和特点特长，进入团队工作的具体想法，使成员间相互有个初步了解；组长要作动员和工作布置，提出明确具体的要求。

任何团队都应当是学习型的，必须将学习贯穿团队建设始终。组建伊始就要突出重点、实打实地展开学习，根据团队工作需求，深化实化学习内容。

基本形式是，在学中干、干中学，边学边用边干，以干代训，以训促干，不断总结提升。团队工作与日常工作不同，它是为了完成专项任务和攻坚克难而组建的，工作的主要内容和主攻方向，以及重点和难点越早明确越好。如果在工作开始时，团队的方向目标主旨还模糊不清，那就会使开局稀松平常，大家不清楚来到团队到底干什么和怎么干。

一个团队通常是由几个小组组成的项目组，对组内工作实行项目管理的方法，基本上打破了各机关单位的专业壁垒。组内要形成围绕项目交流情况和研讨问题的工作机制，使各成员畅所欲言，各抒己见，献计献策。组的负责人既要当好思想引领者，又要当好团队工作思路的设计者，根据上级要求和大家意见，提出可操作性强的议题树和解决问题的路线图。

团队好比一个乐队，演奏乐曲时，各乐手要围绕一个主旋律，奏出不同的声音。大一点的乐队有指挥，还要有第一小提琴手，分工细致，配合默契。四五个人的小乐队，一个乐手可以使用几件乐器，没有专职的乐队指挥，但也会有个人来当头。团队的头要充当一把燃烧的火炬，把团队要走的路照亮；还要当好主心骨和顶梁柱，支撑起整个团队。工作取得显著成果时，要让每个成员都有成就感和获得感，共享胜利喜悦。工作举步维艰甚至受挫时，头要把主要责任揽过来，卸下同志们的思想包袱，坚定必胜的信心。成员要相互看到队友的长处，发现自己的不足，自觉取长补短。功劳大家都有份，责任大家共担当，有了失误不埋怨不甩锅，每个人都要负起自己的责任。

构建特有的工作运行机制

团队力量大于个人力量。机关部门一些常规做法，不适用于临时团队工作的特殊要求，采取特有的工作方法非常必要。不能把机关那一套原封不动

| 方法的力量 |

搬过来，机关化倾向要不得，传阅一份文件得三四天，文来文往，什么都要走程序要留痕，团队成员整天在一起，领导仍然靠批示指挥，批来批去都在程序中转。这种方法就是官僚主义作祟，实在是要不得啊。

临时团队的工作实质，不是拆了机器用零件，而是要把重要零件组装成为一部功能更先进更强大的机器，尤其要及早构建起定义、生成、检验三个工作机制。团队各成员作为重要零件，来自各地、各部门、各单位，每个人的背后都有一部庞大机器在运转，综合用好这些机器的资源和功能，对于完成团队任务极为重要。他做审计工作，审计部门就是团队的后盾，近期审计成果便可及时借用和转化；他是员额法官或员额检察官，法律方面的事务由他来承担就比较顺畅；她在网信办工作，组内工作不但要发挥她的特长，还要用好网信部门资源的方便条件。这些都是将"重要零件"组装成"重要机器"的具体方法。

与金字塔形的层级管理迥异，组长负责制是团队工作运行机制的内核，专班（专题小组）是基本单元，主要采取扁平化、一竿子插到底的方式开展工作。团队中不允许有甩手掌柜的，组长在全过程中都要抓住核心部分和关键环节不放，重要事项和棘手问题，务必亲力亲为、亲自处置。在团队中，组长要摆正位置，不能出现唯我独尊现象，不能当孤家寡人，要充分调动和发挥每个人的积极性。各成员的责任要十分明确，谁干什么、有什么权限、完成任务的时限，都应很具体和可操作。以谈话了解情况核实问题为例，两人组成一个谈话小组，主谈人负责谈话质量，记录员负责记录质量，相互配合又各有侧重，主谈人负主责。

不得不说的是，团队其中大部分人是从来没干过团队专项工作的，里面也难免有眼高手低的，有投机的，有打小算盘的，"群贤毕至"和"鱼目混珠"的现象均是客观存在，因此要防止出现一条鱼腥一锅汤的负效应，把团队的风气搞坏。加强团队建设的一项重点内容是，克服个人主义，增强团队意识和合力，实现 1＋1＞2 的功效。不好的现象是，团队成员都在疲于应付，在繁杂事务中周旋，被搞得筋疲力尽，陷入思路和方法的误区。努力是都努力了，力度也真的加大了，但就是工作无法取得预期效果，最后大家都累得没了精神。

团队中的一小部分人，难免有唯我至上的偏好，个人主义痼疾在团队中的表现为小家子气，只想突出个人能耐，把成绩记在自己名下，不懂得与队友配合协作，个人目的时常干扰团队目标，结果是单枪匹马做不成大事，甚至会搞乱工作格局。如果谁总想着突出自己，不顾团队大局，不顾别人感受，那他就不是方法问题了，肯定是个人素质品质有了问题。因此不但要在机制和方法上解决问题，还要加强组内的政治建设和思想工作，制度建设要着力禁止独往独来现象，至少两人组合协同行动，不许成员单独行动，不许个人以团队的名义行事。组长负责制要服从民主集中制，重要事项应上组务会决定，不能个人说了算。

团队内部要团结紧张严肃活泼，建立有利于协同作战的合作机制。一个人是团队的一条线，十几个人就是十几条线，不是各拉各的线头，而是要拧成一股坚韧有力的钢丝绳。临时团队是集中优势兵力打攻坚战、歼灭战，必须紧张振作起来，松松垮垮绝对不行，工作标准、项目管理和工作要求都要从严，严肃认真，一丝不苟。但也不能紧张过度、死气沉沉的，该活泼时要活泼，劳逸结合，有张有弛，用活泼的气氛缓解疲劳，使成员们身累心不累。

及时沟通和共享信息

有了信息共享，团队才会产生共识，行动才会步调一致。好比一支优秀的排球队，它成功合作的前提就在于，场上队员能够理解彼此的意图和动作，一句话、一个手势、一个眼神都能传递出有价值的信息。

(1) 及时形成工作方案，这是信息共享的重要起点

有的团队急急忙忙启动了工作，但未能系统制订可操作的工作方案，团队成员等着领导每天派活，一会儿调遣甲，一会儿指挥乙，甲乙忙得团团转，丙丁在旁边闲着没事干。这是团队工作忌讳的，及时形成操作性强的工作方案就是要解决这方面问题。方案中要根据任务要求，明确成员各自的分工责任，按照方案使成员们各就各位，各尽其责。诚然，方案只是团队工作启动时的大体设计，团队工作深入推进之后，初期的工作方案便会逐渐淡出，工作指向更聚焦，分工更符合实际，要求更详细具体，更有可操作性。

(2) 把团队的目标任务详细告诉每位成员

目标任务是最重要的信息，不适宜地对信息过度保密，最伤害团队成员积极性，不与成员们交底，工作就深入不下去。在一周内要完成哪几项任务？锁定哪几个目标？周一的上午或周五的下午，就要召开团队全体会议，将具体事项讲清讲透。不能只要求干活，不告诉为什么干活；不能只要求走路，不告诉要走到哪里。有方案但不固守方案，有分工不拘泥分工，围绕工作目标的实现，随时把具体任务细化、实化到团队每位成员。

(3) 重要信息不能只搞一次性共享，要动态地多次共享

时间紧任务重的短期团队，白天要分头下去开展各自的工作，晚上就要沟通交流重要信息，昨天发现了一个重要问题，今天又搞清了产生问题的背景，团队成员只要是负责这方面的工作，就应该有所了解。每个工作节点，都要梳理前段进展情况，突破点和制约点的重要信息均应共享，各专班（小组）之间的工作进展情况也要分享，避免重复劳动和信息不对称。需要保密的信息，相关人员也应该知道，同时要提出严格保密的要求。信息的动态沟通交流共享，是推动团队工作的重要手段，有利于拓展工作思路，提出解决问题的新办法。

团队内部的授权与分责

你是丈夫,要懂得对妻子授权,对子女授权。你是妻子,要懂得给丈夫一定额度的财权,对上学的孩子给予什么时间做作业的选择权。如果户主一个人说了算,生活在这样的家庭里会很压抑,户主活得也不轻松。团队的领导要懂得授权,负有一定责任的骨干成员,也要懂得授权。内部的授权,目的是把权力与责任紧密捆绑起来,使团队的各位成员都有权有责。

团队内部的放权、分权、授权,要立足于以责授权,权责一致,权责对等,通过授权来明确并传导执行和落实的责任。对那些勇于开拓创新、善于团结合作、能够独立处理问题完成任务的团队成员,可以大胆而充分地授权。一旦授权下去,就要有足够的信任,切忌过多插手干预。但也得注意,权利与责任应当匹配,在授权环节就要杜绝无权有责、有权无责、权责分离的问题发生。

权力与责任无法截然分开,授权时要科学划分责任,把责任细化到授权的对象,但你是不是就因此没有责任了?那也不是的,责任还是有的,但可能不是具体的实施责任,而是督促责任、监管责任、领导责任。有些人认为,我把权力授给你了,我就可以不管了,出了问题就由你得兜着了。其实不然,授权之后,具体责任转移了,但权力的根本责任并未输出,还是要把监督权力使用的责任担当起来,做好指导督查,确保执行不出偏差,取得预期效果。

有种授权是不地道的,不是为了做好团队工作授权,而是为了自保推责授权。在责任不大、风险不大时,某些领导喜欢把权力牢牢把控在自己手中,当责任很大、风险加剧时,又想把权力推卸出去。这种领导要推卸的不是权力,而是责任和风险,但谁也不傻,这个时候推责避险,只能暴露出不良意图。关键时刻他把权力的皮球踢出去，恐怕也没有人去接，他在团队中的威信由此会一落千丈。

团队如何用人？
狼团队中没有"猪队友"

团队负责人要树立以人为本、以人才为本的理念，必须坚持德才兼备、五湖四海的用人导向，决不能搞亲亲疏疏小圈子。工作中既要见事，更要见人，发现人才用好人才，在一碗水端平的同时，区分谁能冲锋陷阵，谁只适合跑跑龙套，谁可能会误事添乱。把有特长的专业人才放在专业性强的岗位上重用，把悟性高的综合性人才放在综合性强的岗位上。优化人员结构，密切协作配合，一方面要依靠和重用骨干，另一方面要把"替补队员"用到位，以 AB 角和传帮带等办法，使弱变强，使强更强。但有些情况下，也得强弱搭配，以强者补弱者，不被弱者拖了后腿。

团队中有发现和研究问题能力强的人，有触类旁通能力强的人，有喜欢冲在队伍前列打硬仗的人，有愿做后勤支援的人，领导要把每个人安排在各自最适合的位置上，把他们的实力和潜能都充分发挥出来。根据各成员的优势，科学准确作出分工定位，把好钢用到刀刃上，把特长用到极致。与此同时，给每位成员提供公平竞争平台，完善成员间良性竞争机制，骏马要奔腾起来，对慢牛也要有"鞭打"的措施，激发团队整体活力，促使大家靠真本事和实绩效竞相为团队作贡献。

团队中出现"猪队友"是令人痛苦的事，但也不宜歧视排斥，要尽最大可能把个别脑子不够用、能力不足、状态不佳的成员，裹挟进嗷嗷叫的狼团队。一个具体的办法，就是短处姑且不论，只用他最长的那块板，不指望这类队友什么都能干。谁都有长处,麻杆的确打不了狼,但却是引火的好材料。比如,有个小组长反映,队友老H几乎一无是处,干啥啥不行,与人时常发生矛盾,想把他退回原单位。但大组长接触老H的感觉还行,他的性格内向,长期做内勤工作,社交圈子很窄,做事一根筋,但原则性强,保密意识也强。于是,把他调到大组来工作,专门管理举报信的登记和分类处置移交,在这个岗位上老H干得相当不错。后来那位小组长私下说,看来"猪队友"只要用其所长,在狼团队中也能有所作为。大组长回应说,那是,那是啊。

各类团队都要在增强向心力和凝聚力上下工夫,引导所有成员主动积极融入团队,不让任何一个成员跑单帮或者掉了队,以正确用人导向和团队文化来充盈团队的正能量和战斗力。成功的团队如同一座炼钢炉,各种金属矿石放在一起冶炼,出来的产品就是既有硬度又有韧性的优质合金钢,这个时候"猪队友"就不存在了,狼团队的整体实力会越来越强。

拿篮球说团队建设的事儿

五六岁时,我就成了篮球的爱好者,屈指算来篮球生涯已有一个甲子,现在如果一周不打篮球,浑身都会不舒服。我对篮球的痴迷,不仅是因为它是一项非常有益身心的体育运动,而且还由于这项运动充满了哲理——与方法论密切相关的道理和规律。

篮球是集体运动项目,一个人当然也可以玩,但那不是原本意义的篮球运动了。有段时间,我每天晚上八点左右就会到灯光暗淡的篮球场去打球,为的是出一身汗,借此消除精神上的疲劳。但切身感觉有点差,一个人的篮球体验是孤独的,脱离了团队的篮球寡淡乏味。即便是外行人也大概知道,篮球比赛特别讲究团队配合,美国职业篮球联赛明星如果不愿助攻和无意防守,他的价值也会大打折扣。最近中国男子篮球职业联赛的赛季,某个球队的队员们能力都不差,但没有团队的组织配合,搞的都是个人英雄主义,结果该赢的球也都输了。而另一个球队队员能力不是特别强,但组织配合得好,团队精神旺盛,队员们齐心协力,很可能输的球却赢了,他们越打战绩越好。

篮球靠团队配合的智慧和力量,靠每位队员能攻会守、攻防转换快,共同拼搏而获胜。得分是硬道理,助攻与硬道理也息息相关,篮球有助攻次数的数据统计,意在鼓励关键的传球使队友得分。我曾开玩笑说,篮球场上可以识别人和考察干部,谁如果在场上独往独来,该传的球不传,只顾自己表演,那他可能就是一个自私自利的人。谁如果在场上总是埋怨责怪别人,看不到自己的不足和失误,那他可能就是一个心胸狭窄的人。谁如果在场上敢打敢拼,有取胜的激情,有助攻意识和能力,有突破得分和三分球,有组织有配合,人到了位球就能传到位,没有埋怨指责,没有危险动作,在乎分数但不计较胜败,这位球员在工作中很可能就是一个品质好、有作为、可重用的人。

第39章　重轻急缓/四象限工作法/缓存及清理

事情和工作有重轻急缓（不是轻重缓急，这四个字的顺序是我有意调整过来的），重的急的事情有重与急的干法，轻的缓的事情有轻与缓的干法。重大事项，紧急工作，就是要予以高度重视，抓紧时间，集中精力做好，有时还要采用非常的手段和措施。对于那些分量轻的工作，不急又不大的事情，可以暂时放到一边缓存起来，给重要任务和紧急事项让路。当然不是搁置不做，有空时还是要做，有计划地去做，争取做实做优。有些事项仅做缓存处理还不够，还应当做必要的缓存清理。

思想中有重有轻，行动上举重若轻

重有重的分量，轻有轻的价值，什么是重？什么是轻？哪件事是重活要用心用力去干，哪件事是轻活不值得去干，两相对比，孰重孰轻？这类问题在工作中时常会跳出来，由你作出判定确认，并且还要让你选择用哪一种方法去做。重与轻是相对的，在科长那里可能是轻活，但放到科员的肩上就成了重活。昨天这项工作没有安排进日程，今天可能由于特殊原因成了重要任务。有的工作开局时困难重重，责任重压力大，阻力和干扰多，可干着干着就会顺风顺水，重活变成轻活了。然而，身处较低层级的员工，轻活也要当成重活干，不能没有重任可担又不愿意干轻活。

如何确定一件事情重要还是不重要，应从两个角度作出判断：一是从个人切身利益和长远发展的角度来判定，二是从全局大局的角度来判定。个人的事情，主要从前一个角度来判定，你个人的婚姻大事，对于同事来说不过是与己无关的小事。工作上的事情，主要从后一个角度判定，至少要站在单位的立场上来判定某项工作到底重要还是不重要。其实，两个角度会有交叉点或融入点，一般能够有所兼顾，也能有所融通。

有人说，我传达上级精神历来都是原原本本一字不落，责任意识是很强的，从来都是认真干工作的。但当遇到急难险重工作任务时，这个人却躲躲闪闪不愿担当，关键时刻就露了馅。为数不少的人，对待工作既有拈轻怕重的倾向，也有不愿意干没有分量工作的倾向。觉得分量不重的活，显示不出自己的本事，不想干难以取得突出政绩的工作。重要的任务来了，又怕有风险担责任，怕能力不足本领不高，干不出什么名堂。轻活不稀得干，重活不敢干不会干，不轻不重的活可干可不干，到头来他也就高不成低不就，没什么活可干啦。

工作中有两类人不受领导待见，也不被同事们认可：一类人是见轻拈轻见重怕重，干工作怕脏怕累怕艰苦，有紧急重要的任务又上不了战场；另一类人平时吊儿郎当，据说他是专门干大事的，干小事显示不出本事，不想干基础性工作，但急难险的任务来了，肩膀马上就软下来了。其实，勇挑重担，不怕吃苦，不怕担当责任，勇于负重前行，才是增能耐长本领的有效方法。

我的建议是，大事要举重若轻，小事应举轻若重；战略上要举重若轻，战术上应举轻若重。做事有板有眼，轻松自如，大事不折腾，小事不懈怠，重要的责任和任务扛在肩上，仍然如闲庭信步。轻要做好，重更要做好，多做即多得，不做就没得。我把这些当成方法提出来，可能有些人不大赞同，下面再提供三个依据，进一步加以分析。①理念的依据。方法是一个大概念，它的外延广泛且开放，有些情况下态度和理念也是方法。就大的方面来说，方法首先表现为理念和态度，然后才具体化为实操的方法。②正向典型的依据。多年来，我所看到身边那些成功的人，都是敢于挑重担、愿意多做工作的人，他们原本并不是有多么优秀，但都不拈轻不怕重，大事小事都会认真去做，因此就比别人有了更多的实践锻炼机会，有了更多成长进步和收获成果的舞台。③反向事例的依据。那些轻的工作不想做、重的责任不敢担的人，大多数都是唱高调的假英雄，实际行动的真矮子。时间长了，他们在方法上既缺战略又缺战术，最终会被干事创业的真刀真枪所淘汰。若仅从表面上看，以上这些不过是对待工作的态度及方法，但正负两面实践都能印证，工作无论轻重只要咱们用心、用力、认真去做，就会有进步有收获。

值得借鉴的四象限工作法

"象限"一词最初是个数学概念，指的是平面直角坐标系（笛卡尔坐标系）中的横轴和纵轴所划分的四个区域，每个区域叫做一个象限。以象限为依据的工作方法，就被称为四象限工作法，它属于时间管理的一种特有方法，即是把要做的工作按照紧急、不紧急，重要、不重要排列组合，分成四个象限，进而抓住紧急的重要的工作，全力以赴去做好。

第一象限均是应该放在首位的工作，不宜太多，时间跨度也不宜太长。作为第一位的象限，那就是最紧急最重要的工作任务，有紧迫性或某种程度的排他性，必须马上开始做，集中主要精力和资源去做。比如新冠肺炎疫情，

| 方法的力量 |

在一个县区突然发现核酸检测阳性或确诊病例,那就要放下其他工作,原来安排的各项活动都要取消或推迟,日常那些事情都要服从疫情防控大局。假如疫情趋向恶化,各级领导和机关干部都要上抗疫一线值班顶岗,餐饮停业、学校停课、工厂停工也在所不惜。还比如,根据有关法律规定,上级要求必须在十五天内关闭拆除造成严重污染的违法小化工厂,那就要组织相关部门立即联合执法,制订具体方案,分管领导坐镇指挥,倒排关闭拆除工期,坚决按时完成任务。

第二象限的等级低于第一象限,主要是紧急但并不十分重要,有的可能是一些较大事项,但也有不少零散事项也在第二象限范围内。有些员工常常在这个象限内迷失方向,每天都被所谓的急事搞得晕头转向,主管交办的事情无论轻重缓急都当成第二象限的事情办。实际情况却是,这些交办的事项中不少是第三、第四象限的工作,没有必要都急得火烧眉毛。处置好第二象限工作的轻重缓急,对于科学把握工作节奏,提高工作效率和质量至关重要。

第三象限的工作大多数是日常杂事小事,虽然既不重要也不急,但又是不可缺少的,需要有人去做,用一定时间去做。谋划一个大项目,重要的事情不少,杂事小事更多,诸如收集相关资料,计算成本费用,衔接有关事务,还有后勤保障,这些第三象限的工作都要认真做好,否则第一、第二象限的工作就会搁浅。还有,早晨上班一到办公室,打开水是一件微不足道的寻常杂事,但如果谁都不去打,大家就得做好忍耐口渴的准备。

第四象限的工作并不是不重要,而是不那么紧迫,不那么直接或具体,但多是关系到长期目标的实现,相当部分是基层基础性的工作。用句大家常说的话,那都是打基础利长远的工作,唯有不急功近利,坚持不懈才能做好。这个象限的工作比较难把握,有些人最不愿意做此类工作,因为短期见不到成效,只能靠默默无闻日积月累,而且做得再好可能也只是无名英雄。领导者抓全局干大事,要有扎实做好第四象限工作的思想自觉和日程安排,一般员工也要有善于做好此类工作的耐心和能力。

总之，不管是完成紧急任务，还是处置重要事项，都应统筹处理好轻重缓急的关系，不能只顾眼前不顾长远，只做短期见效、政绩凸显、轰动一时的工作，不做基层、基础工作和有利于长远发展的工作。

有急有缓，"凡事只怕待"，贪快盖不出结实房子

许多拖延都是责任感缺乏导致的，因此要强化责任意识，以较强的责任感做事。在日常工作中，时刻都要明确自己的职责所在，心里一定要明白，应当你履行的职责逃不脱、推不掉，及时把职责范围内的事情做好是必须的。加大执行力是避免拖延的一项根本措施，上级安排的重要工作任务，能立即办的就不要等到最后的完成期限，当日能完成就不要拖到次日，养成马上就办、立即行动、不推不拖、力求时效的工作习惯。

有些事情，看似是小事，但却又是急事，做急事的方法就是急事急办，不拖延不耽搁，雷厉风行几分钟、十几分钟就完成了，如果拖拖拉拉过段时间再去做，可能要几天几周的时间，甚至根本做不成了。一般来说，做大事和做小事，采取的方法是不太一样的，尽管到具体操作时也有不少共同点。紧迫事项不一定特别重要，但要优先处置；重要事项不一定特别紧迫，但要高度重视、紧紧盯住。

分清工作的急缓，哪项工作是当务之急，必须抓紧抓好；哪些工作要缓一缓、等一等，待到时机成熟、条件具备了再去做。有些事情就是不要急着去做，等待的结果可能会做，可能根本就不做了。古人早就有告诫，"前辈尝言：'凡事只怕待。''待'者，详处之谓也。盖详处之，则思虑自出，人

不能伤也"。凡事就怕等待，等待意味着周详考虑，如果考虑周详，做的事情都经过缜密的思考，就没有纰漏可寻，也就不会受到别人的中伤。老百姓的生活常识是，心急吃不了热豆腐，热豆腐会把口腔烫坏。稍等一会儿，等到豆腐不烫嘴但又没有凉——温润嫩滑的豆腐吃起来多香啊。

不过，办事当然还是干净利落好，能快办的就尽快办，不左顾右盼，不黏黏糊糊。可是，有些人的急不是应急的急，而是焦虑引起的急，急于出政绩，急着买车买房，急于提职晋升，急着出人头地。急于求成是一种社会性焦虑症，带有某种必然性和普遍性。但咱要明白，在激烈的竞争中，人们比的可不是焦虑急躁，比的是定力心态和扎实稳健，战胜焦虑急躁，才能成为最终赢家。培根说："贪求快捷是做事时可能出现的最大危险之一。"笛卡尔说："有一些才子急于求成，做事很不审慎，即使有非常可靠的基础，也盖不出结实的房子。"遇急当急又不焦急，做重要的工作，关键是要稳住阵脚，天大的事也不能惊慌失措，不可像热锅上的蚂蚁惶惶恐恐，无轻无重手忙脚乱，效率不会高，质量不会好，还可能出错。有的人整天像只无头苍蝇东撞西窜忙个不停，但实际效果却差得很，没帮上什么忙还添了乱子。

缓存，高速缓存，缓存清理

计算机科学中，有处理器缓存，有硬盘缓存，有操作系统缓存，浏览器和服务器都有缓存。算法专家并不都是谈论高深数学的人，他们中的多数人也很愿意为日常工作和生活支招。《算法之美》的作者布莱恩·克里斯汀等人就提出，缓存方法完全可以运用到家庭生活之中，对一些物品可以缓存，甚至可以高速缓存。他们提供选择的方法如下。

其一，当你决定某件物品该扔掉还是该留存时，最近最少使用是一个有效的指导原则。比如，你时不时还穿的一双老式皮鞋，虽然有些旧了，但很合脚，擦点鞋油还是很不错的，所以不能扔掉。而你多年没有穿的一套西服，由于你已经发福，它根本罩不住你的啤酒肚了，虽然还是新的舍不得丢掉，但对于你实在是用不上了，那就干脆送人吧。推而广之，当断舍离犹犹豫豫的时候，也可以根据最近最少使用的法则来做决定。

其二，地理位置的合理使用，就近且方便缓存。只要条件允许，就尽可能把物品的缓存放在通常使用的位置附近。比如，鞋柜当然放在门口，缓存的鞋也可以放在其中，只是不要与常穿的鞋放在一个隔层中，以便有所区别。常用的书籍放在书架中间层比较好，这样就不用弯腰或站在凳子上去拿常用的书籍了，如果不常用的缓存书籍，那就把它们放在书架的最底层或最顶层。一位美国女医生，把吸尘器的备用吸尘袋放在沙发的后面，因为她通常使用吸尘器是为了清理客厅的地毯，吸尘袋装满了，需要更新就在沙发边完成最为便利嘛。

其三，根据实际需要，建立多个缓存层级。虽然拥有单一的缓存即可收到显著效果，但建立多个缓存级别，包括从体积最小、速度最快的，到体积最大、速度最慢的各种缓存，效果肯定会更好些。你家里各种所需物品的缓存空间，至少要有四到五个层级。衣柜、鞋柜、书柜是第一级缓存空间，床底下和房间的犄角旮旯是第二级缓存空间，储物间是第三级缓存空间，地下室是第四级缓存空间，如果有寄放物品的小仓库，那就可以作为第五级缓存空间。这些具体的缓存方位及措施，应当成为家庭物品存放管理的指导方法。

那么，什么叫"高速缓存"呢？纯理论上讲相当复杂，实际应用起来还是挺简单的。可以想见，以上四到五级的缓存，一级比一级速度慢，不但缓存速度慢，一旦使用时提取速度也慢。把可能穿的衣物都堆在床头搞缓存的方法，虽然速度快，随时可存，随时可取，但大家都知道这实在是太懒的方法。于是，接地气的算法专家又给出一个加速缓存的建议，在床边的角落里

| 方法的力量 |

放一个衣物架，可稍大一些、稍高一些、稍长一些，把需要高速缓存的衣物挂在上面，使用起来就十分方便快捷了。这些虽然都是指导如何处理生活细节的小窍门，但运用到日常工作中也是不错的方法——一些任务搞慢缓存，一些任务搞快缓存，实施具体任务时，按照缓存的级别来逐项完成。

缓存不仅要把过多的任务暂缓存放在一边，还要把缓存任务中的一部分清除，干脆就彻底不要了。缓存中腾出空间的过程，便称为"缓存清理"。在缓存清理方面，咱们可以借鉴和延伸使用两个简单的方法：一是先进先出的方法，清理或覆盖那些在缓存中保存时间最久的内容。缓存的任务搁置得越久，越说明它的重要性和必要性越低，如果要清理长期未实施的缓存任务，当然要从最先纳入的缓存事项开刀，就好像很久之前放进冰箱里的食物，过了保质期就得清理出去了。二是最近最少使用的方法，将闲置不用时间最长的内容清理掉。这个方法与前一个方法有相通之处，但侧重点有所不同。比如，你有 8 件 T 恤衫，最近几年你经常穿的那 3 件，肯定要挂在衣柜方便拿的地方，不太长穿的 3 件可放在衣柜的下面，而十来年都没穿过的那 2 件，可能就要从衣柜中清理出去。处理日常繁杂事务，这两个方法大体上是适用的。

第40章 屈伸在理，进退有据，行止自如

屈与伸，进与退，行与止，这三组关系都是方法论要解决的实际问题。伸者易，屈者难，屈的方法更值得关注；进者喜，退者忧，退的方法更应该重视；行者匆匆，止者戚戚，有行无止乃危险之举也。

能屈会伸：向蒲苇和尺蠖学习

对于"与时俱进"这句成语大家都熟悉，但说到"与时屈伸"的时候，可能就没有什么印象了吧？荀子的原话是："与时屈伸，柔从若蒲苇，非慑怯也。"在现实生活中，与时屈伸和与时俱进有同等重要的价值，而且后者更具方法论的意义。我们就是要根据时代、时机、时间的变化，或屈或伸，柔韧得像蒲苇一样，有风时屈，无风时伸，屈而不折断，伸而不僵直，不过度弯曲，也不过分硬挺，而且屈伸不是由于被震慑而胆怯，这种状态本身就是蒲苇的质地。

屈是方法，伸也是方法，能屈会伸是高度务实的辩证方法。《周易》曰：

方法的力量

"往者曲也，来者信也，屈信相感而利生焉。尺蠖之屈，以求信也；龙蛇之蛰，以存身也。"以往的就曲着身子，来临的就伸直身子，屈与伸引起的相互感应，有利的因素便从中产生了。尺蠖之虫在卷曲身体时，为的是随后能够伸展身体。蛇在冬天处于蛰伏状态时，那是为了春天更有力量伸展行动。

尺蠖为节肢动物，身体细长，行动时一屈一伸像个拱桥，休息时身体能斜向伸直如枝状。它们虽然是渺小的昆虫，但其能屈会伸的行走办法却是不简单的本领。荀子和孔子都是能屈会伸的圣人级大师，在他们的哲学思想中，屈伸之道是政治理念和高明的方法论。伸的方法比较好掌握，屈的方法就不太好掌握了，问题在于人们都喜欢伸不喜欢屈，有时很被动地屈了，都屈得变了形，表现为不会屈，屈得很拧巴很不自在，成了心不甘情不愿的委屈憋屈。

屈与伸是前及后的关系，有屈才有伸的关系。我喜欢打篮球，投篮动作的屈伸要领，能够形象说明问题。特别是投三分球，球员不是一下子生硬地把手臂向前推出去，那样投球是投不远也投不准的，弄不好还会伤了肘关节和肩关节。技术娴熟的篮球运动员，首先会把双膝小幅度下屈，拿球的手臂屈成九十度左右，手腕也要后屈到一定角度，这几个连贯的屈做到了位，就能积蓄足够的筋骨和肌肉力量，为投篮蓄力发力提供向上及向前的有效空间。

为人处世要学会屈伸，懂得屈伸，善屈善伸，留有回旋的时空与可能。该屈则屈，宜伸则伸，能伸能屈，屈伸有理、有据、有节，屈伸不患眼前的私利得失，不患长远的焦虑欲求，由此而屈伸自如，恰当正好。适度的屈，不是因为胆小无能而退缩，而是为了下一步更有效率的伸，伸的起始步骤有时就表现为屈。以屈为伸亦是一种方法，虚屈实伸能更稳妥蓄力发力，退一步进两步是可接受的策略，只有进步没有退步那当然更好了。

• 第40章　屈伸在理，进退有据，行止自如 •

妥协——将柔韧性寓于方法之中

　　方法的具体形态，有正向的、有逆向的，有刚直的、有弯曲的，有狼吞虎咽的、有细嚼慢咽的，各有各的特点、特长和功效。"人在屋檐下，不得不低头"，这个说法和做法虽然有点消极世故，但大家应从正向角度加以理解和运用。低头是对现实处境及状况的一种妥协，如果不低头，撞坏的不是屋檐而是自己的头皮，在矮屋檐下不知道低头，这种人岂不是傻子吗？再说得绝对一点，谁如果不懂得妥协，那就几乎等于不懂得方法，妥协在方法中的席位极为重要，它能够缓解剧烈的冲突，摆脱尴尬的困境，战胜艰难险阻，得到大多数人的帮助和支持。

　　有位西方建筑大师说过这样的话："我喜欢的元素是杂交的，而不是纯种的；是妥协折中的，而不是一以贯之的；是曲折蜿蜒的，而不是直截了当的；是模糊歧义的，而不是清晰缜密的。"对他的这些观点，咱不一定完全相信和照办，但对杂交、妥协折中、曲折蜿蜒、模糊歧义这些多元化的理念，在选用方法时却是可以借鉴的。

　　历史上对妥协这一命题感兴趣的思想家为数不少，但把妥协提升到哲学高度来研究并作系统阐述，大概非洛克莫属。不仅如此，他甚至把妥协作为人类的一种基本生活方式来倡导，这就把妥协放在了更加重要的方法论层次上了。洛克认为："契约的本质是妥协或有原则的和解。"在他的思想中，妥协与契约有关，与原则及和解有关，妥协不是单纯的妥协，而是关乎契约有效的执行，原则的理性坚持，和解的最终达成。罗素不无钦佩地说过："洛克在近代哲学家当中固然绝不算顶深刻的人，却是影响最大的人。"——方法不需要太深刻太高尚，但特别需要灵活性和变通性。

屈膝、屈肘、屈腕、扑下身子是为把事情做好，含胸、弯腰、低头是为了更好昂首阔步，暂时的委曲求全是为了长远发展的道路更加宽阔。所以要能屈会伸，以屈为常态，伸在关键要害时刻，谁要是把会屈伸、能妥协的人视为实力有限、能力不足，那就大错特错了。其实，与时屈伸、善于妥协是非常理智的实力和能力，无理争三分则是浮聪明真愚蠢。咱有理也要主动让人三分，学会用妥协的方法实现有原则的和解，屈在得理之处、得意之时，不是不得不屈，而是不伸过了头，对屋檐应当有礼让、有妥协。

前进，踏石留印；后退，海阔天空

进退两难，进退失据，必然会陷入窘境不得解脱。进退有据，进退自如，则会摆脱困境，转为顺境，走上康庄大道。干工作、做事情、协调关系，都要有进路和退路，进猛了的时候，走过了的时候，就要考虑如何退得有据，退得自如，实在没有了退路，也要找到侧面路或边缘路，撞了南墙一定要回头。与时、应时、趋时而进，不能逆向行进或背时而进，就像开汽车逆向行驶，不但违反交通法规，还可能造成重大交通事故。

个人也好，团队也好，单位也好，都要努力往前走，思想和事业也都要争取不断进步。前进要一步一个脚印，扎扎实实不能踏空，偶尔跳跃几次或许还可以，但若想一路上都跳跃着前进，那肯定会摔跟头。俗话说，走路不怕慢，就怕站。我觉得还可以补上一句，前进不怕慢，也不怕快，就怕失足跌跤，有时摔了个跟头或许能爬起来，有时跌倒了却是永远都爬不起来哦。前进要蹄疾步稳，要踏石留痕，不能脚踩西瓜皮，滑到哪里算哪里。

知进知退，关键是知险而退，知趣而退，知难是不是也要退呢？那得具体情况具体分析，不宜一概而论。悬崖已在脚下，进还是退？无疑是要退的，而且要赶紧往后退，稳稳的往后退。走投无路时，睿智地退回来，重新选择前进路径，便会海阔天空。他已经爬到了大树的细弱枝杈上，非要再往上爬掏鸟窝，严重后果是鸟飞蛋打，人摔在地下，断胳膊断腿。渺茫中退几步再做打算，眼前便会出现一片新天地；迷途中停顿一下再奋力向前，由此便会峰回路转。

《易经》中引用孔子的话："知至至之，知终终之。"展开解释的大意是，知道在事业上自己所能达到的目标，就去努力实现它。能够预知自己将有的某种结果，而坚持不懈地获得这种结果，这种人是可以与他保持长久交往的。孔老先生把知与至、知与终的一致性当成方法来推荐，展示了他恢弘深邃的视野。

军事行动的撤退，亦能给大家以方法论的启示。撤退不是败退，要有序、有组织、有方向，并且要有掩护，部分兵力进攻，部分兵力撤退。解放战争拉开序幕后，毛泽东主动撤出革命圣地延安，蒋介石得到的是一座空城，接下来的是中国人民解放军摧枯拉朽的三大战役和渡江战役。抗美援朝战争，中国人民志愿军有多次战役撤退行动，也有数次迫不得已的失利性撤退。美军的几次撤退，至今也是耐人寻味的，显然不是严格意义上的败退。战略或战役的撤退，大多是主动有目的的撤退，是为了更有力的进攻和更重要的胜利。以守为攻，以退为进，这种守和退需要强大的定力和超凡的力量。

37%：最优停止方法的应用

最优停止的方法，对于如何做到宜止则止、止而得当、止得有利会很有帮助。该方法告诉人们，什么事情做到什么程度为好为止？以怎样的方式实现最佳的停止？它提供的是37%法则，其由来与遴选秘书有关——西方三代

| 方法的力量 |

学者对最优停止的问题，已经研究了七八十年，基本都离不开遴选秘书这个有趣的话题。通常情况下，遴选秘书的程序停止得过早或过晚，都会招聘不到最佳人选。遴选程序若停止过早，最优秀的遴选对象还没有得到亮相的机会；若停止过晚，这等于表明秘书的岗位总是没有合适人选，选来选去弄得考官们都厌烦了，而且也就意味着放弃了前面的优秀人选。

那么，招聘秘书要录取到较为理想的人选，就要在过早与过晚之间找到最合适的平衡点，既不迟疑不决，又不过早收场。主导面试的考官，应有"目前最佳"的遴选意识，不能总是把机会留给下一个，再下一个……诚然，见到第一个目前最佳的遴选对象，就作出录用决定，终止后面的人选的面试，那也是过于草率急躁了。此时要依"摸清情况再行动的准则"来行事，先设定一个合适的观察期，在这段时间里无论人选表现得多突出，都不要急于确定。等面试人选达到一定数量比例，观察与行动之间的分界线处在全部人选37%的位置上，此时一旦出现目前最佳人选，就可停止遴选程序，确定最终谁来当秘书。37%是最优停止理论的标志比例数，这个数值不是绝对的，许多数学家和计算机专家，经过无数次测试的结果，实际略低于37%，这个比例数只要在35%到40%之间，取得理想人选的可能性就会接近最高值。

关于该止则止，常举的事例是男女之间"谈对象"，谈得越多越可能没有什么结果，大龄青年最后谈成高龄青年。在北京工作时间较长的白领，大概都知道那些不起眼的"王老五"是真正的钻石，而才华横溢的女青年却都有某种危机感。据说这个超大城市有几十万的"剩女"，学历和薪水都不低。这样一来，大龄男青年成了稀缺资源，特别是有北京户口的男青年，对象谈了一个又一个，从二十多岁谈到三十多岁、四十多岁，还是停不下来。有位同事告诉我，他原单位有一个年近四十岁的M，这位大小伙子四五年的时间里见了一百多个对象，简直是挑花了眼。M的年龄越大，求偶的标准越高，谈过的对象如过江之鲫，他自己都觉得有审美疲劳了。如果M的价值观没有什么偏差，那么他要想解决挑花眼了的问题，就可求助于最佳停止方法——把这个方法作为一道简单的算术题来做，谈到37%左右的对象时，大概就能够找到心仪的伴侣。至于这个37%依据什么，还是要由各位"王老五"来确定，因为找对象毕竟不是遴选秘书。

租房子或买房子，也有个最优停止的问题，否则便会陷入一家接着一家不断地看房子，就是停不下来，孩子都出生了，租房买房的事情还在看房的路上遥遥无期。

行，效益最大化；止，损失最小化

行动的时候，要以科学的方法实施，以明确的目标引领，把方法变成切实可行的举措，每一动作、每一步骤、每一阶段，都要体现效益最大化的要求，不做任何一项无用功。这不是功利主义，而是必须在实施行动时就要有效解决的方法问题。方法要一心一意为效益服务，在效益上半点都不能因小失大，在形式或程序上能简不繁，能易不难，能快不慢，尤其要避免那些拉拉杂杂的方法喧宾夺主，把效益标的忘到了脑后。

看准了的事情，就要不断向前推进，遇到困难挫折也不灰心丧气，但在这过程中，要相信最优停止理论的提示，随时确定最优停止机会和应采取的方法。不要走到了道路的尽头才折返，也不要挑来挑去好房子被别人租（买）去了，"见好就收""最优即停"不失为挑选和停止的好方法。生活中最优停止问题无处不在，不仅与遴选秘书、租买房子、寻找伴侣有关，还与干事创业、炒股票、做生意、投资理财等都有关。

坦率地说，行止自如的止，一个直接目的是为了止损，就是通过及时有效的止，把损失降低到最低程度。炒股票的适可而止，能够具体说明类似的

> 方法的力量

问题。你眼看着自己炒的那只股票一天一天连续往下跌，这个时候就要考虑如何止损的问题了，宁可损失一些，也不要硬挺着，果断地交易出去，再购买有上升趋势的股票，力争把损失补回来。不言而喻，这个止不是从此就不炒股票了，金盆洗手不干了，而是暂时停止炒某一只股票，果断地卖出去，使损失最小化，如果行情好转，还可以再买进来。当然了，对炒股票我百分之百是外行（从来没有炒过），联系实际说了这些，都是从方法上推导出来的外行话，不能太当真太算数。

第41章 调查方法的理念与实例

在几十年工作实践中,我做得最多、获益最大、感受最深的是深入细致的调查。毛泽东那句"没有调查就没有发言权"的名言,一直在我的耳畔回荡,主导着我的工作思路和方法——调查是非常重要的方法。毛泽东专门讲过《水浒传》中的一个故事:"宋江三打祝家庄,两次都因情况不明,方法不对,打了败仗。后来改变了方法,从调查情形入手,于是熟悉了盘陀路,拆散了李家庄、扈家庄和祝家庄的联盟,并且布置了藏在敌人营盘里的伏兵,用了外国故事中所说木马计相像的方法,第三次就打了胜仗。"没有深入的调查,宋江打了两次败仗,有了深入的调查,最终才打了胜仗。

寻乌调查与七项调查技术

1930年5月2日至6月5日,从井冈山下来的毛泽东在江西的寻乌县城工作生活了34天,他利用这期间战事较少的有利条件,在寻乌县委书记古柏协助下进行寻乌社会调查,开了十多天的调查会。寻乌调查是毛泽东当时所作的规模最大、材料最丰富、收获最大的一次调查。这次调查是从5月2日

| 方法的力量 |

晚与寻乌县委书记古柏的一夜长谈开始的。这个不眠之夜，毛泽东详细询问了寻乌的政治、经济、文化、历史、现状等情况，古柏都一一作了翔实的回答，等于给即将开展的调查提供了背景材料。第二天古柏给毛泽东当向导，先考察了县城南门街的商铺、杂货店和餐饮店，拜访了寻乌商会前任会长，在杂货店里毛泽东对洋货入侵、国货受困、民族工商业凋敝的境况有了感性认识。接着毛泽东又到石屋井巷拜访了一位老秀才，聊起了寻乌的人文地理、水陆交通、历史沿革，还借了老秀才书架上的一本县志回去阅读研究。第三天毛泽东到城南范屋营的几家农户家调查，在中农老骆家的堂屋，他注意到除了一些传统用具摆设外，墙上还挂着马灯和洋伞，年轻人穿着胶底鞋，发现洋货已经渗透到城乡生活的角落。

从5月13日开始，毛泽东的调查会开了十多天，他列出的调查纲目有八大项，其中寻乌城一项就下列25个子目。调查会上，毛泽东对寻乌的情况，大到官府衙门，小到针头线脑，油盐酒豆，打铁农具，打金银首饰，理发修钟表，都询问得很具体。不仅问过程、问原因、问结果，还十分注意细节中人与事及活动情况，反复了解，认真核对，很怕漏掉重要的情况和细节。在寻乌调查后期，毛泽东还去县苏维埃的办公地点进行了调查，他从苏维埃干部提出的小地主不肯把肥田拿出来分配、乡政府的几个负责人把好田分给自己这两个具体问题着手，和大家一起分析土地分配的问题，研究解决的办法。

经过一个月紧张有序的工作，毛泽东在寻乌的调查接近尾声，于是召开了有五十多人参加的调查总结会。毛泽东摊开几张写满调查纲目的纸，逐个提出问题，大家逐个回答，政治经济、文化教育、风俗习惯都涉及了，一共有几百个问题，谈得最多的是商业、土地、人口、田租、债利，对一个月来收集到的问题作进一步核实确认，等于是汇总情况和归纳重点。中午时分，毛泽东摆了八张大桌子，请参加调查总结会的乡亲们吃饭，糙米饭、豆角、青菜再加一盘辣椒、一碗汤。用毛泽东的话说是"皆大欢喜，其乐融融"。

在寻乌的34天里，毛泽东调查了全县阶级成分、土地生产关系、地主剥削农民的手段，特别是着重调查了商业和手工业状况，了解了130家店铺和22个行业的历史与现状，分析了21户大地主和111户中小地主的情况，为正确处理农村阶级关系，制定商业和城镇贫民政策，确定土地分配中限制富农"抽肥补瘦"原则提供了重要依据。1931年2月2日，毛泽东在江西宁都的小布写成《寻乌调查》。这份调查报告有八万多字，毛泽东在报告中写道："寻乌这个县，介在闽粤赣三省的交界，明了了这个县的情况，三省交界各县的情况大概相差不远。这个调查有个大缺点，就是没有分析中农、雇农和流氓。还有在'旧有土地分配'上面，没有把富农、中农、贫农的土地分开来讲。"毛泽东的自信与谦谨溢于言表。

30多年过去，时间转换到1961年3月，毛泽东在广州主持召开中央工作会议，他在会上结合寻乌调查的经验，对七项调查技术作了饶有趣味的解读。

第一，要作讨论式调查。只有这样才能近乎于正确，才能抽出结论。只凭一个人讲他的经验和方法容易犯错误，只是随便问一下，不提出中心问题，不经过辩论的方法，是得不出正确结论的。

第二，要找能深切明了社会经济情况的人调查。老人最好，他们有丰富的经验，懂现状又明白因果。有斗争经验的青年人也好，他们有进步思想，有锐利的观察。工人、农民、商人、知识分子、士兵都可以作为调查的对象，流氓也可以作为调查对象。

第三，调查会人多好还是人少好？得看调查人的指挥能力。人多有人多的好处，但也有人多的坏处，指挥能力欠缺的人会无法使会场安静，大家的注意力不能集中。但人太少了，又会囿于见闻，说的话不符合真实情况。

第四，要定调查纲目。事先要有大纲，还要有细目，如"商业"是个大纲，"布匹""粮食""杂货""药材"是细目，布匹之下还可再分为"洋布"

"土布""绸缎"等。调查人要按照纲目发问,不明了的、有疑义的、可提起辩论,力求把情况搞实搞准。

第五,领导干部要亲自出马。凡担负指导工作的人,从乡政府主席到全国中央政府主席,都要亲身从事社会经济的实际调查,不能单靠书面报告,因为二者是两回事——到实际中去调查,其他工作方式代替不了。

第六,调查要深入。深切地了解一处地方或者一个问题,往后调查别处、别个问题,便容易找到门路了。一要深入,二要深切,从一两个地方或问题开始调查,逐步地深入、深切下去,并坚持下去。

第七,要自己记录。调查不但要自己当主席,适当地指挥调查会到会的人,而且要自己做记录,把调查的结果记下来,假手于人是不行的。记录不是小事,它与调查的质量及结果密切相关,也体现着调查的认真态度。

毛泽东的七项调查技术,教给的既是具体的调查形式和技巧,又是辩证的思维方式和思想方法。时代变了,事物的发展有春夏秋冬,但方法之树依然常青,咱们把毛泽东的调查理念和调查方法学到手,贯彻党的群众路线和思想路线的能力就会大大提升。

根本方法/调查三要点/顺义调查

20世纪五六十年代,邓小平至少有四次关于调查的重要讲话。早在1956年党的八大上,他就严肃指出不调查、不研究、不了解实际情况的问题和危害,但当时并未引起应有的重视。5年以后,1961年三四月间,邓小平连续反复强调调查研究、实事求是是根本工作方法。他说:"所谓实事求是,就是要承认千差万别、大同小异。大同就是大的方针政策,小异是重要问题。大同要调查,小异也要调查。过去大同不作调查吃了大亏,小异不调查同样

第41章 调查方法的理念与实例

吃了亏。"尤为值得重视的是,邓小平不是从改进干部作风的角度,而是从坚持实事求是思想路线的高度,从党的根本工作方法的高度,对调查作深刻的分析阐述。从这两个高度讲调查工作,分量和意义就非同一般了。

这期间,邓小平对中央派出的调查组,提出了具体的工作提示,要点有三:其一,农村调查组的时间有长有短,调查的地点较广,要争取多了解一些个点。不同时期调查的问题要有所不同,要从实际出发确定调查题目。其二,调查的具体内容要根据各地的特点确定,总的是要研究历史发展过程,要采取客观的态度,分析各阶层、各类型、各种经济条件不同的农户,根据发展阶段进行比较。其三,调查时不要给地方出主意,要和地方讨论,只提问题,研究材料,不发表意见。

对中央调查组提出要求之后,邓小平自己也到北京的顺义县农村作了15天的调查。在一次调查会上,基层干部们吞吞吐吐不敢说真话,邓小平带头说了真话:"一平二调"搞得大家都没劲头了,要尽快制定"三包一奖惩"和"四固定"责任制。包产过大的单位应当适当划小,包产单位小一些,便于互相比较生产条件,你瞒不过我,我也瞒不过你,包产指标就容易落实了。

在另一次调查会上,邓小平反复询问大队书记和生产队长,食堂是继续吃下去好呢,还是不吃好?多数人违心地大讲吃食堂的好处。跟随邓小平来调查的卓琳已经在农民家住了一个星期,有不少真实感受,她插话说,大队食堂是假的,食堂分粮食,社员自己回家做饭吃才是真的。邓小平不但没有批评大队干部作假,反倒是换个角度给予了肯定——你们村的干部对共产风、平调风顶得好,锅碗瓢盆没被风刮跑,锁没砸,门没拆,是很好的事。吃食堂光荣,不吃食堂也光荣,吃不吃食堂由群众定。

经过深入的调查,邓小平和彭真联名致信毛泽东,提出调整社队规模,改变粮食征购和余粮分配政策,取消供给制,实行评工记分以及办农村食堂要依据群众意愿等七项建议。从调查要求、过程和结束后提出的建议来看,

| 方法的力量 |

邓小平调查方法的最大特点是求真务实的，注重听真话讲真话，充分理解和相信基层干部群众，并且有着鲜明的问题导向。邓小平的这些方法，都是咱们要认真学习和遵循的。

《社会调查自白》

1984年那个炎热的夏天，费孝通在北京做了著名的社会调查十讲，后来其中的八讲汇编成一本书《社会调查自白》，第二讲便是"社会调查概述"，此讲系统阐明了他的社会调查理念与方法。费孝通说，任何调查都必须经历一个既要符合客观事物、现象的发展路线，又要符合人们的认识路线的过程。这个过程可分为定题、计划、实施和总结四个阶段。

第一个阶段是定题。费孝通对调查的定题看得比较重，他认为选题不能贪大，要从实际需要出发，切口小一点更有利于调查的深入和聚焦。他说，初看起来，定题似乎很简单，抓住一个题目就行了，但实际做起来不容易。选题上常常容易出的毛病是脱离实际，想搞大理论，看不起小题目，以致老虎吃天，无从下口，到头来还不是自己给自己出难题吗。

第二个阶段是计划。制订调查计划，费孝通的方法与众不同，他提倡要把先导的功课做实，不能关在屋子里苦思冥想，要对具体的研究对象做细致详尽的观察，从一点或几点的经验来做计划的依据。这就是探索性的调查，即先探探路子，为大规模的正式调查做先导。调查计划中要包含界定研究范围，拟出调查提纲，明确调查指标，确定调查方式等内容。

第三个阶段是实施。也就是收集原始资料，主要的方法是观察和访问。费孝通把观察分为三种方式：一是间接观察。指利用别人对那些已经发生的社会现象的记录，这种原始材料主要是由前人写成的历史资料。二是直接观察。指对现实的、正在发生的社会现象所作的观察与记录。作直接观察时，要常常对自己发问："可靠不可靠？"观察中要尽量避免局限性。三是参与观察。指研究者参与到要观察的社会团体、社会过程中去观察的一种方法。联系群众，要放得下、进得去、出的来。访问是收集被调查者口述资料的调查方法，访问的基础是与被调查者搞好关系。如果没有一定的关系，缺乏信任感，连搭个话都难，更不要说谈出真实情况了。而且，不能凭借被调查者口头上说的是真心话就能保证资料的真实。选择别人的答题时要多动脑筋想一想，从逻辑分析的方法仔细辨别出什么是真话，什么是假话。

第四个阶段是总结。即整理资料、分析资料和得出结论。对这个阶段的工作，费孝通提出了非常有价值的观点。他说，分析资料的方法很多，但都要围绕着"点与面""质与量""因与果"这三个关系展开。①点与面的关系是事物的特殊性与普遍性、个性与共性的关系。典型只是事物中的一个点，它有它的特殊性，但普遍性寓于特殊性之中，要从典型中看到它所代表的特殊性。②质与量的关系反映在分析阶段就是定性分析与定量分析关系。定性分析实际上就是从典型分析开始的，重在对事物的质的方面进行全面的、历史的、纵深的考察。定量研究一般是在某种质的规定下，表现事物的数量特征的数量关系。由于定量分析难以深入到事物内部作考察，弄不好的话，那些普查、抽样调查、问卷调查得到的结论，只能在数量上给人一个表面形象，甚至是一种虚像。所以定量与定性要相辅相成，不能偏废。③因果分析是社会调查者的兴趣所在，有一因多果、一果多因、多因多果、互为因果，不能一概而论。费孝通提醒调查人员，确定社会现象和事物间的因果关系，可不能只凭一些表面的偶然的联系下结论。

费孝通的社会调查理念、方法、实践和成果，都是非常丰富而深刻的。20世纪30年代他就到广西瑶山搞民族调查，写出《花篮瑶社会组织》一书；50年代他在云南、贵州、广西作的民族调查，为我国少数民族的正确识别作出了重要贡献。费孝通在江苏作的江村调查，在国际上曾产生不小的影响；接着在云南搞了《禄村农田》等调查，对乡土中国有深入翔实的描述和剖析。改革开放后，费孝通又多次到江村调查，进而展开了小城镇调查，提出了小城镇大战略的发展思路，对我国的乡镇企业发展和小城镇建设起到了十分重要的引导作用。

信访调查法和随机调查法

调查的方法多种多样，在平时工作中大家熟悉的方法这里就不介绍了，我最想介绍的是信访调查法和随机调查法。这两种调查方法有利于克服官僚主义、形式主义的弊端，能了解到最真实的情况，掌握老百姓迫切需要解决的问题，发现工作中存在的倾向性问题。

信访包括来信、来电和来访三种形式（还有网络信访等，姑且都纳入来信），主要是指人民群众向党政司法等机关和部门反映问题，提出诉求，进行申诉、检举、控告等活动。来信来访好比是一个社情民意的海洋，通过这个渠道搞调查，实践的是从群众中来、到群众中去的群众路线和实事求是的思想路线。正如邓小平严肃指出的："那么多人民、干部来信，我们为什么不去调查解决？"开展信访调查，一般是从日常的来信来访中发现有价值的问题线索，其中大量内容虽然反映的是个人诉求，但与党的路线方针政策是否贯彻落实有关，可以由个体现象着手调查基本情况，知道老百姓想什么、盼什么、怨什么。

接待群众来访是直接与群众面对面的调查，是一种没有障碍的调查直通车，能够直接听到群众的呼声与诉求。有关人员要带着真感情和实责任接访，透过来访这个窗口品味百姓的酸甜苦辣，把群众当成自己的家人看待，把他们反映的问题作为调查的抓手。对群众要有同情理解之心,有公仆赤子之心,将心比心,动真感情去调查,动真格去调查,不能麻木懈怠,不能糊弄搪塞。我曾经在机关信访窗口搞过一个星期的接访调查,了解到的农村土地承包流转问题、乡村治理问题、干群关系问题、支农政策落实等问题,十几年的调查都没有这样具体翔实,群众反映的问题让我动容、动情、动心。

群众来信的调查,内容牵扯的范围广,信息量很大,要学会阅读信件,分析研判信件,办理处置信件,从中找到需要深入调查的重点问题。不局限于信访的一事一议,不满足解决个别信访问题,学会举一反三的调查方式,个案调查与同类问题综合分析结合,调查了解问题的成因及沿革,共性诉求的堵点在哪里,提出解决问题的办法。比如,反映土地征用、城镇房拆迁、国企退休职工待遇、低保、医保、社会保障等,大多是政策层面的问题,就要从一封又一封来信的案例中找到深层次症结所在,以解决个案问题为切入点,促进共性问题的总体破解。

在计算机科学中,随机法作用惊人。进行重点工作或课题的调查,随机的方法往往比最严密的确定性方法好用,这也不是依赖于偶然的运气,随机法中不排除有某些运气的成分,但它只占较小部分。随机法调查就是要解决听不到真话,看不到真相,了解不到真情的问题,致力于真和实,去伪存真。与典型考察不同,随机调查侧重于问题调查、工作督查、详情抽查,不但要把点上的问题摸深摸透,还要大体掌握面上的情况。

随机调查有两点是要坚持的:一是随机。就是不主观刻意,不事先选点,与其他工作结合起来最好,以收到一举多得的效果。二是常态。不是偶尔搞一次,而是要形成常态化的调查机制,专题调查与蹲点调查,也可以用随机法进行。在省里工作时,每当一项重要工作部署下去之后,过段时间我就会跨市界、县界搞随机调查,以便了解进展的真实情况,一般都能得出准确判断,发现存在的问题,也能及时总结出好的做法和经验。此过程中也有抽样调查的意思，但随机是更主要的方式——典型随机调查和非典型抽样调查相结合。

随机调查的理论比较复杂，但使用起来还是比较简便的。先是生成一些随机的样本元素（调查对象），如果两个表达式是不相同的，那么如果它们对随机生成的输入给出了相同的答案，这是一个大的巧合；如果它们对第二个随机输入又给出相同的答案，这将是很大的巧合；若连续三次随机输入都得出相同答案那是更大的巧合，或者说已经不是巧合了。这种调查得出的答案虽然有些差异，但确实有一定代表性。

随机调查是调查的惯常方法，不是什么明察暗访，不能搞钦差大臣微服私访那一套。至关重要的是，上级要理解体谅下级，上下级要建立起互相信任、共同推进工作的关系，即使下面有问题，基层工作有不足，也不要挑剔指责，为难基层干部群众，不能搞突然袭击、专挑毛病，不能下车伊始盛气凌人、指手画脚。这是邓小平早就告诫过的，可是总会有些官员听不进、记不住。

中国农民工调查

记得那是2005年，我在中央党校学习，参加了暑期的企业转型升级课题组调研，这过程中我干了一件"私活"——中国农民工调查。参观企业时，调研组成员们看自动化生产线，我溜边专门找农民工聊天，打听他们的工资和生活状况。考察园区经济时，大家看在建的大型项目，我跑到附近的村庄了解村里人外出打工的情况。与市县干部及企业负责人座谈时，我抓住机会向他们询问对农民工现象的看法和建议。

半个多月实地调查了两个省，A省是农民工输出大省，B省是农民工输入大省,获得的样本数据和现场情况都是第一手的。实地调查结束后,我又继续进行文献调查,把点上调查的具体情况与面上的概况及相关数据联系起来分析。接下来,我通过原有的工作渠道,收集了中部、西部、东部六七个省农村劳动力转移的情况,与A、B两个样本省的情况进行比较研究,第二手、第三手材料与第一手材料相互印证,不断深化对现象和趋势的认知,基本搞清了五个重点问题,形成了《中国农民工调查——以A省、B省为例》的调查报告。总的判断是:"新中国成立后,特别是改革开放以来,农民地位得到极大改善,农民阶层迅速分化并向城市迁徙,最具有社会学意义的现象是,农民工以乡镇企业为跳板异军突起,坚韧不拔地行走在城乡之间。这是中国农民最彻底的一次解放,是中国产业工人划时代的整体性更新。"

调查报告首先回答了"我国目前有多少农民工"的问题。当时没有权威的数据,有关部门的数据既有高估的问题,也有低估的现象,比较常用的一个数据是全国农民工有1亿人左右。经过对农民工输出省和输入省的数据分析推算,我在调查报告中给出的数据是:"目前我国农民工大概超过1.8亿。"两年之后,这个数据得到了普遍认同,权威部门的数据也证明了这个调查的准确性。这不仅是个单纯数量的问题,而是能够引起重大质变的量变。

"农民工属于什么阶层"?我用鲜活的事实说明,农民工已经不是原来意义的农民,农民工输入大省B省抽样调查显示,在农民工中,技术人员占14.8%,中层管理人员占10.1%。许多农民工无论是职业还是观念,都与"农民"相去甚远,除了出身和名分外,他们都已经不是农民,数量庞大的农民工,不但是现代产业工人,其中优秀分子还是现代企业的管理者和高级技工,他们正在从农民中分离出来,顽强地融入产业工人阶层,并成为产业工人的主体部分。

我在调查报告中还回答了"农民工处于何种生存境况"的问题——作为廉价劳动力,工资水平低,拖欠时有发生;作为超时劳动力,工作时间长,超负荷从事繁重工作；作为高危劳动力，社会保障缺失，各种安全事故频繁。在回答前三个问题的基础上，调查报告指出："进入新世纪以来，'三农'问题已经衍生为'四农'问题，农业、农民、农村加上农民工问题。"农民工问题关系到农业增效、农民增收和农村繁荣，关系到工业化、城镇化和以工补农、以城带乡，关系到社会稳定和谐。

调查报告的最后一部分，提出了解决农民工问题的五点建议：构建城乡一体化和就业体系；健全农民工权益保障制度；强化农民工输出地和输入地的对口培训；妥善解决农民工户籍问题；改进农民工管理服务工作。

如今回顾总结概括，我的那次中国农民工调查基于七点考虑：①选择焦点问题调查，当时农民工问题处于众说纷纭的状态，值得深入调查；②标题醒目贴切，"中国""农民工""调查"三个关键词，可凸显调查的内容和分量；③各种调查手段并用，通过现场调查、随机调查、文献调查、谈话调查、延伸调查，使调查内容翔实丰满；④结构跳出了"问题""原因""对策"三大模块的窠臼，直接提出和回答了五个实质性重点问题；⑤立场观点鲜明，毫不掩饰站在农民工立场上调查研究问题，但又是站在国家发展大局上思考问题，不搞模棱两可的表述；⑥注重用事实和数据说话，实化定性分析，准确定量分析；⑦建议有一定的建设性和可操作性。

猪周期追踪调查

那是 2011 年的夏天，我当时在中部的一个省政府分管农业农村工作，猪肉价格涨得厉害，至于什么原因导致出现这次怪异的"猪周期"，各方面的说法莫衷一是。对此，我作了一次短平快的"猪周期追踪调查"，写成一份纪实性调查报告，大致内容简略摘录如下：

前段时间，一斤生猪的价格涨到 10 元钱，与上年同比增长 89%。猪价这样大的增幅，成了 CPI 攀升的主要推手。到底什么地方出了问题？政府应该具体做些什么工作？利用双休日，我到六个县作了专题调查，省畜牧站一位同志与我同行当向导，未和市县打招呼，吃在村里住在养殖户，看到听到的都是原汁原味的真实情况。

（1）随机走访聊养猪

7 月 16 日，星期六，夏雨初晴，清晨我早早乘汽车驶离省城，8 点钟就到了一个叫东村的地方，村里有一个规模较大的种猪场。出于防疫的考虑，我没有进猪舍，在种猪场外的杨树林边，与场长和技术员聊了不少有价值的情况。场长对我说："这几年养猪业发展得很快，价涨价跌本身就是一个淘汰落后的过程，原来那种粗放的生产方式已经不行了。"他还带我走访了几个养猪大户，看到 10 多年来相继建成的三代猪舍。一位养猪大户的女主人告诉我，这些年养猪有赔有赚，算大账赚得多，赔得少，小猪圈发展成大猪舍，还有家里的新房子，都是靠养猪赚钱盖下的。

（2）本次"猪周期"有点怪

王堡养猪专业村是我本次调查的第二站，村支书也是养猪合作社社长，他说养了多年的猪，头一次遇到今年的"涨法"，确实有点怪，就怕大涨之后又会大落。后来的调查，从不同方面都听到了这种担忧的声音。通常猪价三年左右一个跌涨周期，这回低迷期长于以往，振幅比历次强烈。我带着的 10 来年猪价曲线图也清晰地反映出了本轮"猪周期"的特征，跳水很深，触底后低谷较长，反弹攀升异常迅速，峰值持续高位运行。

（3）疫病既是"杀手"又是"推手"

中午在一个叫徐村的地方吃饭，饭后又到村里的散养户看了看。一位老汉说："像我这样的散养户，猪价低一点也会有钱赚，就怕来猪病，那才损失大呀！今年初我买了 35 头小猪，不几天就死了 21 头，一下子就赔了 1 万多元。"我隐约觉得,这次猪价上涨的幕后推手,很可能是潜伏许久然后泛滥成灾的疫病。

(4) 养猪小区伤筋动骨

夜幕降临,我来到玉井村养猪小区,感受到现在猪价虽然高涨,但养猪业依旧惨淡。偌大个小区,只有一户在坚守,一栋栋闲置的猪舍,留下了深深的阴影和赔钱的遗憾。剩下的这个养猪大户,1500头猪的猪舍,只养了400多头。我问:猪价这么好,为什么不抓紧进小猪呢?他说:怕猪价大起大落,不敢进小猪,现在小猪价格太高,买不起啊!我了解到,附近的养猪小区和相邻的规模养猪场,都在最近这两年垮掉了。这个县的情况与我上午看到的情况有明显不同,规模养殖大户给人"一朝被蛇咬十年怕井绳"之感。两个县一北一南,距离只有400多公里,但对本轮猪价上涨的态度却有如此大的反差,这就提醒我,调查不可以偏概全,既要深入分析个案,还要系统调查面上的总体状况。

(5) 母猪和仔猪的补栏数量是两个重要指标

(略)

(6) 淡季猪卖出旺季价

7月17日,星期日,在养殖户家吃了碗面,早上7点就来到一个省级原种猪场,我与三四位业内人士聊得很深入,他们说多年积累的猪市经验用不上了,有点不会养了。这次涨价,淡季卖出了旺季价,而且还在一路飙升,五一过后愈加一反常态,他们担心市场风险必将加大。综合调查的情况,我的初步判断是,淡季猪价逆行上扬,根子还是生猪供需缺口过大,新一轮"猪周期"打破了淡季旺季分界,表明生产已经严重滞后于消费。

(7) 猪价形成机制有待完善

上午的调查涉及流通环节,听到了业内人士对政府干预的微词,使我原来的感知得到清理和深化。在猪肉供需问题上，应相信市场机制调节的积极作用，干预不当或反应过度适得其反。我国的"猪周期"跌涨波动已有30余年，政府调控的老办法不灵了，这次国家对猪价上涨的调控措施比较对路，没有动用行政手段打压价格，而是把调控重点放在了扶持生猪生产和市场机制完善上。当然，这些调控措施还需要不断完善。

（8）成本增加不是猪价上涨主因

我从一家规模养猪场的月报表入手分析，觉得有些专家认为成本增加、特别是玉米价格高是本轮猪肉上涨的第一原因站不住脚。我把一年来玉米涨价因素分摊，每斤生猪的玉米成本只增加6角钱，但一年来生猪价格每斤上涨了4.76元。剖析前因后果关系的主因，一是猪价长期低迷，严重伤害了生猪生产能力；二是去冬疫病蔓延引起母猪和小猪大量死亡。假如总是习惯性推论，把思维局限在成本→价格→补贴→收储→压价的循环套路上，不利于"猪周期"的有效应对和长期防范。

（9）养猪业新的希望

下午，我又考察了一个煤焦企业转产生猪养殖的大项目，从建设规模到施工进度都给人以希望。2011年3月初这个项目开工，我来这里参加了奠基仪式，目前已完成投资1亿多元，主体建筑框架全部拉开，9月份可引进2万头母猪，年底前完成投资2亿元，明年6月生猪出栏可达10万头……

这个双休日我跑了6个县市，调查了10多个养猪场、养殖户和种猪场，行程900公里，作了一次比较深入具体的"猪周期追踪调查"。星期日晚上回到省城，两天后就形成了调查报告，次日列入政府常务会议题研究，报告中的一些政策措施建议很快就被采纳实施了。

第42章 研究的十二种方法

研究任何学科或任何问题，都需要有相应的方法。方法能帮助人们细致分析研究对象，察其玄妙，洞其精髓，认清事物本质，分析发展趋势，探索和论证规律及真理。无数事例证明，学科理论研究和现实问题研究的重大突破，包括自然科学研究的重大突破，往往都与研究方法的突破和创新有直接关系。受篇幅限制，下面列举的研究方法，不求全面系统，而求从特点出发，有详有略，重在实用。

观察/实验法

观察有观看和考察等多个含义，用眼睛观察是直接观察，借助工具观察是间接观察，观测观摩也是观察的特殊方式。古老的天文研究就是从观察开始，观察法是天文学的基本方法，天文台、天文望远镜是这种观察研究法的标志性工具，我国在贵州建成的世界最大的"天眼"是观察工具升级换代的重大成果。观察能够获得感性经验，对科学理论进行验证，不仅是自然科学研究的常用方法，也是社会科学研究的重要方法，政治学、经济学、社会学等研究，都得使用观察的方法，文学创作及研究更依赖于观察。前些年，我一度对经济周期研究入了迷，养成了跟踪观察经济活动的习惯，微观经济活动方面我主要观察制造业、服务业等几大类企业的经营状况，宏观经济活动我侧重于观察投资、利率和债务的变化走势。有了这些动态的观察，研究经济周期就有了底数。观察虽然不"卖呆"，但也可以像"卖呆"那样观察，这样有助于使你站在客观的立场上，得出正确的结论。如果你近期特别想买一套房子，带着强烈的主观欲望观察房地产市场，得出正确结论的概率恐怕不会太高。

实验法与观察法有相同点和交汇点，但实验对象在实验中的那些变化，多是人的操作行为所引起的——人造变化而引起的实验现象。自然科学研究，几乎都离不开精确的实验，高级别实验室在各地陆续兴建，代表着这种需求的旺盛。我家附近就有一个国家重点实验室，专门研究开发新型建筑材料和建筑技术，所属一家大型国有企业。因工作需要，我还考察过研制动物疫苗的4E实验室，那里的科研管理相当严格。在实验中，试错也很有价值，通过指向明确的试错，也能找到正确的方法。实验有时就是为了实证（证实）事实、公式、理论、学说是否正确。我国的"嫦娥"航天观测器降落到月球上行走，便是通过实验实证月球特有物质及形态，进行空间科学的研究探索。

归纳/演绎法

归纳法和演绎法都是咱们熟悉的，这两个方法是推理的常用工具，我在这里只就有关内容简单介绍一下。简单地说，归纳法是从个别到一般、从个性到共性、从具体到抽象的推理方法，分为简单枚举归纳法和科学归纳法；演绎法是从一般到个别、从共性到个性、从抽象到具体的推理方法，主要形式是三段论，公理化方法也属于演绎法。阿基米德把公理化方法引入力学，发现了杠杆定理和浮力定理。归纳与演绎是两个不同方向的推理过程。

休谟曾简略地概括了归纳和演绎这两种研究方法：其一，采用经验的方法和从特殊事例的比较中，推演出一般规则，这种研究方法的好处是从具体事物的现象及规律出发。其二，首先建立一种普遍的抽象原则，然后把这个原则扩展到各种推论和判断中去。然而，休谟并不认为这两种方法有多灵验，他还尖锐指出，在进化论的道德研究及其他科学研究中，归纳演绎是引起错误和幻想的根源。或者可以这样说，归纳法和演绎法早就有了教条主义倾向，使用它们时一定要从实际出发，可不能生搬硬套。

分析/综合法

分析是把研究对象的整体分解成各个部分，进而分别进行专项研究的方法。分析往往是从感性具体到抽象规定的过程，从片段细部到全部整体的过程。比如，时空格局分析是生态学和地理学中常用的分析方法，在城市化与PM2.5关系的研究中，利用地理空间分析平台对PM2.5污染的时空格局展开分析，研究覆盖类型和分布情况。在各种研究中分析法被普遍应用，它可以深入到认识对象的内部，了解更多深层次的要素，进而把握内部结构及事物本质。那么，将整体解构为部分，再由部分构建为整体，就是分析与综合的转换。有人比喻，分析就像是剥莲蓬头中的莲子，一个一个把莲子从莲蓬头中剥出来；综合如同拼图，把各种零散的小块图片拼装到一起，组合成一幅完整的图画。在我的眼里，分析有点像剁饺子馅，把肉从骨头上剔下来剁碎，把蔬菜洗好切好；综合有点像拌饺子馅、包饺子，把肉和蔬菜、油、盐、酱等各种佐料拌在一起，再用饺子皮把它们包到一起生成美味。分析和综合密不可分，分析—综合—再分析—再综合，循环往复，便会使研究不断深化，获得正确的结论。

形而上学法

形而上学是西方古代哲学的一个门类，指在无法用经验证明的情况下，对世界本质的猜测和推断。长期以来，人们印象中的形而上学概念都是贬义的，那是由于过多地涂抹了意识形态色彩。作为一种重要方法，形而上学与分类学的创立有着深层渊源，与西方哲学流派有一定关系，并非是纯粹反面的方法，它有助于深化对世界各种现象的认知。比如，生物学对物种进化分类时，必然要强调物种的清晰界限、物种序列的间断性和物种的稳定性，这就得启用形而上学的方法了。解剖学研究关注的是生物体的部分，不是生物体的整体，其研究理念是部分之和就是整体，这也要将形而上学方法当成它的工具。形而上学好像曾经是辩证法的对立面，科学的对立面，其实这中间多有历史的误解，它的自身价值和方法论意义是不应简单否定的。一些研究领域和课题，用"非此即彼""非黑即白""不变不动"的方法，着眼于孤立、静止、细部的状态去剖析解构，也是必须的和有效的。

假设/猜测法

假设的形成可大致分为初始假设和逻辑论证两个步骤。前一个步骤主要是根据为数不多的事实材料及有关理论，通过研究分析而提出初步的尝试性假设。形成假设的本身就是一个猜测和反复排除错误的过程，直觉法、求异法、换位法、形象思维等，都能够帮助研究者找到假设的切入点。后一个步骤是从尝试性初步假设出发，运用事实材料和相关理论进行论证。胡适研究问题的一个重要方法，就是大胆假设、小心求证，他特别推崇假设在研究中的导引作用。提出初始假设，需要批判精神和创新意识，把猜想与假设结合起来，增强两者的关联度。运用假设法和猜想法，一要有事实做依据，二要讲究科学合理，三要有正确理论指导，做到这三点，便是相对科学的方法。

历史联系法

这种方法尤其适用于人文社科领域的研究。对社会问题的研究及重大事件（事变）的研究，必须采取历史联系的方法，因为唯有这种方法才能摆脱当下的局限，才能不被偶然现象所迷惑，才能防止目光短浅和简单就事论事。正如列宁所说："在社会科学问题上有一种最可靠的方法……那就是不要忘记基本的历史联系，考察每个问题都要看某种现象在历史上是怎样产生的，在发展中经过了哪些主要阶段，并根据它的这种过程性联系去考察这一事物现在是怎样的。"历史有联系、有逻辑、有规律，事物的发展总能在历史那里找到初始的轨迹。历史联系法注重的是，研究问题务必看它在历史上是怎样产生的，在发展中它经历了哪些阶段，探究过去的渊源、现在的实质、未来的趋势。咱们研究问题要有历史视野，把相关的事物联系起来历史地看，不仅要在尊重历史事件前提下找到内在的联系和逻辑，而且还要在同一时态的不同现象中发现它们的发展走势及规律。

比较/类比法

比较是确定研究对象之间共同点和不同点的方法，它的客观依据是事物的普遍性关系,事物是在相互关系和作用中存在的。运用这种方法可以把不同时期、不同位置的事物进行比较研究,还可以对同一事物不同方面、不同部分之间进行比较研究。比较法还是对研究对象作定性或定量研究,对研究成果进行比较分类,为解决问题提供相关联的依据,反映事物的内部联系和本质特征,揭示事物变化发展过程及可能的结果。比较法的要点是,应在同一关系上比较,在同一标准条件下比较,尽可能全面的比较,抓住研究对象的本质属性深入比较。

类比法是以比较为基础的,主要分为肯定类比、否定类比和中性类比。类比的"类"有同类、类似、类推、比拟、比对、比照等含义,包括本体和比体两个部分,本体是待解决的问题或待研究的现象,比体是当做参照物的问题或现象。肯定类比是根据两个(两类)对象若干属性相同或相似,又知其中一个(一类)对象还有某种属性,从而推出另一个(一类)对象也具有该属性。否定类比则是根据相异推出不具有该属性。肯定类比与否定类比结合即是中性类比,它根据两个(两类)对象在某些属性上相同或相似,而在另外一些属性上相异,又知其中一个(一类)对象有某种属性,再平衡这些共同点和差异点,从而推出另一个(一类)对象又具有或不具有该属性。

拆零/重装法

托夫勒在他的《从混沌到有序》一书中写道:"在当代西方文明中得到最高发展的技巧之一就是拆零,即把问题分解成尽可能小的一些部分。文明非常擅长此技,以至我们竟时常忘记把这些细部重新组装到一起。"这段话把拆零和重装的方法都说到了——拆零越精细,重装就要越精致。这两种方法都很重要,又是相辅相成的。拆零法分为大中小三种拆法,但目的都是为了重装,而且要比原来的个体更好。大拆大卸是全面解构,三峡库区的一些古建筑,都是经过大拆大卸,迁移到异地再重新组装的,看似与原来的古建筑一模一样,实际上已经凤凰涅槃了。中小拆比较简单易行,传统的钟表修理,有一种技术就是"洗油泥";汽车的传统大修,也是要把主要的零件拆下来,有些要清洗,有些要修理,还有些要更换。就总的性质看,拆零/重装法与分析/综合法相近相似,但它的着重点在于拆和装,从零件到整体,从无序到有序,在方法论上更重视解构和整合,而分析/综合法相对更抽象一些,操作性也不是特别的强。

简化法

面对现实生活的复杂性,不一定追求过于复杂的模型验算推导,咱们可以遵循简单的研究法则,使用更少的信息、计算及时间,亦可提高研究结论的准确度,且有利于得出简单明了的答案,展现出"少即是多""简而准、简而要、简而精"的效应。亚里士多德、牛顿和爱因斯坦都认为自然界的本质是简单的,牛顿说得更绝对:"自然界喜欢简单化而不爱用什么多余的原因夸耀自己。"霍金也说过:"科学的终极目的在于提供有一个简单的理论去描述整个世界。"简化法不是简单化,而是求简的方法,解决复杂化问题的方法,能够找到处理复杂问题的简化方法。我在第 11 章对这种方法有较为详细的阐述。

想象/联想法

想象法具有开放、多向、感性、生动、跳跃、自由等多种特征,实质是对现实的改造性反映，对过去和未来的形象研究，想象力对于科学研究不可或缺，但又不能仅仅依赖于想象的方法，因为想象的科学性还是较低的。首创性想象法是指运用表象创造出世界上原来不存在的新事物，会由此引起发现、发明、创造活动。它可以把一事物附在另一事物上进行"黏合"，突出对象的某一性质或它与其他东西的某种关系，从许多同类表象中抽取出本质特征，体现在新的形象上，加以"典型化"呈现。动态想象法表现为发散性、跳跃性、连续性和多维度特征。爱因斯坦著名的追光想象（一个人骑着一束光追随一条光线运动，他将看到什么样的图景）和升降机想象（一个人在自由下落的升降机里，他会处于什么状态），就是典型的动态想象。爱因斯坦借助想象法，完成了独特的实验，并以此为基础之一，创立了相对论。

与想象法关系密切的是联想法，即是实现事物与现象相互联系的方法。方法联想特别实用，你在研究处理一个事件时，可以联想到另一相似事件研究处理方法，从而把此方法移植到这个事件的处理过程中，或者整体借鉴和使用那个方法。在某省政府机关工作时，我曾经处理过三次较大的突发事件，第二次处理我马上联想到第一次处理的方法，第三次处理我又立即联想到前两次处理的办法，不言而喻，第三次处理的效果更好，联想法起到了重要作用。

数学/建模法

数学是研究客观世界空间形式和数量关系的科学，数学法是指运用数学理论和数学工具来认识和处理对象信息的一种信息加工方法。这种方法有高度的抽象性，因为数学没有直接的现实原型，并不指称现实世界存在的某种具体东西，正因为高度抽象，数学法的应用领域更广泛，概率论、运筹学、信息论、控制论等，都以数学法为主要研究方法。严密的逻辑性也是数学法的一大特点，因此也就有较强的稳定性、精确性和可靠性。

建模法是由数学法延展出来的，它擅长用数学模型来表现实际事物的状态或规律的数学结构，如通过图形、函数、方程、表达式等，模拟事物现状和动态趋势。即先将实际问题抽象为数学问题，再对数学问题求解，然后将数学结构模型翻译为现实结论。具体的步骤是：①确定建模课题。提出问题，明确目标，分析情境，确立初步概念。②提出具体模型。确定参数，梳理关系，作出数学描述，或由繁到简，或由简到繁。③对模型进行求解与认定。在求解基础上，分析认定模型的可行性、真实性和精密性。④数据采集。根据建模需求，确定方程的系数和边界条件。⑤转换模型的现实结论应用。将模型的数学解转换为工程技术结论，从模型及解中导出设计规则、图表、计算机程序等。

结构法

这个结构法与第11章的建构法有所不同，但多多少少也有些通融之处。我研究问题，历来有种轻表层、重结构的偏好，总是力图先把结构问题解析清楚，然后再依循结构线索一条一条去展开研究。做其他事情，我也惯于从结构入手。搞干部工作时，配备领导班子人选，我就特别注重班子结构的需求，年龄结构、能力结构、专业结构，乃至性格结构等，都会一一关注。本人的感受是，结构首先不是框架，而是排列有序，网状立体有机对接紧密，然后才是框架以及各个部分。有序是结构的基础，这一点在分子结构中体现得尤为突出，与建筑结构的要求有所不同，但也不是完全相左。运用结构法，应精准把握结构与功能的关系，结构决定功能，功能牵涉着结构的方向。研究从结构入手,就是要在同样条件下,将相关要素进行不同的重新排列组合,形成不同的结构,产生不同的功能,实现所预期的整体效应。诚然,结构的确是个"筐",宏观问题和微观问题都可以往里装,装进去之后再一个一个研究,这样所有的问题是能拎得起放得下滴。

客观/中立/包容

以客观事物为根据,坚持遵循客观性,是科学研究的根本特征和基本要求。研究自然科学的方法,尤应注重客观依据和客观性,而且还要适当注意保持一定的中立性。不过,只要人是研究的主体,站在人的立场上进行研究,其主体性和主观性就会渗透其中,这是难以避免的。转基因问题的研究,本来是客观的科学研究,但一些国家却从自身贸易利益出发(他们也有价值观方面的考虑),就使转基因研究成果带有特定的主观性——美国有意模糊转基因食品安全的不确定性,而西欧某些国家则有意无意放大转基因食品可能存在的不安全性,研究方向走了两个极端。这些现象的确需要关注,但也不必对所有研究成果都苛求百分之百客观和中立,那是不大可能的。

自然科学研究的方法刚性比较强,人文社会科学研究的方法弹性比较大。亚里士多德既是自然科学家,同时又是人文社会科学家,他的研究方法基本上是客观理性的,同时又能够把两种方法交叉起来运用。在方法论上,亚里士多德是咱们的导师。你若尝试用自然科学的观点来说明某些社会问题,就能够时常增添一些柳暗花明的新鲜感和贯通力。羊群效应、价格超调等许多金融市场现象,很难单纯用经济学中的理性假设解释,需要引进社会学和心理学等研究方法,将非理性的心理和行为纳入分析研究的框架。但也有另一种情况,古典力学的研究方法,显然是机械论的研究方法,当把它移植到人文社会领域中使用，如果不加以改进就照搬过来，那就会闹出笑话来。

你或许学过生物学，这里就拿生物学中的细胞功能作个方法演绎吧。细胞是生物体形态结构和生命运动的基本单位，细胞中的溶酶体有自噬、异噬、自溶三大功能。这里我就细胞溶酶体自噬功能为例，谈一谈对社会学研究的方法借鉴——把细胞的自噬功能，视为社会结构自我净化和更新的功能。随着社会生命的成长，细胞内会发生蜕变、衰老、损伤等现象，这种情况下溶酶体（此种物质很重要，社会形态的净化和更新特别需要"社会性溶酶体"）及时加以融合并促其消化，有些要素便被重新利用。任何一种社会形态都不是终极性的，自身进化、分化、退化、异化等现象同样会发生，如期望这些现象带来的不是灾难，而是从细胞层面加以自噬，这就能够实现社会机制功能的自我净化和更新，堡垒也就不会从内部攻破啦。

在不同思想家那里，唯心的方法和唯物的方法，都可以对社会现实作出深刻的批判，揭示出严重的社会弊端，并生成带有革命倾向的理论。即如康德和费尔巴哈这两位哲学家，前一位擅长于唯心论的方法，高度尊重璀璨星空和内心道德法则；后一个痴迷于唯物论的方法，立足于社会底层疾苦的观察。他们崇尚和选择的是性质完全不同的方法，但作出的历史判断和提出的革命议题却大致相同。所以，大家对研究方法应当持包容的态度，从多角度、多需求考虑，将各种方法有机融合，不拘形式，为咱们所用。

第43章 以勤补拙治惰，勤与专契合，敢担当善作为

勤奋敬业，以勤奋补笨拙和治懒惰，对于绝大多数人来说，都是应当掌握并使用的方法，也是敢担当和善作为的基础。勤奋不是盲目发散的，而是专心致志的勤奋，专业化职业习惯的勤奋，大担当大作为的勤奋。关于担当作为，"敢"和"善"是相互配套的两大方法，只有敢担事的胆量，没有善作为的方法，十有八九会把活干得事与愿违。挑重担尽责任，想做事能做事，做成好事大事，善作为有作为，都要讲究"担"和"做"的方法。

勤以补拙，勤以治惰，勤而不过头

一段时间以来，勤奋似乎不太让人喜欢了，懒惰取巧、讨巧在腐蚀着人的意志品性，这可不是什么好事情。相对富裕的小康社会，消费主义迅速扩大它的市场，活得轻松自在成为一种时尚，劝同事别太勤奋、别太辛苦，抑或成了正在流行的"人文关怀"。一个让人哭笑不得的数据显示，95后"懒"标签渗透率为40%，远高于80后的31.9%，2018年的"懒人"数量

比 2016 年增长 47.5%，达到了 1.36 亿人，其中 56.3% 为 24 岁以下人群。近一个时期以来，商家都在盯着 95 后这个新时代群体，热情拥抱"懒人"消费者，纷纷打起了"懒人经济"的主意。

个别政治生态不健康的地方和单位，勤奋被懒惰取巧、讨巧代替了，好像一个人智商不够，才不得不去勤奋工作，但凡有点能力或权力，就有了不勤奋的资格了。然而，无论世风怎样日下，潜规则多么盛行，我都坚持认为，勤奋是一种优良品质，也是一种无可替代的能力和方法，勤奋能够补拙，能够成就事业，不用勤奋的方法做事，早晚会搞歪门邪道。我羡慕那些聪明的智者，但更敬佩那些勤奋的"勤者"，以本人多年观察，刻苦勤奋的人比聪明绝顶的人走得更远。被史学界称为中国近代"睁眼看世界第一人"的林则徐，就是一个极端勤奋的人，做事从来不敷衍马虎，"在官无一日不治事，无一日不见客，无一日不亲笔墨"，家国情怀，勤奋敬业，夙夜在公，即是林则徐的日常。

当下，我们要提倡勤劳是中华民族的传统美德，勤奋是所有人成长进步的起码条件，勤俭是当前特别需要树立的社会风尚，勤政是公职人员必须具备的工作状态和作风。这四个方面的"勤"都很重要，相互之间有着内在联系，勤劳与勤俭的关系十分密切，勤奋与勤政的关系非常直接，其中蕴含的内在逻辑和方法力不言自明。

英国画家雷诺兹说："如果你颇有天赋，勤勉会使你更加完美；如果你的能力平平，勤勉会补之不足。"的确应该这样，咱不要过分依赖聪明的头脑，不总想着要点小聪明或走些捷径，而是要依靠勤奋脚踏实地做事，才是永远正确的方法。在第 22 章中，专门说过守拙的事，这里我想再讨论一下如何补拙的问题。以智补拙当然好，但还不足以解决拙的问题，你或许早就看出来了，我对"拙"的评价多是正面的，那么咱们继续探讨补拙的方法，也自然是立足于其正面意义。

第43章 以勤补拙治惰，勤与专契合，敢担当善作为

补拙的根本办法是勤奋，笨鸟先飞，慢牛先走，拙人先行。我缺少巧法奇技，那就把笨招用好；我的智商不高，那就坚持踏实勤奋，专心致志做事。这样不但能把拙的短板补长了，还能把拙的厚实功力展现出来，可谓是一举两得之法。有必要说明的是，本书主张的大多数是愚公移山、精卫填海、笨鸟先飞的方法，较少是灵机一动、超群过人、点石成金的方法。一定意义上，增强方法力需要下笨功夫用实功夫，持续积累锲而不舍的功夫，那些投机取巧的方法可不是什么好东西哦。

惰性是人性的一大弱点，偷懒、磨蹭和拖沓是工作失职失责的主要因由。勤奋对于任何人都是必需的，慵懒耍滑、吊儿郎当、不想使真劲的人，在哪里都不会被待见，更不会被重用（在歪风邪气盛行的单位或许会有例外）。某些人对待工作心不在焉，遇到难题磨磨叽叽，火都烧上房了还要"等一会儿，再等一会儿，我还没救火工具，我还没穿上鞋，我还没吃饭呢"。他们拖沓迟延总会有借口有理由，但这种人却没想到，如此找借口找理由，只会把自己的名声搞臭。勤奋是抵制惰性最有力的武器，一用就灵，常用常灵；只要扎实勤奋，把真心、真情、真劲用于勤奋，走向成功的路就在你的脚下。

拖延是勤奋的对立面，许多老大难问题都是拖延症的衍生品。如果及时完成工作任务，实际上也不需要花费太多的时间和精力，若是拖来拖去，拖到积累的矛盾凸显出来，工作就会变得复杂耗时费力，难度就会翻倍。勤奋做事不拖延有三个管用的方法：一是带着责任感和紧迫感干工作。在工作中时刻都要清楚自己的职责所在，心里要明白应履行的职责逃不脱、推不掉，把职责范围内的事情做好才是上策。做事要抓紧，活不能压在自己手里，能半天做完，就不要拖上一两天。二要形成雷厉风行的工作习惯。强化执行的行动力是避免拖延的根本措施，领导交办一项工作任务，能马上办尽早完成的工作，就不要等到最后的完成期限才去做，立即行动立竿见影的效果最好，懒散拖拉的效果最差。三要对工作分类处置，采取不同的应对措施。①遇到

紧急任务,用短平快方法处置,适时跟踪进展情况,及时汇报动态情况和阶段成果。②处理难度大、耗时长的工作,抓紧提出实施方案和措施,一步一步往前推进,并不断总结完善。③开展情况复杂、标准高、要求严的工作,要尽快调研把情况搞准,研究有关政策规定,协调有关方面整合力量,扎实稳健推进。

固然,勤奋也不能走差了路,把勤奋搞过了头,还不如洒脱一些。仅是为了显示自己与众不同而勤奋,仅是为了获得个人荣誉而勤奋,那是低级低品位的勤奋,不值得一提。工作中某些不可理喻的做法,已经背离了勤奋的初衷,说有作秀邀功请赏之嫌,或许不会冤枉他吧。

真实的故事:老黄牛与小骏马

早些年,我在国家机关某部门任办公厅负责人,厅里有两位同志引起了我的注意。一位是军转干部,山东人,在信访处任副处长——老Q(老黄牛);一位是大学刚刚毕业考入机关的小伙子,江西人,在综合处当科员——小C(小骏马)。老黄牛代表兢兢业业,任劳任怨,有恒心和耐力;小骏马代表综合素质良好的当代青年,快速度高效率,悟性强且不惜力不讨巧。老黄牛的任劳任怨是一种方法,以勤取胜又有大气度大智慧,有真心持之以恒,有耐力艰苦奋斗,低头拉车也抬头看路。小骏马的聪明睿智是另一种方法,以智取胜又非常勤奋自律,干起工作来三下五除二,大事小事都专心卖力去做,具备争先超越的实力。

老Q从部队转业后,在厅信访处踏踏实实工作了十多年,不叫苦不怕累,安心、耐心、热心,心无旁骛做信访工作。对来访的群众有感情,接访的方法也很管用,化解了不少信访难题,来访群众都喜欢和他说事。老Q文化水平不高，机关的同志们不太了解他，但来访群众都对他赞不绝口，把老Q当成知心人。可老Q从来不以为自己干得有多么好，每年评优他都坚决不要，把优秀的名额让给处长、让给年轻同志。谈起自己的工作，老Q谦虚地说，我不会写材料，也不会讲大道理，所有的活都是处长带领年轻人干的，成绩是大家的，我只有一小份。

小C在综合处搞内勤工作，日常的杂事多、急事也多，大事小事都混到一起。谁的电脑不好用了找他修，哪个处室的出差报销找他经办，起草文件他认真负责，打水扫地他也干得高高兴兴。小C越能干，手上的活越多，肩上的担子越重，整天都在繁忙状态，经常是小跑，像一匹小骏马那样不知疲倦。他的最大特点是聪明而勤奋，爱岗敬业又不推卸分外的工作，只要找到他都会尽力去做好。

小骏马和老黄牛有一个共同之处，两人都是以勤奋为底板的，老黄牛的勤奋以朴实肯干、有耐力、有韧劲著称，小骏马的勤奋以反应迅速、关键时刻冲得上去为特征。小骏马思维敏捷，头脑来得快，工作节奏更快，既可以像战马那样奔驰，也可以像驽马那样驾车疾跑。老黄牛可能出现的缺点是"慢"和"犟"，效率和灵活性或许不太够。小骏马可能出现的缺点是冲劲有余，后劲不足，而且还容易骄傲，他比老黄牛骄傲的概率高多了。但他们两人把握得都很好，老黄牛的方法不笨、效率不低，小骏马没有冲过头也没有骄傲过。

在机关的主题教育活动中，厅里把老Q和小C树立为两个先进典型，引导大家向老黄牛小骏马学习。为此以有关同志集体讲党课的方式，宣讲他们感人至深的先进事迹，一次在厅内讲，一次在部机关党员大会上讲，引起了很好的反响。这两位同志所做的都是平凡工作，基本的方法无非是勤奋爱岗敬业，立足于本职工作，不讲条件，不求功名，把眼前每一件事情都认真负责做好。这些恰恰是机关干部所需要的，也是党组织所提倡的。他们的工作基础靠勤奋夯实，群众基础更是靠勤奋奠定，先进模范称号也是靠勤奋获得的。后来，老黄牛和小骏马还到一些大机关介绍经验，为厅里和部里争得了荣誉。

在一些地方和单位，勤奋被某些人认为是笨招，但老 Q 和小 C 就是用这种笨招取得了同志们和组织的信任，也获得了他们个人职业生涯的成功与辉煌。老黄牛和小骏马双双被评为省部级的优秀共产党员，尽管它们不求个人荣誉和职务晋升，但在这两个方面都比其他人进步得更快，他们并驾齐驱走在了事业发展的前列。

专心致志，勤与专契合

"专"是一种重要的方法，学业的专注，工匠的专技，专家的专深，业务的专熟，行业的专攻，科研的专精，一定意义上都是方法的专心致志。没有专的态度和方法，勤奋就是乱忙瞎折腾，本事就会显得低能稀松，从业便会庸庸碌碌，工作也不会有大的作为。技多不压身，但万金油不行，专业的人干专业的事，专业的事需要专业的人。多才多艺当然好，但技能唯有专才能精、才能深。心不专，志不诚，业不精，力不足，事不成。有人说，每天一上班，我就被烦琐的杂事缠身，根本没办法集中精力专心工作。是的，人的时间和精力有限，不可能同时做多项工作，但干任何工作都要专心致志，不能心神不定恍恍惚惚。你坐在电脑前起草文稿，就要全身心地投入写作，若是一会儿安排晚上的饭局，一会儿帮助做生意的亲属联系业务，一会儿又想起来有只股票要抓紧卖掉，这样下去文稿是无法写好的。专心致志要有拔钉抽楔，排除阻力的毅力和招法，在闹市中也能保持做事的全心全意和高度专注。前进的道路上，荆棘和绊脚石总是经常出现的，就像钉子户，就像专门捣乱的木楔子，你不拔掉它，不抽出它，轻者会让你别别扭扭，重者会让你寸步难行，被"钉子"和"楔子"搞得不胜烦恼。

在专心致志方面，应当在三个方面着力去"专"。一要专于业，勤于博。干一行，爱一行，钻一行，争取成为行家里手。在专于业的同时，还要以勤获博，以博促专，涉及面过窄的专，有时会钻进牛角尖，这是错误的专法。至少知识上要有比较广博的涉猎，不断开拓和深耕自己的知识园地。二要专于谋，勤于行。谋在行动之前，行动要紧跟谋划，把要做的事情谋划好，动脑筋想办法谋划，全面系统地谋划，用专注的精神和专业的素质谋划策略、方略。谋而后动，有些人不是谋划不够，而是谋多动少，想的事情挺多，实行起来不敏捷不勤奋，谋的东西总是变不成行动。只有勤于行，才能使专于谋见到实效。三要专于新，勤于实。在陈旧事物和落后方法上专，容易出现保守落后的倾向，这种专是专错了方向和路径。专就要往新事物和新方法上专心用劲，以专求新，以专创新。勤勤恳恳，内核是一个"实"字，勤就勤在为老百姓干实事上，勤在全心全意干事业上，勤在扎实严谨做学问上。勤于实还要勤出新思路、新招法，取得新成效，这样的专于新和勤于实，才是新时代最为需要的。

勇挑重担，不怕苦累，有所为有所不为

勇于担当是必备的政治品格，那些在避风港里游来荡去，在保险箱里等着提拔重用的人，起码是不合格不称职的，这种人今后会越来越没有市场没有前途。只有经过担当作为的实践历练，你才能养成不惧艰难险阻的意志品质，在重大原则问题面前敢于亮剑，在挑战和危机面前勇于冲锋陷阵，练就打硬仗、打胜仗的高超本领。实践证明，能否担当作为，最能体现能力强不

强,水平高不高,作风实不实;最能体现成长的潜力大不大,到底能不能成大器——重担在肩是长本事做成大事的必要条件。

有些人怕担责、怕辛苦、怕有是非,不想担当,不愿担当,这是思想意识问题和工作态度问题。有些干部经验和能力欠缺,真本事不多,不敢担当也不善担当,那是本领恐慌和能力水平问题。还有的干部为了不出事,宁可不干事,怕"洗碗越多,摔碗的概率越大",安于现状靠年头熬经历,要滑头上推下卸有风险的责任,这也是思想品质出了问题所致。个别部门和单位,找各种理由把担责的"锅"甩出去,成了他们的潜规则,甩来甩去,把工作搞成了推责的儿戏。这些卑劣做法要一概清除。

一些成长质量不高的干部员工,缺的不是文化知识,大体上也不缺经历和经验,缺的是担当重任的思想自觉和行动自觉,缺的是担当作为的胆识和能力。换句话说,在某些单位缺的是敢担当、能担当、善作为的人,而跑龙套、混日子、逢场作戏的人,一点都不缺。分析这种情况,我得出的积极结论是,在未来时间里,敢担当、善作为的人将会得到提拔重用,反之那些不担当、不作为的人早晚会混不下去,一个人晋升上台阶的快慢,势必会在担当作为这个焦点上见分晓。

敢担当、善作为才能成大器,在担重任中锻炼成长,大器就有可能早成快成。凡是敢担当、善作为的,肩上担的担子都是沉甸甸的,都是有突出政绩的。凡是三心二意怕担当作为的,肩上担的担子都是轻飘飘的,年底的述职报告都不知道写点什么,或许这也是担当作为的马太效应。敢担当、善作为的人,真本领硬招数就多,职务职级晋升的速度就快,成长的质量和回报就高。凡事胆子小肩膀软的人,发展后劲就会明显不足,慢慢便会走下坡路。不担当不作为,这种人必然弱不禁风,逃脱不了软柿子早掉地的命运。

还需要指出的是,不管你做什么工作,承担多大多重的责任,都要明白有所不为才能有所为的道理。想得开才能放得下,放得下才能拿得起,舍不得边边角角的利益,就履行不好主责,做不强、做不优主业。人的精力和能力是有限的,责任和权限也是有限的,被次要的东西牵扯,主要的东西就可能丢失。正如孟子所言:"君子有所为有所不为,知其可为为之,知其不可为而不为,是谓君子为与不为之道也。"看菜吃饭,量体裁衣,量力而行,既要努力作为,争取大有作为,又要明白哪些事情可为,哪些事情不可为,把可为的事情做到极致,对不可为的事情置之不理,该忽略的事情就得主动忽略放弃,更不必去尝试。

功不独占,过不推诿

宋代的陈抟说:"责人重而责己轻,弗与同谋共事;功归人而过归己,尽堪救患扶灾。"他的意思是,如果你责怪别人多,自己担责少,那么别人是不会与你一起合作共事的;如果你把功劳让给别人,把过错承担下来,做到这一点就能够避免祸患躲过灾难。居功自傲,甚至是无功邀功、争功抢功,这种人不会长久,不会有多大出息,一时争到了抢到了,过段时间他还会失去。

就较长时段来看,争功不如让功,诿过不如揽过。一项工作出了问题,涉及相关的几个人,受到了上级的批评,或者会被追究责任。出现了这种情况,非常考验一个人格局的大小,正确的方法是敢于把责任承担过来,把过错揽到自己的身上,眼前受些委屈吃点亏也在所不辞。对同事要让功揽过,对下属要容过念功,对自己绝对不要争功推过。同事之间在一起工作,要相互体谅担待,下属要理解领导的意图和苦衷,能把领导的过错担当下来,不贪功,那才是了不起的智者强者。人人心里都有一杆秤,谁是谁非,谁有功谁有过,大家心里明镜似的,推却之功功仍在,揽过之人未必真的有过。把

> 方法的力量

功劳让给别人，不能虚情假意，还要注意方式方法，顺水推舟的效果最好，谦和推让不要大张旗鼓，不要弄出施舍的味道——让功不图名，施恩不图报，使人家能感受到诚意。

当然，揽过不是盲目受过，不能不明就里当替罪羊，不能被江湖义气害了，揽过也要恰如其分，那些与自己有关的过该揽就揽，那些与自己八竿子打不着的过非得要去揽，那就不是实事求是，弄不好还会给人虚伪的感觉，似乎你是在要表现什么，或者是要搅浑水？那些大是大非的原则过错，如果确实不是自己所为，就不能随便承揽下来，这也是个坚持原则的问题，在事关重大的问题上不能犯糊涂啊。

第44章 写法：起点与焦点，难点及重点

写法是写作方法的简称，涉及文字表达方方面面的问题和技巧。在现代社会，写作可以作为一种职业，但更重要的是它应该成为每个人生活的一部分。许多人一提起写作就头痛，对写法懵懵懂懂，视写作为天下第一难事。人们说写作难，此话不假，它确实是一件挺辛苦的差事，巧功夫和笨功夫都得下，还要有耐力和悟性。但若能掌握一些基本写法，加上愿意写、大胆写、经常写的实践，写作就不是什么太难的事情嘛。

三块敲门砖：观察/阅读/模仿

从事文字工作，一开始就要抓住观察、阅读、模仿这三个关键环节不放。它们是写作起点上的三个台阶，亦可比喻为写法的三块敲门砖。

（1）观察：第一块敲门砖

在第42章，我介绍了观察法，此处说的观察是观察法的具体化——写作所需的观察方法。鲁迅说："如要创作，第一须观察，第二要看别人的作

品。"俄国作家契诃夫说:"务必要把自己锻炼成一个目光敏锐、永不罢休的观察家!""要把自己锻炼到让观察简直成为习惯。"没有观察,写作很难进行下去。与工作有关的写作,需要永不罢休的观察,调查研究就是一种深入系统的观察。你要起草一份有关工作情况的文件,那就要通过观察对这项工作有所了解,最好有亲自的直接观察体验,仅凭道听途说写出来的东西,肯定会不靠谱。观察要用眼睛,到一家工厂的车间,从生产管理的某个细节,很容易就能发现产品质量不高的问题所在。观察更要用心用情,用智慧用方法,将理性与感性贯通,具体与抽象对接。有了直接观察,也就有了素材,有了思考,有了感悟,有了信心,就有了写作方法。当你觉得没有东西可写的时候,那就平心静气沉下去观察,便能发现可以大写特写的人和事,写作的素材和观点也就都不缺了。

(2) 阅读:第二块敲门砖

读与写的关系十分密切——阅读是输入思想观点,输入信息资源;写作则是输出,以特定模式样本(如公文的特有文体和格式)和方法技巧,把想要输入的东西精细加工,然后输出文字化产品。写作者的阅读好比吃食物,产生的是热能和动能以至功能,经过大脑"批处理""字处理",以文字为载体输出新能量。你想写什么,就要读什么,如果你要起草今年的工作报告,就要把这几年的工作报告找来读。如果你要搞公众号写作,就要上网浏览那些热门公众号。这种阅读是对号入座式的,需求和目的非常具体,有四个可用的方法。①速读。扩大视域间距,一目十行,全景式、跳跃式阅读,盯住主题句和要点段,其他内容一扫而过。②研读。着眼于提高写作能力的阅读,应当多读样本文稿文章,注重品味琢磨,边阅读边研究,要有穿透力和纵深感。③"画道道"。不动笔墨不读书,动了笔墨就有了写作意向,动笔的最低要求是把重要的内容划出来。④记笔记。阅读笔记最好围绕着专题进行,以防漫无边际。在电脑上设个文件夹,分列几十个专题,根据写作任务设立的短平快专题，随时添加阅读心得体会。

(3) 模仿：第三块敲门砖

写作的捷径就是模仿，它也是写作的起步之法。书法家有曰："临书易失古人位置，而多得古人笔意；摹书易得古人位置，而多失古人笔意。"借鉴书法的临摹法，咱们可以从格式、内容、结构、文风等方面入手模仿写作。一是模仿格式。如公文写作，格式是刚性必需，体现的是"形似"。写通知就要套用通知格式，写会议纪要就要套用会议纪要格式。其他种类写作，文体的模仿也是前提性的，调研报告不能写成报告文学，随笔杂文不能写成小说。你写什么文体，就要模仿什么文体。二是模仿内容。各种文本的模仿，基本内容都应做到不缺项不漏项，同时又要争取把老话题写出新意。今年的述职报告，与往年的内容要保持大体一致，重点情况每年都要进行报告，但又要有新业绩新进步。写作侧重点和表述方法上可有调整，但该模仿的内容不能有缺项。三是模仿结构。同类文种结构框架变化空间往往不大，多数情况下结构模仿是必然选择，这是"结构刚性"使然。起草领导讲话稿，前一次会议讲稿的结构，这一次会议讲的结构大体相近，不宜另起炉灶。尤其是公文稿，具体内容常变常新，写作框架基本稳定，这并不影响拓展结构模仿的创新空间。四是模仿文风。周恩来的文风严谨细腻，朱德的文风直来直去，邓小平的文风率真朴实。这些文风都可根据写作需求加以模仿。但文风模仿不是盲目照搬，小企业不能盲目照搬大机关文件的文风，乡镇不能盲目照搬省市文件的文风，至少不能百分之八九十内容都是复制粘贴的吧。

关系式——构建和优化各种关系

任何文稿都包含着贯穿始终的关系式，写作的各种关系要依据关系式铺设延展，你阐述的思想观点及情况问题，描写的事件及情感，应沿着关系式的轨道往前推进。写作的关系式，直接或间接地表现为各种关系，呈现为递进与反馈双重路向，随时随处反映着条块和网状的必然联系。

我的写作经验，就是注重在关系式牵引下，发现关系、梳理关系、建立关系、解析关系、优化关系。常用的三种文体，都是关系式的不同表达方式。记叙文写的是人物与人物，事物与事物，人物与事物，环境与人物的关系；议论文写的是论点、论据、论证的关系；说明文写的是情况与情况，特点与特点的关系。所有写作和写法，都会指涉到思维和存在的关系，思想和表达的关系，内容和形式的关系。同时也会表现为铺垫、过渡、照应、段落、层次等诸多关系的微要素，关乎建设框架结构，理顺逻辑关系，形成纵横交错的关系脉络网格。

写作学实际也是关系学，各种体裁和写法都得处理好文字自身的关系，段与段、节与节、部分与部分的关系，论点与论据、原因与结果、推理与结论等关系。咱们要通过写作理顺概念范畴间的关系，事实判断间的关系，人物事物间的关系，事件线索间的关系，论题命题间的关系。文字表达的关系式有许多类型，这里仅从写法上重点说一说并列关系式和递进关系式。

（1）并列关系式的写法

在各类文稿中，并列关系式经常使用且格外重要，其特点是横向分布。各级党代会、政府工作报告、企事业单位年度报告，多采用并列关系式的写法。它反映较为规范的结构模式，在写法上应当做到：一要确立切块块和拉条条的建构格局。"块"要切得大小合适，"条"要便于对问题的研判和对事情的表述，还要便于对情况的解释说明。二要搞明白条块之间的辈分关系。并列关系基本上也是平行关系，条块应在一个水平线上，不能把爷爷辈的事和孙子辈的事混在一个等级里分条分块，也不能把不具备并列关系的事情硬拆开写。三要使各部分的比重分配大体相等。各条各块的分量应该差不多，不能某块某条大得出奇，写上一千多字，某块某条小得可怜，只写百八十字，这就不尽合理了。

（2）递进关系式的写法

递进是常用的写作关系模式，不但在写法上多是反映递进关系，而且每个自然段、每个小节的内容表述，都会形成逻辑的递进关系。纵向分布是递进关系式的基本特点——由浅入深，由表及里，由下到上，由上到下，由个别到一般。在层次递进的过程中，各层次要相接相扣，关系之间要密切契合。阐述事实，议论道理，说明问题，制定对策，均应循着递进关系式来写，否则便会搞出乱码现象。高质量的递进关系式写法，不是单向的机械的"物理关系递进"，而是多路径、多层面、多方位的"化学关系递进"。

提纲法——草拟粗纲，详列细目

写作通常要从草拟提纲开始，这项基础性工作最好不要省略。如果起初图省事不拟提纲，后面写起来恐怕会更耗时费力。提纲应有"三管"作用：一管重点内容，二管框架结构，三管写作的切入点、着力点和结合点。抓住这三管，便可理清文稿大的层次和主要内容。

提纲有粗细之分（粗纲、细纲），粗纲就是拟出粗线条的提纲，撰写篇幅较小的文稿，有个粗纲就够用了。起草工作报告和重要会议领导讲话时，就得认真考虑拟订细纲。拟粗纲的简单做法是"标题法"，大小标题组合在一起也就是粗纲的框架。但标题不能与提纲画等号，提纲的三管作用不可忽视。粗纲主要是给文稿搭建起四梁八柱，侧重解决主要内容与结构框架匹配问题。写作要特别看重粗纲设计，粗纲对路了会越写越顺，粗纲出了问题会误导全篇写作的走向。

有了比较成熟的粗纲，就可以详列提纲的细目了。细纲要承前启后，前面从粗纲而来，后面要往初稿延伸线索。细纲要注重提炼基本判断和主要观点，不但要有筋骨，还要有五脏六腑。长篇幅文稿的细纲，若搞不明白理不通透，就匆匆忙忙动笔写初稿，十有八九会半途而废，到头来还得重新补细纲的课。有一个技术细节要注意，对细纲的小标题不宜过早雕琢，可先把想表达的观点做个大致归纳放在那里，文稿写得基本成型了，再来细抠小标题，便会有了思路大开的感觉，越是低层级的标题，这种感觉会越明显。

实施提纲法时，要保持应有的包容度和开放性，不能被提纲捆住手脚不得施展。我在写作的前半段，经常会一方面按照提纲认真写，使劲往提纲里装思想观点和事实事例；另一方面还会根据写作的进展和变化，反过来继续调整完善提纲，使深化主题与完善提纲相互促进。提纲法写作的最佳状态是"神龙见首不见尾"，到了写作的后半段，粗纲和细目都不见了，剩下的是一篇质量和水平都不低的完整文稿。

提纲可以早一些出手，但初稿晚一些出手为好。提纲早一点送给领导审阅把关提出意见，写作会少走弯路。初稿稍晚出手，静心打磨的时间会多一些，领导看到文稿的第一印象会比较好。

"标题党"：反复推敲大小标题

这里的"标题党"是贬词褒用，意在突出推敲标题在写法中的分量。我撰写各种文稿时，用精力最多的地方就是思考和修改大小标题。之所以如此看重标题，根本的原因是起草文稿必须时刻不忘表达主题，确定了鲜明精确的标题，才能保证写的每句话不跑题紧扣题。文章再短，我也要给它一个题目，这是文章必不可少的"名分"。文章题目是最重要的顶级标题，如果题目不足以把主题的丰富性体现出来，还可设副标题。除非精悍短文，超过千字的文章都有必要设定大小标题，两千字左右文章可考虑列两级标题，超过四千字可考虑列三级标题，大小标题可有序号，也可没有序号，有序号也不宜层次过多。

标题不但为了读者的眼球而写，而且还是为了凝练表达主题思想而写，为了作出精确定义和判断而写。即便是撰写新闻稿件，也要注意统筹这三个"为了"。制作标题，不能搞形式主义，要坚持直切文稿主旨要义，一针见血和一语中的最好，句型语法可错落有致。不少写作教材都主张，同一级标题相同的思想（情况、问题、观点、建议）应使用相同的句型，有的更主张用"四六句"表述，同一级标题用4个字都用4个字，用6个字都用6个字，讲究排比对仗。这类标题不算错，但恐怕距离"八股文"也不算太远啦。同级标题的第一个词用两个字的动词，以下标题的第一个词也用两个字的动词，如果第一小节标题的第一个词用名词，以下标题也用名词，这种拟定标题的框框适当参照尚可，但若成了清规戒律，那不就是在搞"新八股"的文字游戏嘛。

结构控：纵横捭阖，编筐织网

我撰写文稿，历来不太在乎遣词造句的技巧，也不精于情境悬念的设置，但特别注重结构的设计，如果有人说这是"结构控"，我也会欣然接受。因为主题确定之后，接着最重要的工作非结构搭建莫属，结构问题解决得不好，写作建起来的房子就会歪歪斜斜。结构是骨骼框架，文稿的血肉筋脉都要组织在骨骼框架上，必须予以优先考虑和整体筹划。

搭建结构就像编一个筐织一张网，筐要有梁，网要有纲，梁和纲就是提纲的主线主脉,具有的结构控制功能——通过梁和纲发挥结构的支撑效应,控制文稿的布局状况和内容状态。西方现代哲学有种方法论叫做结构主义,其代表人物维特根斯坦曾写道:"世界是由许多'状态'构成的总体,每一个'状态'是一条众多事物组成的锁链,它们处于确定的关系之中,这个关系就是'状态'的结构。"不用多解释,维特根斯坦这段话鲜明指出,世界是由状态构成的总体,状态处于确定的关系之中,关系就是状态的结构。结构主义最初主要用于语言学研究领域,它一出生就与写作写法形成了渊源关系。文稿存在方式是有序的、立体的、变化着的状态,好的文稿结构状态都是纵横捭阖的。有了稳妥、结实、周正的结构,文稿内容就有了宽敞舒适的表达空间,文稿形式才能成为花团似锦的展示舞台。结构要符合事物发展规律,适应表达主题的整体需求,便于对事物、情况、问题和观点进行明晰表述。

不少文稿硬性搞成三大块——归纳情况(问题),分析原因(利弊),意见建议(对策措施)。这种结构在机关文稿中多见,工作汇报三大块,调查报告三大块,述职报告也三大块。我虽然不是要彻底否定这三大块的模式,但在结构搭建上更主张从实际需要出发设计结构,以免结构死板单一。其实,大多数文稿的实用结构应是有一条写一条,把内容按内在逻辑进行条理化排列,层级头绪不能刻板僵滞,还要防止零零碎碎。

设计文稿结构时,一般可从纵向和横向两个维度入手。采用纵向维度结构,要注意内容的步步深入,前因连后果,前果接后因,前后相互照应。采用横向维度结构,要避免头绪过多和碎片化,尽可能在一个层级上说事论理。安排结构要合理、严谨、密实、周延,内容之间环环相扣,做到结构关联紧凑,逻辑层次递进分明清晰。好的结构都是互联互通的,气质脉络风格一体相承,背后起支配作用的是各种关系及状态的内在联系。

简洁癖：能简不繁，洁净利落

一些人写东西有种不良倾向，过于讲究词句的表达形式，强求语言的合辙押韵，喜欢重复一些空洞的道理，制造"金句"，还要搞什么"爆款"，把写作污染得一塌糊涂。我的阅读发现，凡是文章大家写作，都程度不同有"简癖"和"洁癖"，从来不耍花拳绣腿，写法上历来是能简不繁，洁净利落。咱虽然不是文章大家，但对自己撰写的文稿，也多少要有些简洁癖好，决不能把文稿写成"懒婆娘的裹脚布又臭又长"。写作和发言讲话一样，都应当朴实、直白、简洁、新颖，忌虚饰浮华，忌空洞冗长，忌浅薄媚俗，忌老调重弹套话连篇。

（1）朴实是写作最重要的基础，也是使文稿简洁的前提

朴实最有说服力，花样迭出的文稿可信度会降低不少。当下写法有股歪风，某些所谓的笔杆子常用浮躁华丽晦涩的文字"嘚瑟"，似乎怕别人看懂了。铺垫过度，雕饰过分，东拉西扯不着调，有话不直说不好好说，是他们用劣质方法写文稿的通病。正确的写法应该是相反，那就是素朴厚实，不来虚的不搞玄的，这也是写作自信的表现嘛。内容要朴实，结构要朴实，观点要朴实，表达要朴实，文字也要朴实。什么是朴实的文字？用排除法大概能回答这个问题，即不用生僻词，少用修饰语，不绕圈子，不追求辞藻奢华，也不搞虚张声势的时空穿越。各文体特别是应用文体，都要纯朴清爽直白，没有空话虚话废话。有了朴实的基础，写作就不用冥思苦想没话找话了，实际情况是怎样你就怎么写，你想到哪里就写到哪里。这样一来，简而不繁，清新剔透的文稿也就呼之欲出了。

(2) 以简约洁净的写法，展示大气度大睿智

过于装点打扮露出的是小气和自信不足，过于附加雕琢表现出来的是要弄小巧和笔力欠缺。有些人擅长把简单问题复杂化，把拼凑花哨的词汇概念当成本事，舍得在写叠床架屋的文字上花气力，无非是要整出点"精彩"，实际效果却是弄出了"倒彩"。我一直认为，写作是有一说一、有二说二的事情，啰里啰唆，拖泥带水，车轱辘话反复讲，最没品位、最讨人嫌。写作还有另外的尴尬情况，摊子铺得过大，什么都想写，什么都写不透，到后来自己都不能自圆其说，那就只能自娱自乐了。东晋道学家、医药学家葛洪有句话说得好："质素简约者，贵而显之。"搞文字工作的人，就要有简除烦苛、弃繁至简、简约为贵的境界和睿智。切实掌握简约形式突出内容，简约过程彰显目的，简约枝叶做强主干，简约部分完备整体的写法。简短是简约洁净的手段和特征，从整篇文稿到词语、句子、自然段，能短则不长，干净利索表达独到的思想观点，表述真实情况和分析问题。长篇大论的东西也许不错，但处于快节奏生活的人们，能有多少时间阅读那些堆砌出来的"长篇大作"呢？

(3) 新意新颖是吸引读者的魂，要努力趋新出新，但要不刻意造新

新意是指内容而言，新颖是指形式而言，两者是相得益彰的。人们的普遍心理是不乐意听老话，都喜欢听有新内容和新形式的话。有新意的写作，要有新情况、新知识、新观点、新见解、新举措和新要求，所谓"旧瓶装新酒"。形式上新颖的写法，就是对内容要用新创意、新结构、新角度、新语言来描写表达，所谓"新瓶装旧酒"。同样写山写水，写人写物，写报告写讲话，你能写出与众不同，写出感人至深的情境，写出深刻又易懂的道理。在写法上，应当趋新出新，不嚼别人吃过的馍，但不能不顾实际制造一些浮浅的新和虚假的新，尤其不能搞哗众取宠有害无益的造新。生硬的造新，目

的不纯的媚新，都会走向新意新颖的反面哦。

避免陷入罗列事例和观点的误区

　　罗列是表述方法之一，但单摆浮搁的罗列却是写作的常见病。要想防止这种写作病，可采取归纳、提炼、概括"三步法"。比如，在一份报告中指出某高校建设存在32个问题，有大中小问题，有学科缺腿短腿的问题，有后勤保障管理的问题，有教师专业能力不强的问题，还有校领导班子不团结的问题等。这份报告将各种性质问题混杂罗列，其内容必然杂乱无章。如果根据问题大小和性质不同，把这32个问题先归纳、后提炼、再概括为7个方面问题，合并了同类项，剔除了"孙子辈"的问题，这就不会出现平摆浮搁、罗列事例的现象了，指出的问题便呈现出逻辑条理清晰，分量质量匀称，同辈同性的"最大公约数"。在此基础上提出解决问题的方案，就能够聚焦重点问题，对策措施的针对性会更强。

　　造成观点罗列的原因，与造成事例罗列的原因如出一辙，就是思维肤浅和思想表面化，写法单一简陋匮乏。诊治罗列观点的病症，有个"去中间、取两头"疗法。"去中间"就是坚决去掉那些人人都懂得、大家都清楚的观点，摇摇摆摆不确定的观点，似是而非不明朗的观点。那些装点门面，可写可不写观点，干脆不要写。"取两头"就是一头要向高处取，思想认知有高度的观点要取；另一头要向深处取，浅表的观点去掉之后，突出强化深刻的观点。"取两头"要结合起来，把主要精力放在高深观点的提炼阐述上，那些肤浅的多余观点也就没了容身之地。

| 方法的力量 |

精湛写法四要素

写作是大脑的高级活动,也是高级的建设性思维综合训练,仅靠某一方面的自身优势还不行。思想观点、事实(故事)、数据比对和真实情感,这是写作的四个重点要素,应当统筹兼顾用好用活。

(1) 思想观点的含金量要高

文字表达力,核心是思想观点的表达能力,对于写作者来说则是将思想观点转化为文字的写作能力。文稿的分量有多重,决定因素在于其中思想观点的含金量有多高。起草文稿要善于用思想观点说话,注重内容的思想性,即便是写一篇"豆腐账",也要有思想观点在里面。你的文稿主张什么、支持什么、反对什么,在思想观点上都要旗帜鲜明,并且力求有厚度、有重量、有深度。想要做到这一点,在写法上应养成着眼中心思想做文章的习惯,反映重要情况,举出典型事例,剖析难点问题,都是为了证明文稿中心思想的正确性、深刻性和启发性,如此写作便会不断提升思想观点的含金量。

(2) 事实(故事)要确凿、生动、鲜活

写作言之有物,至少要有可信的事实,最好还能有真实的故事。如果有人问我,关于写作你最看重哪一点?我会毫不犹豫地回答:"用事实说话!"没有基本事实的文稿,就是骗人的垃圾文字,有了确凿的事实,文稿的可信赖就有了基础。高素质的写作者,不会从头到尾只是反复陈述自己的认知判断,他会围绕着自己的认知判断,把一些真实的情况和实质性细节写准确、写生动、写鲜活,使思想观点丰满详尽。故事不是小说散文所独有,篇幅稍长的那些写作,都可尝试讲故事的写法。写文章要善于讲故事,用好用足故事情节及要素,争取达到"五有""五可":有料、有趣、有度、有思想、有寓意；可展素雅、可舒情怀、可阐哲理、可明志向、可发感慨。

(3) 数据对比的支点要精准有力

我曾写过一篇县域经济发展的研究报告，副标题就是"——用数据说话"，通篇都是数据及数据的动态对比，立场和观点都用精准有力的数据表达出来。再以写述职报告为例，你的工作业绩多是需要数据说话的，只是写些政治坚定、思想进步、作风过硬的自我评价还不行，还要用数据及数据的对比，把自己尽职尽责的情况写实。假如你是办公室分管文字工作的副主任，述职报告中仅写办文、办会、办事的效率如何高，并不能给人留下太深的印象，若能具体写道：一年起草了22篇会议讲话稿，印发了37份通知及会议纪要，下乡调研56天，撰写9份调研报告，就能产生良好效果。假如你是分管营销的副厂长，自己的述职报告中就有必要写清楚一年完成多少销售额，创造了多少利润，在公司业绩排名的位次，这些指标与上年提高了多少。事实上，大部分文稿都离不开数据及对比的支持，有些应用文之所以干干巴巴，就是由于缺少数据要素精确有力的支点。

(4) 靠真诚的情感打动人心，靠踏实的悟性进行写作

社会心理学家罗伯特·扎乔克认为，人是情感优先的动物。板着冷漠的面孔，写着冰凉的观点，没有温度的文字，没有情感的枯燥思想，这种文稿不会达到写作目的。真诚是写作者应具备的起码态度和自觉，你即便是写幽默或嘲讽的文稿，也不应该忽略发自内心的真情实感。要使自己的文稿打动人心，肯定要用真诚的情感拉近与读者的距离，字里行间不但要有道理在，还要有情感在，情和理都在线，写作便会展开飞翔的双翼。情感生产的产品是情商，理智生产的产品是智商，悟性生产的产品是悟商。悟商是情商与智商结合并转化的产物，较为高级的写作确需要特殊的悟商——体悟、感悟、领悟、顿悟、彻悟。诚然，悟商不是要小聪明，为一己功利而悟的悟商，察言观色、精明过分、投机取巧的悟商只能帮写作的倒忙。

| 方法的力量 |

热写稿，冷改稿，精益求精

　　在我的写作观中，有两个小的看法：一是不管写什么文稿（科幻或荒诞小说等除外），都必须尊重事实和规律，力戒伪饰和浅薄，一定要朴实、扎实、厚实，求真、求准、求深。二是好文章无疑是写出来的，但更重要的是改出来的，"改法"是写作的一大学问，它在写法中有重要的收官之功效，大多文章都是改出来的，一气呵成的好文章确实有，但真的是难得一见。有写必有改，越改越精彩，这是写作的常识，不可不懂得，不可不重视。

　　起草文稿要趁热，而且还要持续加温，三天打鱼两天晒网地写，那就非得写夹生了不可。若时间允许，修改文稿最好凉一凉、冷一冷，就像工具淬火，烧红的钢钎放在冷水里处理后才会提高硬度和韧力。我修改别人文稿的做法是，从头到尾先把文稿认真看两遍，务必有个系统完整的印象，搞清文稿的来龙去脉，不急着过早动笔修改，有问题也要等把文稿吃透了再说。修改某处某点时，要有整体意识和全局观念，看具体词句是否前后照应，看文稿总体布局、主要内容、基本观点是否关联协调。系统把握文稿后，再动手作具体修改，大小标题字字千金，改的功夫要下得更多些，文字和标点符号等修改也要细心、严谨、较真。事实事例的核对，评价判断的推论，语言表达的确切也都是精细活，来不得半点马虎。

　　改稿必须坚持精益求精，确保改得准确无误，把事实事例和判断结论改得更加精确精深，不失准星。修改每一处都不能侥幸，有疑问的、拿不准的、未经核实的内容绝不放过，要通过你的修改，使文稿主题思想厚重，章法严谨精致，框架结构简洁精炼，文辞愉悦而不浮夸，没有什么语病错别字等。也就是说，一方面要进行咬文嚼字的"浅修改"，这种修改要使门面很好看，又要使文稿中不出现低级错误和硬伤；另一方面更要重视完善观点、深化思想、优化结构布局的"深修改"，这是最为重要的修改，在此所花的精力要更多。

从减法做起改稿，精简去冗消肿，不失为一个实用的方法。明代学者吴纳主张"篇中不可有冗章，章中不可有冗句，句中不可有龃龉"，要下决心把无用的词、句、段删去。当然，只做减法还不够，还要把加法做好，不是单纯加字数，而是要给文稿增加思想高度和深度，增加有力的论点和证据，增加可读性和感染力。改别人稿子应慎重一些，对人家的辛勤劳动成果要尊重，不是必须改的、可改可不改的，就不必非得改上几笔。但也要打消顾虑，该改的一定要改到位——改自己文稿是对自己负责，改别人文稿是对事业负责，两个责任都要履行。

修改自己起草的文稿，那是同一写作主体的同一工作流程贯通下来的，从拟定提纲和撰写初稿就要开始。自己刀削自己会有些难度，大删大改自己的写作成果，谁都可能舍不得下手。但也有个方法会管用，就是换个站位——写稿时深深投入进去，改稿时自觉跳跃出来。由写作者站位换成受众站位，但你要站在受众的肩膀上，修改思路和力度会大不一样，考虑问题会更符合实际，而不是仅凭个人好恶。

有必要补充的是，咱们要在改稿中体会写法和改法的妙处，认真研读别人修改过，尤其是经领导修改审定的"过程稿""花脸稿"，会有不小的收获。把修改得"遍体鳞伤"的稿子多看几遍，细致地研读几番，就能明白为什么要这么改，个中秘诀便能心领神会，功到自然成也。

第45章 算法：四则运算，大小数据，云计算，量子计算

当下讨论方法，不能回避算法——计算的方法，用数学工具计算和用计算机+互联网计算，这种方法的魔力谁都无法阻挡。若立足于认识论和方法论相结合的站位加以解读，算法是一种融信息加工、数据收集分析、计算机应用、互联网联结整合，以及各种现代方法的跨界组合集成——信息收集处理各种方法的组合集成。算法的方兴未艾，最能说明方法不断演进及组合集成的趋势和宏大效应。

笼统地看，算法大致包括两个主体部分：一部分是传统的算法，就是我们小学一年级学的加减乘除法，我上学时叫"算术"，后来又叫"数学"，还有后来的代数、三角、几何等。我国唐代的国子监就设立了算学馆，并编撰了《算经十书》。另一部分是现代的算法，即建立在数学理论基础上，以计算机和互联网技术为载体的计算方法。在这部分中有两个标志性新概念，那就是大数据和云计算。下面，我从方法应用实操的角度，把两部分算法拆分开来作些提要性描述，可能会超出原本概念的范畴。

• 第 45 章 算法：四则运算，大小数据，云计算，量子计算 •

加减乘除要算得精确周全

这种传统的算法，现在仍然常用并有效，即使是再过几千年、几万年，人类还是离不开这种简单实用的算法。日常大部分事物和实际工作并不复杂，也就是个小学算术题，几乎用不上代数、几何，更不需要高等数学、微积分等，只要把四则运算算准了，也就大体能够解决问题了。

（1）做加法，多算大账，少算小账

加法是传统算法的天下第一法，人们最喜欢做加法，也最善于做加法。我那不太识字的姥姥，也非常喜欢做加法。小小的园子里，从只种点小白菜、小辣椒，到种茄子、豆角、萝卜、大葱、土豆、玉米；从开始养两只鸡，到养10只鸡、4只鸭、3只鹅，还养了一条很通人性的小狗。做好加法的关键是要学会多算大账，少算小账，切忌只看眼前不计长远。比如，一份简单重复的工作月收入八千块钱，一份需要学习深造、技术含量高的工作月收入六千块钱，你的条件都具备，那么选择哪一项工作呢？算小账就会盯着八千块钱去，但以后自己不会有多大长进；算大账则会选择技术含量高的工作，能在干中提高自己的技术水平，为以后获得更高的收入打下基础。因此，做加法宜算大账、算长远账，不宜算眼前账、算蝇头小账。

（2）做减法，能减则减，不必舍不得

相接着上面的思路，换另一个角度来说，人们最不会算、也最不愿意算的是减法，常想多得，不愿少得，算来算去就被贪婪欲望绑架了，活得越来越累、越苦恼。我的观点是，不但生活适合于多做减法，而且工作也适合于多做减法，一定意义上减法做好了，比总是做加法更必要、更重要、更有效。头发长了得剪短，体重超重了要减肥，中小学生作业过多应当减少，基层的

方法的力量

负担太重必须减负，税费和物价过高也要实实在在地减下来。当下形式主义泛滥的主要原因之一，便是方方面面都争着做加法，谁也不情愿做减法，于是就层层加码，无效的工作和可干可不干的活越搞越多。做好减法主要目的是减负增效，可惜不少人都忘记了。如同饮食，再好的东西吃多了对身体都没好处，可有些人就知道加鸡鸭鱼肉，加山珍海味，加各种美食，却不知道适可而止，减少高热量食物的摄入。有人家里堆了许多东西，十年八年都用不上，就是舍不得丢掉，舍不得送给亲戚或捐献出去。这是不会做减法的典型表现。

（3）做乘法，追求乘数效应

高智商的人，做加法与普通人没有多大差异，但相比之下特别善于做乘法，他们关注的不是 $3+9=12$，而是 $3 \times 9=27$。做乘法比做加法收获更大，效益往往是几何级增长，乘数效应是成功人士的不懈追求。但也要注意，1×9 还是等于 9，还不如 $1+9=10$。可见，乘数和被乘数的选择很重要，0 乘多大的数，还是等于 0。拿团队建设来比喻，团队的领导假如什么都不是，只是聋子的耳朵——摆设，这个团队即便有两百人、三百人，也还是一无是处——应了那句老话，兵熊熊一个，将熊熊一窝。做乘法追求的是乘数效应、倍增价值，使算法的效益最大化。例如，某县上个大的产业项目，不是仅算计项目自身的效益，而是要计算对主导产业的支撑系数，计算带动相关产业发展的拉动系数，计算该项目对区域经济社会发展牵引辐射的乘数效应。

（4）做除法，除去多余，除弊增利，除坏兴好

在我的方法理念中，减法的减负提效升级，乘法的逆运算和倒运算便是除法。小学生都知道，除法的运算公式是：被除数÷除数＝商。被除数扩大（缩小）n 倍，除数不变，商相应缩小（扩大）n 倍。运用除法的算法，可以算出公约数、平均数、人均数，其中最大公约数特别有用，即两个或多个整数共有的约数中最大的那一个。求得最大公约数有短除法、辗转相除法、质

因数分解法,在工作领域和社会领域,把最大公约数的概念搞清楚,并且计算出来,事情就好办了。计算除法不仅是一个数量关系问题,还是除去多余、除弊增利、除坏兴好的实质问题,把这"三除"的工作做好,除法的功效也就全面发挥出来了。

有些人只会加减不会乘除,只懂一级运算,不懂二级运算,忘记了四则运算的口诀是先算乘除,后算加减。数字在他们那里,只是加一加、减一减的事儿,好比一张桌子缺了两条腿,它是站立不起来的。四则运算每一则都要算准确,小账细账、大账总账、增账减账、近账远账,最好"并表"一起计算。有些账要权衡眼前的一得一失,有些账要研判长远的利弊,有些账是财务账、成本账,有些账是发展账、政治账。不同账有不同重点和算法,投入产出比要算,利润率、增长率要算,耗费的时间成本也有要算,加减乘除每笔都要精打细算哦。

算账还不能只算于自己有利的账,还要算好利益相关者的账。你做生意要有赚头,人家也要有赚头,用广东人的话说,有钱大家赚才好嘛。雪莱说:"精明的人是精细考虑他自己利益的人,智慧的人是精细考虑他人利益的人。"总是喜欢为自己利益打算盘的人,只能说他是精明的人,但不是智慧的人。算账要考虑到他人,考虑到集体,考虑到组织,与他人、与集体、与组织共赢,利益相关各方都能得高分,你才是智慧而高明的算账派。

强势来袭,大数据的张力

计算机、传感器和移动互联网等技术的飞速发展,人们始料不及就突然被拉进了大数据的时代漩涡之中。大数据以互联网及移动互联网为收集传输运用手段,正在快速渗透和介入各行各业,它"像血液一样在云计算、物联网、消费平台和社交活动中野蛮流动",对经济发展、社会治理、生活方式、思维方式、工作方法产生着重大影响和冲击。不管咱们愿意不愿意,接受不接受,必然会与大数据息息相关,可预测的未来亦毫无悬念,每个人都是大数据的采集对象,同时又是大数据的使用者。

许多地方和企事业单位,都开始高度重视加强大数据工作,以大数据为资源和方法来履行职能、干事创业、开疆拓土,有的已经掘到了第一桶金。有种说法,消费互联网表达的是物理力量,产业互联网表达的是化学力量,大数据把两种力量整合到一个数据库里、一个大平台上,其强劲方法力前所未有。我要补充的是,可以预见甚至已经看到的是,蜂拥而来的大数据在满足商业、政府、社会管理需求的同时,自身也在日益变得更大、更全、更优,流动速度、开放广度、应用深度都在迅猛提升,并且由丰厚资源转化为巨额资本,其巨大应力和张力不可小觑。

然而,大数据与数字化、数据化均有一定的区别,在使用方法上也有所不同。大数据并非一个十分确切固定的概念,分析经济形势或判断事物发展的趋势,仅靠所谓的大数据还是不够的,而且也不是很可靠和可信赖的。大数据代替不了真实具体的社会实践,也代替不了变化万千的社会活动,在大数据的汹涌浪潮中,垃圾信息和虚假数据也会泛滥成灾。绝不会因为有了大数据,世界就变了质,变成了一串串数据。

拉普拉斯定理,小数据的魅力

有了大数据,不能忘了中数据、小数据、个体数据、零散数据。大数据也有局限性,它不代表数据化的整体格局和所有内容,一些情况下就是中数据和小数据它也代表不了。现在比较时髦的是,人们都愿意拿大数据说事,其实小数据的价值是大数据代替不了的，运用好小数据也是不可或缺的方法。如今人类社会虽然进入了大数据时代，但咱们身边却仍然到处都是层出不穷的小数据，一定意义上说，没有小数据也就没有大数据。与社会关系最密切的是系统的大数据，与你自己关系最密切的则是零零散散的小数据。我的态度是，主动积极拥抱大数据，同时也不冷落和忽略小数据。

1749 年，拉普拉斯出生在法国诺曼底的博蒙，25 岁时他发表了《事件原因的概率论》，涉及的核心论题就是运用小数据解决可能性概率的问题。当时研究彩票中奖概率也是一些数学家喜欢做的事，拉普拉斯的研究结果是，如果你提前不知道彩票的情况，而你第一次买的三张彩票中的一张中奖了，依据这个小数据你可以推测奖池里彩票的总中奖比例为 2/3。如果你买的三张彩票都中奖了，进而可推测总中奖比例是 4/5。如果买 n 张彩票共 w 张中奖，那么中奖率就是中奖数加 1，除以所买彩票的数目加 2。

这种估计概率的简单数学方法被称为拉普拉斯定理，你可以用于彩票之外任何需要通过过往产生的小数据来评估概率的情况。如果你做了 10 次尝试，其中有 5 次成功，你评估概率的整体成功率就是 50%。拉普拉斯还把他的这个方法应用到广泛的时间问题上，包括评估男孩和女孩的出生率是否真正平均，为人们在现实生活及工作中面对小数据提供了简单实用的经验法则。拉普拉斯定理的好处是，无论占有一个单独的数据点或占有数以百万计的数据，它都同样适用并能保证评估的一定准确率。

有趣的是，第二次世界大战期间，同盟国通过所获得的序列号，在纯数学估计的基础上进行预测，得出的结果是德国每月生产 246 辆坦克，而通过广泛的空中侦察所获得的估计表明，这个数字接近 1400 辆。战后获得的准确数据是，德国每月生产坦克的真实数量是 245 辆，可见依据所获序列号预测的结果更准确。这个事例说明，运用小数据进行预测，也有较高的可靠性，有时比直接的观察还准确，拉普拉斯定理还是有用的哦。

| 方法的力量 |

"近视算法"和"爬山算法"

我的眼睛近视,但近视得不算厉害,随着年龄的增长,近视的度数越来越低,几乎到了随时可以把近视眼镜摘下来的程度。而一些年轻时视力好的人,年龄大了以后逐渐变成了老花眼,看手机上的小字都很吃力。由此看来,近视有近视的好处,只要不太近视,随着时间的推移,近视恰好被远视抵消了。"近视算法"就是不必更多考虑远处的事情,先把近处的事情做好了再说。做眼前最简单的工作,对长远的事情不费心去考虑,这不是目光短浅,而是更有利于从当下的实际出发,把目前最需要做的事情做到位。

"爬山算法"也挺有意思,其实这也是一种常识在算法中的运用,重要的目的是不被"错误风景"耽误。一个小长假来临,你在网上搜索爬山旅游的路线,结果发现有些方案更好,有些方案更糟,这通常被认为像是山峰和峡谷的风景,可是你爬山不是为了看风景,而是要爬上山的最高峰。这种算法的最终结果是,你会得到一个比所有排列顺序都更好的方案,不管哪两个点相邻互换,都不会再有任何一个方案更胜过于它。就在这里,爬山停止了,因为你达到了目的。这意味着你可能只是发现了一个所谓的"局部最大值",而不是所有可能性的全局最大值。

山顶的风景有时能迷惑人,你感觉自己正站在山顶上,因为环顾四周的地势都比你站的位置低,然而很可能还会有一座更高的山就在不远处,在另一个山谷的上面。但到底不远处那个山顶有多高,暂时还是不确定的。爬山还要继续,采取的方法可升级为"猎枪爬山法"。计算机专家在尝试破译密码时,就时常使用这种方法。似乎有很多方法可以解密一条高价值的信息,但一一尝试都没有成功。在解密过程中,有一段看起来接近合理的文本并不意味着你肯定是在正确的轨道上行走。那么，最好不要再依赖这个既定的初始方向，换个方向从头再来。请记住，方向变换了，方法也要随之改变哦。

不搞数据崇拜和过度拟合

我们要坚持用鲜活而确凿的事实驱动工作，防止依赖干干巴巴的数据误导工作。近年来确有数据被神话的现象，仿佛那些未经验证的数据就等于客观事实，就等于标准答案。这是特别要注意克服的倾向性问题。以数据为参照、参考进行决策，以数据指标布置和检验工作，这些做法都是对的，但要小心看起来很翔实的数据实际是万花筒。在推动工作中容易犯的错误，往往就在于过分轻信来路不明的数据指标，把实质的工作内容搁在了一边晒太阳。

在一些社会性调查中，采集到的数据难免是纷乱嘈杂的，且不说人为干扰产生的噪音，仅人们对调查内容的不同理解，就可能造成数据可信度大打折扣。在这过程中，存在数据过度拟合的不可信、不准确风险，简单的变得复杂了，数量少的变得杂多了，加权的项目和要素叠加到一起，分不出真与假、轻与重、虚与实。过度拟合就是"过于紧密或精确地对应于特定数据集的分析结果，因此可能无法拟合其他数据或可靠地预测未来的观察结果"。从负面效应描述这种过度拟合现象，不过是数据大杂烩和复杂化，要害是貌似科学周全，其实是不对路、不靠谱的。

数据崇拜是造成过度拟合的主要原因之一，在工作中下意识地将关注的重心放在了眼前的各种数据上，忽略了真正重要的、需要高度关注的内在实质问题。就数据说数据，忘记了数据要为说明问题服务，数据采集后的存在状态是抽象的，纳入纸面状态时会出现僵滞的问题，而现实世界事物的发展则生动鲜活和丰富多彩。

> 方法的力量

当你处理经常遇到的数据噪音或估算不准时,就可能构成过度拟合的危险,数据收集和统计研判就容易出现错误。比如,一些地方和部门搞的满意度、幸福感调查等,得出的一些结果就让人难以置信,因为满意度和幸福感等观念,往往是不可量化的,人们在现实生活中也有不同的体验和理解,若加上调查组织者人为地倾向性操作,理想的数据随时都能生成。这个时候有经验的人会告诉你,数据是可以根据上级领导的需要和喜好"做出来"的,数据不但会有很大弹性,还会有一定表面性和虚假性。因此,咱要清楚任何数据都可能会有泡沫、有水分、有假冒伪劣,有被滥用、误用的可能性,切不可依据垃圾数据作分析、作判断、作决策,有的数据不过是一个把戏、一笔糊涂账、一场骗局。

云计算——越用越会用,越用越好用

在现代算法中,云计算占有重要位置。云计算是分布计算的一种方法,指的是通过网络"云",将巨大的数据计算处理程序分解为无数个小程序,通过多部服务器组成的系统进行处理和分析这些小程序得到结果,并返回给用户使用。简单地说,云计算就是一种提供资源网络,使用者可以随时获取"云"上的资源,按需求使用的现代性和操作性很强的算法。这种方法的可贵之处是灵活度高,扩展性强,突破了时间空间的物理性制约。

这里说的云计算,只是拎出来一个关键词说事,实际上与之不可分割的还有:云,公有云、私有云、混合云;云端,也就是"一堆服务器",云服务器的整合;云服务,即通过网络以按需求、易扩展的方式所提供的服务。云计算可以提供许多种服务,主要有三种类型:①LaaS—基础设施即服务。云服务器、云数据库、云储存,都是可提供的基础设施服务。②PaaS—平台即服务。面向的主要用户群体是软件开发人员，平台为他们提供开发环境、测试环境、编译环境等，软件工程师只需关注最主要的代码即可。③SaaS—软件即服务。你打开网页就可以像使用自己的office一样，在线来编辑文档，利用云计算协同办公，比自己单独办公更便捷、更高效。

云计算作为全新的高级算法，非专业人员接触较少，会感觉很复杂、很神秘，一旦把它用到实际工作中，就会发现云计算并不复杂也不神秘，而且越用越会用，越用越好用。2020年我国的云计算行业市场规模增速达56%，远远高于全球的增速。人工智能、大数据、云计算正在加快深度耦合，特别是5G智联时代的到来，咱们的方法论和具体方法的应用也必须与时俱进，紧跟时代的发展步伐，从日常简单的应用做起，主动积极享用云计算提供的各项超级服务。

事实上，人工智能技术研究需要大量数据和强大的算力，云计算的应用极大地促进了AI技术的发展，不同的算法经过大量数据训练，得以承担各种传统电子程序难以胜任的任务，如文字、图片识别，自动排版，自动驾驶等。每种AI算法的研发都需要相应的应用场景，由此还会催生更多的新技术、新业态、新算法。

量子计算——将在众多领域发挥革命性作用

尽管它还是一个趋势，还没有进入市场商用，但我觉得在算法中有必要提到量子计算。这种新型算法是利用量子力学的基本原理来加速复杂计算的过程，能够更加迅速、高效、准确的处理海量数据。在传统计算中（相对量子计算而言的算法），要靠芯片材料与晶体管的进步提升算力，即在微芯片中嵌入电子开关，在0和1之间交替完成信息处理，芯片上的晶体管数量与处理电信号的速度成正比，这种约束是经典算法的瓶颈。应用价值极高的是，量子计算可以兼容 0 和 1，无需反复进行切换，使计算速度和质量产生巨大飞跃。

2020 年被媒体称为"量子元年"。可预见的是，量子计算技术的迅猛发展，会颠覆传统算法、经典算法等一系列理念，开启算法的一个新时代。量子计算的作用不仅表现为提高计算速度，还能解决经典计算无法解决或难以处理的技术、材料、装备、设施等方面的最优选择和最佳组合问题。其自动化的功能可自行修正人工智能数据系统中的错误，不断接收和处理新的数据。在人工智能辅助下，量子计算还能在金融、安保、医疗、基因组学等多个领域发挥革命性作用。

第46章 变法：主动应变，变环境，变方式方法，变自我

马克思指出："环境的改变和人的活动方式或自我改变的一致，只能被看做并合理地理解为革命的实践。"短短的一句话，包括了三个方面的改变——改变环境，改变活动，改变自我，而且明确强调三者的一致性。环境变了，人的活动方式就要变，自我就要主动适应这种变化。我在研究方法问题时，偶然间有一个发现，那就是改变了自己的思想观念和行为，改变了自己的为人处世的方式方法，便会自如地应对环境和周遭的变化，坦然接受自身处境的变故，大体也就能做到与时代同行，与环境、与周遭友好相处，顺其自然跟上时代的变迁。应变的方法，改变的方法，归根到底就是以主动的变化，应对被动的变化，应对外界的万千之变和瞬息之变，在变化中打牢方法定力的根基。

主动适应变化是第一位任务

引申"适者生存"的理念，适应变化者不但不会被淘汰，而且还会处于

优势，获得优先优胜，还能随机应变行稳致远。主动适应变化，是每个人必须做好的事情，没有商量的余地。适应力强的人，对环境往往不会太挑剔，面对难以改变的环境，首要任务就是努力地适应，没有主动积极的适应，就没有随后对环境的改变和创造。适应变化要快，越快越有主动权，越快越会及时改变被动局面。

那么，我们要做的就是对变化不苛求，不能要求变化都对自己有利，而要随遇而安，顺应变化的大趋势，某种程度上逆来顺受也无不可。要意识到，你在大的变化面前，往往是渺小的，人就是要在变化中生存、成长、发展，变化是绝对的，不变化是相对的。如果身处不利的环境变化，耿耿于怀和试图抵触都没有用，反而会有负作用。拒绝变化的主要原因是惧怕变化，怕适应不了新环境和新事物，但必须明白，绝大多数变化作为个人是拒绝不了的，惧怕也绝不是理由，你不想变化最终还要变化，那就不如主动顺应变化，融入和跟进变化。水涨船高，就是顺其自然的好"变法"，几天暴雨之后河水上涨了，船则顺着水的涨势升高，船就又会行驶在河水之上。

十多年前的一个秋天，我给经过八天集中培训、即将进城打工的七百多名农村青年送行，临别时讲了三点："一是要把困难想得多一些，对生活不要太理想化，对工作也不要有过高的期望值。要有克服困难的思想准备，遇到困难不低头，受到挫折不灰心，只要度过困难期和适应期，坚持下去就会有一片属于你们的新天地。二是要用心学习真本事。学习能力的高低会决定你们的一生，打工前的培训只是入门，真本事要在今后的工作实践中学习，做工要用心，遇事要留心，只要养成用心的习惯，就能学到真本事，成就大事业。三是我最想说的，就是要努力改变自己适应新的环境。离开农村老家，面对不熟悉和不习惯的陌生环境，生活会发生许许多多变化，将面临人生最重要的一次转变。你们年轻，可塑性强，适应性也强，要相信自己，但不能任性自负，改变自己也就是完善自我，适应环境也就是开辟新的生活。"

• 第46章 变法：主动应变，变环境，变方式方法，变自我 •

适应变化不是一蹴而就和一劳永逸的，而是要不断适应方方面面的变化，大大小小的变化。大的方面，适应思想观念潮流的变化，适应社会发展形态的变化。小的方面，适应具体人、具体事物、具体情况的变化。比如，你所在的工作单位，三年多就换了两个一把手，作为中层干部的你，对这种变化如果不能主动适应，那就可能成为"一朝天子一朝臣"的牺牲品。单位的主要领导变了，你的工作方法也要相应改变，原来的一把手喜欢大刀阔斧，你敢打敢拼的工作方法能如鱼得水；新来的一把手求稳怕乱，你就得把工作方法调整为稳扎稳打、步步为营。

适应环境，融入环境，与环境为友

每个环境都有其容量的上限，每个环境也都有自己的规则。环境有大小之分，条件有优劣之分，条件与环境是分不开的。你能做什么、能做到什么程度，取决于大小环境和优劣条件给予的空间，而不仅仅是个人意志力和主观能动性所能左右的。适应力强的人，对各种环境往往都能较快地适应，会努力与环境友好相处。没有这个前提条件，就没有以后对环境的改变和创造。适应环境，就要早日融入环境，融入了环境，也就有了改变环境的资格。环境狭窄，可用空间有限，那就要积极拓展环境条件。

具体到你的工作单位，班组是你工作的小环境，公司是你工作的大环境。以个人之力，改变和创造大环境不太现实，但改善小环境却是很现实的事情。环境不良，制约因素过多，那就要对不利环境条件进行置换。不顾环境条件，硬着头皮去楞闯蛮干，十有八九会失败，没失败的那一两次，也是靠歪打正着的运气。你身处的国家是你的宏观环境，你生活的区域（市县乡镇）是你的中观环境，你的工作单位和家庭是你的小环境，你的每一天都

| 方法的力量 |

生活或工作在大中小环境中。不仅如此，环境又是经常变动的，就像空气质量的环境，昨天是良好，阳光明媚，今天却变成了重度污染，雾霾蔽日。现代社会环境的复杂性和多变性尤为突出，对大家适应环境变化的能力提出的要求更高。

做事和生活都需要有个好环境，环境好其他一切都可能好，环境差其他都可能差。但环境的好或差不是绝对的，也不是固定不变的，对环境要有辩证的认知，环境中不少因素是可控可改善的，我们要清楚环境的哪些因素是可以改善的，哪些因素是我们改变不了的。你来到了一个新环境，尽最大可能适应环境是头等大事，然后才是量力而行、循序渐进地改善环境，改善有改变的意思，但比改变更有正面含义。

用什么方法适应和改善工作环境是一个非常现实的问题。工作环境是从业创业的环境，也是个人成长进步发展的环境，再往实里说又是赖以谋生养家糊口的环境。同事与同事之间，下级与上级之间，单位与单位之间，彼此互为环境，都有相互适应以及持续改善的必要及可能。面对差环境、坏环境，也不必怨天尤人，要意识到由于你的进入，打破了环境的原有平衡，人家的发展格局会因为你而发生调整，或不受欢迎不受待见，或引发新的矛盾和竞争，都是可以理解和应该正确对待的。

环境不仅是客观现实，更是以人为主、因人而异的主观存在，不要认为自己是环境的"外来户"，而是要自觉成为环境的主体和主人，与环境为友，切不可与环境为敌。就像你居住的房屋，虽然有这样那样不如意的地方，但你会与自己的房屋为敌吗？肯定不会的。那么，就要设法适应环境和融入环境，起码要与环境相安无事，同时尽可能不断改善环境——上半年改善厨房和卫生间的通风条件，下半年改造客厅和卧室的门窗，一些不利条件得到了改善改造，你的居住环境就会向好的方向变化。

• 第46章 变法：主动应变，变环境，变方式方法，变自我 •

在驾驭变化中，改变和创造环境

适应变化只是变法的第一步，接下来的是争取驾驭变化，就像在大海的激流中驾驶航船，你要知道主航道在哪里、暗礁在哪里、险滩在哪里，唯有驾驭了变化莫测的激流，你才能绕过暗礁和险滩，始终不偏离主航道。要想驾驭变化，就得掌握变化着的动态和新情况，摸清变化着的走势及新规律，有较为系统的观察，有设身处地的思考，有由浅入深的研究。

马歇尔·戈德史密斯说："如果我们不创造和控制环境，环境就会创造和控制我们。"在方法上，大家要特别把握好顺应、掌控、应对变化的原则性和灵活性，既不随波逐流丧失原则立场，更不能同流合污为虎作伥；不能当反潮流的"愣头青"，更不能干那些跳深渊、撞暗礁的傻事。积极迎接应对变化和主导变化，与时顺变，与时变通，便能驾驭变化。在这过程中，运用灵活的方法比坚持抽象的原则更为必要，原则一般都是"刚的硬的"，但灵活的方法大都是"柔的软的"，变化引起的激荡乃至短时乱象，驾驭起来必须采取灵活的方法，该转弯时就得顺势而转，该调整航线时就要及时调整，该急流勇退时就要退到安全的水域。

拥有了驾驭变化的适应力和主导权，也就有了改变和创造环境的可能性。在本章中，我把变化和改变放到一起说，虽然这两个词的含义有不小的区别，但从两者与环境及条件的关系来看，它们又具有高度的相似性。广义的环境是除了你之外的所有对象，环境的对象化实际也就为改变和创造环境提供了条件。你的家庭环境，你的工作环境，你的发展环境，还有你所处的生态环境（自然生态、政治生态、社会生态），都是应当接受的，同时又是可改变、可改造及可创造的。

| 方法的力量 |

立冬了，天冷了，我把写作的房间由北屋改到了南屋，室温就不那么低了，光线充足多了。这是通过迁移性改变，为自己创造较好的小环境。等到明年春暖花开时，我写作的房间再迁回北屋时，书架、书桌和床的位置，还会相应做些改变。这是个人力所能及的，与时而改，依需而改，写作环境越改变越舒适——改变也是创造的一种方式。

改变方式方法，最为重要，最为有效

坦率地说，改变环境难，改变正在发生重大变化的事物也难，改变自己的本性更难，但改变自己相关的方式和方法不太难。既然如此，咱们就从改变方式方法做起吧。

（1）改变思维方式是根本性的改变

思维方式的改变，能够带动一系列方式方法的改变，包括工作方法和生活方式的改变，思考问题方法和做事方式的改变。比如，把原来的面子思维改掉了，做人做事就不会被虚荣心驱使，就会注重实际实效和真正的实惠，也不会过于在意别人的看法和说三道四，就能够活出真实的自我。在第8章中，我用不短的篇幅说明了改变思维方式的重要性和具体的方法，主要强调的是摆脱思维惯性和路径依赖，革狭隘偏执思维的命，把思维的尺度回归到求真务实、唯物辩证的轨道上来。

（2）改变生活方式是全方位的改变

广义的生活方式涉及面非常广，狭义的生活方式关乎生活的点点滴滴。比如，你居住的小城市供水水质较差，短时间内还得不到彻底改变，那你的家庭就要改变原来喝自来水的习惯，至少要花几十块钱买一个净水的过滤杯，用过滤的水做饭做菜。如果条件允许，直接喝的饮用水应当购买纯净水或矿泉水，该花的钱还是要花的。再比如，最近的一次体检发现你的血脂超标，那就要从两个方面改变生活方式：一方面要改变饮食结构，高脂肪的食物要少吃，多吃粗粮、蔬菜、水果；另一方面要加强体育锻炼，不能久坐不动，不能吃饱了就睡，每天至少要有半个小时的运动。

（3）改变工作方法要从理念和细节下工夫

不妥的方法理念改过来了，方法细节的问题也就好改变了。前面说到，工作任务完不成，总是靠加班加点的方法解决问题，这是一种由理念到方法的不良惯性，实践证明效果并不好。换个理念，改个方法，在增强工作预见性和计划性、提高效率和质量上着力，加班加点拼体力的干法就会被抛弃。还有，以前工作如果重形式和程序多、重实质内容和实效少，整天都在搞形式走程序，那就要变成以实质内容、实际效果为重，减掉不必要的程序，坚决不干形式主义那些多余的活，就会开创出新的工作局面。

（4）改变待人接物的具体方法

与上面的三个改变相比，这个改变显得有点小，但它又是能以小见大的"变法"。生活中待人接物是常态化的，即便你宅在家里不出去，网购、叫外卖也要和快递小哥接触，人家给你送来了吃的喝的用的，你连句谢谢的话都不会说，这种待人接物的方法很不可取。同样一个人，同样一件事，你对待的方法不同，情形会大不一样。我的感觉是，待人接物不需要有多高的智商，但很需要具备一定的情商——方法情商，有了这方面的情商，方法就会有极大的改进完善。提高方法情商：①要设身处地替别人想得多一些，适当控制自己的私心杂念；②是不能过于功利，为人处世要重公德讲情义；③要以善为先，用善心善意待人接物。

| 方法的力量 |

改变自我的实质是完善自己

适应环境需要改变自我,改变环境首先要改变自我。改变自我是一个人成功的基本方法,包括态度的改变,性格行为的改变,思想方法、工作方法的改变。改变自我,一定程度上又是构建和优化自己与环境的关系,调整和完善自己与人际环境的关系。

(1) 完善自己的知识结构

严格来说,在大学阶段形成的知识结构是不完整的,如果连大学都没有上,知识结构那就更成问题了。完善知识结构的方法,主要靠业余的学习,也要靠实践的锻炼积累,根据工作需要和事业发展需要,不断把自己的知识结构健全完善起来。知识能够消除愚昧,智商和智力能够转化为方法,知识结构的健全完善,也就是智商和智力的健全完善,进而也是方法的健全完善。

(2) 完善自己的品德情操

人品德性决定你的品位层次,决定你的根本修养和整体素质,这方面的完善是自我完善和提升的根基。完善人品德性,应有较高定位和目标,向高标准看齐,尽量使自己的人品德行没有瑕疵,没有阴暗面。内心要纯洁,思想要高尚,言行要干净,经常反思反省自己,对偶尔出现的小毛病也要认真改正。完善品德和情操,使品德水准和情商水平不断得以提升。

(3) 要完善自己的综合能力,特别是要强化方法应力和张力

个别的能力,每个人都会有一些,不过是多与少的区别,应该不是太大的问题,但综合能力则需要持续完善和增强,因为它与方法力的关系极为紧密。以表达力为例,只会说不会写,只会写不会说,都是能力的欠缺。假如

第46章 变法：主动应变，变环境，变方式方法，变自我

你说的能力不错，但写的能力差，那就要在写作上多动脑、多练笔，否则你的表达力就可能是"一条腿"。在综合能力中，方法的应力和张力尤为重要，所以必须强化方法意识，重方法，学方法，讲方法，用方法，优化方法，创新方法。干工作，对人对事，处理问题，不能随心所欲，不能简单粗暴，而是要通过采用合适的方法达到目的。

第47章 求真，认真，适当较真

人有真假之品质，干工作有真假之路数——求真是这个年代严肃而重大的课题，有的人整天也没闲着，他看似在干工作，但没有真心诚意，未用真劲使真招，空转了一个圈又一圈，到头来工作还原封未动放在那里。求真，认真，适当较真，返璞归真，追求本色本原本真，就是要以求真为目标，以认真为基本方法，以较真为特殊手段，着力杜绝不真实和不认真的现象发生。

求不到真，就务不了实

恩格斯指出："凡是真的东西，都经得住火的考验；一切假的东西，我们甘愿与它们一刀两断。"他的观点非常鲜明，十分果断，真的东西要经得住火的考验，正派的人与假的东西水火不相容。

有那么一部分人，与假东西关系甚深，以致沆瀣一气，但做起事来又好像是真的，原来他们弄虚作假的水平有明显提高。北京大学经济政策研究所课题组的研究表明，一些上市公司制度缺乏透明度，表现为会计信息披露不充分、不及时和不真实三个方面（最要命的是不真实），对亏损原因、关联

第47章 求真，认真，适当较真

交易等情况，经常刻意简化，虚假遗漏的情况司空见惯，随意更改盈利预告，故意编造虚假信息欺骗投资者。有严格监管的上市公司，竟敢如此经常性地弄虚作假，其他领域的弄虚作假恐怕是小巫见大巫了。在工作中，会议是真的，文件是真的，讲话是真的，各类留痕也不能说不认真，潜在的问题是，会议肯定开了，文件确实发了，痕迹留了一大堆，成绩和经验也有了，但这些东西是真的吗？大概未必如此吧。成绩是编出来的，经验是攒出来的，工作并未认真干。针对这些问题，求真就要看工作是否采取了真举措，用了真功夫，取得了真成效，成效真不真是检验真干还是假干的标准。

真实的人也是求真的人，共产党人和领导者尤其要求真。研究工作和考核评价干部，要特别看重是真还是不真，如果发现言行虚假就不能客气，要批评、要纠正、要制止。因为求真的问题解决得不好，其他事情无从谈起，在虚假的框架内做事情干工作，下再大功夫都是白扯。记得柏拉图说过这样的话：世上最累的事情，莫过于虚伪地过日子。可不是吗，有人说工作干得很累，如果他并非由于真的活多活重，那就是干了一些虚虚假假的闲事，自己的心里因此而感受着"内卷之累"。

真诚是一种本真，求真必求真诚。我心目中的真，是一种天然、自然、纯然的本质，不但是现实事物的本色本原，还是人自身朴素感念的"情真"和心扉灵动的"意真"。真实、真诚、真性情，基本成分是心底的本真，表现为世间真相和人间真情真意，还是交谈的真话和做人的真实，又是做事做官的求真、认真和较真。对工作对事业要有不加修饰的真性情，做事务实，待人真诚，处世实诚。求真对于事业非常重要，忽视了求真贻害无穷。怕就怕掉到真假难辨的陷阱里，真亦假，假亦真，真真假假，还能有原则和底线吗？还能有公道和正义吗？

现实中，有人不敢也不愿讲真话，不想也不善听真话，讲虚话讲假话成了他们的专长，听顺耳话、听恭维话成了某些人的特殊喜好。针对这种现象，咱们要把讲真话、听真话作为求真的两个标尺,因为只有具备了这两个扎实的基点,求真、认真、较真才会成为可能。固然,人的思想和行为不可能百分之百的真,凡人不可能脱离尘世,强求纯而又纯的真,结果只能让人失望。真应该带着泥土芳香,大自然也会有一些杂质,它不是用机器反复净化的"纯净水",而是直接从深山引来没有污染的"天然水"。从字面上看,"真"字比"直"字多了两点,多出这两点意味着什么呢?大概就意味着要深扎现实的泥土,才能求到本真吧。

真与假是逻辑学范畴,求真证假是社会实践过程。真的不假,假的不真,真就是真,假就是假,不能混淆倒置。探索事实的真,提出问题的真,力求道理的真、理论的真、信仰的真,便是追求真理的真。追求捍卫践行真理,无疑属于求真的至高境界,承担一定社会责任的人应当力争做到。

真实真相是开展工作的根本依据

真实带有平凡的生活性和应用性,每一粒米、每一根柴都必须是真实的,否则就不能煮饭充饥,不能生火取暖,画再好看的饼也充不了饥。工作同样要求真实,要重视现象后面的真相,真相是真实的表现形式,真相变形了真实便会严重受损。下车伊始,指手画脚,没弄清事实,不了解底细,仅凭感觉下结论作决策,犯错误在所难免。求真的首选目标是立足真实和发现真相,及时有效获得可靠的真实信息,将工作思路和措施建立在情况真实的基础之上,不被假象、假数据、假政绩所迷惑。

搞清事实真相的主要方法是,经常进行深入细致、系统全面的调查研究,掌握第一手材料,摸准问题来龙去脉,辨伪治虚打假,追溯事物的本来面目。真实真相在哪里?潜在的真情况、真问题、真原因是什么?都要了然于胸,心里有一本明白账。这个名牌箱包是不是假冒的？路边地摊上摆的"文物"有几件是真的？某人说的话有多大水分？那条热点新闻是不是编造的？这一连串问号，几十年前大概不必当回事，现在却成了几乎天天都会遇到的问题。因此，大家对真实和真相要保持敏感的关注力，不能上当受骗，糊里糊涂当了浮夸言行和虚假事物的傀儡。

认真要成为方法力的动能

毛泽东说过："世界上怕就怕认真二字，共产党就最讲认真。"如果改为反向表述，那就是做任何事请，最怕的就是不认真，最怕工作中有些官员把认真当成员工的缺点来评价，最怕不认真成了潜规则，得过且过各自都有好处，认起真来却会受谴责。这种情形若蔓延开来，不认真的人便会洋洋得意，认真的人便成为不受待见的另类，那就得退避三舍了。做实际工作，既要最大限度地降低不认真的负效应，更要把认真作为动能不断充实到方法力之中。

（1）认真要由真心发起

在我们的传统意识中，"心"是一个抽象而神圣的概念，它不但是五脏六腑之首，还是人身体中各种器官的龙头老大，高高在上的大脑都得归心管辖。有了真心才会有认真的行动，面对一件事情，有真心或没真心，做事的性质都会发生变化。用真心做事，事半功倍，不用真心做事，事倍功半乃至无功而返。要用手做事，还应当用心做事，手和心并用才是真正的认真。用真心干工作，便会一丝不苟，精益求精，上报一份材料，填写一组数据，采取不写错一个字，不搞差一个数。

（2）认真要有家国情怀

干工作要带着义务责任，还要带着真情实意，特别是做群众的工作，做与人民利益有直接关系的工作，必须情真意切。板着面孔，打着官腔，不可能把群众工作做好，还会使群众反感厌恶。认真对待事业，对待自己所从事的职业，应有真诚热忱的态度，有真挚的感情投入，冷冰冰的公事公办，认真则会变味。家国情怀是个厚重的话题。家是人生开始的地方，国是民族精神和文化价值的认同。情怀是义务责任的高度自觉，是真情实感的深厚寄托，又是心灵、胸襟、情愫、境界的凝结升华。心中有家国情怀，认真负责干工作就会成为自觉自愿的事情，不需要检查督促和表彰奖励，功劳归谁都无所谓，只需兢兢业业把工作干好。

拥有发自内心、见诸行动的家国情怀，就要从中华优良传统文化中汲取营养和积蓄力量。看重真诚与忠诚的价值，对国家和人民赤胆忠心感情深厚，对父母、先辈、家乡感恩报恩，坚守崇高理想信念，践行国家为重和人民至上的价值观。以家国情怀做事情，不庸俗不势利，不患得不患失，认真工作不觉得累，认真处理矛盾没有私心，对领导、对同事、对下属都不会计较谁高谁低——认真成了原生态的持久正能量。

（3）坚决有力打假，畅通认真的道路

"假作真时真亦假，无为有处有还无。"这副对联出现在《红楼梦》中，提纲挈领写在"太虚幻境"开局大场景之下，寓意很是深奥，能诠释出很多种暗示。认真的人，就要向虚假宣战，毫不妥协打假是认真题中应有之义。要像商品打假那样，对工作的虚假、数据的虚假、成绩和经验的虚假、先进典型的虚假，一概零容忍，引导和鼓励更多的人与虚假行为作斗争。听到或看到冠冕堂皇的事，在头脑中先要问："这是真的还是假的？"然后就要刨根问底，该较真就得较真，狠杀伪劣、虚假、忽悠的歪风邪气，绝不能让那些弄虚作假者有市场、占便宜。

（4）认真就要不惜力使真劲

不认真会很"省力"，即便是接受了重要工作任务，敷衍搪塞，也能应付过去。认真会增加不少工作量，需要拿出较多时间精力做事，肯定有成本、有代价。这就需要拥有较高的思想觉悟和较强的执行力，尽心又要尽力，认真履职和高水准尽责，不但想得好、写得好、说得好，还要做得更好。

投机取巧是认真的大敌，注重和强调不惜力使真劲，就要向投机取巧行为开火。那些不认真的人，多数都会使投机取巧的虚招。就像我下乡当知青时，在农田里铲地除草，认真的知青会用锄头把草根锄掉，同时还会给青苗松土。有个不认真的知青，只用锄头浅浅地把草叶锄掉，草的根部一点都没碰到，更没有给青苗松土。这样铲地除草，他的确能省不少力气，但过几天草又长起来了，长得比青苗还高，庄稼会因此而减收的。这位知青用虚招铲地除草的行为，没等收工就被生产小队长发现，他不但在晚上开的社员会上挨了批评，当天还被扣了3个工分。

不惜力使真劲，认真负责工作，良知良心是必不可少的。对那些良知良心缺失的人，只能用监督和诫勉来约束，采取必要的检查考核及惩罚措施，专门治一治这类人偷工减料的行为。

（5）说话要算数，承诺要兑现

事关工作和事业，要说一句算一句，说的时候不含糊，做的时候也不要含糊，不能说得挺好，却未认真去做，或者没做到位。年轻干部小Y说，今晚他要加班写工作汇报稿，明天中午就交稿给主任。但到了第二天中午，他还没有什么动静，主任问怎么还没有交稿，小Y支支吾吾，说不出什么理由，这就犯了说话不算数的忌。涉及正经事，说话务必要算数，平时说话也不能太随意，说的时候就要想一想能否做到，不要放空炮送空人情。工作认真是职业道德，说话认真并且算数则是做人的道德。

承诺是严肃和郑重的，你我他都要有一诺千金的意识。有的承诺是用嘴说出来的，有的承诺是用笔写出来的，写出来的承诺更要认真兑现。实际工作中，有任务承诺书、责任承诺书、廉洁承诺书等，对于这些"书"的内容,咱可要认真看一看,不能签上自己的名字就了事,如果违反自己的承诺,势必会付出沉重代价的。

(6) 以上率下,上下都要认真

认真是要从上做起,还是要从下做起?各方面的意见或许不太一致。就关键因素来说,我以为认真还是要从上做起。有些单位挺奇怪,领导不在意安排的工作做得如何,反正我是要求你做了,你没做不关我的事,要追责时再和下级"算账"。有个别地方,上级与下级彼此间形成了不认真、糊弄事的默契,到底干得怎么样没人在乎,过场走了就行啦。

干工作,上下都得认真,关键是上级要认真,上下两个认真结合起来,才能把工作干好。上面发个文件、开个会议,接下来如果不督促检查,认真落实的单位得不到肯定,不认真干工作的单位得不到批评,你上面空喊认真,这不是搞官僚主义么。所以,以上率下对于层层认真很重要。

"这没什么难的,你认真一点也会发现"

我国著名核物理学家何泽慧是一位极端认真的人,她对科学研究非常认真,做人做事也很认真,认真成就了她一生的辉煌。

1932年,何泽慧以优异成绩被清华大学物理系录取。3年后她的毕业论文得了本届毕业论文最高分。又过了3年,她以《一种新的测量子弹飞行速度的方法》论文,获得德国柏林高等工业学校博士学位。

1946年春天,何泽慧离开德国海德堡皇家学院核物理研究所,来到法国与钱三强结婚,并顺利进入巴黎大学居里实验室。在较短时间内,她与钱三强及两位法国青年研究人员,就发现了对于核物理学发展具有重大意义的铀核四裂变。新中国成立前夕,被媒体称为"中国的居里夫妇"的何泽慧和钱三强回到了祖国。接下来的时间里,各种褒奖纷至沓来,何泽慧始终保持着谦虚、坦诚、淡然的心态,总是说自己是一个"小女子"。当人们赞扬她科学研究的重大发现时,何泽慧常淡淡地回应:"这没什么难的,你认真一点也会发现。"看似简单朴实的谦虚话,其中蕴含着方法论的一个重要理念——认真一点,再认真一点,这是高尚的精神,也是宝贵的方法。

2011年6月,何泽慧以认真而平实的姿态走完了她97年的生命历程。这位令国内外科学界肃然起敬的杰出女科学家,在留给我们一系列重大科学研究成果的同时,还给我们留下了认真的精神和方法。

把认真贯穿到关键性工作中去

接电话要认真听,开会记录要认真记,制发文件要认真起草、校对、印刷、装订,安排活动要认真统筹,协调工作要认真沟通,大事小事都要认真做好。认真要成为一种习惯和常态,同时又要有所侧重,把有限精力集中到最该认真的关键性工作上。

(1) 认真搞实搞准基础数据

认真要从夯实基础开始,特别是要从认真收集梳理基础数据开始,并且还要进行认真分析和综合判断,确保数据真实性和有效性。各部门各单位,都有一些重要的基础数据,不管你是业务负责人,还是普通员工,对这些基础数据都要一清二楚,不能大概齐,不能守着一堆杂乱无章的资料,"急来抱佛脚"。搞实和搞准,是实施"认真方法"的两个发力点,目的是为工作及决策提供有力的数据支撑。在这方面花一些大力气是必要的,亦是必须要做好的基础性、关键性工作。

（2）认真完成好重要事项

所有工作都要突出重点，重要事项必须重点抓。排出工作优先序，与着力抓重要事项还不一样，部分重要事项的确定，不在于时间先后或缓急，而在于其重要程度。什么是重要事项？虽然有一定弹性，但在工作中也是容易确定和突显出来的。上级机关部署的重要工作，基层和群众急迫需要解决的突出矛盾及难点问题，就是要认真完成的重要事项。就时间节点而言，安排好新一年工作是年初要抓紧的重要事项，总结好本年度的工作是年底要抓紧的重要事项。重要事项可以一件一件去做，也可以整合贯通、齐头并进去做。认真完成好重要事项，要投入更多资源、人力及精力，采取更认真的办法和措施，以求卓有成效。

（3）认真把领导交办的工作切实做到位

对群众的事情要特别认真，对领导交办的工作也要特别认真，这是对上负责与对下负责的一致性，也是下级服从上级的组织原则。领导交办的工作，不是哪个人家里的杂事儿，而是单位或机关里重要的事项，对这类工作一定要认真对待和处理，不能怠慢疏忽，也不能按部就班推着干，而是要作为特别重要的任务保质保量按时完成。有的员工不认真，对领导交办的工作记不住，或没记全、记不准，领导催办时他就"抓瞎"了。偶尔一次还可原谅，如果一再出现这种不认真的情况，那他就只有等着被炒鱿鱼呗。

该较真就较真，但不能较劲

有些事情不但要认真，而且还需要适度地较真。组织上部署的重大任务，整体工作安排中的重大事项，一般化地认真去做是不够的，要加倍努力较真去做实做好。对重大任务及事项，要极端认真负责地去推进落实，这既是你对组织、对工作应有的态度和方法,也是对自己职业生涯的认真负责。另外,执行纪律规矩也必须较真,廉洁自律要非同一般地较真,中央八项规定实施细则的每一条都要较起真来,严肃认真执行,不搞任何变通。

然而,较真不能泛化,应当有节、有度、有效,区分对象,设置限度,对日常琐事较真就没意思了,和同事朋友"针尖对麦芒"地较真就更不应该了。事事较真大可不必,这样会活得很累,干得很烦,使自己变成孤家寡人。不要搞无原则的较真,无道理的较真,不必要的较真。过分较真,那就是较劲,如果较上了劲,真假对错变得不重要,重要的是谁占上风,谁说了算。惯于较劲的人,自身其实并不强大,素质能力肯定有欠缺,他之所以时而较劲,不过是自卑心理作怪,怕别人瞧不起他。

较真失度失控,小肚鸡肠,锱铢必较,不利于团队协同配合,也不利于个人成长进步。较真有余,灵活不足,死板不开通,僵化不开窍,保守迂腐落后,便是人们常说的"认死理",这是有百害而无一利的蠢行啊。

第48章　获得快乐的灵丹

快乐比幸福表现得更为直接，它是幸福结构中感性和显性的那个部分。快乐偶尔也会从天而降，但更多情形得靠自己去体验、去追寻、去营造。快乐是人生的普遍追求，有志向、有勇气、有热情、有境界的人大多是快乐的，只有悲观的人常常为过往的失败懊悔，并且会时不时地担忧自己的未来。获得快乐也得讲究方法，下面就是几种"灵丹"类的快乐方法，顺便也论及一些有关快乐的理念。

快乐清单：多种快乐兼得，心灵快乐为上品

英国哲学家杰里米·边沁，开列出的快乐清单比较全面，有感官的快乐，财富的快乐，声誉的快乐，行善的快乐，期待的快乐，交往的快乐，甚至还有作恶的快乐等，共有14种。不仅如此，他还提出了一个快乐计算方法（苦乐计算法），运用公式对快乐和痛苦的值进行量的估算，从而精确地算出一个行动或事件所引起的苦乐倾向，通过对苦乐的计算结果来选择能给大多数

人带来最大快乐的行动方案，并促使政府为民众制定带来快乐的政策。边沁的快乐清单和快乐计算法，都是在功利主义哲学的框架内列出和提出的，合理的与谬误的混搭在一起，或许还有一些参考价值。

在《人生三十问》中，我把快乐分为三种来源形态：一是来自物质的快乐形态。大体可以经过自己的劳动技能得到，或用金钱购买亦能获得。二是来自精神的快乐形态。与理想信念有关，符合自己的价值观，发自内心的愉悦感受。三是来自物质与精神结合的快乐形态。其中既有物质的因素，又有精神的因素，物质快乐与精神快乐相互引发，互为条件，融会贯通。三种来源的快乐形态，在很多情形下可兼而有之——精神上的快乐高于物质上的快乐，两者结合融通的快乐最受用。

诚然，也不可否认，金钱能换取快乐，购买奢侈品，置办大别墅，时不时去豪华旅游，都属于金钱能够给予的快乐。我的建议是，对纯粹用金钱买来的快乐还是要保持一定距离，虽然也不是不可以享受这种快乐，但不宜全身心无限度地投入进去，因为此类快乐是短暂的、有限的，超过阈值便会失效变质，挥霍金钱换取感官或虚荣的快乐，边际效益肯定会断崖式递减。为铺张而铺张，为排场而排场，为享乐而享乐，这些行为缺少价值和意义。

古希腊的伊壁鸠鲁是典型的乐观主义者，也是朴实的理想主义者，他把快乐分为动态和静态两大快乐，饿了吃东西为动态快乐，这是解除痛苦的过程；吃饱了为静态快乐，这种快乐不伴随痛苦。伊壁鸠鲁认为，最好选择静态快乐，设法淡化痛苦的感受，学会静静地体验快乐。这位哲人还把快乐分为肉体快乐和心灵快乐，主张人们去追求心灵的快乐，淡化和减少肉体的快乐。我觉得，在所有快乐中，心灵快乐它不受物质条件局限，看到一朵鲜花就能感受到，静静地读一本书就能感受到，情调高尚无低级趣味，对身心只有好处没有坏处，甚至没有什么成本，可以持久享用。

| 方法的力量 |

乐观主义：最佳选择，
处世方法，快乐做事

在我的头脑里，乐观主义不是信仰的命题，而是对工作、对事业、对生活的最佳选择。选择乐观还是选择悲观，生命历程会呈现两种完全不同的模式。你选择了乐观主义，人生就不会缺少快乐；他选择了悲观主义，人生就会有无穷无尽的烦恼和痛苦。《幸福散论》的作者阿兰说："悲观主义是一种心情，乐观主义是一种意志。"换个角度解析阿兰的话，就是咱们在心情上要抵制悲观主义，在意志上要强化乐观主义。乐观主义者是既做足了准备，又看透了红尘，对生活期望值不高，顺其自然随遇而安的人。乐天派都长寿，悲观派都短命，要害在于悲观派对自己的前途命运感到渺茫，对自己的生命力信心不足。但也要注意，意志深处的乐观，可不是无由头的盲目乐观，毫无根据、不管不顾的乐观是危险的。

乐观属于身心感受，悲观属于心理暗示，你如果拥有了乐观状态的身心，百分之九十的悲观便会无影无踪。各种困顿难题迎面而来，我宁可犯乐观主义的错误，也不甘陷入悲观主义的窠臼——乐观主义是战胜困难的精神武器。获得快乐其实比较容易，对身边的人和事多一些理解、多一些友善、多一些赞赏和帮助，回馈给你的就是快乐。快乐不宜搞得很沉重、很烦琐，太隆重、太仪式化也不必要，与其他事情相比，快乐应该是最自在、最轻松、最朴素的生活经历和感受。助人为乐，大家平常说的这句话，反映的就是一种自在的快乐观。举手之劳，帮助了别人，也快乐了自己。我有个非常简单的快乐来源，那就是看到别人快乐，自己就会跟着快乐，别人的快乐若是我帮助的结果，自己就会加倍的快乐。

笑是快乐的表情符号，是快乐的生成剂和助长剂。紧张工作了一天，感觉到辛苦劳累是必然的，但下班回家的路上看到西山落日被火烧云簇拥的景象，你面带微笑观赏品味着，上天的馈赠就会使你的疲劳感瞬间释然。笑一笑十年少，愁一愁白了头。以微笑面对不如意的人生，以大笑面对苦难窘迫的岁月，以嘲笑面对无端无情的打击，生活的剧本就会由悲剧变成喜剧。在此，我认为有必要把阿兰的话变通一下——乐观主义还是一种处世方法，一种做事的风格，一种生活态度，一种人生哲学……践行乐观主义十分惬意，而且来得自然，咱们保持了发自内心的笑意，即可达到快乐的大本营。

在道德情操、恬淡生活、自然界中，感应和体验快乐

道德情操决定着快乐的层级，平和的心态和宁静的心愫能自然生成高级的快乐。有人之所以能做到任凭是非恩怨、暴风骤雨，仍能稳坐快乐人生的钓鱼船，靠的就是把快乐之船停泊在道德情操的锚地。

常态的快乐寓于恬淡生活，不可强求索取，也不必花钱购买，只需你自在自觉的感应和体验。在平和宁静中享受快乐，是乐观成熟理性的人获得快乐的主要途径。正如前面说到，快乐有多种来源和形态，不必拘于特定的某一种某一类。在生活中，有些人靠制造热闹享受快乐，有些人靠置身平和安静的环境中感应体验快乐，我属于后者但也不反对前者——喜欢在恬淡生活里面获得快乐，同时也不妨碍别人享受狂欢式快乐，只不过自己的切身体验，恬淡生活带来的快乐更真实，也更耐享用。

许多快乐不需要理由，纯自然的快乐更不需要理由，如果一定要给快乐找理由，最终不但找不到，还会因此而丢失快乐。大家可能有过这样的感受，

| 方法的力量 |

当生活或工作进入"乐观模式"时，快乐便从四面八方接踵而至，就像钓鱼那样，在风和日丽的天气里，一条又一条大鱼接连钓上岸，拉杆拉得你肩软手酸。这类快乐无需宏大的理性主题，多是细节和情绪的感应体验，它的理由不请自来。一场考试取得优异成绩显然是快乐的理由，一个小长假来临当然有理由快乐，家中的一盆君子兰开花作为快乐的理由亦可成立。只要你的性情乐观向上，热爱生活和工作，就不会缺少快乐，至于什么理由，都可来者不拒。

快乐，上来自于天空，下来自于大地，内来自于吾心吾情，感应和崇尚大自然，心灵的快乐即会翩翩而至。小溪中漫游的鱼虾，初春变绿的垂柳，雨后升起的彩虹，连绵不断的崇山峻岭，还有碧蓝天空中飘来飘去的白云，所有这些自然景观都是快乐的资源和题材。大自然给咱们的快乐是沁人肺腑、陶冶情操、净化心灵的，这些原汁原味的快乐是上天所赐。诚然，崇尚大自然不是崇尚身外之物，实际上也是在崇尚自我，"因为人是自然界的一部分"（马克思语）。现代人的确要增强在回归自然过程中获取快乐的能力，在观星赏月、养花弄草、漫步行走中，感应体验自然生成的快乐。

远离是非，告别烦恼，不怕痛苦

谁的是非多，谁被是非困扰，谁就不会有快乐。是是非非与快乐是冤家对头，若被是非所纠缠裹挟，那就如同掉进不快乐的污水池。远离是非有四个具体的方法：一是少和是非之人接触攀谈，因为是非往往出自搬弄是非的人；二是遇到矛盾纠纷少评价谁对谁错，能绕着走就不迎风上；三是淡化日常的是是非非，视而不见，听而不闻；四是除了大是大非，其余不论是非。拒绝了那些无原则的是是非非，大大小小的快乐就会如约而至。

第48章 获得快乐的灵丹

烦恼是自己不想快乐，失望是因为自己放弃希望，人的烦恼都与个人的悲观失望情绪有关联。大致境况是，人群中泥沙俱下、鱼目混珠，事物中好坏优劣，烦恼和快乐时常会混搭在一起，某些时段里烦恼总要阻碍快乐。但必须认识到，多数情况下并不是别人让你烦恼，而是你自己由于别人而自添烦恼，不少烦恼都是自找的。

当觉得有些烦恼时，你可以像边沁那样躺在床上，拉出过去一周的快乐清单，设法找出两三件让你开心的事情，哪怕是瞬间的小快乐也好。拉出清单后，如果你还是快乐不起来，那就把导致烦恼的事项分析分析，看看哪些是无厘头的烦恼。可预料的结果是，大概没有一个烦恼是有道理的，是不可清除的，多数烦恼是下意识的，少数烦恼是"一次性"的。有了一点烦恼就要及时过滤掉，不让烦恼在情绪和思想中持续繁殖增生，挖去了烦恼的根子，除去了自寻烦恼的因由，绝大部分烦恼便会烟消云散。

痛苦是与快乐相交织的一对范畴，快乐的反面是痛苦，假如没有痛苦参照比对，快乐也就缺少了深层蕴意。快乐和痛苦并非冰火两重天，勇于面对痛苦，努力从痛苦中解脱出来，由此获得的快乐会大幅度升值。罗曼·罗兰有两段激情四射的话，每次读起来都会令人感触良深："让我们敢于面对痛苦，并尊敬痛苦！让欢乐受到赞颂，让痛苦也受到颂扬。欢乐与痛苦是两姐妹，它们培育人类伟大的心灵。它们是力量，它们是生命，它们是神明。""世界上只有一种英雄主义，那就是认清生活真相之后依然热爱生活。"

大的痛苦，可以称作苦难，苦难是一所能够使人更加珍惜快乐的大学校。在竞争激烈的社会，身陷苦难却能不失快乐，这是人性的闪光点和生命的支撑点。在特定环境下，苦难中的快乐对生命更有稀缺价值，苦难与安逸都需要快乐，快乐是承受苦难和脱离困境的精神力量。

| 方法的力量 |

趣味良好——无聊的克星，快乐的源泉

我对趣味是有些研究的，对梁启超的"趣味至上论"也有些许是赞同的。最近观察种种快乐现象，我的一个收获是养成多元而浓厚的良好兴趣，就是使自己经常快乐的主要方法。趣味是生命中活力超强的有机成分，快乐的来源大体有个比重分配，趣味几乎能使你得到50%左右的快乐，金钱因素或许只能得到10%的快乐，另外40%的快乐来自事业、亲情、地位、名誉等。

除了职场竞争，除了提薪晋级，除了物欲和功利，咱们还应当有些闲情逸致哦。有几项健康持久的趣味（至少有一两项），包括能带来些许收益的趣味，还包括没有任何有形收获的趣味，从趣味中得到单纯而美好的快乐。你对钓鱼非常感兴趣，只要是节假日就会迫不及待地去钓鱼，长途跋涉，风吹雨淋，蚊虫叮咬，烈日当头，你打退堂鼓了么？你痛苦不堪了么？没有，即便是没钓到几条鱼，你仍然乐此不疲，非常惬意快乐，下个双休日还会重整行装再出发。

无聊是腐蚀剂，人若是患上了"无兴趣病"，还真的不太好治，对什么都没兴趣，生活便会变得消极颓废。打发无聊的最好办法是学会欣赏——欣赏身边或优秀或平凡的人，欣赏生活中的故事和境遇，欣赏你之外的世界。一块椭圆形的鹅卵石，两只辛勤筑巢的喜鹊，三口的幸福家庭，都值得我们欣赏——特别要欣赏并非完美无缺的自己。有了趣味才能让生活不发霉，添加趣味是冲洗无聊的高压水枪。当你觉得工作无聊、生活无聊、与人交往无聊时，那就快快拿起趣味这个高压水枪，随心所欲地挥舞上一番，无聊便会四处逃窜。为了使生活和工作不刻板不单调，可以适当向趣味作些倾斜"加

盐加酱油""加糖加醋加料酒""加辣椒加胡椒面",这样一来生活和工作的"味道"就会好极了。

有趣味但不可走极端,生活和工作不能以趣味为名而任性,为了满足兴趣而不顾其他。盐吃多了对心脏会有严重危害,糖吃多了牙齿受不了,酱油和醋也不是用来喝的。你对打麻将有兴趣,但不能看到麻将桌就走不动;你网购时尚服装的趣味很浓,但不能把每个月工资都用在网购时尚服装上吧?人的趣味不但要健康,还要有节制有限度,不能听任无节制无限度的不良兴趣"胡搅蛮缠"。

别闲着——繁忙中蕴含着成功的快乐

人不能闲着,忙里偷闲可以,但不能闲得心烦心慌,无所事事的人到哪里去找快乐呢?只要身体状况允许,任何人都要有事可干,争取有所作为,为社会有所贡献。忙可以使自己充实,还能忙出人生的价值,一旦忙起来郁闷就会被抛在脑后,一天过得很快,转眼太阳就偏西了。现代社会的主要特征就是繁忙,成功人士就是在高效率的繁忙中创造物质财富和精神财富的。

忙有时是不得不为之,有时是心甘情愿而为之。人们行走在高度商业化、迅速城市化、全面信息化数据化的路上,工作节奏和生活节奏"双加快",对此有AB两种路向的应对姿态和效应:A种应对路向是主动积极的上行姿态。以这种路向和姿态应对"双加快"的人们,能在繁忙中获得成功并创造快乐。B种应对路向是被动消极的下行姿态。被动消极的那些人,繁忙给他们带来的多是身体疲劳和心情沮丧,虽然也会有些所得,但很快就会被负面情绪抵消掉了,忙对于他们来说几乎就是痛苦。

| 方法的力量 |

经过考察繁忙与快乐的关系，我得出一个关于快乐的定律——休闲能够带来快乐，这种快乐是消费型的快乐；繁忙可以体验快乐，这种快乐是生产型的快乐；两种快乐性质不同，效果也截然不同。消费型快乐并不算错，但正能量及持久性会差得多，而且经济成本和身体成本也会比较高。有人喝茅台酒能够体验到快乐，但几千块钱一瓶的茅台酒一般人喝不起，而且不管酒的质量多好，喝多了都会损害身体健康。生产型快乐的情况则相反，繁忙加快乐能够获得金钱和财富。一位打工青年，如果工资所得是计件的办法，那么他在繁忙中多产出一些优质产品，工资收入就会随之增加。

当目标明确、有序扎实、不断取得可喜工作成果，繁忙成为自己愿意乐意的常态时，你就会享受到工作和生活的乐趣与意义——快乐因子油然而生，这对疲劳的肌肉和紧张的大脑都是最好的抚慰。繁忙充实而成效显著的一天结束了，会让你感到一身的舒畅轻松，苦一点累一点算什么？相比之下，某人浑浑噩噩、无所事事的一天混过去了，晚上他躺在床上辗转反侧睡不着，那是因为被碌碌无为损耗得心绪消沉，失落焦虑郁闷必然失眠，身体上是懈怠的，精神上是苦闷的。

最宝贵的快乐要靠自己去创造——奋斗过程的快乐，奉献才华和力量的快乐，成功造就的快乐。我的第一份职业是农民，所以总喜欢用种地比喻一些事理：繁忙是对事业的一番耕耘，成功是对事业的一季收获，种瓜得瓜，种豆得豆，种快乐得快乐。积极的姿态，愉悦的心情，繁忙的工作，与成功相伴相随，辛苦和劳累消化溶解在事业有成的繁忙之中，繁忙+成功=快乐，不亦乐乎？

分享共享能使快乐产生倍增效应

过于自私的人，小肚鸡肠的人，封闭自己的人，快乐不是极其难得，就是稍纵即逝的。独享的快乐，不算优质的快乐，因为它很快就会蜕化变质，体验多了便会味同嚼蜡。优质的快乐，应与人分享共享，一个人关起门吃焖肉喝闷酒，大概是独自在消费惆怅与孤寂，自我娱乐的次数多了，就会产生厌倦感。快乐至少是双方分享，最好与多人众人共享，自私自利的快乐没啥意思。真正的快乐不是刻意营造出来的，而是自然而然缓缓释放出来的，或者是惊喜突至瞬间爆发出来的，若要硬着头皮弄出鼓噪狂欢的场面，那恐怕是打了兴奋剂的群魔乱舞吧。

有的快乐无缘由，就是想让更多人看到自己的优秀表现，你才因此而感受到快乐。另外，当你看到别人快乐时，自己也为之分享了人家的快乐。这两种快乐来得自然顺畅，有益身心健康。快乐需要载体传递和感染扩散，需要朋友聚会和家庭聚餐，还需要庆贺祝愿和集体联欢，这些都是分享共享快乐的要素和形式，分享别人快乐的同时，你将自己的快乐也传递给了别人。共享家庭的、团队的、族群的快乐，也是一种比较高级的快乐。我在西南边陲工作的那些日日夜夜，总能感受到少数民族真诚纯朴的群体快乐，他们让我懂得快乐不需要多少物质条件，但特别需要更多人的参与，你快乐我也快乐，大家一起共享快乐。

遗忘！实在遗忘不了，那就接受它并寻求和解

人与人之间，在生活和工作中会发生一些伤害感情或利益上的磕磕绊绊，严重的伤害会留下很大的阴影，一直愤愤不平埋在心里，这就是导致不快乐甚至悲观的糟糕记忆。有的人由于无法消除这种心理创伤，日积月累便给人生涂上了悲观的色彩。糟糕的记忆是悲观的储藏室，能够有意遗忘那些令人恼火或伤心痛苦的事情，则是一个人宝贵的正念力量。

方法的力量

经历过重大挫折和不幸，我们要想遗忘它的确不太容易，但管用的办法也不是没有。①第一时间就要将它快速删除，像从来没有发生一样，就当是天气有阴有晴，太阳总会从乌云里出来普照大地。②此后坚决果断地无视它，不管当时多么刻骨铭心，也不要再去想它，不要再放在心上，不堪回首的往事就让它销声匿迹吧。③用心去记住那些好事美事，使自己养成记忆和回忆快乐事情的习惯，在记忆的储藏室里，使快乐越记忆越多，越回忆越快乐。④用长远视野思考人生、规划事业、处理问题，原来那些似乎天塌下来的大不公和大不幸，放在更高处看不过是蝇营狗苟的小玩笑罢了。

我觉得，人到了一定年龄，遗忘力要相应增强，记忆力可以差一些（对那些伤心痛苦的事情，故意不去记忆，也不去回忆追忆）。该忘记的要尽快忘记，把矛盾和纠葛都切割掉，把恩恩怨怨的陈年旧账都一笔勾销，把不公不顺不幸的遭遇统统抛弃在往昔的路上，被欺负被伤害和使你气愤不已的事情，心里面一件都不要保留。

遗忘伤害和悲痛，说起来简单做起来还是挺难的，有些负面记忆总会萦绕不散，造成的结果已不能改变。但这也不要紧，实在遗忘不了，那就默默地接受它吧，与它和平共处不相扰。时间是治愈创伤的良药，你可以耐心等待春风和阳光融化残冰，尝试着以乐观精神打开陈年的伤痛心结。如果你主动与过去的不公、不快、不幸达成了和解，那些负面记忆虽然还存在着，但它们已经丧失了给快乐"搅局"的能力，以后可能还有机会将它从记忆中彻底抹去。

第49章 保持健康的妙药

人身上最宝贵之物是健康，正如当下大多数人的共识，健康是1，其他都是0。一个人没有了健康，就什么都没有了。对身体的关注，对健康的渴望，对疾病的恐惧，经常会使有健康隐患的人焦虑不已。健康是人生的本钱，如果身体主要指标都亮了红灯，原有的一切便都会进入归零程序。

我在这里说的健康，不仅是指身体的健康，还是指全身心的健康，尤为强调心理等精神因素的健康——身体健康是身心健康的"经济基础"，心理和精神方面的健康是身心健康的"上层建筑"。只重视身体健康，忽视心理和精神健康，实在是健康理念的第一大误区。在围绕健康防病治病的处方中，我给大家开的"妙药"一半是以身体为靶向的，另一半则是以心理和精神为靶向的。

概论：三种方式与健康关系重大

从基本面看，生活方式、思维方式、工作方式与人的身心健康，有着直接而重大的因果关系。生活方式对健康的影响是显性的，思维方式和工作方

| 方法的力量 |

式对健康的影响是隐性的，要想使自己拥有并保持健康的身心，对这三种方式都得高度重视和切实优化。

生活方式可不仅是吃吃喝喝，还有衣、住、行、睡眠、休闲、运动、娱乐等诸多内容。当某人确诊身体患有比较严重的疾病，这个时候除了及时就诊治疗外，他还应追问自己的生活方式存在哪些问题：自律是否不够，烟越抽越多，每天一包不够又增加到了两包？吃喝是否无节制，时常会喝大酒、喝醉酒？作息时间是否科学，半夜三更不睡，一追剧一打游戏就停不下来？平时是否不愿意参加体育锻炼，没有养成运动的习惯？这些追问的答案，恐怕都不会正面，都不会乐观。不健康的生活方式，势必换来不健康的身心。治愈疾病和保持健康的根本办法，就是抓紧改变自己的不健康生活方式——那就从加强自律和节制不良欲望做起，从克服不良习惯开始吧。

思维方式也有个健康不健康的问题，思维异化会深度损害身心健康，酿成各种身心疾病。令人担忧的是，如此直接而严重的相关联问题，并未引起人们应有的注意。解决思维方式问题，大家要做的第一件事情是，不管生理有病还是心理有病，都应分析一下自己是否有思维异化的倾向。比如，遇事是不是总往坏处想，心里藏着不愉快的事想不开，看谁都不顺眼，钻牛角尖，动不动就发怒。思维异化成为病态，开始表现的不是生理疾病（身病）而是心理疾病（心病），心理疾病严重了便会引起精神障碍，进而转化为生理疾病。不少情况下，医生也难以诊断病因究竟是什么，反正是病的症状不轻。心病是源头性疾病，得了心病其他病也会找上门来。心病要用心药医，弄清心病的源头因由，对疾病进行根本性治疗，心病治好了，身病也就好治了。我在第 8 章中提出要进行一场思维方式革命，就是要坚决革思维异化的命，不搞这场革命许多人的身心健康问题就无法解决。

工作方式既有不科学的问题，又有不健康的问题，这两方面问题常常不分你我。有的人工作时间东游西逛，上班经常迟到，但下班一定要披星戴月，以体现自己勤奋敬业；有人平时不把基础工作做好，领导推一推动一动，重要任务来了手忙脚乱，只好拼体力拼健康；有人专门干面子活，领导不在时一点活都不干，领导在时拼着命干，领导不下班他绝对不下班。还有的单位和领导，月初年初工作抓得不紧，月末年底突击会战赶任务，这些"抽疯式"干法，对员工的健康都有害。特别是长期加班加点的干法，对健康的危害有目共睹，那些没日没夜赶活儿的业务骨干，经常开夜车连轴转的笔杆子，他们的脸色都是青灰色或黄褐色的，体检报告上的一些指标都非常难看。

上述三种方式，都与健康有着高度关联性，乃至有直接的因果关系。生活方式对健康的影响很大，几千万上亿的病例都一致表明，不健康的生活方式几乎就是"老三高""新三高"的主因。思维方式对健康的影响很深，几乎所有心理疾病患者，都有思维严重异化的具体表现，精神疾病患者更是如此。不健康的思维方式，又会使生活方式和工作方式呈现一系列问题。一些机关单位瞎折腾的工作方式和加班文化，导致干部和员工的身体不堪重负，心理和精神压力很大，跳槽辞职现象时常发生——不健康的工作方式也是害人不浅啊！

破除养生迷信，讲究健康科学

健康的"密码"在哪里？保持身心健康应该注意什么，做些什么，怎样去做？现在许多人都知道健康的无比重要性，为了健康不惜时间、不惜金钱、不惜代价，但往往效果并不好。有些人极为重视养生，迷信某种食物或某项运动，结果养出了病，吃出了病，练出了病。某些有钱人迷信燕窝、虫草的保健功效，每月花很多钱搞"吃的健康投资"，其实没有什么作用。某些有闲人迷信走路能使人长寿，每天用两三个小时走路，几年下来该得病还得病，

"意外收获"是把膝关节走废了。他们的根本问题是,只想滋补躯体锻炼筋骨,不知心理精神健康比身体健康更加关键。

养生作为习惯和追求无可非议,而如今为数不少的人把养生当成了人生的唯一,当成了俗不可耐的信仰。不!这哪里是什么信仰啊,不就是迷信愚昧嘛——人性极度自私,痴迷所谓长生不老之法,即使违反道德、违反法律、丧失做人尊严,也要以身相许。喝"童子尿",吃国家保护的野生动物,用高分贝音乐伴奏在住宅小区跳广场舞等,都是逆科学、损公德的另类养生行为。

说老实话,吃出健康不容易,吃出病来可是轻而易举的事。什么香吃什么,什么贵吃什么,高盐高糖高热量的饮食,吃出了高血压、脂肪肝和肥胖症。有种说法叫"饭气攻心",大吃一顿后困倦难耐,放下筷子就要躺倒睡一觉,这通常是胃里面充填了过多食物,负担过重,需要大量血液涌到胃部,因此造成大脑供血不足,引起睡眠欲望过强。吃得越好越饱,越不想活动,越想立即睡觉,这是对健康影响很大的不良习惯。现在仍然有些人,笃信养生保健品和各种高级食品的疗效(吃效),迷信所谓祖传秘方,迷信所谓黑科技,以求比别人多活几年,频频作出惊人之举。购买天价保健品,吃两个月不见效,再吃一年甚至几年也心甘情愿,一些大妈大爷因此被骗惨了。

更有甚者,没病吃昂贵的药,小病大吃特吃药,有病拼命吃好药多吃药。随着医疗保障水平的提高,吃药可以少花钱,于是有些人"不吃白不吃",吃来吃去吃出了大病,吃出了要命的绝症。身边有这样一种现象:越有钱有闲的人,越有权有势的人,越容易在养生问题上犯迷糊,他们由于科学和理性的缺失,不知不觉陷入了迷途。

我的观点很鲜明,对待自己的生命要顺其自然,不要过多进行人为干预,不要把"长生不老"作为人生目标,生命质量比生命长度更重要。在延长生命的各种努力中,咱们应提升对生命质量的关注度,多做优化生命质量的事情，少做不顾生命质量、只求"多活一天就是胜利"的蠢事。

观念的科学理性，是方法科学理性的基础，迷信和痴迷则是科学理性的头号敌人，必须揭穿其愚昧狂热、坑人害人的实质，以科学严谨周全的态度，理性选择尝试养生、防病、强身健体的方法。我的理念和做法是，能不吃药就不吃药，能少吃药就少吃药；能走路不坐车，能活动不闲着，能自己做的事就不要依赖别人；运动健身要成为习惯，形成兴趣爱好，应是愉悦快乐的，而不是痛苦的拼命坚持；不吃保健品，不过贵族富豪的生活，过贴近大自然的平民生活；注重道德修养、心理健康和精神陶冶，注重心情心态的稳定淡然平和，干什么事情都要有个度的把握，不要搞大量"革命加拼命"啊！

良好睡眠——健康必不可少的驿站

健康的身心和饱满的精力，需要足够的较高质量的睡眠来保证，而睡眠障碍却是造成亚健康和产生疾病的罪魁祸首。有人整天对自己进行"失眠心理暗示"：晚上为睡不着、睡不好焦虑，白天为昨晚没睡好懊恼，又为今晚睡不好担忧，本来睡着了（有点不踏实），却认为自己没有睡着。这不是自己折磨自己吗？有些情形下，睡眠障碍就是自我心理暗示的结果，失眠恐慌和恐惧失眠是失眠的一大诱因，失眠的恶性循环就是由于有些人怕失眠而失眠。所以，偶尔失眠不要在乎，大脑和身体机能对睡眠有调节能力，今晚没睡好，明天或者后天晚上就会替你把睡眠"找回来"。要想拥有良好睡眠，使健康有个温馨的驿站，如下四个方法或许有些用处。

（1）使工作有些忙，让身体有点累

那些养尊处优的人，往往就是失眠症的高发人群。整日在农田劳作的农民们少见有失眠症，失眠的病毒一般不会光顾辛勤劳动的人们（紧张的脑力劳动例外）。失眠的专利大多属于闲人，忙得没有时间睡觉的人，反而睡眠质量很高。忙一些、累一点，也能增加生活和工作充实感及成就感，给睡眠创造有利条件。农民工的工作那么艰苦繁重，十来个人一张大通铺，但睡起觉来谁都不含糊。前几年会议特别多，还要做大量的文字工作，焦头烂额的我经常被失眠所困。一个星期六我到村里帮老乡割了大半天麦子，腿僵腰酸背痛，太阳把脖子都晒红了，累得全身都散了架，没想到睡眠大大改善了。工作的累是一种累，体力劳动的累是一种累，体育运动的累又是另一种累，它们虽然是性质迥异的累，但对睡眠都有帮助、有好处。

(2) 有规律，能自律，服从生物钟

生活有规律，日常能自律，这是能够打败失眠的两支王牌军。在失眠人群中，百分之八九十的人都是生活没有规律，自律不够，或者说是有意无意违背睡眠生物钟。依据规律和依靠自律，放松神经减少思虑，心要大、要粗、要乐观阳光，白天的事晚上就不要再想了。不管肩负的责任多沉重，每天的工作使你多烦躁，到了休息睡眠的时间，还是要把精神压力和心理负担删除清空，安安稳稳、不急不躁的自然入睡。我相信生物钟的魔力，它对人的睡眠和各时段精力以及工作效率，都具有决定作用。你的意志力再强，最终还是生物钟说了算，否则它会让你困得"上下眼皮直打架"。你把生物钟搞乱了，它就会用失眠来惩罚你，用工作的低效率和负面情绪警示你。我要就此提醒的是，人们对自己的生物钟也有一定的调试空间，有关睡眠的自律，本身即是服从生物钟，同时又是调试生成符合自己工作特点和生活需求的生物钟。

(3) 运动，体育运动：效果极佳，无副作用的安眠药

绝大多数失眠者都缺少对运动的爱好，偶尔走走路就算不错了。我崇尚大自然，亦崇尚运动，尤其喜欢竞技体育运动，这两方面的兴趣爱好堪称本人无法割舍的"执著成见"。假如与大自然生分了和体育运动无缘了，我真

不知道还能有什么健康利器来为我所用。连续几天睡眠质量差，若能来场网球比赛，搞次篮球大战，或者去登山、去野钓、去海边游泳晒太阳（种地、除草、收割也算是广义的运动），晚上便能把几天欠下来的觉补得差不多。下面一节，我就专门讲体育运动对健康的神奇效能，在这里先不细说。

（4）读书，读闲书：轻松阅读，一举两得，平静入眠

生命需要动也需要静，咱们是向兔子学习跑动呢，还是向乌龟学习静守呢？我的意见是有动有静，动静结合，动的是身，静的是心。读书是积极的有收益的静，在夜晚读书是静中之静，不但能学到知识，还有助于睡眠。读闲书与睡眠有接续效应，"啃"大部头的书，背复习题，怕会越"啃"越精神，越"背"越睡不着。睡前读些文摘类闲书，读些无需动脑筋的书，是我入睡的催眠曲，是我睡觉的必经程序——不看上二三十分钟的书，确实就睡不着。其他形式的阅读，如读电子书也会有相同作用，听手机中的有声读物也未尝不可，但靠浏览手机催眠只会起反作用。对一些失眠的人来说，没完没了、没日没夜的看手机，就是他们睡不着觉的症结所在。

体育运动——优质生命的绝佳伴侣

跳广场舞的大妈们都会异口同声地说："生命在于运动，运动能使人健康长寿。"可是，不少人并未真正明白体育运动的好处归根结底在哪里，不懂得它与健康有着何种实质性关系。不科学的运动，以凸显身份为目的的运动，还有那些挑战极限的运动，恰恰不利于健康。个别运动项目，可能会让人感到很舒服，能够当做成功人士的标志，但确是一般人难以承受的高消费。到全国各地去打高尔夫球，到阿尔卑斯山去滑雪，到夏威夷海滨冲浪、开游艇，这些"豪华运动"普通工薪阶层只能望而却步。

方法的力量

我擅长一些大众化、群体性的体育运动，爬山、篮球、乒乓球、网球、自行车、游泳、钓鱼，还有到河边江边捡鹅卵石，都是我的业余爱好，有些项目也算是我的运动强项。对大山、大河、大海我情有独钟，遇到名山、奇山、峻岭就想走近，就想登上主峰，过后还念念不忘，有机会还想再去。我在云南工作过5年，非常喜欢云南迪庆海拔6740米的梅里雪山卡瓦博格峰，但这座神山不允许人攀登，我爬到海拔5000余米的明永冰川边缘，只能仰望和神往。我在海南工作过10年，特别喜欢到大海边去游泳，碧水蓝天，椰风海韵，让身心进入怡然清爽的境界。我还在山西工作过6年，雁门关野长城，宁武关野长城，黄河老牛湾野长城，我都爬过（那些过度修葺的长城景点，我倒是没兴趣去爬）。历史的沧桑就在眼前，文化的积淀就在脚下，这不单是爬长城的身体锻炼，还是与历史文化的身心交融。

篮球是我最喜欢的一项运动，其他项目可以补充它，却无法替代它。打篮球最为痛快淋漓，上场一刻钟就能跑出汗来，身体的每一块肌肉都会被激活，体力、耐力、弹跳力、反应力、柔韧性都能得到充分锻炼。一打上篮球，就什么都不想了，瞬间便会忘却工作和生活上的所有不快，尽情地施展球技，这才叫真正的忘乎所以。篮球运动就像一个大篮子，我使尽浑身解数把健康装进去，把美好装进去，把胜利装进去。虽然早已过了花甲之年，但我每周还要打两次篮球比赛，进攻防守我还都能尽职尽责，三分球更是拿手好戏。

我还喜欢骑自行车，这种运动能找回少年时的记忆，能重返风华正茂的青春岁月。多年来，我保持骑自行车上下班的习惯，现在去打篮球或打网球仍然骑车去。骑自行车看路是必需的，除了看路还得看人，看来往车辆，看红绿灯，看一路风景。骑自行车对于我来说，不仅是代步和为了赶路，也不仅是为了锻炼身体，同时也是在体验观察生活，对生活的领悟及寓意都产生于骑行途中。

此刻看到本书的读者，假如我对你只能提一条建议的话，我不会提那些高大上的建议,唯一的真诚建议就是:恳请你尽早热爱上两三项体育运动,其中有一项是最擅长的,并把"坚持运动"转换为日常习惯以至有瘾,那将使你终身受益——身心健康特别需要"过瘾上瘾"的运动。

淬炼心态——涵养法,调节法,精神胜利法

许多身体疾病发源于不健康的心态,心态不好,身体还能好吗?一些大爷大妈舍得花钱买保健品吃,舍得拿出大量时间锻炼身体,但就是不知道淬炼自己的心态,结果是治标不治本,该患病还患病。一句话,没有健康的心态,不会有健康的身体和人格。

心态是内在的心理状态和外在的精神状态,它可以通过心理自我暗示加以调节和控制。好心态会产生好思维、好思想、好性格、好身体,因此会健康长寿。你与别人接触,有时会发现有的人遇到困难不气馁,受到不公平待遇不发火,有了好事喜事也不过分高兴,不骄不躁不偏激,自然自如自立自在,脸上微笑常驻,胜时更谦虚,败时更奋起。有了好心态,等于有了正确人生观的基础,身体和精神都会随之向健康靠拢。好心态是在生活中淬炼出来的,需要日常涵养,自觉调节和强壮精神。

(1) 涵养法

心态这个东西挺有意思,心态要是好了,阴天也会变成晴天,坏事也会变成好事,仇人也会变成友人。好心态靠涵养,就像植树造林一样,得有长期打算和慢功夫——植树造的是林,涵养的是水源和生态;从优化思维和完善思想起步,进而优化看人、看事物、看问题的角度,在日常生活中涵养优质的世界观、人生观、价值观,便会使你的心态愈加健康。涵养健康心态有三要点。①思维方式和思想方法要不断优化完善,使之沉稳成熟理智,遇事

不火急火燎的。②"三看"要积极乐观。一看人，要多看优点少看缺点；二看事物，要看全面看发展趋势；三看问题，要看实质看积极因素。③"三观"要端正优质。世界观、人生观、价值观不仅要正而且还要优，有了端正优质的"三观"，心态必然会走上健康轨道，不会再患得患失。

（2）调节法

保持心态健康，长期靠的是涵养，短期靠的是调节，面对大事、要事的心态靠深度淬炼，处理眼前小事、琐事的心态靠及时调节。心态比思维和思想容易调节，对某件操心事、烦心事想通了，心态也就跟着摆正持平了，就能够正确对待和妥善处理。调节这个词有两层含义，一是调整，二是节制。比如，你的同事某天下午突然提拔成了你的领导，晚上下班回家，不要心怀不满、愤愤不平，而是要主动调整心态，因为这种事情是"没地方去说理的"，提拔谁都有道理，谁都可以当你的领导，包括你的同事。别想得太多，关键是要理性面对既成的事实，用一个晚上的深思熟虑，把心态调整过来，从明天早晨开始，努力当好新领导的下属。你以这种心态做好今后工作，新领导和其他同事都会因此而敬重你，上级组织人事部门也会因此高看你、赞赏你。

（3）精神胜利法——没有办法的超级办法

大家都知道鲁迅笔下的阿Q有个精神胜利法，后来人们每当说到这个方法都带贬义。我的看法是这样的：阿Q的确有许多毛病，但他最大的优点就是心态好，靠精神胜利法对付那些侮辱欺负他的人，这难道不是没有办法的超级办法嘛？当然，我提倡的精神胜利法，不是阿Q为了自己面子而施的笨拙"小法"，它是源自强大内心和良好心态的精神胜利智慧"大法"。因为在某些情形下，不如意的人和事，不如意的环境或结果，咱是无法改变的，不得不无奈地接受现实。在此种境况下，咱想什么和做什么均为多余，唯有自己的心态是咱所能左右的，那么就用上精神胜利法吧——精神胜利是咱们可以靠着好心态获得的实质性胜利。

不要患上疾病恐惧症

俗话说，吃五谷杂粮，哪能不生病。一些人不把病当回事，总以为自己的身体好，不愿意定期体检，有了病能挺就挺，能拖就拖，小病拖成了大病，再想治也晚了。另一些人讳疾忌医，有病怕别人知道，不愿意住院或手术治疗，信不靠谱的偏方神药，庸医就专门骗这种患者。还有些人对疾病高度敏感、极度恐惧，于是没病找病，小病大治，无病呻吟，小病弄成大病，大病要了小命。这可如何是好？

重视疾病应当产生的正效应是积极预防疾病、治疗疾病，恐惧疾病产生的都是负效应，被疾病吓个半死，造成过度治疗或不当治疗。早就听医生说过，一部分癌症患者不是病死的，而是被吓死的，有的甚至是被不当治疗治死的。可能正是这个原由，有些医生和家属不把真实病情告知患者，这样还能使他多活些时日，幸运的话躲过死神也是有可能的。

生命有规律，疾病也有规律，认识和把握生命及疾病的规律，对于保持身心健康十分必要。人不管有病无病，都有与生命告别的那一天。某种病不是你不想得就不得的，也不是你想治好就能治好的。如先天遗传的疾病，与基因有关的疾病，无论怎么预防也是难以把控，良好的主观愿望改变不了生命及疾病的规律。大同小异，头疼脑热的小病照样有规律，输五六天抗生素病就好了，人为过度干预反倒会加重这类小病。有点病症，就紧张得不行，过度检查、过度治疗、过度用药、过度担忧恐惧，只能会加重病情，这样的病例比比皆是。

对待疾病的正确方法应当是：一要抓紧时间认真检查并确诊。切不可拖

| 方法的力量 |

延，不管采取怎样的治疗措施，对疾病作出准确诊断是第一位的，检查确诊一刻不能耽误，但也不要做过多的不必要检查。二要积极治疗，对症下药。现代医学医药、设备仪器及手术治疗手段有惊人的进步，原来的许多不治之症可以接近于药到病除的效果。因此有病不要悲观失望，要进行积极有效的治疗，诚然有病乱投医也不对。三对战胜疾病要有毅力和耐心。"既来之则安之"，有些不能根治的疾病，包括肿瘤手术，要有与疾病长期斗争的思想准备和科学方法，不要期望毕其功于一役。

人生的尽头是死亡，正常情况下死亡之前是病痛和衰老。在很多人潜意识中，死亡作为结果并不是太可怕，真正可怕的是病痛缠身的衰老过程，生命在苟延残喘中无奈地挣扎。到了一定年龄（四五十岁就担忧衰老有点早，六七十岁再与衰老作斗争不算晚），衰老就成了人生的主旋律，疾病伴随着衰老，衰老也伴随着疾病，恐惧会加重疾病和加快衰老的过程。恐惧是雪上加霜，有百害而无一利。关键是要以平常心面对疾病和衰老，主动克服恐惧心理，积极纾解精神压力，进行科学预防治疗。在态度和方法上越是这样，疾病就越无能为力，衰老便会姗姗来迟。

第50章　自信自觉，创新更新，做方法的主宰者

本书的最后一章，我把三个内容结合起来与大家做个讨论。一个内容是讨论方法的"自"——自信和自觉；另一个内容讨论方法的"新"——创新和更新；结尾落脚的内容是强调要做方法的主人，大家要左右方法，不要被方法所左右。我的经验是，在自信自觉状态下，方法就能用得得心应手、恰如其分，用出超预期的良好效果。方法唯有不断创新更新，才会成为根治疑难杂症的特效药。有了方法的自信与自觉，创新更新才会与时俱进，咱们的本事和成就便会与日俱增，就会成为方法的主宰者。创新方法的进程，谁都不可能一帆风顺，不可能一举定乾坤，困难肯定不会少，阻力和挫折也在所难免，这就更需要坚定信心、知难而上，牢牢掌控方法的主导权和支配权。

自信——方法的充电器

前些年有句流行的话——信心比黄金还重要。一个人如果缺了信心，什么事情也干不成。方法也是要靠信心来注入能量，假如信心没了，方法就会

方法的力量

像个机器人突然断了电，所有操作都无法进行，没有一点活的气息。方法要定期充电，自信就是方法的充电器。在信心的全要素中，自信是最为重要的"元信心"，相信自己的品质、素质和能力、实力，相信自己的优势特长和发展前景，相信自己能更加优秀、更加卓越——自我信任，便是信心的根本所在，自信的底气所在。

增强自信心的方法很多，看重自己的优点，发现自己的长处，充分肯定自己取得的成绩，都可以不断积累和强化自信心。自信不一定必须做到个人内心多么强大无比，其实你只要适当调整自己的观念、执念和心理要素，就会把自信心收入囊中。自卑是自信的对立面，克服自卑是确立自信的直接方法。自卑感在主观上是一种自我否定贬低，以此形成的纠结就是缺少自信的惯性，反其道而行之的效果即自信带来的自我肯定和提升。一场演讲比赛正在进行，前一位垂头丧气、脚步凌乱走下讲台时，而你昂首挺胸、自信十足走上讲台，此时展现的就是属于你自己的一种定力和磁力，此刻掌声就会响起来。这时你还没有讲一个字，但自信已经为你演讲的成功开了局。

爱默生说："自信是成功的第一秘诀。"谁要是到了不信任自己的地步，那他就没什么可信任的了，也就没有什么成功可言了，信任自己是最珍贵、最厚重的信任，方法的驱动力和应力、张力均来源与此。方法尤其需要自信，在不自信的状态下，再好的方法也用不好。有些人私下觉得，避免失误和失败的最好办法是不干事，避免在职场上出现矛盾纠纷的最好方法是整天唯唯诺诺，谁说的都听，谁交代的都做。这显然是不自信的消极办法，"利"可能有一点点，"弊"肯定是多得多，这距离自暴自弃也就很近了。

方法不仅是手段、是措施、是工具、是技术、是"酶"——水解酶、转移酶、合成酶、异构酶，它还是一种在内心中生成的自我认知、自我判定，是非常自信的酶化工程和发酵效应。在工作和生活中，你不一定固守那么多惯例，不一定照着某些方法的书本行事，更不一定看着前面的人怎样"抬脚迈步"，你完全可以满怀信心、大步流星走在"方法大队伍"的前列。

自觉——方法的内动力

胡适在一次演讲时，提出做学问的人要有方法的自觉。其实，想做事、能做事、做成事、做好事的人，都应当有方法的自觉，有方法意识及方法概念，有对方法的敏感嗅觉和准确运用。有了难题，面临困境，不怨天尤人，不求神拜仙，不听大师瞎忽悠，而是积极主动寻求破解的方法，努力尝试通过科学实用的方法来改变自身的处境。

研究方法和运用方法，到了比较成熟的时候就会形成思想自觉和行动自觉，这种自觉产生的是方法内动力——方法上的自我觉知、觉察、觉悟，由内到外的驱动应力和扩展张力。在未实施方法的行动之前，方法的自觉就基本上能够判断某种方法的对错优劣，某种方法的适用性及结果。"自觉"初听起来或许有点虚，但它完全可以把方法的内动力落到实处，落到要害处和关键处，那就是自觉把方法理念及时转变为方法行动。这种自觉一旦转化为行动，方法的力量便会源源不断释放出来。

举个不太恰当的例子，假如你的头脑中产生了10个方法，但到具体行动时一个方法也没用上，方法总是在头脑里面打转转，转来转去就是变不成实际行动，出现这种状况就是缺乏方法的行动自觉。行动自觉缺失了，其他自觉都毫无实际价值，多少个方法也只能是空对空。方法自觉的前提是，必须明确哪些是应该做的事情，接着是怎样用正确的方法把应该做的事情做正确，然后就是不断校正做事的思路及途径，不断丰富完善谋事做事的方法，内动力本身就有根据实际情况自我完善方法的功能。方法自觉还有另外一个含义，就是能够及时发觉原有的方法陈旧了、不好用了，敢于否定自己已经用惯了的方法。尼采说："只有知道'这个不好'的人才能创造和改进方法。"他的话确有一定道理，咱们在方法上既要知道哪种好，还要知道哪种不好，然后自觉用好的方法代替不好的方法，这也是方法的思想自觉和行动自觉。

创新：永葆方法力勃勃生机

方法与任何事物一样，也有个老化、退化、僵化的过程，多么灵光的方法都不能永远好用，只有持续不断地创新，才能在这过程中激活、延续、升华它们的生命力。创新有系统的创新，也有整体的创新，还有分步分项的创新，绝大部分的创新都不是推倒重来，不是把旧理念、旧方法、旧模式彻底摧垮打碎，方法的创新应当特别致力于手段、措施、路径的激活、延续、升华。人类有了使用火的主动权和方法，古人们才有了摆脱饥寒交迫的可能性。取火的方法有多种，从钻木取火到火石、火绳取火，从"洋火"取火到汽油打火机取火，再到电子点火器等取火，这些方法都是经过一代又一代创新而获得的。

新中国成立初期，农村实行的互助组、合作社等生产经营方法，符合当时农业生产力发展的需求。但后来采取了激进冒进的方法，破坏了农村生产关系与农业生产力的动态平衡，虽然搞得热火朝天，但很快就吃了苦果。这种不顾生产力发展实际水平，盲目调整生产关系的"彻底革命法"，对于温饱尚未解决的亿万农民来说是一场灾难。党的十一届三中全会以后，各地农村不再继续采取大锅饭的错误方法，家庭联产承包责任制得以全面推行。这是退一步进两步回归式创新的方法，是改进完善农村生产关系的务实方法，农业生产力得到了休养生息，亿万农民得到了实惠，从此粮食等农作物实现了爆发式增长。

第 50 章　自信自觉，创新更新，做方法的主宰者

以往的一段时间里，有些政府部门仍然用计划经济的方法手段，约束管制不断发展成熟的市场经济，必然是管不好也管不了，只会制造更加复杂的矛盾。时代不断进步，方法必须不断创新，唯有创新才能使方法力的能源充足，活性丰盈饱满。新事物出现了，新问题产生了，老方法不好用了，怎么办？就要从解放思想再起步，置换落后的观念，大胆探索尝试创新方法。过时了的思想不解放，陈腐的观念不改变，方法创新无从谈起，那些与时代格格不入的老方法，会成事不足败事有余的。从解放思想改变观念到方法创新顺理成章，思想和观念的与时俱进是积极有效行为的发动机，也是方法持续创新之母。

方法不能为了创新而创新，应当是围绕着新任务、新问题、新目标而创新，为了取得预期效果而创新。保守僵化的套路章法是创新的拦路虎，墨守成规的惯例是阻碍方法创新的绊脚石，创新就是要把那些不合时宜的方法扬弃淘汰。从哲学角度分析，创新的能力就是扬弃的能力，也是不断解放思想、改变观念、付诸行动、探索突破的能力。创新不是对传统习惯的简单否定，而是科学理性的扬弃——继承发扬事物内部积极合理的因素，剔除抛弃已经丧失必然性的消极因素，实现方法发扬和抛弃的有机统一。

桥早已有之，船亦早已有之，赵州桥、卢沟桥、郑和下西洋的船，都是宝贵的历史文物。杭州湾大桥、港珠澳大桥，几十万吨的巨轮和航空母舰，就是用新理念、新材料、新技术、新方法建造的新桥、新船。方法创新无处不在，木杠杆变成了铁撬棍，支点变成了千斤顶，还有起重机和行走龙门吊等，杠杆与支点的方法论虽然还是正确的，但杠杆已经不是原来的杠杆，支点也不是原来的支点。做白面馒头和玉米面窝窝头，原来用的是酸酸的"面引子"，每次发完面就得留下一些，现在用的是生化酵母，小小一包就解决大问题。这些都形象地告诉大家，桥和船、杠杆和支点、还有制作馒头、窝窝头的方法，都在不断地创新着，作为方法的"酶"也需要及时地升级

换代。

20世纪90年代初，我开始在电脑上打字学的是五笔字型，非常难学也挺别扭，"拆开了还得装上"，确实挺费劲的。后来改成用自然码，简单也方便了不少，然后用拼音输入法就更顺手了。现在可以用语音输入法了，效率更高更便捷，手指亦可解放，键盘亦可闲置。从五笔字型到自然码是输入法的改进（五笔字型输入法有人仍然在用），从拼音输入到语音输入便是输入法的换代创新。另外，组合老方法，配套新方法，也是方法的创新形式。我感兴趣的聚合酶链式反应，就是将分离DNA、解旋、重建双链DNA等方法组合完成的。

更新：生成方法的可靠路径

方法的更新，比方法的创新更平常，更简便也更常用——更新本身就是一种常用管用而又可靠的方法。如果一时对方法创新有畏难情绪，不知从何处着手，那就在方法的更新上多作一些尝试。方法更新十分便捷，如同电脑和手机中更新软件或更新系统，有版本的升级更新，也有实用小程序的更新。谁要是缺少更新意识，或者不知道怎样更新，他的电脑和手机就可能价格虽高但功能功效却低，由于没有及时更新，性价比会越来越低。

不以时间地点为转移，不以目标和内容为实质，方法不及时创新更新升级换代，一味地按照老黄历日复一日地工作和生活，必然被套路化、程式化搞得乏力乏味，一度好用的方法会脱变成舞台上不管演什么戏，搬来搬去的还都是那几件旧道具。在一些单位，本来好用的方法，由于许久不更新，便成了僵化的教条，成了不分对象的例行公事，成了因循守旧的主要根据。这个会议去年怎么开，今年还得怎么开；去年的会议上要求了什么，今年的会议还要求什么；这项工作以前怎么干，现在还怎么干，内容和方法都不变，不管形势任务变没变。这种干法既省事又没有什么风险，即便是做错了什么，那也是延续以前的错误，"过去就是这样做的，现在错了管我什么事？"

生活常识告诉咱们，中午的太阳与早晨的太阳不一样，傍晚的太阳与中午的太阳不一样。太阳虽然还是那个太阳，但方位变了、角度变了、距离变了、温度变了、气候变了，它在宇宙运行中每时每刻都更新变化着。方法的更新，不是为了自己改头换面，而是为了达到一定目的而更实用、更好用。实践证明，用某种固化的方法做事情，有效性和成功率会连续下降，最后可能会帮倒忙。

不固守陈旧的套路，不拘泥前人的做法，方法的更新是势在必行的。方法的更新越简便越好，越直接越好。更新的路径很多，这里粗略列出几个：①几个旧要素的优化组合；②大思路上的拓展深化；③在细节上做到极致；④观察对象或思考出发点的置换；⑤办事流程或工作程序的改进；⑥修修补补、调整完善；⑦试点试验务实操作……在日新月异的新时代，方法要像《礼记·大学》所希望的那样，"苟日新，日日新，又日新"，如果能够一天新，就应当保持天天新，新了还要更新，更新了再更新，因时空、因事项、因形势任务而更新。

不搞方法的"唯新主义"

无论是创新还是更新，大家都要明白新与旧的界限是有机的（化学的），是相对的不是绝对的，新的实质不仅是对旧的否定和抛弃，还是对旧的接续和继承。新的并不一定都是好的，有些新招真的不如旧招，某些貌似新的东西，品质并不优，效用并不好。新与旧的转换，有时会泥沙俱下、鱼目混珠。

新与旧的界限，有很长的灰色地带，或者过渡为你中有我、我中有你的"混合模式"。脱离实际的创新更新弊端较多，不从实际出发就会走上歪路岔路，花样翻新的虚招假功夫，都不是什么好东西。浮夸浅薄、标新立异、花里胡哨的那些所谓方法创新更新，必然导致图虚名、乱作为、瞎折腾，不但会把方法搞坏了、搞乱了，而且还会误事坏事。

创新更新不能执意独出心裁，卖弄华而不实的噱头，而是要以务实管用为要，把创新更新的方法运用到注重实效的操作层面上，突出重点和抓住关键点，不搞遍地开花，尤其不能搞形式主义。方法的创新更新，要选准切入点、突破口，尽可能具体化、可操作，少求全面系统，多求重点或单项突破。为表面的新而搬弄"所谓的新"，不重实际的所谓创新更新，不会有什么好结果，无助于解决问题。

在启动方法创新更新之前，咱们就要明确沿着什么样的技术路线推进？通过创新更新要主攻哪些节点、难点、焦点？具体要起到什么作用、收到什么成效？不能为了赶时髦出风头而创新更新，而是要为实质内容和直接目的服务，满足新变化、新形势、新任务的现实要求，防止搞假的、玩虚的，听着花言巧语，看着花花绿绿，却是不中用的那些坏东西。

方法理性，以我为主，常用常新

方法的力量至少有四个理性：价值理性、科学理性、实践理性、工具理性。人，不但是方法的创造者和使用者，还应当是方法的主宰者——你不能为方法所左右，需要你做的事情是要左右方法，所有方法不但要以人为主体，而且还要以人为主导。看菜吃饭，量体裁衣，量力而行，生活中的一些常识，本来都是作为方法来实行的。方法的力量是理性的，人也是理性的，两个理性形成默契，就能够当好方法的主人。

方法不仅有多种选择，而且还应当常变常新，常用常新。事物是变化的，方法是相对的，问题和矛盾的存在及事物的发展才是绝对的。具体的方法也有保鲜期、保质期，方法不但会过时，而且还会"违时""背时"。方法的僵化固化，势必造成思想保守和行动呆滞。方法没有固定模式，大家要因事而异选择方法，因时而变用活方法，应运而生创造方法，还是那句务实的话：什么方法管用就用什么方法。

老方法解决了老问题，新问题又产生了，原来的老方法不灵了，于是新方法就开始了解决新问题的努力，方法总会以递进方式循环更新和升级换代。对方法的认知，无用论和虚无论是不对的，万能论和至上论是错误的，迷信"外来的和尚会念经"的方法则有害无益。老想找到某种绝招，一脚就踢开前进道路上的绊脚石，那是办不到的。咱不要被方法牵着鼻子走，反倒是应该牵着方法的鼻子走，在准确充分用好方法的同时，防止被假模假样的伪方法干扰。采用好的方法，你可以走出轻车熟路的感觉，但不会出现"坐地日行八千里"的奇效。重视方法的使用没错，可也别搞成方法痴迷，困在杂七杂八的方法幻境中，被不好的方法耽搁了正经事。

弹性/可塑，拿捏分寸，优势互补

在工作实践和社会管理中，方法呈现为生产流程、操作范式、技术手段、组织纪律、规章制度和法律规范等，通常在人的主导下，与设施、装备、科技、工具、平台、系统相联结，软件和硬件的配套组合起来使用。方法可移植、可借鉴、可改进、可创新、可重构。就其本质特征来说，方法是目的专一、指向明确、措施多样、手段具体，带有很大弹性和可塑性的社会实践

| 方法的力量 |

活动。

　　实操具体方法，基层有基层的功夫，机关有机关的套路，职能部门处长科长的干法，与企事业单位中层管理人员的干法可能不一样。同样都是一个层级的干部，但实体单位负责人与机关内设科室负责人的工作方法，也会有明显区别。职能和工作要求是一致的，贯彻落实时实职有实职的干法，虚职有虚职的干法，正职的干法与副职的干法也会有所不同。每一种具体方法，总是使用者个体理解的一种特殊表达，在某个单位实施顺畅的办法，用到另一个单位可能会碰一鼻子灰。

　　讲究方法有时就是讲究分寸，增强分寸感和尺度意识，无疑是正确使用方法的一大侧重点。量体裁衣，看脚做鞋，就要掌控好分寸，尺度不能大了，也不能小了，要正合身、正合脚——穿衣量身定做，穿鞋量脚定制，办法也要根据实际需要，专门定制定做，清凉油可以使头脑清醒一点但治不了病，被蚊子叮了抹一抹或许管点用。推动重点工作，该突进时就要一鼓作气往前冲。开展日常工作，该稳稳当当时，就要不急不躁抓好落实。有突然变故或发现陷阱时，必须果断踩刹车，该撤退就得撤退，不能明知水深火热，偏要投水自尽、惹火烧身。特定情况下，甘于走在队伍的末尾，未必是不光彩的事。

　　在完善工作方法过程中，还应注意解决好思想方法问题。其实，思想方法与工作方法密不可分，思想方法常常会决定工作方法，而思想方法是直接受思维方式影响的，它的弹性和渗透力更强。思维方式→思想方法→工作方法，这个三段式是健全完善方法的一条途径，体现着其规定与可塑的双重性。

　　原则有排他性，方法则没有排他性，兼容性却是很强的。别人的和外单位的好方法，可以积极借鉴，并根据自己需求和本单位实际，在借鉴中进行改进完善。方法从来不止一个，一项工作可以用多个方法去完成，解决一个问题也不只有单一的方法能用。把方法组合起来用效果更佳。借鉴对于方法的学习尤为实用和有效。你选用了一种方法，并不意味着由此就舍弃了其他方法，良好的方法都具有穿透力和互补性。一个方法解决枝节问题，一个方法解决主干问题，再一个方法解决统筹问题，如此操作下来，用的就是方法集群。各种方法相互之间有区别亦有联系，有些简单有些复杂。我们需要确立方法集成的理念，那就是多个方法组装集成配套，使若干方法在运用过程中优势互补。

去教条化，别指望方法万能

改革开放之初，承包制一度盛行，无论什么事情都搞承包，出现了"一包就灵"的错误倾向。后来又一度出现"一股就灵"的论调，大事小事都搞股份制，搞成了四不像，许多人的钱也打了水漂。那些教条化的想法，一个药方包治百病的做法，最后都撞了南墙。要认识到方法的差异性，把握好方法的针对性，在校学习与在职学习有很大的不同，肯定要采取各自不同的方法。

有相通的方法，也有特殊的方法，学会了相通方法的使用，还要学会特殊方法的使用。一把钥匙开一把锁，方法的路径依赖是有害的，不要指望方法万能，唯一有效的方法是不存在的。选择方法还要讲究契合度，适合自己的性格特点。

方法的单一，原因是思想和经验贫乏。把花养好不能只用一种方法，阳光、施肥、通风、换土、温度等，若是一个劲地浇水，花早晚会被浇死。方法都是有指向性的，一般通用的方法也是有变数、有例外、有意外的，方法最需要灵活使用，不能采用一个固定模式。对别人的好方法，你要从实际出发加以改进完善，使之更加适合自己。如果不得要领机械模仿，好方法也会

| 方法的力量 |

变成坏教条，那还不如没有这种方法呢。有些人时常误用方法，形不成属于自己的方法，照搬别人方法又不太好使，弄来弄去便对方法失去了信心和兴趣。有的方法原本是好方法，但到了自己手里不一定见效，所以必须掌握自己用着顺手的方法。在模仿借鉴他人好方法时，取其长，避其短，移植嫁接，改良改进，使之成为手中的杀手锏。

在职场上，有些人仅有"一招鲜"，到哪里都靠这个干法，做什么事情都采用这个路数，时间久了别人会嗤之以鼻。方法是为目的而存在的，颠倒了目的与方法的关系，那就会产生相反效应。不注意方法不好，太重视方法也不一定就好，有些人总想找到最高级的方法，结果耗费了不少精力，更换过若干个方法，结果是方法换得越多越不管用。好方法一旦变成教条，那就很可能成事不足败事有余啦。

用正确方法做正确事情，不为方法煞费苦心

某些错误并非方法不当造成的，很可能是态度不端正，也可能是动机不纯正，又可能是做了不正确、不该做的事情。这类前提性问题解决不了，即便是用了正确的方法，也不管用。方法正确不等于方向正确，不等于事情正确，不等于结果正确，大前提错了后面的事情都会跟着错。那么，什么是正确的事情呢？简单地说，就是符合客观规律的事情，对事业长远发展有利的事情，能给百姓带来切身利益的事情。反过来说，就是不做蠢事坏事，不做让人讨厌的事，不做亏心事、昧良心的事。

现实中，有些人做工作是认真诚实的，干事创业也是舍得下大气力的，但效果时常不尽如人意，甚至适得其反，越是努力，越会制造麻烦。其原因

无非表现为 AB 两个负面：A 负面，做的事情本身不正确，或者不该做的事情做了，做事的方向和内容都是不对的，方法再好也是用错了地方。B 负面，做事的方法有问题，不知道什么方法是正确的方法，用错误的方法做事会把易事做成难事，把实事做成虚事，把简单事做成复杂事，乃至把好事做成坏事。简言之，他们还是在掌握运用方法上有很大差距，或是用正确的方法做了不正确的事，或是用了错误的方法没有把正确的事情做好，力气是费了不少，但没有出成绩。消除了上述 AB 两个负面原因，就能够用正确的方法做正确的事，不断丰富充实做正确事情的手段措施，不断健全完善干好工作的方法。

如何正确对待方法，我们的态度应该是：既要重视方法的实用性，学好方法，用好方法，不断创新更新方法，当好方法的主宰者；又不要在方法上过于苛求，过于纠结，过于理想化，云里雾里淘方法，整天为了方法而煞费苦心，忽视了工作规律和事物发展的实质，这是一部分人常出现的偏差。再说得直接而俗气一些，方法不过是工具，什么工具好用，就用什么工具；方法不过是手段，手段要为目的服务。不注意方法不好，过度重视方法和轻信方法也不好，有些人总想找到一用就灵、十全十美的方法，耗费了不少精力，方法换来换去，却还在原地踏步走，搞不好还会离要达到的目标渐行渐远。

所以，要先把大的方法和基本的方法搞对路，尤其要优化思维方式和思想方法，否则学些小技巧、小花样会弄巧成拙，因小方法而失大原则，因虚形式而失实质内容。拿学习来说，知识的海洋浩瀚无比，把知识提炼出来的是方法，把知识贯穿起来的也是方法，学出丰硕的果实靠方法，学出一片新天地同样靠方法，大的方法和基本方法对路了，具体的方法和方法的细节也就都好把握了。